问题、方法与论文写作
传播研究引论

Question, Method
and Academic Writing

Introduction to Communication Research

邓树明◎著

四川大学出版社
SICHUAN UNIVERSITY PRESS

图书在版编目（CIP）数据

问题、方法与论文写作：传播研究引论 / 邓树明著
. — 成都：四川大学出版社，2023.9
ISBN 978-7-5690-6097-3

Ⅰ．①问… Ⅱ．①邓… Ⅲ．①传播学－研究方法②传
播学－论文－写作 Ⅳ．① G210

中国国家版本馆 CIP 数据核字（2023）第 076972 号

书　　名：问题、方法与论文写作：传播研究引论
　　　　　Wenti、Fangfa yu Lunwen Xiezuo: Chuanbo Yanjiu Yinlun
著　　者：邓树明

选题策划：侯宏虹　宋彦博
责任编辑：刘一畅
责任校对：庄　溢
装帧设计：墨创文化
责任印制：王　炜

出版发行：四川大学出版社有限责任公司
　　　　　地址：成都市一环路南一段 24 号（610065）
　　　　　电话：（028）85408311（发行部）、85400276（总编室）
　　　　　电子邮箱：scupress@vip.163.com
　　　　　网址：https://press.scu.edu.cn
印前制作：成都墨之创文化传播有限公司
印刷装订：四川盛图彩色印刷有限公司

成品尺寸：170 mm×240 mm
印　　张：31.25
字　　数：483 千字

版　　次：2023 年 9 月 第 1 版
印　　次：2023 年 9 月 第 1 次印刷
定　　价：150.00 元

扫码获取数字资源

四川大学出版社
微信公众号

序言
XUYAN

这是一本导论性质的书，因此仅适合于学术入门者，比如本科高年级学生、研究生和青年学者等。对于他们中的多数而言，学术研究是一件相当困难的事情。书中对 200 篇未采用投稿进行了统计，发现其平均字数在 12000～13000 字之间，足见作者花费的功夫不小，但是结果却不太理想，这其实与作者的基本功较弱有莫大关系。

我从 2011 年 1 月开始负责《新闻界》，到 2022 年 3 月不再担任主编。在 10 余年的学术编辑工作中，深感学术研究基本功较弱的情形相当普遍。我在涉入学术工作时，提出"问题意识、方法意识、现实观照"的办刊理念，就是把"问题意识"和"方法意识"作为学术研究最基本的要求。如何进行学术研究？可以说得非常复杂，但是就其根本而论，总是离不开一个有意义的问题和运用合理的方法回答问题，也就是问题意识和方法意识，它们构成了研究的必要条件和充分条件。说它们是必要条件，是因为在一项研究中两者缺一不可；说它们是充分条件，是因为达到这两个条件就足以成为一项研究。我们很难想象，没有提出一个有意义的问题，或者提出了问题却没有运用合理的方法，能够"研究"出什么样的成果来。

至于"现实观照"，则是一种价值选择，即提倡关注现实中重大的理论需求和实践需求，通过学术研究进行回应。"现实观照"不是学术研究的必要条件，学者可以凌空蹈虚，可以充满闲情逸致，"躲进小楼成一统"也未尝不可。

2021 年 6 月，在中国人民大学出版社翟江虹老师的支持下，我出版了《传播研究方法与论文写作》一书，算是对方法意识做了初步的讨论。该书颇蒙大家不弃，一度位列当当网社会科学大类新书畅销榜第二名，但自己对其中的不足是了然于心的，希望在该书的基础上有进一步的探索，因此这本书也可以说是这样心愿的一个结果。那本书只是对方法进行了讨论，这本书则对研究问题和研究方法都进行了讨论。

本书的"问题意识"部分，我认为是有相当强的创新意义的。关于问题意识，不是说没有人讨论，林林总总关于问题意识的文章不少，但是大多偏于个人的研究体会和灵感闪现，体系性和经验性远远不够，作为专著主要内容的则更未见到。这可能是长期以来问题意识较为薄弱的重要原因之一。研究问题其实是研究的开端和前提，没有提出有意义的研究问题，再多的工作也是徒劳。问题意识也不是一个不言自明的概念，更不是可以无师自达的彼岸，因此一定的理论建构和思维训练都是必需的。本书通过对 100 篇录用论文的经验研究，提炼出激发问题意识灵感的 3 种能力和 22 种思维方式，为读者提供理论启示和操作性路径。

本书第三篇"方法意识"是对《传播研究方法与论文写作》一书中相关内容的发展。本书尽管仍然采用了 3 种范式与 19 种方法的体系，但在结构上有所调整，并且系统性地运用了新的经验资料，对大多数方法进行了改写，不少方法甚至属于完全重写，因此在内容上已经与前书有了很大差异。这样做的目的，当然是为了更好地帮助读者了解方法、熟悉方法和运用方法。

本书的核心是问题意识与方法意识，但因为学术研究是知识探索活动，如果不把知识概念说清楚，也就说不清楚什么是研究问题，以及为什么要运用研究方法。因此，本书开篇就讨论了知识的概念及其合法性。此外，论文写作尤其论文结构也是年青学者较薄弱的方面，因此本书也专列一部分进行讨论。这样，全书共分"学术研究""问题意识""方法意识""论文写作"4 大部分，其中当然以"问题意识"和"方法意识"2 篇为主要内容。

我希望这本书具备以下特点：

首先是明白易读。本书属于导论性的读物，因此易读性就在情理之中。更主要的是，我认为学术写作也应该重视"传播性"，即在不影响专业表达的前提下尽可能使之易读易懂。现在不少的研究问题让人云里雾里，再加上表达得晦涩难懂，很容易令人对"学术"敬而远之。其实，玄妙莫测的研究问题和故作高深的写作方式，都不过是在掩饰问题意识的缺乏和思想的贫乏而已。学术表达尽可能易读，也是对读者的尊重。我把易读作为第一目标，当然不一定能做好。

其次是理论与应用相结合。没有理论性，就会知其然而不知其所以然，因此无论对于问题意识还是方法意识，书中都不是急功近利地直接介绍操作方式，而是首先讨论背后的原理。在应用性方面，比如对于问题意识的思维方式，对于研究方法各个环节的实施，对于论文各部分的作用与写作特点，都进行了细致的分析，这些分析运用到多达 371 篇论文或投稿。

最后是提示前车之鉴。也许是由于人类思维的某些共性，不少研究者会踏入同样或类似的"雷区"。因此，书中"问题意识""方法意识"和"论文写作"部分的最后一章都列出了容易出现的误区，意在提醒研究者避免。这些误区系从 200 篇未采用投稿中归纳出来的，因此虽不一定全面，但也具有相当的代表性。

本书篇幅较长，读者可以选择自己感兴趣的部分阅读——"方法意识"部分尤其如此，因为每个研究者都可能有自己方法选择倾向，暂时不会运用的方法可以留待以后了解。正如熟读兵法也不一定会带兵打仗，掌握了问题意识与方法意识的理论也不一定能做出优质研究，关键在于能够把理论运用到研究实践。因此，在掌握基本知识的基础上，多进行学术研究的实际训练，并在训练时有意识地运用知识，就可能逐渐达于熟练开展学术研究的境界。

社会科学知识具有难以确证的特征，因此对其问题意识和方法意识的讨论并非易事。长期以来对于社会科学的各种争论，大多可以归结到这个根源上。再加上我的水平有限，因此书中的局限和谬误必定难免。希望读者多加批评指正，乐见大家共同讨论这些基本问题，促成学科整体研究水平的提升。

目录
CONTENTS

第三篇　方法意识

第四篇　论文写作

第一篇
学 术 研 究

　　学术研究的目标在于获得知识，因此涉及两个最基本的问题：研究什么问题以及获得了什么结论。前者即为问题意识所涉，后者即为方法意识所涉。相应地，本书主要讨论这两个主题，其中问题意识部分讨论研究问题的合法性，方法意识部分讨论研究结论的合法性，两者共同确立成功的研究项目。

第
一
章

学术研究目标

大部分著作把理论构建作为学术研究的目标，其实更准确地说，学术研究的直接目标是获得知识而非构建理论。明晰这一点，并且准确地理解知识的概念，才能理解学术研究的性质、要求和方法等，否则很容易产生种种误解甚至误入歧途。

第一节　知识的概念

获得知识是学术研究的目标，因此我们首先要明白知识的概念。在日常生活中，我们常常用到这个词语，比如说某个人"有知识"，又比如说某个人具有计算机方面的"知识"，等等，它们与学术研究中知识的含义有所区别。《辞海》① 是这样定义知识的：

> （知识是）人类认识的成果或结晶。依反映对象的深刻性，可分为生活常识和科学知识；依反映层

---

① 夏征农，陈至立.辞海：缩印本（第6版）[M].上海：上海辞书出版社，2010：2440-2441.

次的系统性，可分为经验知识和理论知识。经验知识是知识的初级形态，系统的科学理论是知识的高级形态。按具体来源，知识虽可区分为直接知识和间接知识，但从总体上说，人的一切知识（才能也属于知识范畴）都是后天在社会实践中形成的，是对现实的能动反映。社会实践是一切知识的基础和检验知识的标准。知识（精神性的东西）借助于一定的语言形式，或物化为某种劳动产品的形式，可以交流和传递给下一代，成为人类共同的精神财富。

这个概念中最核心的是"人类认识的成果或结晶"，它指出了知识的本质。人类自诞生以来，无论是出于纯粹的好奇，还是出于实用的目的，总之无时无刻不在对世界进行认识，这种认识的"成果或结晶"就形成人类的知识。到目前为止，人类文明看起来已经高度发达，但是未知的领域远比已知的领域广阔，因此人类求知的步伐永远无法停止，探索未知的任务依然艰巨。

知识的载体主要是语言，尤其是书面语言，也就是文字，因为文字形式的知识最便于准确表达、交流、传播与传承等。学术研究中所撰写的专著或论文等，就是文字形式知识的承载体。本书主要以学术期刊论文为讨论对象，它也是文字形式的。此外，就语言形式而言，严格的知识表现为判断句，比如"任何两个质点都存在通过其连心线方向上的相互吸引的力"是一个判断句，它是对万有引力这个知识的表达。理论则是知识的体系化，因此可以说一个理论体系是由多个知识性的判断句构成的有机体。

知识的基本特征可以从不同维度去描述，但最根本的特征是其本质性。知识是对事物共性的描述，即对"共相"的描述，事物的共性或"共相"即其本质。当我们提到"人"这个概念，就是对所有人的共性或"共相"的描述，而非指哪一个人或哪一类人的独特特征。知识的共性特征，也可称之为知识的规律性或普适性。因此，学术研究的目的是发现共性或"共相"，而非对个性的探寻。不过，这种知识观带有科学主义的色彩，是实证主义和部分诠释主义研究的认识论依据，部分诠释主义研究和哲学思辨研究并不依从此种知识观。但是，这种知识观仍然是较为主流的知识观。

依据不同标准，可以把知识划分为不同的类别，比如前面的定义中就把它分为生活常识与科学知识、经验知识与理论知识、直接知识与间接知识。这种定义是一种泛知识的概念，学术研究中的知识概念要窄得多，指的是科学知识或理论知识中的未知部分。因此，知识根据人类掌握与否又可以分为已知知识和未知知识。此外，知识根据作用还可以分为理论知识与应用知识（第二章第二节将专门讨论）。

本书的很多内容都和经验知识与规范知识的分类有关，因此这里对它们作简要说明。首先说明，这种分类中所说的"经验知识"与前面知识定义中"经验知识"的含义有根本区别。这里所说的经验知识指的是感性知识，即没有上升到理论层面的知识，是与理性知识相对的；前面所说的经验知识恰恰就是理论知识，其中的"经验"指其知识来源于感觉经验，是与知识来源于理性的观念相对的，即著名的经验论与唯理论之间的区别。

现代认识论通常把知识划分为两类，一类是对实然现象的研究，包括对自然现象和社会现象的研究，获得的知识被称为经验知识，因为它属于对可感知世界的认识，可感知即为可经验；另一类是对应然状态的研究，主要是对价值判断的研究，本书称其认识结果为规范知识，因为价值是无法感知也就是无法经验的，而只能是一种理想的"规范"。经验知识关心行动效率，不关心价值选择；规范知识关心价值选择，不关心行动效率。比如一场战争，经验研究关心战略部署和战术运用是否得当，而规范研究首先关心战争的正当性。最简明的表述是，经验知识"求真"，规范知识"求善"。

这种知识划分的思想可谓由来已久，最著名的是韦伯对工具理性与价值理性的划分，前者即为经验知识，后者即为规范知识。罗素[①]认为人类的知识划分为科学知识、哲学知识与宗教知识，科学知识是确切的知识，宗教知识是关于想象和信仰的知识，这两种知识的中间地带就是哲学知

---

① 罗素.西方哲学史：上.[M].何兆武，李约瑟，译.北京：商务印书馆，2016：10.

识。很明显，其中的哲学知识与我们所称的规范知识大致相同。

经验知识与规范知识之间也并非泾渭分明。人类认识能力的提高，可能使原来无法确证的知识变成能够确证的知识，换言之，原来的规范知识可能变成经验知识。比如，人类的心理活动原本依靠思辨分析，但在冯特创立心理学之后，它就大部分地变成了经验科学。现代学术一直有努力把人文社会科学甚至哲学发展成为经验科学的意图，这种努力不能说没有成果，但在整体上还离目标很遥远。不过，当一个问题已经被发展成为经验知识之后，它就一般不适合作为规范知识进行研究，因为确证性知识优于不能确证的知识。从这个角度来说，在学术研究中，对经验性问题进行思辨讨论一般不会有学术价值。

在传播学研究中，经验研究与批判研究的分别由来已久，大致就相当于经验知识与规范知识的分野。克里斯琴斯[1]等认为传媒理论有两种：一种为传媒指定在社会中应当发挥的规范性作用；另一种只是描述传媒在社会中扮演的实际角色。克雷格[2]把传播学的理论传统划分为7类，即修辞学传统、符号学传统、现象学传统、控制论传统、社会心理学传统、社会文化传统和批判传统。按照这种划分，控制论传统是经验知识的典型范式，社会文化传统与批判传统则可算规范知识范式，其他理论传统大多既有经验知识的特征，也有规范知识的特征。陈力丹[3]、陈卫星[4]、胡翼青[5]等都提出了学派三分法的观点，实际的划分方式亦比较一致，但对各学派的称谓有所差异。按照这些三分法，三个学派中的两个即批判学派与媒介环境学派明显地偏于价值关怀，即属于规范知识类别；实证主义学派则属于经验知

① 克利斯琴斯，拉格瑟，麦奎尔，等.传媒规范理论[M].黄典林，陈世华，译.黄典林，校译.北京：中国人民大学出版社，2022：前言.

② 刘涛.理论谱系与本土探索：新中国传播学理论研究70年（1949—2019）[J].新闻与传播研究，2019（10）：5-120，126.

③ 陈力丹.试论传播学方法论的三个学派[J].新闻与传播研究，2005（02）：41-48，97.

④ 陈卫星.传播的观念[M].北京：人民出版社，2004：64.

⑤ 胡翼青.传播学：学科危机与范式革命[M].北京：首都师范大学出版社，2004：183.

识类别。刘海龙①以范式为概念提出的三分法没有将媒介环境学派作为单独的一类，而是将其分为了客观经验主义范式、诠释经验主义范式和批判理论范式，很明显前两者在本书中即为经验知识，而后者即为规范知识。

两种知识的划分是现代认识论的一项重大成果，对后来的学术研究影响极其深远，甚至对人类的思想影响也非常深远，它告诉人们科学与形而上学的区别，科学知识与价值选择的区别。经验知识与规范知识的划分，对于传播研究也具有重要意义，因为两者研究的问题、所依据的认识论，以及所采纳的方法论与方法设计都有非常显著的差别，因此本书相当多的内容都按照这种分类来建立讨论框架。

最后说明一下，不少著作以理论构建作为学术研究的目标，比如认为"社会研究仍然像各种自然科学研究那样，努力朝着'从具体的事实和现象中发掘出系统的理论'的目标前进"②。这种观点是否准确，还有待更深入的思考。"理论是系统化的理性认识"③，这意味着理论是以知识为基础的，那么显然获得知识才应该是学术研究的直接目标。实际上，学术研究活动固然以建构理论体系为最终目标，但具体到一项学术研究活动或一篇学术论文时，它们中的绝大多数并不能构建出理论体系，而仅仅是对理论体系作出部分贡献，因此是获得了知识而非获得了理论。日常评价某项研究具有"理论创新"价值，也一般地指其对理论产生了部分贡献，而非获得了全新的理论体系。

同时，当以理论作为学术研究的目标时，隐含着对应用研究的排斥，因为理论建构显然与应用研究的方向相反。但是，如果以知识作为学术研究的目标，则应用研究可被囊括在内，因为知识包含了理论知识与应用知识。比如亚里士多德就把知识划分为理论知识、实践知识与技艺知识三

---

① 刘海龙. 大众传播理论：范式与流派 [M]. 北京：中国人民大学出版社，2008：80-81.
② 风笑天. 社会研究方法 [M]. 北京：中国人民大学出版社，2018：21.
③ 夏征农，陈至立. 辞海：缩印本（第6版）[M]. 上海：上海辞书出版社，2010：1121.

类，现代学者也把知识划分为"知什么"和"如何做"两类①，因此以获得知识作为学术研究的目标有利于止息是否需要进行应用研究的争论。传播学是应用性很强的学科，如果全然面向理论建构而排斥应用启迪，则理论与应用之间的疏离会日益加大，不但会导致研究问题的贫乏，而且会导致理论研究问题的"内卷"与空洞。

第二节 知识的合法性

所谓知识的合法性，指知识的"真理性"，即其反映了事物的共性或"共相"。认识如果反映了事物的共性或"共相"，就是合法性知识；如果未能反映事物的共性或"共相"，就不能被称为知识。学术研究的目标当然是为了获得合法性知识。

那么如何确保知识的合法性？一项学术研究包括两个基本方面：第一，研究什么问题；第二，获得了什么结论。因此，知识的合法性就相应地取决于两个方面，即研究问题的合法性与研究结论的合法性。

所谓研究问题的合法性，指提出的问题具有研究价值，这是问题意识所要完成的核心任务。它包含了三层含义：第一，提出了一个"问题"，也就是一个"疑问"，因此如果一篇文章没有"疑问"，就没有必要开始研究；第二，提出的是关于理论的"疑问"，因此如果一篇文章提出的是与理论无关的问题，就没有必要开始学术研究；第三，提出的是关于未知知识的"疑问"，因此如果一篇文章提出的是关于已知知识的疑问，则就属于通常所说的重复研究。这三个层次，构成了问题意识由浅入深由易到难的含义体系。本书的问题意识部分，将深入讨论研究问题的合法性。

所谓研究结论的合法性，即结论"真实"地反映了认识对象的共性或"共相"。但是，认识本身无法检验自身的合法性，比如"地球是圆的"

---

① 丁家勇.知识的本质新论——一种认知心理学的观点[J].南京师大学报(社会科学版)，1998（02）：67-70.

这个知识本身无法检验自身。因此，历来的认识论都把评价知识合法性的重心放在获得知识的过程以及对知识的验证方面。但是，对知识的验证毕竟在知识获得以后才可进行，而且有的知识尤其是不少社会科学知识难以验证，那么更常见的对知识合法性的评价是基于对过程的考察，换言之就是对研究方法的考察。自然科学的研究方法与社会科学的研究方法都需要在论文中系统地报告出来，因为它是评估结论合法性的非常重要的依据，那么，作为研究过程的研究方法的重要意义就凸显出来了。因此，本书的方法意识部分将深入地讨论如何设计可靠的研究方法以确保结论的合法性。

根据过程判断结论的合法性可谓由来已久。柏拉图[①]认为仅仅得到一个问题的正确答案并不能构成知识，而只能构成真实的信念，知识必须具有给予答案所依据的理由（理性，Logoi）的能力。柏拉图[②]在《泰阿泰德》中更加详细地论述道：

> 真实的信念加上解释（逻各斯）就是知识，不加解释的信念不属于知识的范围。如果对一个事物无法作解释，那么该事物不是"可知的"，这个词是他的用法；如果能作解释，那么该事物是可知的。

研究方法如何确保结论的合法性，则由其所遵循的认识论所决定。换言之，不同的认识论决定不同的研究方法，进而以不同的路径确保结论的合法性。目前在社会科学包括传播研究中主要有三种认识论，它们产生各自的方法论与知识可靠性原理。

一、形而上学认识论

人类最早的哲学是形而上学，那时还没有单独的认识论，认识论被包含在形而上学之中，因此其认识论可称为形而上学认识论。它以抽象思维

---

① 海姆伦.西方认识论简史 [M].夏甄陶，崔建军，纪虎民，译.北京：中国人民大学出版社，1987：7.

② 洪汉鼎，陈治国.知识论读本 [M].北京：中国人民大学出版社，2010：59.

来把握世界的本原和规律，或者说依靠人的理性去把握认识对象，因此一方面排斥"神授"的认识论，另一方面具有排斥感觉的特征。知识区别于感觉，应该是滥觞于此。在《泰阿泰德》中，当泰阿泰德提出"知识无非就是感觉"时，苏格拉底问道："同一阵风吹过，我们当中有人发冷，也有人不发冷……或者，有人稍微发冷，而有人冷得厉害……这个情况下，我们要说，这阵风本身就其自身而言是冷的还是不冷的？"泰阿泰德最后只得认为自己"得出了最为清楚的结论，知识是异于感觉的东西"[①]。因此，在苏格拉底看来，知识只能来源于理性。

古代不可能有科学的实验条件，因此形而上学认识论所对应的方法论是"思考"，也就是运用人类的思维理性。这种知识论在今天看来有很大的局限，但当时自有其历史进步意义，因为与"神启"或"先天"类知识论比较起来，它毕竟属于人自身的理性。迪尔凯姆[②]指出了这种历史必然性：

> 人类的思考总是先于科学而存在的，科学只是证实这些思考的方法。人类生活在大地上，对周围的事物肯定要加以思考，否则就无法支配自己的行动。由于用观念来想象事物，总比实际考察事物来得方便快捷，因此人们往往用观念来代替实际事物，有时甚至把自己的想象当作事物的实质。一件事，需待观察、描述和比较后才能了解的，人们往往只进行意识形态的分析。

由于"思考"具有很强的主观性，如果每个人都按照自己的"思考"解释认识对象，那么就无法形成客观知识。亚里士多德创立了逻辑学，对形而上学认识论作出了巨大贡献。他把逻辑学著作命名为《工具论》，显然旨在将逻辑学作为获得可靠知识的"工具"，按现代哲学术语即为方法论之意。在《工具论》中，亚里士多德提出了归纳推理和演绎推理两种思

---

① 柏拉图.泰阿泰德 [M].詹文杰，译.北京：商务印书馆，2018：96.
② 迪尔凯姆.社会学研究方法论 [M].胡伟，译.北京：华夏出版社，1988：13.

维方式。亚里士多德①认为，修辞学家说服他人"要么运用例证（这是一种归纳），要么运用论证（这是一种三段论）"，但他显然更推崇演绎推理对于知识的保障性：

> 我们知道，我们无论如何都是通过证明获得知识的。我所谓的证明是指产生科学知识的三段论。所谓科学知识，是指只要我们掌握了它，就能据此知道事物的东西。

亚里士多德在著作中花了相当大的篇幅论述如何运用三段论保证知识的可靠性。应该说，从他开始人类有了建立获得可靠知识的系统认识论尤其是方法论的意图。本书把形而上学认识论的方法论称为哲学思辨，其具体方法过去主要依赖亚里士多德的古典形式逻辑，现在则包括抽象、分析、辩证等思维方式。无论是古典形式逻辑还是现代的哲学思辨，它们都属于客观知识而非主观观点，因此哲学思辨方法论所遵循的合法性依据可被称为"逻辑客观性"。

二、科学主义认识论

形而上学认识论的局限性很明显，因此才有了 17 世纪初西方哲学的认识论转向。与形而上学依靠哲学思辨提供知识可靠性不同，依靠实验科学等提供知识可靠性的科学主义勃兴起来。英国哲学家培根最先对传统的知识论发起挑战，认为三段论不是应用于科学的第一性原理。②他说："以真正的归纳法来形成概念和原理，这无疑乃是排除和肃清假象的对症良药。"③培根推崇实验法等方法的著作是《新工具》，从书名就可以非常明显地看到他以实验法取代亚里士多德三段论作为获得知识"工具"的意图。霍布斯、休谟、洛克等人都是经验论学派的代表。他们认为人的知识起源于感

---

① 洪汉鼎，陈治国.知识论读本 [M].北京：中国人民大学出版社，2010：93.
② 培根.新工具 [M].许宝骙，译.北京：商务印书馆，2018：10.
③ 培根.新工具 [M].许宝骙，译.北京：商务印书馆，2018：19.

觉经验，并且其可靠性要经过经验验证。与经验论学派相对的是欧洲大陆唯理论学派，以笛卡尔、斯宾诺莎、莱布尼兹等人为代表，认为只有理性才能提供确实的知识。

科学主义认识论推动了自然科学大发展，使得人文社会科学希望将其引为自用。孔德认为"人类社会也是自然的一个部分"[1]，因此于19世纪30年代创立了实证主义哲学，标志着科学主义认识论被借鉴到社会研究领域。由此，社会科学的第二种方法论即实证主义诞生了。不过，目前社会科学或传播学研究中的实证主义与早期的实证主义有较大区别，早期的实证主义偏向于经验论而非唯理论，但是目前的实证主义不但保留了经验主义的特征，而且因为吸纳了逻辑实证主义的思想而具有较强的唯理论特征。事实上，经验论与唯理论的调和，早在康德的时候就开始了。

实证主义借用的是科学主义认识论，而科学主义以自然现象为研究对象，强调正确的认识结果须与自然现象相符合。实证主义虽然以社会现象为研究对象，但认为社会现象与自然现象具有同样的客观性，因此它的知识客观性标准实际上照搬了自然科学知识的客观性标准，包括规律性、客观性、可重复性等。从实证主义范式通过量化手段追求精确知识的特征可以看到这些特点。因此，本书把实证主义知识合法性的依据称为"自然客观性"。

三、诠释学认识论

人文社会科学是否适用自然科学的认识论？孔德之后的哲学家对此表示怀疑，从而产生了第三种认识论。最早的怀疑者狄尔泰认为："存在于精神世界之中的各种事实之间的种种关系表明，它们本身是与各种自然过程的一致性是不可通约的，因为人们不可能使这些精神世界的事实从属于那些根据机械论的自然观念确立起来的事实。"[2] 鉴于此，狄尔泰[3]把自然

---

① 孔德．论实证精神 [M]．陆沉，导读．上海：上海译文出版社，2020：导读．

② 狄尔泰．精神科学引论 [M]．艾彦，译．南京：译林出版社，2012：22.

③ 狄尔泰．精神科学引论 [M]．艾彦，译．南京：译林出版社，2012：13-24.

科学以外的所有学科统称为"精神科学",认为对于精神科学"我们并不试图把握这个领域,而是主要试图领会这个领域"。狄尔泰[①]第一次赋予了诠释学以方法论意义。韦伯表达了类似的思想,认为"社会科学……把解释那种基本事实存在的影响作为自己的问题"[②]。

诠释学认识论所对应的方法论,本书将其称为诠释主义。诠释主义当然不是随意的阐释,而依然是客观知识,因为它所诠释的对象,即社会现象是客观存在。只不过在诠释主义范式下,社会现象不再像实证主义那样被视为可重复的自然现象,因此知识客观性的依据不再是自然现象而是回到了社会现象,本书将这种知识合法性依据称为"社会客观性"。

需要说明的是,实证主义与诠释主义都属于经验主义方法论,因为它们均强调对实然现象的研究,而非对纯粹概念的演绎,因此把实证主义与诠释主义并称为经验主义方法论,对应的是对经验知识的研究。哲学思辨方法论显然是对抽象概念的演绎,因此对应的是对规范知识的研究。

---

① 沃野. 诠释学方法论的昨天和今天 [J]. 学术研究,1999(01):20-25.

② 韦伯. 社会科学方法论 [M]. 韩水法,莫茜,译. 北京:中央编译出版社,1999:15.

学 术 研 究 活 动

第二章

　　学术研究活动包括研究过程与论文写作两个阶段，论文写作是对研究过程和结果的描述。这意味着不能把学术论文写作当成一种纯粹抽象的写作，而应将其视为与研究过程相衔接的阶段，即先有研究而后才有论文写作，否则就会"皮之不存，毛将焉附"。传播研究中区分人文科学与社会科学、理论研究与应用研究、学术论文与非学术文章，对于厘清研究目标和思路等均有裨益。

第一节　人文科学与社会科学

　　传播研究有两种范式，即人文科学范式与社会科学范式。前者强调对人的精神与价值的关怀，一般采用哲学思辨方式，承认知识的主观性；后者强调提高社会运行效率，一般采用经验主义方法论，尤其倾向于实证主义，因而认为知识是客观的。可以看出，人文科学大致对应规范知识，社会科学大致对应经验知识。

　　现在一般将传播学视为社会科学，因此以运用社会科学方法进行研究为主，并以之为理所当然。但是，无论从学术历史还是从传播现象本身特征的角度，社会科学取径并不能够完全覆盖对传播的研究，人文科学的研究方法应当占有一席之地。

首先，从学术发展历史看，目前传播学中所包含的新闻学具有很强的人文科学特征，它在历史上并非社会科学研究取向。美国早期的新闻学研究是报刊史和人物传记，是偏于人文学科性质的。20世纪50年代，传播学在美国兴起之后，新闻学才逐渐被纳入传播学的社会科学研究范式。辛格尔特里对美国的传播学研究历史做了如下描述：从19世纪初到20世纪30年代为发展时期，主要是报刊史和人物传记；从20世纪30年代到50年代是过渡时期——主要是报刊的内容分析和效果研究，这一时期对后来的大众传播研究走向产生了很大的影响，产生了研究范式的转向，标志是"出现了历史诠释学、媒体内容分析以及大众媒体效果研究"；从20世纪50年代至今是现代时期，实际上是对过渡期研究转向的稳定和成熟化，即"使用定量方法增多和复杂的研究设计"，"美国的研究体系脱离了欧洲传统"，"从历史方法转为定量方法，从人文方法转为社会科学方法"。[①]可见，美国传播学兴起才推动新闻学研究从人文学科方法向社会学科方法转变，而人文研究的传统部分地被保留在了欧洲。

我国的情况与美国类似，只是相应的阶段要出现得晚一些。我国最早研究报纸的文章，是出现在1834年的《东西洋考每月统计传》上的《新闻纸略论》[②]。这是一篇关于报纸介绍的文章。由此开端，直到20世纪80年代，大众传媒的研究类似于西方的早期阶段，以历史、传记为主，另有一些业务交流性质的文章。20世纪80年代初西方传播学进入中国，新闻学遂逐渐被收编进传播学，此为传播学的社会科学研究取向之滥觞。越来越多的经验研究甚至实证研究涌现出来，改变了原来人文主义一统天下的传统，人文主义研究取向越来越式微。20世纪末21世纪初，西方的质性研究被国内传播学者逐渐采用，人文主义范式更加受到挤压，经验主义研究越发成为主流。

---

① 辛格尔特里.大众传播研究：现代方法与应用[M].刘燕南，译.北京：华夏出版社，2000：9.

② 李秀云.中国新闻学术史（1834—1949）[M].北京：新华出版社，2004：14.

　　无论西方还是中国的传播研究历史都表明，作为传播研究主要领域的新闻学在开始都是被作为人文学科来研究的，目前将其视为社会科学并非天然地具有合理性，而是新闻学被传播学收编的结果。传播学一出生就以社会科学的定位面世，新闻学被纳入其中就反而失去了本来的特性。新闻学可以借鉴传播学的效果研究等，因此它有作为社会科学的一面，但是它也具有价值观、理想主义、社会责任等的一面，具有很强的人文科学特征。忽视了新闻学的人文科学特征，不仅使研究问题日益琐屑，研究方法日益狭隘，而且使新闻学日益失去人文关怀精神，对于塑造新闻业的理想与社会责任感相当不利。

　　现实中社会科学取向被广泛认同而人文科学取向被忽视或轻视，导致相当多的传播研究偏于浅表的技术絮语而缺乏宏大的视野与深刻的思想，没有展现出新闻业和传播业对于文明进程的意义。不少学者呼吁提倡新闻学的价值关怀品格，比如杜骏飞提出"新闻是人，新闻学是人学"[①]。童兵[②]更是早在 2001 年就呼吁重视新闻的人文关怀：

　　　　新闻活动是反映人的活动、传递人的价值观念、沟通人的精神世界的文化活动。报纸无论处于政党报纸还是商业报纸阶段，由于报纸或者被当作政党的"作战工具"，或者作为"谋利工具"，人文精神在很大程度上被淡化了，掩盖了。生动活泼、丰富多彩的人的活动，在宣传战和新闻买卖中常常只剩下物与物的交易、政权之间的较量。而到了进行这些交易和较量的条件逐渐淡化的时候，新闻传播中的人的精神活动才会更多地得到重视和获得更多的反映，新闻活动中才能广泛地体现出更多的人文关怀。

　　互联网兴起对新闻业甚至传播业产生了巨大的影响，传统的传播业在疲于应付之中产生了技术崇拜思潮，即使新闻业这样典型的内容产业也纷

① 　杜骏飞 . 新闻是人，新闻学是人学 [J]. 国际新闻界，2018（02）：22-29.
② 　童兵 . 科学和人文的新闻观 [J]. 新闻大学，2001（02）：5-9.

纷纷服膺于技术的决定性。互联网仅仅是传播的渠道，它并不能决定内容的品质，更不能产生深刻的思想。因此，如果过分陷于技术迷思，则新闻业将面临双重工具化的威胁，即作为传播渠道的工具化和作为传播技术的工具化，新闻业的人文属性将面临进一步被压迫的危险。在这种背景下，常江和安德森等认为："新闻学应当建立一套在本质上是人文主义的认知系统。"[①]这种观点可以说具有双重反思的意味，它不但是针对互联网传播渠道的技术霸权而言，也可以说是把传播学作为单纯社会科学的再次反思。

其次，抛开学术历史，仅从新闻业和传播业的自身特征而言，它们也离不开人文价值关怀，因为传播活动毕竟是社会活动而非自然现象，社会活动终究是人的活动，因此陈昌凤[②]提出人始终是传播关系中的主体。实际上，传播学的文化批评或政治经济批评等，都属于价值关怀类型的研究。

总之，不能一提到传播研究就理所当然地想到经验主义研究，甚至进一步想到实证主义研究，这样狭隘的思维不但阻断了问题意识，也使得研究方法的可选择路径非常有限，很不利于学术研究能力的提高。不少照猫画虎的传播"经验研究"，可能与这种狭隘的观念有密切的关联。

人文科学研究与社会科学研究之间有明显区别：

首先，问题意识的来源不同。经验主义认识论认为知识来源于经验，因此社会科学的问题意识来源于经验现象。人文科学的问题意识则来源于概念世界，因为价值关怀类概念在经验世界中没有对应物。不过，这都是就最终来源而言，如果从直接的问题灵感来源而言，则人文科学与社会科学的问题意识都既可以来源于经验现象的触发，也可以来源于思维活动的触发。

其次，研究的方法论不同。社会科学研究采取的是经验主义方法论，即需要系统地搜集和分析经验资料，这一点对于自然科学与社会科学研究而言都是一样的，不同之处在于自然科学的方法对资料的搜集与分析都有

---

① 常江，田浩.克里斯·安德森：新闻学应建立人文主义的认知系统——新闻研究的范式革新与价值重建 [J].新闻界，2020（03）：4-11.

② 陈昌凤.传播关系千变万化，人是不变的主体.全球传媒学刊，2021（01）：1-2.

较为严谨的规定，而社会科学方法往往只规范资料搜集或分析中的一个环节。人文科学范式与上述不同，它可以既没有经验资料搜集环节也没有资料分析环节，因为无法在经验世界中找到能够表征"应然"概念的资料。简言之，人文科学采用的是哲学思辨的方法论。

最后，论文的结构特征不同。社会科学研究过程的结构性较强，也就是对流程以及各环节均有相应的要求，反映在论文上其结构性特征比较明显，前后相继，通常分为五个部分：引言—文献梳理—研究方法—研究发现—结论与讨论。实证主义论文较为广泛地接近这个结构模型，诠释主义论文的结构性稍弱。人文科学取向的研究针对规范知识，主要以思辨逻辑建立文章结构，而不同研究者的思辨方式差异很大，因此人文科学取向的论文没有一致的结构性特征可言。

第二节　理论研究与应用研究

学术研究活动可以按照研究的目的分为理论研究与应用研究，前者是为了建构或发展理论，后者是为了对实践有所启发。因此，通常所说学术研究是为了理论建构就属于狭义概念，就广义而言，运用知识改进实践的研究也可以被称为学术研究。后者所获得的知识即为应用知识。

把学术研究活动区分为理论研究和应用研究，这是相当悠久的传统，在中国甚至可以追溯到现代学术的起源。严复在其译著《原富》一书的按语中就指出了"学"与"术"之间的区别："盖学与术异，学者考自然之理，立必然之例；术者据既知之理，求可求之功。学主知，术主行。"1911年梁启超在《国风报》发表的文章《学与术》中也表达了类似的意思，他的举例颇生动形象：

　　学也者，观察事物而发明其真理者也；术也者，取所发明之真理而致诸用者也。例如以石投水则沉，投以木则浮，观察此事实，以证明水之有浮力，此物理也。应用此真理以驾驶船舶，则航海术也。

......

学者术之体，术者学之用，二者如辅车相依而不可离。学而不足以应用于术者，无益之学也；术而不以科学上之真理为基础者，欺世误人之术也。

可见，无论是严复还是梁启超，都是将"学"与"术"分别对待的，"学"指的是事物之中的规律，"术"指的是运用规律解决实际问题，"学"的目标在于"理"，"术"的目标在于"用"。那么，相应地，探究规律的研究就是理论研究，其目的在于发现或改进理论；探究如何运用规律的研究就是应用研究，其目的在于改进实践。

更具体地说，理论研究通常是从现象到理论，因此结论是抽象的；应用研究通常是从理论到现象，因此结论是具有操作性的。理论研究解决"是什么"和"为什么"的问题，而应用研究解决"如何做"的问题，两者的方向正好相反。

学术研究分类的方式很多，为什么要提出这种方式呢？因为从大量稿件的情况看，相当多作者对研究的目的并不很清晰，不知道论文最终要达到什么结果，往往到最后部分既没有看到理论创新也没有看到实践启发。因此，这样的分类就在于提醒研究者要有非常明确的目标，研究者一定要问自己：我通过这个研究是要解决什么样的问题，是要得到什么样的理论创新，还是要对实际工作提供一定的参考？然后紧紧盯住这个目标开展研究和撰写论文。为了便于理解，下面尝试以"模型"的方式来分别说明理论研究和应用研究。

一、理论研究模型

最终以回答理论疑问为目标，即或者为了获得新的知识，或者为了扩展现有理论，总之是为了增加人类知识总量的研究，就属于理论研究。有时候，也将理论研究称为基础研究，可能是因为应用研究是建立在理论研究基础之上的缘故。在实际的研究过程中，理论研究可以分为两种类型，用公式表示是"理论－理论"模型和"经验－理论"模型。

（一）"理论－理论"模型

"理论－理论"模型的含义是通过对既有理论概念的演绎来产生新的理论或者扩展现有理论。数学与形而上学哲学是这方面的典型，它们往往是从一些基本的概念前提或理论前提开始，演绎出新的知识来。社会科学领域也有这样的研究，规范研究基本上属于这种类型。这类文章不需要经验资料搜集过程与方法，而是采用对概念进行逻辑思辨的方式演绎出新的观点。

传播学中这种类型的研究主要是规范知识研究，包括价值关怀类研究与形而上学类研究等。经验知识不宜采用这种研究模型，因为经验知识具备可验证性，因此采用哲学思辨的方式一般难以确立结论的可靠性。有的研究对经验问题采用哲学思辨方法，通常只能隔靴搔痒地议论一通。

（二）"经验－理论"模型

"经验－理论"模型，即通过对经验现象的研究提炼出一定的理论。这里的"经验现象"指可感知可观察的社会现象等，因此这是经验主义的认识论。近代自然科学和社会科学都深受经验主义的影响，强调在感性经验的基础上提炼出知识。这种模型是社会科学研究的主流。

"经验－理论"模型与"理论－理论"模型的目标是一样的，最终都是为了推动理论创新，无论其结论是宏大的理论还是所谓的中层理论。通常，"理论－理论"类规范研究更倾向于生成宏大理论，而"经验－理论"类经验研究更倾向于生成中层理论。"经验－理论"是从经验材料中"研究"出新的理论成果，"理论－理论"是由理论概念"推导"出新的理论成果。前者主要采用归纳法，后者主要采用演绎法。

二、应用研究模型

与理论研究相对应的是应用研究，应用研究的目的是对实践提供建议，比如给社会公众的建议、给媒体机构的对策、给政府机构的咨询等。

应用研究也可以分为两种类型，用公式表示即"理论－经验"模型和"经验－理论－经验"模型。

（一）"理论－经验"模型

"理论－经验"模型，就是典型的"用理论指导实践"，也就是根据理论来告诉实践者应该如何做或者如何做得更好。应用研究的前提是运用理论视角或研究方法，这是它体现自己学术品质的关键。由于传播学的理论有规范理论和经验理论两种，所以这类应用研究的理论也有两种情形：用规范理论来指导实践时，运用传播价值观或伦理观方面的理论体现学术性；用经验理论来指导实践时，运用科学的研究方法或理论视野体现学术性。

传播学尤其是新闻学本来是实践性很强的学科，"理论－经验"模型按说应该较多，但实际情况是大量的研究与应用没有直接关系，因此这种模型反而并不多见。那些号称"应用研究"的期刊，刊登的几乎都是业务体会或工作交流文章，并没有运用到系统的理论知识，因此实际上并非学术研究。个人的研究取径无可厚非，但如果整个学科都主要走向理论研究，就与传播学的学科特点不完全符合。应用研究如果长期被忽视，对于传播研究丰富自身的问题意识，对于推动学术研究与实务界形成良性互动的局面都是不利的。

（二）"经验－理论－经验"模型

"经验－理论－经验"模型展示出来的意义是：研究者通过经验研究获得新的理论或者改进理论，然后运用所获得的理论来建议改进实践。它和"理论－经验"模型的相同之处在于最后都是生成应用性的结论，甚至直接提出实践改进的建议；不同之处在于"理论－经验"模型是直接运用理论来分析现象或事件，而"经验－理论－经验"比前者要多一个环节，即首先对现象或事件进行分析，提出理论改进之后再提出应用性的结论或建议。

"经验－理论－经验"模型还可以与"经验－理论"模型比较，它其实是在后者的基础上增加了对策建议而成。这种模型的关键在于中间的理论生成环节，即通过对现象和事件的研究要首先生成理论，这既是作为学术研究品格的需要，也是下一步提出应用性建议的依据。没有这个环节，这类文章就失去了核心的灵魂，沦为空泛的议论和没有理论依据的空想性"对策"。

可能有人会问，为什么没有"理论－经验－理论"模型，也没有"经验－经验"模型呢？那么，我们看看"理论－经验－理论"模型代表了什么含义：用理论优化实践，再通过实践检验理论，之后改进理论。这在逻辑上是完全成立的，但作为学术论文基本上不会出现，因为这样的话恐怕研究工作的时间会拉得很长，困难大得多。因此，这个模型在实际中裂变成"理论－经验"和"经验－理论"两个模型，显然更有利于提高研究或实践效率。而"经验－理论－经验"模型不一样，虽然也是三个环节，但理论提炼出来后，提出优化实践的建议并非难事，很多时候是一个"顺带"工作，但对于提升文章的价值是大有助益的。

至于"经验－经验"模型，对于学术而言是无法成立的，因为它意味着思维始终在现象的层面流动。况且，能用实践来直接为别的实践提供借鉴吗？或者有人说"可以"，我们不是经常进行工作交流吗？实际上，你去与别人交流相同或类似的工作，回来借鉴是完全可能的，但是显然经过了你的思考，考虑借鉴哪些不借鉴哪些，这本质上是一个理论化的过程；或者没有这个理论化过程而直接借鉴具体办法，那也是属于经验层面的传承，与理论应用无涉。因此，"经验－经验"模型作为理论研究类型是不会存在的。

图 2-1 意在形象地说明四个模型的区别。我们把行动划分为实务层和理论层，图中左边的实线箭头表示从经验中提炼理论，也就是"经验－理论"模型；右边的虚线箭头表示运用理论分析经验，也就是"理论－经验"模型；左边和右边的箭头结合起来，表示从经验中提炼理论，然后运用理论优化经验，也就是"经验－理论－经验"模型；上边的浪线箭头表示运用理论概念演绎出新的理论概念，也就是"理论－理论"模型，实际上也就是哲学研究模型；下边的点线箭头表示在实务层面循环，因为没有系统

地运用学术概念而通常运用了日常概念来分析实践,因此不属于学术性的
研究,直观性的议论和介绍等一般属于此类。

图 2-1　理论研究与应用研究分类示意

当然,上述四种模型只是为了比较直观地说明问题,因此是简约化后
的结果,学术论文并非一定得遵照这个程序。总之,这几个公式描述的主
要是思维方式,而非固定的研究流程。

要说明的是,理论研究被认同为学术研究是毫无疑问的,但是应用研
究是否可以作为学术研究呢?其实是可以的,比如理学属于理论研究,而
工学属于应用研究,因此传播研究也应该有应用研究。而且,对于传播学
这种应用性很强、有具体行业作为经验来源的学科而言,应用研究不但具
有合法性,而且具有很强的现实意义。当然,作为学术研究的应用研究并
不等同于纯经验性的议论,即上述的"经验-经验"模型不能被称为学术研
究。一些投稿对经验资料进行了一番直观的述评,然后提出若干"对策",
这就属于"经验-经验"的情形。

三、传播研究的其他分类

传播研究除了可以划分为理论研究和应用研究外,还有其他众多的分
类方式,这里列举一些常见的分类方式:

一种分类是行政研究与批判研究。行政研究又被称为经验研究,指以
美国为主的聚焦于传播效果研究的取径,目的在于探究如何更好发挥媒体
的社会、政治、商业等方面的作用。批判研究反对行政研究将社会结构的
合理性作为前置性假设,聚焦于通过媒体实现对社会权力的批判。William
等人对两者的区别作了比较准确的介绍:

对所谓的经验或行政研究者而言，有关经济与政治机构（有时也包括社会和文化机构）的结构、权力集中化、支配-依赖关系特征以及既得利益的诱惑等问题，都在研究范围之外。批判研究探讨并集中研究政治与经济不平衡关系的变化，并认为它们是重大变化的先决条件。[①]

可以看出，行政研究多倾向于中观和微观研究，而批判研究多倾向于宏观研究；前者多采用实证主义范式，后者则更多地采用解释主义范式或思辨范式。行政研究以施拉姆开创的主流传播学派为主，批判研究则主要集中于文化研究和政治经济学取向。

另一种分类是探索性研究、描述性研究、解释性研究。探索性研究的目的是提供一些资料以帮助研究者发现问题从而确定更具体的研究目标，常常在正式的研究之前进行。比如一项大型的问卷调查研究之前可以进行探索性研究，选择少量的参与者来测试问卷的设计情况以便改进。描述性研究重在描述现象或事件的特点、功能等，回答"是什么"的问题。解释性研究重在探究现象或事件背后的原因，或解释其发生或变化的原因，是一种重在回答"为什么"的研究。

第三节　学术论文与非学术文章

笔者从十余年期刊主编工作中直接接触到的大量文章看，超过半数的作者并没有分清学术论文与非学术文章之间的区别，投稿的其实不是学术论文。而且十余年过去，这个状况并没有多大的改观，可见这一"症状"之顽固。本节对此进行讨论，以帮助避免这类无效劳动。

如何区别学术论文与非学术文章呢？直观地看，两者之间的差异似乎

---

① Melody, Mansell. the Debate Over Critical vs Administrative Research: Circularity or Challenge[J].*Journal of Communication*，1983，33（03）：103–116.

是"明显"的,因为前者与学术有关,而后者与学术无关。但这样的理解是非常表层的,相当于什么也没说,更无法指出学术论文的特征。归纳投稿情况,可以回到学术研究的目标,逐层深入地理解学术论文与非学术文章之间的区别。

一、学术论文是关于知识的文章

学术研究是为了获得理论创新性知识,那么学术论文的第一层含义应该是关于知识的文章。这意味着文章可以分为两类,一类是关于知识的,其余的不是关于知识的。

人类认识具有多层次性,它可以分为 4 个层次:符号、概念、命题、理论。所谓符号,指的是含有一定意义的标识物,比如一个汉字或一个词语就是一个符号。所谓概念,指的是对某一类事物的特征的描述。所谓命题,指的是对事物之间关系的描述。所谓理论,则是由诸多命题有机构成的一个体系。从符号到概念,再到命题和理论,正好是认识越来越复杂的过程。比如"人"字是一个汉字符号,表征现实中的人这种生物;"人"作为概念,则指的是能制造和使用工具,并运用语言进行交流的高等动物;马克思在《关于费尔巴哈的提纲》中指出"人的本质不是单个人所固有的抽象物,在其现实性上,它是一切社会关系的总和",这就是与人有关的一个命题;而马克思关于人的诸多论述,则构成马克思主义关于人的理论。前面说过,判断句即命题才构成知识,因此文章在围绕知识性命题进行讨论时,方属于研究性文章。有人可能会提出,有的文章对概念进行讨论或对理论进行评析,不也是学术研究吗?实际上,这些文章所讨论的问题依然是命题性的,比如某个概念的含义是什么之类的讨论,这显然是命题性的。

与知识性文章相对的,大量的文章不是知识性的,即它们并不讨论与认识有关的命题,而可能有各种各样的其他目的,比如新闻告诉人们最近发生了什么,小说则虚构发生了什么,书信用于沟通情感或事情,日记用来记录每天的思想或事件,通知用来发布事项,业务体会用来交流工作经验，行业报告用来描述现状与分析趋势，等等。当然，不是说这些类别的文章中绝对不包含知识成分，比如古人的日记中关于某个天文现象的记录，可能成为今天的人们的知识，但它们就整个文章而言不是以探索或传播知识为目的。

因此，在这个层面，作者要检视自己的文章是否是知识性的。比如相当多的"历史研究"仅仅是对事件或人物的叙述，既没有发掘出新的史实，也缺乏基于现有史实提炼出的新的史论。它就仅属于"讲故事"，告诉读者"发生了什么"，而非探究真实的历史面貌"是什么"，也就是不属于知识性的。

比如一篇关于我国 20 世纪 20 年代某著名新闻学著作出版历程的文章，第一部分讲述著作写成的过程；第二部分讲述其在国外出版未果，在国内与知名出版社接洽遇挫，最后自费出版的经历；第三部分讲述著作被公然抄袭的际遇，以及最终被国内出版社出版的结果。很明显，这篇文章是纯叙述式的，作者只不过是将现有的史实进行了整理，按照自己的故事线讲述出来，并没有为读者提供史实或史论方面的知识增量。因此，尽管这篇文章下了大功夫，史料扎实、表达流畅，但很遗憾它并非学术文章，而只能算是资料介绍性的文章。

二、学术论文是关于理性知识的文章

知识可分为常识和科学知识、感性知识和理论知识，而学术研究的目标在于获得科学知识或理论知识，我们把它们统称为理性知识。所以学术论文的第二层含义在于，它是关于理性知识的文章。相当多的投稿不属于学术研究，讨论的是感性知识等而非理性知识是一个非常重要的原因。

认识论认为，人们的认识分为感性认识和理性认识两个阶段。感性认识是认识的初级阶段，它依赖于事物对人的感官刺激，包括感觉、知觉和表象三种形式，它具有直观性、生动性的特征。理性认识是认识的高级阶段，是在感性认识的基础上发展而成的，它依赖于人的抽象思维，包括概念、判断、推理三种形式。理性认识要以感性认识为基础，但理性认识又要超越感性认识。

从感觉、知觉和表象这些认识途径可知，感性认识具有直观性。比如关于今天成都气温的描述，"今天很热""今天很凉爽""今天很冷"都可以称为认识，因为它属于对客观世界"是什么"的认识。但是，它们都是直接感受性质的。然而，理性认识却无法通过感觉直接获得，而需要通过概念、判断、推理这些复杂的思维过程。比如同样是关于今天成都气温的描述，"平均气温 25℃"就具有理性认识的特征，因为你无法直接感觉到，而是需要运用科学的测量手段和概念、判断、推理这些思维方式获得。比如我们需要用一个温度计，并对测量结果进行分析计算后才能得到成都今天的平均气温。很明显，感性认识因为依赖个人直觉，可能因为不同的认识主体而变动不居；理性知识则在不同的认识主体之间具有更强的一致性，也就是实现了对共性或"共相"的认识。

培根[①]关于认识有一个著名的妙喻，可以帮助区分感性认识与理性认识：

> 历来处理科学的人，不是实验家，就是教条者。实验家像蚂蚁，只会采集和使用；推论家像蜘蛛，只凭自己的材料来织成丝网。而蜜蜂却是采取中道的，它在庭院里和田野里从花朵中采集材料，而用自己的能力加以变化和消化。哲学的真正任务就正是这样，它既非完全或主要依靠心的能力，也非只把从自然历史和机械实验收来的材料原封不动、囫囵吞枣地累置在记忆当中，而是把它们变化过和消化过而放置在理解力之中。

借用培根的比喻，很多感性文章就是蚂蚁和蜘蛛的做法。蚂蚁仅仅是把原材料搬来搬去，尽管可能有新的组合，但依然保留着材料的"原貌"，代表了那些仅仅把事实或现象拼凑在一起而缺乏问题导向的文章；蜘蛛仅

---

① 培根.新工具 [M].北京：商务印书馆，1984：82-83.

仅是搜索枯肠吐出丝来，代表了那些依靠想象闭门造车类型的文章；也有蚂蚁与蜘蛛的结合体，即尽管有经验资料的搜集，但对资料的分析是想象式的，并未使用学术研究方法。真正的学术论文需要像蜜蜂那样，既要采集原料，还要对其消化分析，才能获得脱离了原料"原貌"的理性知识。

因此，在这个层面，作者要检视自己的文章是否发现了理性知识，因为传播感性知识不是学术论文的任务。在这方面有相当多的文章误入歧途。常见的感性知识类文章有业务类、工作类、行业类、随想类或议论评论等。

（1）业务类

学术期刊和业务类期刊不同，前者一般不刊登业务类文章，业务类文章以投向业务类期刊为宜。比如某文章讨论新闻导语写作的特点，还有一篇文章讨论广告音乐的运用策略，另有一篇文章讨论电视新闻节目制作的创新趋势，这些都是业务探讨类别的文章，其重点是分析如何去"做"的问题，而不是得出理论方面的结果，也没有运用理论概念去分析，因此它们并非学术论文。

（2）工作类

学术期刊一般也不刊登工作类文章，因为工作类文章也不以理论创新为目标，而是解决工作中的思想问题和实践问题等，这些问题说到底还是如何"做"的问题。比如某文章探讨县级融媒体的"发展思路与对策"，另一篇文章讨论自媒体治理的"经验与启示"，甚至有投稿直接叫某方面的"工作研究"，这类文章一望而知是工作性的，不适合在学术期刊登出，可以在业务类或工作类杂志登出。

（3）行业类

一些投稿类似于行业报告，也不是学术论文，同样不适合在学术期刊登出。陈力丹等就指出"学术论文不能写成行业工作总结"[①]，针对的就是这种现象。比如某文章分析电视节目制作的"新景观"，另一文章讨论融合媒体时代记者面临的"机遇与挑战"，这些行业性的分析可能对业内的媒

① 陈力丹，廖金英.学术论文不能写成行业工作总结 [J].新闻与写作，2018（04）：100-102.

体单位或从业人员有价值，但没有提供知识的增量，因此不属于学术论文。

（4）随想或议论评论类

这类文章主要由作者的感想和议论构成，对事件或现象发表个人观点，正因为如此，它具有很强的主观性，因为不同的人有不同的感受或看法。比如某文章是对网红带货的"传播学思考"，另一文章认为应该在公共危机事件中"加强新闻发言人制度建设"。这类文章与学术论文需要学理性来形成观点或结论有根本区别，因此也不是学术论文。

业务类、工作类、行业类问题并非不可以做学术研究，也并非不可以写这方面的论文，而是绝大多数这类文章都不具备学术性。前面已经讲到，学术研究可以分为理论研究与应用研究，业务类等问题是可以作为应用研究的学术问题的，但是需要具备两个必要的条件，其一是运用理论概念和体系来分析问题，其二是有相应的研究方法。离开这两个条件，这类实务性文章就谈不上"研究"性，更谈不上学术性，它的观点或结论不具有知识的客观性与普遍性。

需要提醒的是，上述第四类即随想或议论评论类文章是投稿中非常常见的"论文"。很多作者之所以容易陷入这个误区，估计是受到中学阶段写议论文的影响，以为学术论文最终是得出某个理论性结论，这和议论文论证某个观点的写作目的似乎是相同的。其实两者之间有本质的区别，且不说它们所要解决的问题根本不同，就是获得观点或结论的过程与方式也有根本不同。议论文是先有观点再做论证，学术研究是先有研究过程才能得出结论，规范的学术研究在研究过程结束之前是不知道结论的。如果将学术研究写成议论文就堕入了经常被批评的所谓"观点先行"了。议论文往往是将一个所谓的中心论点，分成几个分论点，然后对每个分论点进行论证，而论证论点的时候往往是举例子。不少的"论文"也写成了这个样子，将一个核心观点分成几个小的观点，对每个观点举一两个例子，这完全不是学术研究的方式，因为连归纳法的知识可靠性都受到怀疑，何况于举例子这种论证方式。至于一些文章标题中就有"浅议""浅论""思考"之类，明显就不是学术研究，而是典型的随感性文章了。

笔者并非认为感性知识不重要，业务讨论、工作分析、行业报告、随想议论等类文章，在不同的场景下均具有重要的用途。只不过，学术论文的特点和目的都与非学术性文章不同，在学术写作中千万要分清两者之间的区别。如果混淆了两者，将"论文"写成了感性知识类的文章，就与学术研究和学术论文追求理性知识的特点迥然有别。当然，有的新闻传播期刊是理论与实务混合型的，既刊登学术性文章，也刊登一些业务性等实务类文章，但这并不能否定学术论文与非学术性文章之间的根本区别。

三、学术论文是关于理性知识创新的文章

再进一步讲，并非所有关于理性知识的文章都是学术论文。从学术研究的本意而言，学术论文应该是具有知识创新价值的文章。这是学术论文的第三层含义。

这里涉及广义学术性文章和狭义学术性文章的分类。广义的学术性文章，指凡是以理性知识创新、传播和评论等为目的的文章，比如教科书、文献综述、书评、学术思想介绍、理论评论等。狭义的学术性文章，指在理论上有原创性价值的文章，即通常所称的研究论文。学术期刊一般以研究论文发表为主，因为这类文章才真正代表了本领域的理论进展。

因此，在这个层面，作者要检视自己的文章是否具有学术创新价值，也就是说作者应该在理论探究方面发现别人所没有发现的知识，使论文具有理论创新的意义。这方面存在的问题相当突出，相当多的文章虽然是关于理性知识的，但并不具有创新意义，而是陷入了介绍性的、验证性的、重复性的研究以及虎头蛇尾、教科书式、综述文章等误区。

（1）介绍性文章

一些投稿对某个著名学者的思想或其著作进行了解读，或者对某个学术流派进行了介绍，或者对某方面的研究动态进行了梳理，这类文章并不具有原创性的学术贡献。比如，某文章以列斐伏尔的几本代表著作为例梳理了他的学术思想，尽管资料翔实逻辑清晰，也有较好的可读性，但并没有提出自己的见解，而只能被视为介绍资料。

（2）验证性研究文章

一些文章花了很大的力气，构建了复杂的过程，最后无非是用经验资料来证实现有理论的有效性。比如一篇文章研究环境危机事件中网络用户参与行为的影响因素，最后的结论是动机能够显著影响用户的参与意愿与行动等，这无非是再次验证了"动机－行为"理论，与之前大量研究的结果并没有差异。不少作者先提出一个理论框架，然后把经验资料或经验现象放在这个理论框架中去分析，最后的结论是该理论"有效"。这类"研究"实际上是没有多大意义的，因为学术研究的主要任务不是去验证现有理论或成果的"有效"，而是要在原来的基础上对理论有所创新。既然别人的理论都已经"有效"了，还去验证它能有什么意义呢？

（3）重复性研究文章

一些文章通过复杂的研究得到的，无论是理论性的结论还是对策性的建议，都是非常陈旧的观点，甚至是常识性的观点。这就是通常被批评的通过复杂的研究得出了一个不需要研究的结论，是一种为研究而研究的做法。比如，不少人对国外的媒体进行研究，结论是西方的报道对中国存有意识形态偏见。这样的研究和结论已经很多了，那么再次研究的理论创新体现在什么方面？又比如，现在游戏中的数字劳动研究似乎很受欢迎，因此一些文章的研究结果是数字劳动有被剥削的一面，也有带给劳动者娱乐的一面，这样的结论不但是似是而非的，而且早就算是常识了。

（4）虎头蛇尾类文章

一些文章提出了较有意义的问题，但是结论却很平庸，表明研究者在过程中并没有紧紧围绕设定的问题。比如一篇文章关注青少年网络隐私保护问题，由于青少年的网络接触时间长而且缺乏社会经验，因此他们的隐私保护是值得探究的问题。但是文章的结论是学校和家长应该注意培养青少年的隐私风险意识。这样的结论是很表层性的，并不需要通过复杂的研究就可以想到，当然也谈不上具有学术创新意义。

（5）教科书式文章

教科书讲授专业知识，可以说是理性知识的，但它仅仅是将现有的知识告诉给读者，因此谈不上创新。学术论文如果写成教科书式的，就不具有创新价值了。这样的文章往往结构宏大，但对其中每个方面都浅尝辄止。比如一篇文章的标题是《突发性公共卫生事件的组织传播》，这样宏大的问题恐怕需要一本专著才能说清，在一篇期刊论文中只能蜻蜓点水。这种情形实际上表明作者缺乏问题意识。那些标题中问题宏大的文章，比如一般冠以对某某的"传播研究"之类，绝大部分其实都缺乏明确问题，最多也就是像教科书那样进行了一些现有成果的介绍和评论。

（6）综述性文章

综述性文章究其本身而言并无原创性的价值，尤其是那些用一大堆文献堆砌出来的综述，更像是凌乱学术碎片的拼凑物。高质量的文献综述有相当大的价值，可以为读者提供研究动态以及相关的思考。但一些综述文章主要叙述了别人做了什么，现在有哪些观点，并没有自己的核心问题驱动。另外，由于计算机技术的兴起，常见将文献计量学与可视化技术结合起来，画出一些统计表格以及可视化词云图等，看起来很酷炫，但是因为缺乏明确的问题导向，同样难以具有理论创新价值。

研究者尤其是初学论文撰写的研究者，要时刻注意自己是否按学术论文的基本特征在写作，这是一个至关重要的基本功。大部分的投稿事实上会因为基本知识方面的缺陷而被退稿，其中一些文章并非不认真，因为这些文章篇幅可观而且资料颇扎实，有的行文也相当流畅，看得出是花了很大精力的，但最终的结果难免让人非常遗憾，一个相当重要的原因就在于写出的并非学术论文，可能由于作者对于学术论文与非学术文章之间的区别没有弄清楚。因此，作者在写作中要有意自问：我写的这篇文章是关于知识的吗？是关于理性知识的吗？是关于理性知识创新的吗？以此循序渐进的"三问"而尽量避免出现南辕北辙的情况。

最后，以一个结构图来说明学术论文与其他文体之间的关系（图2-2）。图中由外向内最大的圈层是所有文章的总体，包括知识类文章，也包括非知识类文章比如叙述性文章等；第二个圈层是知识类文章的总体，包括学术性文章，也包括感性知识类文章比如业务类、工作类、行业类的经验、总结、报告等，以及随想或议论评论类等文章；第三个圈层是学术性文章的总体，包括原创性文章，也包括非原创性文章比如介绍性文章、综述性文章、书评类、动态类等文章；最里面一个圈层是原创性学术文章的总体，是真正对人类知识产生增量的文章。一般地，学术期刊主要刊登第四圈层即最小圈层里面的文章，有的期刊也少量地刊登第三圈层里面的文章，即刊登一些综述、述评、述评、动态等类别的文章。第二圈层的文章多为感性知识类，一般刊登在业务类或工作类杂志上。第一圈层的文章则种类繁多，刊登在文学类、新闻类等媒体上皆可。

图 2-2　学术论文与其他文体之间的关系

第四节　案例说明

为了提高读者的感性认识，本书的讨论将结合案例文章进行，因此笔者选择了100篇《新闻界》已刊登的博士生论文作为讨论"应该如何"时的主要案例论文，选择了200篇未刊登的博士生投稿作为讨论应该"避免什么"时的主要案例文章。后文在提到这些文章时统称为"案例文章"。

一、100篇已刊登论文说明

为讨论"应该如何"，笔者从《新闻界》"博士生新论"栏目选择100

篇论文作为分析案例。之所以从《新闻界》中选取文章，是因为获得比较方便——它是笔者工作所在的期刊。之所以选择"博士生新论"栏目，因为博士生一方面是年轻学者中的主力，另一方面受到的学术训练相对比较规范，问题意识也比较敏锐，整体上可算是年轻学者中的骨干。《新闻界》的"博士生新论"栏目从2012年5月开始设立，为每月的固定栏目，每月通常刊登两篇文章，一直实行匿名评审制度。抽样时间从2017年第7期开始到2022年2月为止，该专栏所有刊出的论文正好100篇。

笔者对这些文章的作者来源机构进行了统计，以观察哪些学校的学生较多地向《新闻界》投稿。由于一篇文章的作者可以不止一人，加之少数作者会署名不止一个机构，因此作者来源机构超过100而达到了117次。大多数作者为单独署名，占100篇中的83篇，文章的作者人数最多为2人，说明《新闻界》开辟"博士生新论"专栏后，大大鼓励了博士研究生独立科研的精神。这些文章的作者来自中国、新加坡、美国、加拿大等的31所大学或其他类机构，国内著名的新闻传播学院均囊括在内（表2-1）。

表 2-1　作者所出现的机构及其频次

机构	中国人民大学	复旦大学	南京大学	武汉大学	暨南大学	中国传媒大学	北京大学	清华大学	厦门大学	中山大学
频次	15	15	11	9	8	7	5	4	4	4
机构	四川大学	重庆大学	香港中文大学	浙江大学	中国社会科学院大学	华东师范大学	南京师范大学	苏州大学	美国加州大学伯克利分校	新加坡国立大学
频次	3	3	3	2	2	2	2	2	2	2
机构	加拿大西门菲沙大学	上海交通大学	华中科技大学	中国社会科学院大学	南开大学	国防科技大学	上海大学	台湾世新大学	台湾政治大学	台湾辅仁大学
频次	2	1	1	1	1	1	1	1	1	1
机构	美国锡拉丘兹大学									
频次	1									

本书在分析"应该如何"时，会引用到案例论文的内容，目的在于为论述观点提供直观的资料支持，并使读者直接感受学术表达的语言特征，甚至体会到作者扎实的学风等。需要说明的是，在引用案例论文内容时如果涉及原文有参考文献时，所引内容仅保留了参考文献刊出时的序号，而不列出其参考文献内容，以免与本书的参考文献混淆并节约篇幅。同时，所引用内容中参考文献的序号与刊登时原文的序号保持一致，即保留了见刊时置于脚注或尾注中的参考文献序号。但是，笔者对角标标注格式与位置进行了统一。此外，为了节约篇幅，在引用原文时如果省略了部分内容，则用"……"代替，即省略号为笔者所加而非原文所有。

需要说明的是，这些论文固然有其优秀之处，但也并非均属完善，而主要是因为它们在所讨论的问题方面做得比较规范。同时，因为在讨论有的问题时案例论文中没有合适的对象，笔者选择了部分其他新闻传播学期刊论文、其他学科期刊论文，以及一些学术专著作为案例，甚至选择了少量国外学者的论文或专著作为案例，力求把所讨论的问题阐述得清晰一些，而不是刻板地局限于 100 篇案例论文之内。

二、200 篇未刊登文章说明

本书还将以 200 篇未刊登文章为例，来讨论在研究时应当"避免什么"。为此，笔者从《新闻界》投稿系统中博士生的投稿中抽取了 200 篇未采用的文章作为分析案例。之所以选择《新闻界》的投稿，与前面的原因一样是出于方便考虑。之所以选择博士生的论文作为分析案例，如同前面一样也是因为他们属于年轻学者，受到的学术训练大多比较规范，因此可以避免有较多的非学术性文章被纳入分析范围，从而使分析更有针对性。

这 200 篇文章或者在外审前被编辑部退稿，或者在外审时被建议退稿。不过，需要特别说明的是，这些文章并非都是不优秀的，它们中有些文章可能因为期刊和审稿人的水平或偏好而导致被误判，即实际上可能是优秀论文。事实上，有的文章后来就被其他期刊发表了。在分析时，笔者对所举案例的题目都修改了关键词，如果直接引用内容则同样修改了部分关键词，并隐匿了与作者有关的信息，但尽量保证与原表达"形不似而神似"。同样地，在引用原文中的"……"也为笔者所加而非原文所有。

这 200 篇文章的投稿日期大致跨越了近半年时间，即为从 2021 年初到 6 月下旬。文章作者覆盖了中国大陆和中国台湾开设新闻与传播专业的主要大学，英国、法国等国家的博士研究生也有出现，共计来源于 62 所大学或其他科研机构，主要来源机构是各著名新闻学院，但也有相当部分来源于社会学、马克思主义、艺术学、历史学、法学、政治学、文学等院系。大多数文章在 10000 字以上，最少者为 7183 字，最多者为 23566 字，中位数大约在 11000 字，表明大多数作者花费的功夫不小（表 2-2）。这更说明了掌握问题意识和方法意识等基本知识的重要性，否则很容易做无用功而浪费大量精力。

表 2-2　200 篇未刊登文章的字数分布情况

字数	6000 ～ 8000	8000 ～ 10000	10000 ～ 12000	12000 ～ 14000	14000 ～ 16000	16000 ～ 18000	18000 以上
篇数	10	38	57	45	21	14	15

需要说明的是，在讨论问题意识和方法意识等方面的常见不足时，除了以这 200 篇文章作为经验分析的案例，还基本上吸收了笔者在《传播研究方法与论文写作——对 180 篇文章的观察》（中国人民大学出版社 2021 年 6 月出版）一书中对 80 篇案例文章分析的成果，以使得结论具有更丰富的经验资料支持。从结果看，对 200 篇文章分析与对 80 篇文章分析的结论的差异不大，这表明两次研究所归纳出来的常见不足的确是较为普遍的现象。另外需要说明的是，笔者对案例论文或著作的理解可能有偏差或错误，请作者和读者谅解。

三、理论案例说明

本书除了运用实际文章作为分析案例，还将运用理论案例来分析如何发现问题意识。所谓理论案例并非指研究的理论视角，而是指从作为案例的理论的发展历史中观察如何发现研究问题。

本书将主要运用单一的理论案例，即议程设置理论。这样有很多好处。第一，以一个理论案例为主，避免了随意举例，使得全书的理论案例具有系统性。第二，读者在对议程设置理论了解的基础上即可以较为容易地理解相关内容，避免需要掌握过多理论知识的要求，因此降低了本书的阅读与理解门槛。第三，议程设置理论本身较为成熟，是传播效果理论中形成历史较久、研究相当深入、成果非常丰富的一个理论，因此从这个理论的发展脉络中可以方便地观察问题意识如何形成。

议程设置理论最先由麦库姆斯和肖提出，后来经过他们两人以及众多全球学者的继续研究而发展成为一个相当庞大的理论体系。麦库姆斯 2004年在英国、2005 年在美国出版了《议程设置：大众媒介与舆论》（后称《议程设置》）一书，系统地梳理了议程设置理论的发展历史，可谓是关于该理论最经典的介绍性专著。该书已经由郭镇之、徐培喜翻译引进国内。麦库姆斯的梳理条分缕析清晰透彻，郭镇之等人的翻译也准确流畅，可谓是相得益彰之作。此外，蔡雯与戴佳的《议程设置研究的历史、现状与未来——与麦库姆斯教授的对话》（《国际新闻界》2006 年第 2 期），郭镇之与邓理峰翻译麦库姆斯的《议程设置理论概览：过去，现在与未来》（《新闻大学》2007 年第 3 期），可以与麦库姆斯的专著结合起来阅读。对于议程设置理论本身的介绍文献，重要的还有刘海龙的《社会变迁与议程设置理论——专访议程设置理论奠基人之一唐纳德·肖》（《国际新闻界》2004年第 4 期），史安斌与王沛楠的《议程设置理论与研究 50 年：溯源·演进·前景》（《新闻与传播研究》2017 年第 10 期）。这些专著或论文都是了解议程设置理论概貌的重要文献。

根据麦库姆斯的描述，他与肖于 1968 年在美国北卡罗来纳大学查普希尔分校开始了媒体的议程设置效果研究，即"查普希尔研究"（Chapel Hill Study）。这项研究源于麦库姆斯 1967 年初浏览《洛杉矶时报》时闪现的一个疑问，当天有三条都足以作为头版头条的新闻，但是最后当然只有一条能够被刊登在该位置，另外两条则被安排在较为次要的位置，那么新闻被安排在次要位置后，其冲击力会不会降低？所谓的"冲击力"，即后来议程设置理论中的"显著性"，因此这个疑问实际上就是对于议程设置的疑问，一个空白的研究领域就此产生了。

1968 年的查普希尔研究的方法设计并不复杂，研究者根据 9 家媒体的报道数量排序决定出媒体议程的重要性顺序，同时根据抽样选民提及频次的排序决定出现实中大众议程的重要性顺序，然后分析两类议程之间的相关性。研究结果证实了猜想，因为"查普希尔的选民对这些议题的排列顺序与这些议题前 25 天在新闻媒介上的排列顺序几乎完全对应"。麦库姆斯等考虑到 1968 年研究的调查面较窄，遂在 1972 年总统选举期间扩大了调查范围，并在夏秋两季开展了三次调查，同样证实了议程设置效果存在。1976 年，研究者在三个差异很大的社区分 9 次进行调查，结果仍然证实了议程设置效果存在。这次研究中，还重点关注了媒体议程与公众议程之间的因果关系，结果表明是媒体议程影响了公众议程，而不是相反。这些研究奠定了议程设置理论坚实的基础，并引起了全球对该理论的研究兴趣，后来的研究均较好地支持了议程设置效果的存在。这是议程设置理论的第一层面，也被称为客体议程理论层面。

随着研究的深入，议程设置理论进入到第二阶段即属性议程层面，研究议程属性比如候选人、议题显著性的转移等；以及进入到第三阶段即议程网络层面，也就是把新闻报道的测量与对客体和属性的测量结合起来考察媒体议程显著性的转移情况。进入互联网时代后，更是涌现出大量新媒体议程设置效果的研究。根据研究者的梳理，自从 1968 年提出议程设置理论以来，"已有几百项关于新闻媒介议程设置影响的实证调查"[1]。这些众

---

① 麦库姆斯. 议程设置：大众媒介与舆论 [M]. 北京：北京大学出版社，2018：12.

多的研究除了针对客体议程、属性议程、议程网络和新媒体环境下的议程设置效果外，还提出了大量更为细节的研究问题，比如前面提到的媒体议程与大众议程的因果关系问题，以及议程转移中的显著性测量问题，媒体议程的设置问题等。总之，议程设置理论不断发展和完善的历史，为我们提供了一个观察如何寻找研究问题，甚至如何设计研究方法的优质样本。

第二篇

问 题 意 识

　　问题意识指提出具有研究价值的问题的意识或能力。问题意识不但是学术研究的起点，而且是研究工作中的难点。问题意识的灵感要么来源于对理论的反思，要么来源于对经验世界的审思，这两者之间相互激荡、循环往复，从而通向对未知的探索之路。

第三章

问题意识概论

问题意识的核心是要解决什么是问题意识、研究问题的来源及其合法性等问题。问题意识的来源既依赖于怀疑精神、理论洞悉与经验审思能力，也依赖于具体思维方式的养成。在能力培养的基础上，正确的思维方式能够发挥"临门一脚"的作用，有助于问题意识的最终浮现。

第一节　问题意识的含义

在学术研究中，问题意识是一个耳熟能详的概念。不少时候，文章被评价为"缺乏问题意识"或"问题意识不强"，这种情形往往意味着整个研究被否掉，足以表明问题意识之重要。

前面提到，问题意识首先意味着提出"疑问"，其次意味着提出知识性"疑问"，再其次意味着提出能推动知识创新的"疑问"。现在按照这个思维对问题意识的含义进行逐层深入的讨论。

学术研究是针对知识性疑问进行探究，因此学术论文中必然包含疑问，那些对现象或事件进行介绍、描述或评论的文章，以及那些业务交流或工作交流类文章，都不包含疑问更遑论知识性疑问，因此明显属于缺乏问题意识的情形。这是对问题意识的第一层理解，即需要培养怀疑能力。

人类大抵是生而有疑的，对于不了解的事物总是充满好奇心。最多的是日常生活中的疑问等，比如"你今天去上课了吗""今天天气很冷吗""成都在中国的什么位置"等，它们分别代表了日常生活疑问、感性知识疑问和常识性疑问等，但都没有包含对知识的疑问，即不是理论疑问，因此不形成学术研究的问题意识。这是对问题意识的第二层理解，即需要培养理论怀疑能力。

即使提出了知识性疑问，但是如果该疑问已经被人研究过，也不能称为是合法的研究问题。它通常被称为"重复研究"。因此，具有研究价值的问题应当是具有知识创新意义的问题，换言之该问题一旦得到解答就可以推动理论进步，比如产生新的理论，或者改进原来的理论等。这是对问题意识的第三层理解，即需要培养理论创新意义方面疑问的能力，通俗地讲就是发现别人"没有研究过"的理论问题的能力。

通常地，具有学术创新意义的研究问题，或者说具有研究价值的问题至少应该具有下列特征之一：

①提出新问题（狭义），即提出尚未有人研究过的理论问题。很多现在看来已经成为常识的理论，在当初提出来的时候都是新的疑问。新问题可大可小，较大的问题可能产生一个学科、一个学派或者一个理论；较小的问题则可能对现有的理论进行一定的修正。当然，由于学术已经发育得相当成熟了，因此想提出宏大的研究问题是比较困难的，绝大多数问题都偏于微观，实证研究更是如此。而且一般地，宏大的研究问题需要的工作量很大，更是增加了提出问题的难度。在传播学领域，由于互联网迅速兴起对传播格局的重构，大量的新疑问涌现出来。不过，因为新媒体发展实在太快，导致相当多的新媒体研究仅仅是提出了问题，远未达到建构完备理论体系的程度，这意味着需要大量的后续研究，为传播研究提供了非常好的问题"富矿"。此外，新问题之"新"的标准，固然可以在于之前没

有人研究过，但是如果有人研究过，而研究者对其结论有疑问时，还是可以对其重新研究的，这时也被视为"新问题"。不过，它最终是否成为"新问题"，取决于研究结论是否具有理论新意。

②运用新方法，即运用新的研究方法研究现有的问题。一个问题可以用不同的方法研究，有时候采用新方法也可形成问题意识。不过，这种问题意识是否成功通常取决于最后的结论是否有创新性，如果最后的结论和原来的结论雷同，那么一般地并不被认为是新问题，否则的话任何研究问题换一个方法就成为学术"创新"了。有的投稿声称自己运用了某种新的方法，所以是有"创新性"的，这通常是一种误解。另外，有一种情形尽管不一定对结论有所创新，但仍然可以形成问题意识，即对一些理论假设的实证研究。不少问题刚提出来时，往往仅仅是依靠逻辑分析而没有获得实证支持的。比如霍尔提出的编码和解码理论最初是演绎理论性质的，后来莫利的《＜全国新闻＞：电视与受众研究》才将其放在经验中进行了检验，使之获得了实证的支持。当然，莫利的研究不仅仅是证实了霍尔的编码理论那么简单，它还有自己的发现，但通过经验研究证实编码理论仍是其重要的理论贡献。

③运用新理论，即运用新的理论视角研究现有的问题。它同样依赖于是否获得了新的结论而非仅仅运用新理论。不过在社会科学研究中，一般而言运用了新的理论视角自然会得出新的结论或观点，这是由于理论视角不同本身会导向不同的答案。比如，运用符号学理论和运用传播效果理论来分析某个传播现象，结论可能有很大差异。即使在传播效果理论之中，比如使用议程设置理论和使用知识沟理论来研究某个现象，所得到的结论也很可能是大不相同的。但是，并非换个理论视角就形成了有意义的问题意识，因为用以作为分析工具的理论视角与其分析对象之间存在适当与否的问题，因此为什么要运用该理论，需要考虑并在论文中阐释。有的投稿可能认为运用一个别人没有用过的理论可以显示自己的"创新"，于是把一些生僻的理论搬出来，或者把其他学科甚至自然科学领域的理论套用过来，运用编造的子虚乌有理论的情况也有，这些都是对理论视角创新的误

读。举个极端的例子，用万有引力的理论去研究传播效果问题会合适吗？显然是削足适履非常牵强的。因此，运用新的理论视角去研究传播现象固然能够形成问题意识，但前提是这个理论视角的确是别人没有使用过的，而且是适合用来分析研究对象的。

④运用新材料，即运用新的材料研究现有的问题。这里的材料其实指的是研究中所用到的文献资料或经验资料等。在历史研究中，新材料的发现和运用都是重要的问题意识，因为它们可能导致历史结论的重新书写；即使在结论不改变的情况下，重要历史资料的发现也具有很强的学术价值，能够加强现有的历史结论。更常见的是非历史研究中运用新的经验资料来研究现有问题。比如，同样的传播效果理论，对中国的受众和对美国的受众而言可能是不一样的，这样就产生了研究问题的创新。这时要注意避免形式主义的创新，也就是仅仅换一下经验资料但是结论毫无新意。比如，如果某一问题是对全国受众进行过研究的，那么仅仅简单地变化研究对象而无新的结论，例如将研究范围变换成城市或农村、东部或西部、男性或女性等，学术意义都不大，因为普遍性的研究结论通常适合于解释特殊性。这时候，就需要更深地追问，对特殊群体的研究是要讨论什么样的新问题；相应地，最后的研究结论应该突显出针对特殊群体的理论特征，才能成功地确立问题意识。

上述四个方面其实就是问题意识的标准，研究者所提出的问题是否具有研究价值，可以用这四个标准进行衡量。而且，这四个方面往往不是独立的，可能同时出现两个甚至更多方面的创新，而目的一般都指向获得新的结论。仅仅有上述四个方面的创新而无新的结论，在多数情况下并不形成新的问题意识。此外，一个很重要的方面需要注意，即有时候即使提出的问题确实是有新意的，但是未必有多大的研究价值。比如有的论文去挖掘历史上一张不怎么知名的报纸进行介绍，但是这张报纸在新闻史上没有什么突出的贡献，因此它的研究价值不大，尽管这张报纸确实"没有人研究过"。又比如有的实证研究论文把别人研究过的问题换一个所谓的中介变量，而不管这样的中介变量替换是否具有理论意义或实践意义，尽管加入的这个中介变量的确"没有人研究过"。相当多的情形下，年青研究者以为获得了"没有人研究过"的问题，既可能不是理论问题，也可能是学术价值很小而没有人去研究的问题，如同路边的苦李无人采摘，其实是因为没有食用价值一样。

提出问题在研究中有着极为重要的作用，所谓"好的标题半篇文"在学术研究中同样适用，因为一个好的论文标题往往体现了一个好的研究问题，也往往意味着研究工作有了良好的开端。科学家们对发现研究问题有太多的经验之谈，比如爱因斯坦在与英费尔德[①]合著的《物理学的进化》中有一段著名的论述：

> 提出一个问题往往比解决一个问题更重要。因为解决一个问题也许仅是一个数学上的或实验上的技能而已。而提出新的问题，新的可能性，从新的角度去看旧的问题，却需要创造性的想象力，而且标志着科学的真正进步。

数学家希尔伯特则从正反两方面都指出了问题的重要性："只要一门科学分支能提出大量的问题，它就充满生命力；而问题的缺乏则预示着独立发展的衰亡和终止。"[②]波普尔则从知识历史性的角度认为，科学的发展是从问题开始，科学家针对问题提出各种竞争性的理论，经过批判和选择，最后又归结为新的问题。[③]

问题意识尽管重要，但培养和提升问题意识又绝非易事。潘忠党曾说，在研究中"选题要花到研究时间的 70% 以上"[④]，足见提出问题的不容易。笔者当年读工商管理硕士（MBA）时，毕业论文的研究问题也是思考

---

① 爱因斯坦，英费尔德.物理学的进化 [M].上海：上海科学技术出版社，1962：59.

② 林定夷.问题学之探究 [M].广州：中山大学出版社，2016：3.

③ 波普尔.知识：主观对客观 // 米勒.开放的思想和社会——波普尔思想精髓 [M].南京：江苏人民出版社，2000：57.

④ 夏倩芳.学术研究中怎样提出好的问题 [J].新闻记者，2014（11）：29–31.

了差不多一年的时间，总是在不断地提出设想然后去查证与斟酌，反复地提出又反复地推翻，最后才确定了研究的问题。由于问题经过了深思熟虑并通过了文献梳理论证，因此正式研究和写作的时间很短，包括数据搜集与分析和论文写作在内只花了一个多月时间，而且都是利用工作之余的中午、晚上和周末的时间。那篇文章无疑是非常粗糙的，但这种寻找问题的意识还是对笔者有所启发。所谓"磨刀不误砍柴工"，一些投稿明显没有经过深思熟虑和文献梳理，匆匆忙忙动笔的结果是连研究的是什么问题都模糊不清，后来花费的时间和精力反而更多。

问题意识与其说是一种意识，不如说是意识背后的一种能力。比如牛顿如果不具备丰富的物理学知识，那么他也不可能从苹果落地的现象中产生力学疑问。麦库姆斯如果对传播效果理论的发展不熟悉，那么他也无法成功地提出议程设置研究问题。因此，提出问题的能力能够大致反映一个人的理论功底。那么，培养和增强问题意识，从根本方面说就是要提高理论功底，所谓"熟读唐诗三百首，不会作诗也会吟"。在提高理论等方面能力的基础上，再辅之以正确思维方式的养成，那么就更容易获得问题意识。

第二节　问题意识的能力养成

当说到"问题意识"的时候，很容易给人一种误解，似乎只要具备某种"意识"就可以激发出研究问题。其实，问题意识与其说是一种急功近利的"意识"，不如说是一种根本性的能力，不首先提高能力而去追逐所谓"意识"，就会陷入舍本求末的境地。或者说，它是能力与思维方式结合的产物，两者相互促进方能取得更好的效果。本节将讨论问题意识的能力养成，下一节讨论问题意识的思维方式养成。

问题意识要求什么样的能力呢？首先，学术研究是对知识性疑问的探索，学术问题是对知识的疑问，那么问题意识自然而然地离不开怀疑精神，一个没有怀疑精神的人无法提出疑问，更无法提出理论疑问，当然是无法进行学术研究的。其次，提出理论疑问自然离不开对理论的熟悉，如果连理论发展的情况都不清楚，又怎么可能从中发现不足而形成问题意识呢？第三，绝大多数知识是关于经验世界的知识，而规范知识看起来与经验世界没有直接联系，但归根结底也是为现实生活服务的，因此所有的知识都与经验世界有着广泛而深入的关联，那么对经验世界的审视就显然成为问题意识的重要来源。因此，问题意识的能力主要与三方面的能力有关：怀疑精神、理论洞悉、现象审视。

一、怀疑精神

问题意识离不开怀疑精神，它能激发出人类的求知欲，诚如亚里士多德[①]所说：

> 古今来人们开始哲理探索，都应起于对自然万物的惊异；他们先是惊异于种种迷惑的现象，逐渐积累一点一滴的解释，对一些较重大的问题，例如日月与星的运行以及宇宙之创生，作成说明……他们探索哲理只为想脱出愚蠢，显然，他们为求知而从事学术，并无任何实用的目的。

怀疑精神是求知的开端，现代哲学家同样认同这一点。胡适提出了著名的"大胆假设，小心求证"思想，其中"大胆假设"就是怀疑精神。认识论学者提出，"怀疑精神正是科学的最基本的精神，它是从事科学探索的第一把钥匙"[②]，所谓的"第一把钥匙"，其实就是指它具有开启问题意识的关键作用。可以这样说，问题意识是学术研究的开端，而怀疑精神则是问题意识的开端。

怀疑精神意味着不迷信既有的理论、权威甚至常识。就学术研究而

---

① 亚里士多德.形而上学 [M].吴寿彭，译.北京：商务印书馆，2020：5-6.
② 林定夷.科学研究方法概论 [M].杭州：浙江人民出版社，1986：28.

言，怀疑是最高的理性，如同笛卡尔所谓"我思故我在"一样，只有怀疑本身是无可怀疑的。每一个时代都有自身重大的困惑，古希腊的人们追问世界到底由什么物质构成，中世纪的哲学家们证明上帝的存在，近代的人们困惑于科技迅猛发展对人产生的压迫，现代的人们依然没有揭开生命和宇宙的奥秘，等等。对这些困惑的感知，就是怀疑精神产生的体现。在学术上如果没有怀疑的自觉，就无法对问题意识建立起敏感，即使与千载难逢的研究问题擦身而过也未必能够觉知。传播学本来就是不成熟的领域，新媒体的兴起大大动摇了原来的理论体系，带来的知识性疑问层出不穷，只有敢于质疑才能发现不足和找到问题意识。

麦库姆斯提出议程设置理论最先也是从怀疑开始的。当时的传播效果理论，不但有早期的"魔弹论"，而且有拉扎斯菲尔德的两级传播理论，但是他显然没有盲目迷恋于既有的理论，因为这些理论并没有解释他所提出的疑问，即媒体议程的显著性是否会影响公众议程的显著性。那时候，拉扎斯菲尔德提出的传播效果理论——麦库姆斯称之为"最小效果规则"——占据了主流地位，但是许多社会科学家认为重大的媒介效果并非没有，而是没有被发掘或被测量出来而已[1]。显然，麦库姆斯也是怀疑者当中的一员。正是这种怀疑精神，才促使他提出了疑问并开展了这一项著名的研究。

二、理论洞悉

学术的问题意识不同于日常生活中的疑问，它是关于理论的疑问，因此对理论的熟悉是提出问题的必要前提。对理论熟悉实际上就是对与所研究问题有关的理论发展历史或研究文献熟悉。在经验研究中，专门的文献梳理部分需要对相关研究进行评述，以表明作者所提出研究问题的合法性，其实也是对理论熟悉情况的检验，如果不熟悉则难以提出既有研究中的不足，问题意识就确立不起来。在规范研究中，虽然一般不需要专门的文献梳理部分，但通篇的论述都很可能与既有的理论有关，因此如果作者

---

① 麦库姆斯. 议程设置：大众媒介与舆论 [M]. 郭镇之，徐培喜，译. 北京：北京大学出版社，2018：8.

不熟悉相关理论，同样可能脱离理论的逻辑体系和概念体系而自说自话。

在熟悉理论的基础上，对理论本身的洞悉才可能引发问题意识。无论是对经验知识还是对规范知识，对理论本身的分析都可能导致对其产生疑问，进而产生探究冲动，这就是问题意识的产生。对于规范知识而言这不奇怪，因为它本来就是纯粹抽象思维的结果。对于经验知识的深思同样可能引发问题意识，比如阅读关于议程设置理论的文献，对其中某个观点产生了怀疑，就可能引发问题意识的产生。当然，这里所说的只是"引发"的可能，理论怀疑最终是否真正成为合格的研究问题，还需要较多的后续工作，比如文献分析等。

麦库姆斯在《议程设置》中述及提出议程设置疑问时，就明显地反映出对之前传播效果理论的熟悉情况。他论述了"魔弹论"的衰微，也阐述了学者们对"最小效果规则"理论的怀疑，如果没有对这些理论的熟悉与评价，则他既无法表明自己提出疑问的学术价值，也无法将其置于效果理论的视角下进行思考，就难以确立起议程设置作为研究问题的合法性。

三、现象审视

所有知识最后都与现实相联系，即使规范知识看起来是抽象思维的结果，但它最终还是要解决人类的关切，因此现实世界往往是引发学术研究问题意识的最重要和最终因素。比如伦理学并非经验知识，但它显然是为了现实中人类的幸福实现，因此如果对人的价值有所关怀，那么就会由现实中人类的困惑而引出伦理研究的问题意识。不过，由现象引发的问题意识还是以经验知识为多，毕竟经验知识构成了现代社会知识的主要部分。传播学作为社会科学主要采取了经验研究的路径，因此其问题意识也以由现象引发为主，这从发表的论文中可以看到。研究者关注行业发展的情况，思考现象背后的理论意义并产生疑问，如果已经有理论对疑问加以了解释，那么可以不进行研究，如果缺乏解释或者解释不合理，则研究的问题意识就出现了。

麦库姆斯的议程设置理论就是由现象直接激发出的问题意识。他在

《议程设置》一书中叙述了问题灵感的出现，即 1967 年初某天浏览到《洛杉矶时报》头版三条新闻时产生的猜想。

因此，理论洞悉本身可以产生问题意识，对现象的深思与分析也可以产生问题意识，这是激发问题意识的两个直接的途径。不过，这两者其实是一枚硬币的两面，就看先看到哪一面而已，多数时候不一定能区分是由理论洞悉还是由现象审视激发出的问题意识。尤其是在经验研究中，理论的灵感可能触发向经验求证，而对经验的深思则可能触发向理论求解，这个过程常常反复循环，直到最后确有价值的问题意识的出现。比如从《议程设置》一书可见，麦库姆斯受到《洛杉矶时报》头版新闻的激发后，就进入了对传播效果理论的反思与批判阶段，现象与理论互相激荡而最终形成了问题意识。这同样表明，学术研究离不开理论积淀，因为如果缺乏对理论的熟悉，对于现象的思考就可能只局限在常识和感性的层面，根本无法将其与理论联系起来形成映照关系，自然难以提出理论性的疑问。

第三节　问题意识的思维养成

在能力养成的基础上，如果养成合理的思维方式，对于形成问题意识具有事半功倍之效。所谓思维养成，指以何种思维获得问题意识。由于学术问题指的是理论创新性问题，因此思维养成换句话说就是以何种思维去"求新"。林定夷[①]提出了获得问题意识的八种"求新"思维：①寻求经验事实之间的联系并作出统一解释；②已有理论与经验事实的矛盾；③多种假说之间的差别和对立；④一种理论体系内部的逻辑困难；⑤不同学科的理论体系之间的矛盾；⑥追求理论的普适性和逻辑简单性的需求；⑦为了验证假说和新发现的事实而提出对它们进行检验的问题；⑧根据生产和实际生活的需要而提出种种实用性或技术型的问题。这个分析相当详细，尽

① 林定夷．科学研究方法概论 [M]．杭州：浙江人民出版社，1986：43-53.

管它针对的是自然科学问题意识，但对人文社会科学研究也有较强的启发意义。不过，它也有不少局限，主要是因为针对自然科学，因此没有考虑到人文社会科学问题意识的特点，比如知识的历史性、地方性以及国际视野等，并且内在的逻辑性较弱。本书提出激发问题意识的六类思维模式，其中每一类思维模式又包含一种或若干种具体的思维方式。这里先对六类思维模式做逐一介绍，并将在下一章对具体思维模式进行深入讨论。

一、原创类问题意识

所谓原创类问题意识，指提出别人没有涉及过的研究领域或研究问题，其结果是开辟一个新的研究领域或创立一个原创性理论。原创类问题意识与前面所说狭义概念"新问题"的外延基本等同，也就是在研究问题中包含了原创性的核心概念。很明显，这种问题意识的思维方式是：这个问题以前没有人研究过，现在我要研究它。

学术研究者的最大理想可能就是这个目标，在学术史上，先驱们往往以其开拓之功而被后人敬仰。传播学的诸多经典理论，其创始人所做的就是这种工作。比如议程设置理论就是一个全新的理论，开辟了一个新的效果研究方向。这种以前没有人研究过的问题，就属于原创类问题。

原创性的研究固然诱人，但问题的发现并不容易，这是这类研究少之又少的主要原因。大多数时候，学术研究的困难并不在于解决问题，而在于发现问题，因为发现问题需要深厚的理论功底和创新性的思考过程，但是解决问题往往可以依赖于现有的程序和技术手段。比如，麦库姆斯和肖能够提出议程设置这个研究问题，是与他们对传播效果研究的熟悉程度和反思能力有关的。相比较而言，他们所开展的具体研究过程倒并不难也并不复杂，受过较规范学术训练的青年学生都可以做到。因此，要发现具有开拓性的原创性问题意识，理论积淀尤其是宏观的理论视野是必不可少的。

二、替代类问题意识

所谓替代类问题意识，即研究者认为既有研究中关于某个问题的结论或观点是错误的或不适用的，因此通过新的研究结论来否定和取代之。可见，这类问题意识有两种情形：其一是通过研究代替过去的研究结论；其二是过去的理论不一定是错误的，但是新的理论更加具有解释力，因此也对前者形成替代。这种问题意识的思维方式是：这个问题以前研究过，但是研究结论错了或者不适应了，我要重新研究它。

人类的认识在不断发展，因此以新的理论取代过去理论是常见的情况。比如，科学家发现"地心说"才符合自然规律后，这个学说就取代了"日心说"。传播学虽然多数情况下被视为经验性的社会科学，但是研究出的精确理论尚很有限，因此像自然科学那样用后来的理论确切地推翻原来理论的情况似不多见。不过，原来的传播理论缺乏解释力，慢慢被后来的理论所取代的情形还是不少的。比如有限效果论出现以后，人们觉得它更有解释力，就事实上替代了原来的"魔弹论"。

这一类问题意识和上面的原创性问题意识一样具有重要的理论创新意义。所不同的是，替代类问题意识是对原来理论的颠覆或替代，而原创性问题意识则没有这方面的历史比较含义。从这个意义上说，替代类问题意识内含着批判意识，即对原来的理论的批判。也可见，希望培养替代类问题意识同样首先需要对原来的理论了解透彻，才能发现其中的缺陷，从而提出研究问题。

三、补正类问题意识

所谓补正类问题意识，即并非全部推翻原有的理论，而是对原来理论中的错误部分进行纠正。既有研究不一定是整体上没有价值的，可能仅仅是局部性的错误或不适应，因此后来的研究只需纠正局部不足即可。这是非常常见的一类研究，尤其在自然科学领域，比如通过实验研究改进原来理论中的一些参数，就属于这种情形。这种问题意识的思维方式是：这个问题以前研究过，但是研究结论中部分地错了或者不适应了，我要纠正其不足部分。

那么，在传播研究中有没有补正类问题意识呢？也是有的。比如不少的实证研究提出若干研究假设，这些研究假设如果是基于以前的理论提出的，那么当检验结果与假设不相符合时，实际上就意味着研究发现或研究结论对以前理论的补正。通常地，在这种情况下如果所有的检验结果都与假设相符合，其实理论意义是不大的，因为它意味着重复性研究，所以一般地总会有些假设检验结果与以前的理论不一致，这样才有理论创新意义。换句话说，以既有理论为依据提出研究假设的实证研究通常都是补正类问题意识。当然，如果依据经验背景提出研究假设的情形另当别论，此时可能形成原创性的理论概念。

补正类问题意识虽然并非全然推翻之前的理论，但是它的理论创新意义仍然是重要的，因为理论建构通常是一个不断完善的过程。何况于有时候，对局部理论的持续修正甚至可能导致整个理论被改写，也就是演变成替代类问题意识。补正类问题意识的关键是要确实发现原有理论中的缺点，而不是凭空地下结论，由此同样可见对于既有理论熟悉的重要性，因为否则的话就无法发现既有理论中的不足而形成问题意识。

四、发展类问题意识

所谓发展类问题意识，指对既有理论的补充和完善，使之更加具有解释力。应该说，在科学研究中，最大量的研究属于这种类型，因为一方面真正原创性的问题终究是少量而且不易找到的，另一方面几乎所有的理论都有一个发展和完善的过程。与补正类问题意识通过发现既有理论中的错误并纠正之不同，发展类问题意识并非去纠正而是进行完善。通俗地说，补正类研究是用"新"的知识去替代"旧"的知识，而发展类研究是在原来的理论体系上增加知识。这种问题意识的思维方式是：这个问题以前研究过，但是其中对某方面没有研究到，我要研究该方面以使该理论更加完善。

在传播研究中，也有大量的这类问题意识。比如议程设置理论，自从麦库姆斯和肖于 1972 年提出以来，涌现出大量的发展类研究，推动了该理论的完善、发展与成熟。2014 年，麦库姆斯和肖等人回顾了议程设置理论 40 余年的发展历程，总结了 7 个方面的发展：①基础议程设置研究，即一级议程设置，关注媒介议程对公众议程的影响，以事件、政治人物及其他事物的显著度为切入点，关注媒介议程对公众议程的影响；②属性议程设置，即二级议程设置，以事物属性的显著度为切入点，关注媒介议程对公众议程的影响；③关联网络议程设置，即三级议程设置，认为无论是媒介议程还是公众议程均以关联网络的形式存在，关注上述两者在事件及其属性之间的显著度；④导向需求，对理解议程设置作用十分关键，详细地描绘了个人接触媒介时的心理；⑤上述三级议程设置对态度、观点、行为的影响；⑥媒介议程的来源，从流行文化心理到新闻源、媒体间影响、新闻业规范与流程、记者的个人特质等方面探讨媒介议程如何而来；⑦议程融合，关注人们融合其带有个人观点经验的社区议题与媒介公共议题的方式。①可以看到，议程设置理论已经发展成一个相当庞大的体系，后来的大量研究都是对该理论的发展，可谓是发展类问题意识的典型。

发展类问题意识既有较为整体性的也有较为局部性的，前者指在原来整体理论的基础上发展，后者指对原来理论体系中局部知识的完善。比如，爱因斯坦提出相对论，就可以视为在牛顿力学基础上的发展，因为后者是针对宏观世界的，前者则是针对微观世界的。就力学研究而言，爱因斯坦的研究显然是在牛顿研究的基础上的发展性研究，而非推翻了牛顿的力学定律。如果后来的学者对牛顿力学或爱因斯坦理论作进一步研究，就属于局部性的发展类研究了。比如，假设有科学家把万有引力定律中的重力加速度参数测量或推算得更精确，那么就可以算是发展类研究。在学术研究中，局部性的发展研究更为常见。

五、比较类问题意识

所谓比较类问题意识，指在历史维度或空间维度对某个问题进行对比性研究。不过，这里的"比较"并非一定是在研究过程或结论中体现差

---

① 张军芳.“议程设置”：内涵、衍变与反思 [J]. 新闻与传播研究，2015（10）：111-117.

异，而是强调研究问题意识中的对比性，比如不同时期、类别、案例、现象、空间之间的对比，至于对比的结论可能是差异性的，也可能是非差异性的。这种问题意识的思维方式是：关于某个问题，把某两方面或几方面进行对比是有理论意义的，我要进行这种对比性研究。

历史维度或时间维度的比较类问题意识，指运用新的经验资料去对既有的理论进行验证和发展。比如，假设某研究者对 2000 年之前的某个传播学问题进行了回顾性研究，那么后来的学者可以对 2000 年之后的发展状况进行一个梳理，从而形成接续性的研究。空间维度的比较类问题意识，主要指运用地理维度上的不同经验资料对既有的理论进行验证和发展。比如，议程设置理论中那么多结论，在中国的传播环境中与基于美国经验环境的结论是相同的还是不同的？这就是一个对比类的问题意识。当然，对比研究的维度远比这两种情况丰富，因此将在下一章详细讨论。

比较类问题是很丰富的研究问题来源。比如对于历史维度的比较类问题意识而言，目前新媒体发展对很多经典的传统理论都形成了挑战甚至颠覆，因此涌现出大量的需要运用新媒体的经验资料去验证和发展理论的机遇。又比如对于空间维度的比较类问题意识而言，不少人提出传播理论的在地化或本土化，其中就包含了运用中国的经验资料去发展传播理论的想法，这其实也是比较类的问题意识。

需要注意的是，无论历史维度还是空间维度的比较类问题意识，都要避免提出形式上的创新而无实际研究价值的问题。历史维度或空间维度比较类问题意识的确立与否，都需以变换经验资料后是否具有理论价值为标准。比如某项研究运用议程设置理论讨论媒体报道对西部大学生的政治态度的影响的问题，它既可能是缺乏理论意义也可能是具有理论意义的。如果它提出的问题是现有研究已经回答过的，那么就缺乏理论意义，表明问题意识的缺乏；如果它提出的问题是现有研究尚未回答过的，那么该问题就具有研究价值，即具有问题意识。

六、实证类问题意识

所谓实证类问题意识，指把非确证性知识转化为确证性知识，或把确证性弱的知识转化为确证性强的知识。因此，这类问题既可以说是"重复"研究，又可以说不是"重复"研究，前者指对该问题研究过，后者指虽然研究过但确证性需要强化，这其实也可以说是前面提到的运用"新方法"获得问题意识的思维。这种问题意识的思维方式是：某个问题进行过研究，但是知识的确证性不够，我要对其进行研究，使之变成确证性知识或确证性更强的知识。

不少理论在提出来时仅仅依靠逻辑推理而获得结论，因此至多是假设或假想。在传播学理论中，有不少这类情形，一些概念或理论提出时仅仅是假设知识而非确证性知识。比如议程设置理论，李普曼早在《舆论》中就提出了"拟态环境"的概念，被视为议程设置的思想源头。1963年，美国学者科恩提出，大众传媒虽然不能告诉人们如何想，但在想什么方面却效果显著。科恩的提法其实与后来议程设置理论的内涵几无差异了。但是，无论李普曼也好还是科恩也好，他们的理论都没有实证研究的支持。麦库姆斯和肖的研究成果的意义，就在于使议程设置由理论猜想变成了较具确证性的知识。在《议程设置》一书中，麦库姆斯还提到了几项实验研究，则属于对议程设置理论提供了更具确证性的知识。

传播学是比较年轻的科学，因此相当多的理论尚处于演绎结论的阶段，尚未得到经验研究的确证，这恰恰为研究者提供了较为丰富的问题意识。再与新媒体的兴起结合起来，这类问题意识更是具有相当大的想象空间。

要注意本书中实证类问题意识与实证主义认识论中"实证"的含义是不同的，前者指由理论假说变成经验确证的研究问题，后者指认为知识来源于经验并相信知识客观性的一种方法论。实证类问题意识可能运用实证主义范式，也可能不运用该范式而运用诠释主义范式；实证主义范式既可能是把假设性知识转化为确证性知识，也可能是进行全新问题的研究等。

这两方面都表明，实证类问题意识与实证主义范式中的"实证"概念不能划等号。

上面的 6 类问题意识，是就经验知识而言的。之所以没有用规范知识来讨论，是因为用经验知识来讨论更具有典型性。如果就规范知识而言，这几种思维也大致适用，仅仅是最后一类不符合，因为规范知识并不能够转化为经验性问题，也就不可能转化为确证类问题。比如新闻的定义就纯粹是一个规范知识问题，我们无法把它转化为经验性问题并获得答案。当然，可能有人会说，可以发一些问卷调查人们对不同新闻定义的接受情况，不就是转化为经验研究了吗？这就其实转换了研究的问题，不是研究新闻定义的本身而是研究人们对不同新闻定义的接受情况了，两者显然不是一回事。

此外要说明的是，上述分类方式并非严格地互相排斥的，即一个问题意识可能同时由于两种甚至多种思维方式得到。这并不难理解，比如研究者进行比较研究的结论可能推翻了前人的研究结果，那么它就既属于比较类问题意识，也属于替代类问题意识；又比如实证类问题对以前的思辨知识进行了确证，那么它也可能形成发展类问题意识。因此，这种分类的主要目的在于表明激发问题意识的思维方式，而不是强调不同类别之间的明晰边界。

第四节　问题意识的形成过程

问题意识的形成过程，指研究者不但提出问题，而且通过论证表明其确实具有研究价值的过程。因此，问题意识的形成过程包含了两个环节，其一是尝试性地提出研究问题，其二是对所提出的问题进行论证。

一、尝试性提出问题

没有人能够做到所提出的每一个问题都值得研究，因此最初提出的问题都不过是尝试性的，需要经过论证才能知道它是否确实具有研究价值。问题意识的直接来源既可能是理论触发，也可能是经验触发，因此尝试性提出问题也有这两个相应的途径。

（一）由理论触发

由理论触发而尝试性地提出问题，即在阅读理论的过程中产生疑问并生发出对其进行求证的动机。这种情形下要提出问题，并没有什么捷径可走，唯一的方法就是熟读相关的理论，如果对其熟稔于心，自然比较容易发现其中的疑问之处。比如如果对议程设置理论熟悉了，那么可能对它的一些结论产生怀疑，研究的问题意识就有可能出现了。

阅读理论的时候如何产生疑问呢？一方面是就逻辑方面发现疑问，另一方面是就理论本身的解释力发现疑问。前者属于对思辨逻辑的运用，因此不必赘述。后者的情形要复杂一些。所谓理论的解释力，主要指理论是否能够对现象作出合理的解释。如果不能够，则问题意识就可能出现了。以议程设置理论为例，对解释力的疑问可以有很多维度。比如可以对一级议程设置理论本身是否符合经验现象产生疑问；如果承认一级议程设置理论具有解释力，那么可以对不同类别议程设置的效果产生疑问，这就出现了属性议程设置研究的问题意识；可以对不同受众群体的议程设置效果产生疑问，比如不同的媒体制度、社会文化、性别、文化等；可以对议程设置在互联网时代的效果产生疑问，这就涉及不同的议题与受众，可研究的问题相当丰富；还可以思考，议程设置研究基本上都是针对一个国家内部的研究，那么是否存在跨国性的议程设置效果；前述的研究问题不但可以是共时性的还可以是历时性的，可以是单一研究也可以是对比性研究；等等。这些疑问都可以在阅读理论的过程中产生。总之，在阅读理论的过程中善于思考和提问，并不难于发现其中的不足。

（二）由经验触发

我们每天接触到大量的传播现象，会触发我们去思考如何来解释这些现象，如果已有的理论无法解释现象，那么就需要发展新的理论来解释它，则经验触发的问题意识就产生了。比如麦库姆斯在浏览《洛杉矶时报》时触发了问题意识，就属于由经验现象触发问题意识的类型。

要从经验中产生问题意识，极为关键的过程是从经验中提炼出理论意义。任何现象中都蕴涵着理论，如果说某个现象中没有理论，那仅仅是人们暂时没有发现其中的理论意涵而已。要从现象中产生问题意识，首要的环节是从中提炼出可能的理论意义，然后将这个理论意义放置在已有的理论中，看看是否属于已经研究过的问题，或者研究的结论有哪些，就可以确定是否存在研究空白了。比如麦库姆斯产生的疑问是"如果某条新闻被安排到一个不显眼的位置，那么这个事件的冲击会不会因此而降低？"这个疑问包含了新闻议程显著性与大众议程显著性对比的意义，尽管当时研究者还没有提出议程设置的概念，也没有提出显著性的概念，但这种对比性中显然包含了理论意义，所缺乏的只是运用理论性的概念去表述而已。

可见，由经验触发的问题意识也要回到理论领域，即从经验中提炼出潜在理论意义并论证问题时，需要把该理论意义与理论发展进行映照，因此显然离不开对理论的熟悉。麦库姆斯提出"如果某条新闻被安排到一个不显眼的位置，那么这个事件的冲击会不会因此而降低"的疑问后，对传播效果的理论进行了扎实的历史回顾，认为"魔弹论"与拉扎斯菲尔德的两级传播理论等显然都无法回答他所提出的问题，问题意识才得以具有合法性。可见，理论触发和经验触发是难以截然分开的，一个问题意识既可以由理论触发也可以由经验触发，谁在第一时间引出了研究者的问题灵感就认为是由谁触发的。但在实际的研究过程中，两者更可能是螺旋互动彼此激发的关系，即在阅读理论的过程中联想到现象，在对现象进行思考时离不开对理论的回顾和反思，这样循环往复直至最终成功地提炼出研究问题。

二、对提出的问题进行论证

每一个刚提出来的研究问题都只能是尝试性的，我们无法轻率地认为自己提出的问题都值得研究，而必须经过严谨的论证。研究者标榜"没有研究过"或属于"首次""空白"之类的问题，大多是因为缺乏对问题意识进行论证的结果。这里所谓进行论证，并非一个刻板的过程，更重要的是审视所提出问题是否具有研究价值的一种观念或思维方式。

对研究问题进行论证，是研究中必要的环节。它可能仅仅是研究者头脑中的思维活动，也可能体现为论文相关部分的内容，但更大的可能是思维过程而非文本表现。经验研究大多有专门的文献回顾部分，该部分就是论证研究问题价值的过程。规范研究虽然一般没有文献回顾部分，但是仍然有对研究问题价值论证的内容，比如对原来理论的批判等。文献回顾或理论批判都意在表明研究者所提出的是一个新的理论问题，而且是值得研究的问题。研究者可能通过论证而否定掉提出的绝大部分问题，才能最后确定一个有价值的研究问题，但这种工作往往可以避免后期的大量精力浪费，因为如果提出的问题无意义则整个研究都是没有意义的。

麦库姆斯从 1967 年初浏览《洛杉矶时报》时就产生了疑问，但是实际的研究开展却是 1968 年美国总统选举期间。在这漫长的时间中，研究者其实对研究问题与研究方法进行了仔细的思考。就研究问题而言，研究者显然把所提出的疑问与既有理论进行了对比，以确定它是一个新的理论问题。这从他在《议程设置》一书中的叙述可以明显感觉到。他还与加州大学洛杉矶分校的几位年轻教师进行了探讨："在世纪广场酒店大厅的周五下午'青年教师会议'上，我们边喝边聊。"这些工作都是论证的过程，意在不断地将所提出的问题具体化和理论化，并证实其具有研究价值。

一些时候可能不通过对既有理论的文献回顾来论证研究问题的合法性，比如一些原创性的问题没有相关的文献可供回顾，那么由现象推出研究的价值也是可以的。实际上，更多的情形是研究者既从现象描述的角度也从理论回顾的角度论证研究问题的合法性，能够加倍凸显研究问题的价值。还有一些研究不强调在既有理论下进行研究，比如扎根理论强调自下而上地发展理论，那么它对问题合法性的论证就主要依赖于对现象的描述。不过，有的扎根理论学者认为应该进行理论回顾，那么就同样地可以从两个角度同时论证研究问题的合法性。

考察所提出的问题是否具有研究价值，这个工作是非常必要的。不少文章之所以缺乏问题意识，与忽略了这个过程有关，导致读者看不出问题的价值。其实，当研究者开始撰写论文时，就意味着经过了反复的淘汰而认为所提出的问题具有理论创新价值。之所以说寻找问题非常耗费精力与时间，是因为它不但对理论功底有相当高的要求，而且淘汰掉的大量的尝试性问题也会耗费相当多的精力，同时即使最后确定了研究问题，对其进行文献回顾论证其合法性的工作量也是不小的。但这个工作是非常值得的，因为它关乎研究问题合法性的确立。如果不首先表明其价值，那么所提出的问题还值得研究吗？这个道理是显然的。

问 题 意 识 的 激 发

第四章

　　形成问题意识的 6 类思维各自包含哪些具体的思维方式，以及各种思维方式如何激发出研究问题？笔者对 100 篇论文进行了逐篇阅读，分析其问题意识产生的思维方式类别。需要说明的是，问题意识的来源过于错综复杂，很难用一个现成的框架进行分类，因此笔者只能根据自己的理解列出每一篇论文的问题来源类型并赋予类目，然后根据概念之间的逻辑关系对所获得类目进行必要的调整，再用调整后的类目对论文问题来源的类型进行再次编码，如此循环直到类目之间的逻辑关系合理并且全部文章可以被编码为止。这个过程中显然难以避免个人的主观性，因此参考意义有所局限。

第一节　原创类问题意识的激发

　　从广义而言，所有具有研究价值的问题都具有"原创性"，否则就没有研究的必要。但是，这里所谓的"原创类"是就狭义而言的，也就是指提出原创性的问题概念。如果对研究过的问题进行发展性研究，或者被置于新的方法或理论视角下等进行重新研究，尽管也可能具有创新意义，但本书不视其为原创类研究问题。

比如议程设置理论这样的问题，当麦库姆斯与肖最先研究并提出这一概念时，本书认为它是一个原创类研究问题；后来众多学者甚至包括他们两人开展各种发展性研究等，本书认为它们有理论创新意义，但已经不是原创类研究问题，而是发展等类别的问题意识了。

原创类研究问题可大可小，大的研究问题可能推动一个新的研究方向的出现，小的研究问题可能仅仅针对比较微观的研究空白。比如议程设置理论就比较宏观，因为它讨论的是作为整体的媒体的传播效果；但是后来的二层议程设置甚至三层议程设置就相对而言要微观一些。

原创类问题意识一般不涉及对既有理论的继承或批评，因此与后面将要讨论的替代类问题意识、辨正类问题意识和发展类问题意识不同，后三者都需要在针对既有理论的基础上才能产生。比如对于麦库姆斯和肖而言，议程设置理论是他们的原创类问题意识，因为之前没有人研究过。但是对于后来研究议程设置理论的人而言，就要么是对该理论的补充完善，即后面所谓的发展类问题意识；要么是对该理论的批判，即后面所谓的替代类问题意识或补正类问题意识等。这些情况，都属于针对既有理论而产生的问题意识。

不过，上面所谓不涉及对既有理论的批评也是相对的，即如果将原创理论概念放在更大的理论背景下，则仍然离不开对既有理论的批判。前面提到过，议程设置理论其实是在对之前的传播效果理论尤其是对"最小效果规则"反思基础上的结果。这就再次表明了学术研究需要对理论熟悉以及抱有怀疑精神。

学科发展得越成熟，原创性的理论创新空间就越少，提出原创性问题也越来越困难。不过，在传播研究领域，由于新媒体的兴起，传统媒体时代的传播理论大多濒于瓦解，新的传播现象需要新的理论进行解释，因此提供了原创性理论产生的充足机会。下面讨论原创类问题意识几种情形时所提到的案例论文，多数是由于新媒体兴起而产生的问题意识。

一、经验类问题研究

传播学主要被作为社会科学，因此经验研究是主流，则经验研究也是原创类问题意识的主流。尤其是在新媒体逐渐完全取代传统媒体的环境下，大量新的传播现象涌现出来，为原创性研究提供了丰富的可能。

郭沛沛的《"嘲笑"即"礼遇"：偶像"出圈"的传播研究——基于洛文塔尔社会心理学接受理论的分析视角》（《新闻界》2020年第8期）可算是这类问题意识。近年来粉丝文化兴起，相关的研究也颇为丰富，作者认为多数研究属于粉丝-偶像二元维度，但是偶像要实现其经济价值也在相当大的程度上依赖于在粉丝之外的知晓度，因此偶像的非粉丝受众就成为研究的问题。可见，这个研究问题就较大的范围而言仍属于偶像研究，但就偶像的非粉丝受众研究而言，算得上是"空白"问题。在这里，"非粉丝研究"属于原创性的问题概念。作者在文章第一部分结尾提出研究问题时就说明了这种创新意义：

> 综上，当下的研究依然多处于"偶像-粉丝"的考察模式中，分别以二者作为研究对象或以其之间的相互关系为主体进行分析，但作为消费对象的偶像和出于资本收益的考虑，偶像的价值不仅体现在"圈内"的号召力，在后续的发展中更要考量国民度（"路人"的知晓和认可程度）的提升……偶像"出圈儿"——即偶像的影响力不再仅仅只局限于其粉丝的内部圈层中，更多的被非追星族的社会大众所知晓的问题成为此类标准化、模式化生产出的偶像及资本方后续需面临的挑战……这些"数字劳工"的作品虽然在结果上造成了偶像"出圈儿"的效果，但仔细考察文本不难发现其所生产的内容多为"嘲笑""恶搞"等形式……为此，本研究将视角对准非粉丝尤其生产或传播偶像"出圈儿"内容的"数字劳工"这一人群，试图探究他们为何以"嘲笑"的方式主动参与偶像生产过程的社会心理机制，并以此为基础，反观普通公众对当下"养成式"造星模式的态度及行业的发展状态和弊端。

可以看到，作者在提出问题时，并未提到既有理论的不足，当然也就没有提到要通过研究来弥补其不足，因此它不是发展类等类型的研究问题。我们也可以从作者的结论看到，文章并未指向对既有理论的完善，而是提出了自己独立于既有理论体系之外的结论：

> 从 2005 年算起，我国造星工业已完成其探索期正在向如今的规模化、标准化、产业化迈进，这是大众娱乐的胜利。但随着时代的进步和文明的发展，受众的审美要求和心理状态也在不断发生变化，作为娱乐的普遍消费者，偶像这一符号所蕴涵的价值和随之而来的"礼遇"也在新的时代特征下有所改变。"嘲笑"即是大众给予当今工业化造星模式的提醒，"出圈儿"则是以一种偶发的状态将大众文化突破"饭圈"放置于更广泛的社会层面去讨论。

需要注意的是，这是一项运用社会心理学理论对传播现象进行分析的研究，其中的社会心理学理论是用来分析现象的工具而非研究的对象，也就是说作者不是要对社会心理学进行研究。如果不意识到这一点，可能误以为这是从既有理论中提出问题的。

二、规范类问题研究

研究者也可能提出关于规范知识的原创类问题。与原创经验知识问题对实然世界的疑问不同，规范知识问题是对应然状态的疑问，比如对新闻本体、新闻伦理、传播伦理、价值关怀等方面提出的研究问题。

华维慧的《从诠释到具身：虚拟现实技术对新闻真实的再生产》（《新闻界》2020 年第 11 期）可算是这类问题意识。新闻真实是新闻研究中的一个基本问题，同时也是一个规范性知识问题。在互联网兴起的传播环境中，新闻真实重新成为讨论的热门问题。该文是这样提出问题的：

> 真实是新闻合法性的来源，新闻生产因致力于揭示真实而体现出

其专业性，也因能够对真实性负责而拥有其权威性。近年来，随着虚拟现实技术（virtual reality）在新闻领域的渗透，仿真进入到真实的讨论框架之中。虚拟现实技术是利用仿真技术产生三维空间的技术，它通过模拟人的视觉、听觉、触觉等感官，令人产生身临其境的沉浸感。仿真技术的核心并不在于"仿"而在于"真"，它能够通过对现实的模拟，带来切实的存在感，从而深度介入人们对真实的感知与判断。这一情形为新闻真实带来了新的研究议题。

在新闻学中，新闻真实是一个传统议题，但是在互联网传播中新闻真实成为一个比较新的问题，不过也已经有较多的讨论。到了虚拟现实环境下，新闻真实就基本上成为一个全新的问题了，因为几乎没有人讨论过这个问题，而这个问题显然与在传统媒体中和传统网络时代有所不同，因此它称得上是一个具有原创意义的问题。从结论观察，也可以看到这个问题的原创意义。作者认为，在虚拟现实环境中的新闻真实是一种"体验"性真实，是具有理论创新意义的：

> 在虚拟现实技术出现之前，基于受众视角的新闻真实是一种诠释真实，也即受众通过对文字、照片、动态的影像等人工物的转译所达至的理解真实，而虚拟现实技术则通过赋予受众"具身主体性"，从情景全景化与感官综合化两个层面开创了新闻的具身真实。具身真实使受众成为新闻的参与者、体验者以及建构者，并将新闻的真实观从"以事实为中心"调整至"以受众的体验为中心"。

三、应用类问题研究

前面两类原创研究贡献的是理论知识，现在讨论原创应用研究，也就是对实务有所启发或提出对策建议的研究。需要重申的是，这里的实务研究并非直观性的经验、感受、体会或建议，而是在理论视野或规范方法下进行的研究。

原创应用研究既包含经验知识问题也包含规范知识问题，这里仅以对经验知识的研究为例。胡杨和王啸的《作为报道工具的新闻摄影：从荷赛数字叙事竞赛（2011—2018）看新闻摄影的变革》（《新闻界》2020 年第 1 期，后称《摄影》）就属于这类研究。互联网的迅速兴起影响到新闻业，自然也影响到新闻摄影，研究者的目的就是在此背景下"深入考察新闻摄影如何在与文字、声音等其他新闻要素的混合使用中形塑数字化新闻生产的专业规范，从而更有效率地到达受众"，可见它不是以理论而是以应用为目标的。应该说，从文字内容方面研究数字新闻生产的很多，但从新闻摄影角度研究数字新闻生产的还是比较少的，因此作者所提出的问题较有新意，可以将其视为原创性问题。此外，这项研究通过搜集从 2011 到 2018 年"世界新闻大赛"数字叙事类竞赛的 72 件作品为研究资料，因此它属于一项经验研究。研究者以简练的历史描述笔触，点出了对新闻摄影在数字化新闻生产中的特点进行研究的意义：

> 20 纪 40 年代"新闻摄影"（photojournalism）首次作为专有名词出现，开始被视作和文字同等重要的传播媒介，伴随信息传播技术的发展逐步走向专业化。20 世纪末的摄影术变革将新闻摄影从化学时代拉入数字时代，摄影记者和影像编辑得以对其工作实现全方位把控 [1]。与此同时，数字时代的新闻摄影也显现出三大转向：数字编辑、网络视频以及非专业新闻摄影 [2]。2018 年世界新闻摄影年度报告也印证了这些变化：胶片相机使用率大幅下降；全职摄影师比例从 2015 年的 74% 下降至 59%；39% 的摄影记者被要求进行视频拍摄与制作，55% 曾参与多媒体项目；超过一半的受访者切身感受到数字技术变革之于新闻摄影行业的剧烈冲击 [3]。技术和媒介环境的变化对新闻摄影带来的冲击是持续的，变革一直在发生，正如受访摄影记者所言："新闻摄影什么事都没发生，摄影在演变，正如它一直以来的状态。" [4]

应用研究不追求理论性的成果，而是希望对实务的提升有所帮助。比如上述研究的结论认为数字新闻摄影相较于传统新闻摄影在技术、创意和投入方面发生了变化，并且具体地论述了这些变化；结论还认为受众对精心编排、高效传达的视觉故事有着旺盛的需求，因此呼吁业界"切忌以追捧的心态应对行业的变革，在顺应趋势的同时应关注'不变'"。这些观点都是应用性的而非理论性的，因此该项研究是应用研究面向的。

四、新媒体类问题研究

新媒体兴起之后，传统的传播理论面临被彻底改写的局面，传播理论或者说新媒体传播理论需要整体性的重构或建设，因此提供了大量原创性的问题意识。新媒体传播理论的建构有两个来源，其一是直接由对新媒体研究而产生的原创性理论资源，其二是通过对经典理论的继承和修正而得到的理论资源。这里讨论前一个来源，因为它更具有原创性问题意识的特征。

新媒体传播尽管与传统媒体传播都被称为大众传播，但是关于前者的部分理论是后者所没有的，因此属于全新的理论问题。比如大数据传播、虚拟现实传播、人工智能传播、元宇宙传播，法律方面比如对数字遗忘权的研究等，历史方面比如新媒体综合史或专门史研究等，这些都是传统媒体所不涉及的，里面都包含了原创性的问题意识。

新媒体研究已经历时 30 余年，因此理论体系的建立也算初具雏形，但仍然有相当多的空白问题有待讨论。前面举例的郭沛沛、胡杨和华维慧等人的论文，都是建立在新媒体环境下对新问题的研究。这里再以付红安的《技术与制度：区块链新闻平台的网络法规则》（《新闻界》2019 年第 5 期）为例讨论新媒体类问题意识。该文刊登的时候，区块链新闻刚刚引起业界的关注，而区块链新闻的规制与传统媒体甚至传统互联网媒体都完全不同，因此这方面的研究属于全新的知识建构而非继承完善。

新媒体是新的传播现象，研究者如果关注到某种新现象的出现，则可思考是否已有理论资源可以解释，如果没有那么就存在理论创新的机会。

比如区块链新闻出现了，如果原来的理论甚至包括新媒体传播理论都无法合理地解释它，就表明需要进行新的理论建构。比如在付红安的研究中，区块链新闻改变了传播方式和版权模式，针对传统互联网的规制可能失灵了，那么新的规制研究就成为可能，研究者由此提出问题：

> 信息传播技术的迅猛发展，使区块链新闻平台的重要性备受瞩目。自 2017 年比特币风靡全球以来，区块链技术的研究和应用曾几经起伏，今年又进入新的研究与应用高度[1]……其中，区块链新闻平台的出现即是一例，区块链新闻平台指运用区块链的分布式、去中心化、匿名性、共同维护等技术特征，通过发行代币（token）建构的新闻内容生产媒体。区块链是能够指示数字媒体真实性的技术，故区块链新闻平台依托区块链关键技术建构，在新闻内容聚合方面被视为一种新的新闻商业模式，国内有 CCTime、亿书、商机头条等，国外有 Hubii、Civil、Bibblio、Userfeeds 等。目前，对于区块链新闻平台的商业模式、内容生产机制等基础性问题学界已有诸多讨论，而对区块链新闻平台的发展方向及相应法律规制问题，则缺少法学视角探讨。

五、历史类问题研究

历史类问题和随后的法律类问题一样，它们基本上都是形成自己独立的研究结果，对既有研究进行补正或发展等类型的研究相对较少，因此笔者均把它们放在原创性问题意识部分讨论。

历史研究是比较成熟的领域，因此要发现新的研究问题并不容易，但周航屹的《＜考察日本新闻记略＞：中国第一部外国新闻事业著作考论》（《新闻界》2019 年第 5 期）可算一例。学术研究问题的合法性固然建立在创新性上，即属于别人所未曾研究过的问题，但同时该问题应该具有较大的学术价值。该文作者首先表明这一研究问题的价值，即我国新闻史可分为外国新闻史、中国新闻史和地区新闻史三类，因为中国的新闻学是

"从外新史的介绍和研究开始的"，因此外国新闻史排在最前。研究者是想借此说明外国新闻史的重要性，也想间接地说明考察第一部外国新闻史的重要性，因为它构成外国新闻史的源头。在此基础上，研究者指出了这一问题的研究空白：

> 新闻"史"研究与新闻"事业"研究并不相同，前者关注新闻事业的既往历史，后者则着眼于新闻事业发展的实际情形。若不注意二者的区别，便容易混淆或忽视研究著作应有的意义。或是这个原因使然，我国第一部外国新闻事业著作究竟为何，其成书过程、内容特色及后续影响如何，长期以来没有得到梳理。

这就既表明了问题的价值，也论及了问题的空白。研究者声明采用"长编考异"的历史研究法，结论是近代著名报人包笑天于 1918 年 6 月编纂的、由上海商务印书馆出版的《考察日本新闻记略》系中国第一部外国新闻事业著作，并对该著作的成书过程、内容特点和后续影响作了描述。

互联网发展提供了另一个历史研究领域。新媒体发展到现在的时间不算短，即使从主流媒体上网开始计算，迄今也已经达到 25 年，已经有必要进行历史研究了。我们不能等到过于遥远了再回头来进行历史研究，那样就徒增研究难度。新媒体历史研究已经有一些成果，其中最有代表性的无疑是彭兰的《中国网络媒体的第一个十年》。期刊论文固然难以像专著那样进行综合史研究，但进行一些小切口的专题历史研究其实是有可能和有意义的。

六、法律类问题研究

传播法方面的研究，也是传播研究中传统的问题意识来源之一。在传统媒体时代，传播法研究的内容主要是与传播有关的隐私保护、名誉权、知识产权等；新媒体兴起之后，传播法方面的研究还出现了比如被遗忘权、数字资产所有权、网络内容产权保护、个人数据保护等方面的研究问题，传播法研究的空间更加广阔。在案例论文中，与传播法相关的有 4 篇，而且全部是对互联网时代传播法的研究，表明新媒体带来传播法方面的研究问题不少。

我们以谢宜璋的《融媒体时代平衡聚合平台与新闻媒体版权冲突的三重进路》（《新闻界》2021 年第 11 期）为例。移动互联网兴起后，聚合性新闻平台比如谷歌、脸书、今日头条等公司大量采集和分发新闻媒体的内容，导致后者陷入经营困境。"面对聚合平台对新闻产业的颠覆性影响，我国现有学术研究多聚焦于如何从法律层面加强对新闻媒体权益保护的探讨，并形成了通过创设新闻出版邻接权以实现权利扩张和反不正当竞争法保护以扩大救济范围的两种主要思路。"研究者对该两种模式的局限进行了讨论，提出了第三种模式建议，即授权－使用的新闻版权许可机制。这个新的建议认为平台与新闻媒体之间追求的是合作机制而非定位为竞争关系：

> 在融媒环境下，新闻报道已经深深嵌入到了聚合平台的经营模式之中，新闻媒体对聚合平台的依赖已经积重难返，强制性限制聚合平台对新闻报道的获取并非新闻媒体的真正诉求，反而与保障公众知情权的新闻业责任背道而驰。无论是美联社诉融文集团新闻侵权案，还是法新社诉谷歌新闻案，美联社和法新社均在法院认定被告侵权的情况下分别与融文集团、谷歌达成了和解并签订了相关许可协议[29]。这表明，新闻媒体更倾向于将聚合平台视为商业伙伴而不是侵权者，更希望通过与聚合平台建立许可付费的方式以挽回广告收入而非通过赔偿救济的强制手段。事实上，欧盟设立新闻出版者邻接权条款亦是希望通过强化权利人的著作权保护以促使谷歌等聚合平台向新闻媒体付费。但德国和西班牙的立法实效表明，尽管著作权法给予新闻媒体再多的倾斜式保护，依然未能形成良性的新闻授权许可机制。可见，无论是新设邻接权以扩张权利的事前保护还是以反不正当竞争法扩大保护客体范围的事后救济，一味地将化解冲突的希望寄托于法律保护的强度上似乎不是解决之道。更应探究的是，在著作权法已然能够为产

业发展提供行为规则的情况下，实践中为何仍无法形成授权－使用的新闻版权许可机制。

可以看到，通过上面的论述，从出版者邻接权和反不正当竞争法两种模式转向授权－使用机制是自然的而且合理的，换言之研究问题的合法性得到了进一步的巩固。法律研究需要法律方面的知识背景，所以传播法研究有相当的门槛。不少的传播法律研究文章，都是出自具有法学背景的传播学者之手，有的甚至直接出自法学学者之手，比如上述论文的作者谢宜璋就是上海交通大学凯原法学院的博士研究生。有的研究者没有扎实的法学方面的知识，提出问题就较为缺乏理论意义，比如认为立法不完善、法律规定不明确、需要加强立法等泛泛议论，对策也是想当然地罗列几条，很难具有理论意义。

第二节 替代类问题意识的激发

替代类问题意识就是针对既有的理论或研究成果，发现其中的"错误"或"不适应"而提出用新的研究结论替换之。因此替代类问题可以分为两类，一类是指出原有理论中的错误而用新的理论取代它；另一类是提出了更有解释力的理论而使原来的理论不那么适用了，也就是以更有效的理论取代不那么有效的理论。

比如早期的传播研究者认为，媒介拥有不可抗拒的强大力量，它们发出的信息就像子弹击入人体，可以引起直接而迅速的反应。拉扎斯菲尔德等人怀疑"魔弹论"的说法，认为决定个人思想的还有其他因素：个人的影响、团体和阶级的属性以及社会组织。他们对两次总统选举中的媒介影响进行了较为严谨的研究，成书为《人民的选择与选举》，结论是媒介的效果是非常有限的，即所谓"最小后果规则"，而绝不是如"魔弹论"所说的那样具有无可抗拒的效果。从此，有限效果论代替了"魔弹论"，成为传播效果的主流观念。有限效果论与早期的"魔弹论"之间，就是一种理论替代的关系。

经验知识更容易产生替代性理论，因为它的客观性最强，是否正确可以得到经验验证的支持。规范知识的客观性较弱，因为它涉及的是应然性的价值选择，所以新研究结论未必能够"替代"原来的观点。历史类知识的客观性也比较强，因为它有史料支撑，当新的史料被发现时就可能改写原来的结论。

以徐生权的《谁是第一位传播学博士？——被中国学术界所忽略的"口语传播系"及其变迁》（《新闻界》2019年第8期）为例。作者依据文献以抽丝剥茧般的分析和论述，指出了中国传播学术界对"全球第一位传播学博士是谁"的误解，并提出了自己的见解。国内的主流传播学历史书写，都提到施拉姆在美国伊利诺伊大学开设传播学系之后，于1950年授予全球第一位传播学博士。但是，作者依据美国学者罗杰斯的《传播学史：一种传记式的方法》的记载和美国衣阿华大学新闻学院的官方历史回顾文章，指出1948年该新闻学院就授予了大众传播学博士学位给杰克逊与斯旺森，并分析了谁是第一位大众传播学博士：

> 本文倾向于按照衣阿华大学新闻学院的官方说法。1983年，斯旺森获得进入衣阿华大学新闻学院名人堂（Hall of Fame）的殊荣，在关于其的介绍中，学院官方明确表示，斯旺森是该院第二位博士毕业生。照此说法，全美国第一位大众传播学的博士当属杰克逊了，他要早于1950年在伊利诺伊大学传播研究所获得博士学位的其他人。

上述的结论仅仅是一个铺垫，因为文章的问题是全球第一个"传播学"博士而非"大众传播学博士"，而衣阿华大学授予的正是大众传播学博士学位。作者认为传播学除了大众传播学这一源头外，还有更早的口语传播学源头：

20 世纪以来，大众传播事业的发达让"传播"与"新闻"交织在一起，但是还有一个比"大众传播"更加能与"传播"产生关联的院系业已存在在美国的大学之中，那就是"口语传播系"（speech communication）（也有学者将其译为，言语传播系或语言传播系，不过在 1940 年代左右，口语传播系尚以口语系的系名存在）。实际上，现在为我们所熟知的美国全国传播学会（National Communication Association, NCA）即是由美国口语传播学会（Speech Communication Association, SCA）更名而来[3]。换而言之，当今的美国传播教育的一个重要源头即是口语传播教育。

上述这段论述的重要意义在于，确立了从口语传播方向探寻第一位传播学博士的合理性。作者在此基础上爬梳史料，指出口语传播系在学科历史上要远远早于大众传播学系，而其博士学位的授予历史也要早于大众传播学系。作者的结论是：

1887 年，威斯康星（Wisconsin）大学开设了第一门"论辩"课程，到 1910 年时，"论辩系"已独立成系[4]，1922 年，美国第一个口语传播的博士在威斯康星大学被授予[5]，如果我们接受口语传播也是传播学中一个重要领域的话，那么第一个传播学博士当是在威斯康星大学诞生了。在诺尔（Knower）[6]的考察中，我们得知了第一位口语传播学博士是一位叫做考德威尔（Caldwell）的女性，而她博士论文的题目则是"一项基于 350 名口吃者的口吃研究"（*A study in stuttering based upon research among three hundred fifty stutterers*）。

文章如果到此为止，也不失为一项完整的研究，但作者的眼界更大，就此而顺势提出问题：口语传播系何以被忽略？西方口语传播学具有悠久的学术历史和深厚的学术土壤，但在大众传播学的冲击下不得不掀起"去口语化"运动，这更容易使口语传播在中国很少被人提及，中国传播学就更多的是施拉姆的大众传播学。作者认为，对于什么是"施拉姆版传播学以外的传播研究"，中国的学术界往往又指的是芝加哥学派的社会学传统下的传播研究，抑或是批判学派的传播研究，或者是英国的文化研究，但很少有学者注意到美国传播研究中另一支流的口语传播学。这样，从对第一位传播学博士的考察，延伸到对口语传播学被遮蔽历史的浮现，再延伸到对中国传播学理论视野的反思，可谓层层推进别有洞天，足以见到问题意识的明确与深入。作者结论中的一句话，对于我们提高传播学学术想象力是有启发的：

> 口语传播研究的存在提醒我们，传播是一种伴随着人类历史的基础性活动，恢复对于传播意涵的全面认知，将有助于中国传播学从"大众传播"的桎梏中解套，也有助我们走向真正的"面向传播"的传播学研究。

第三节 补正类问题意识的激发

补正类问题也是针对既有研究的，但它与替代类研究不同，它是从之前研究中发现局部的不足而进行修正或辨正，而后者却是整体上替代之前的研究结论。如果举一个形象的例子，替代类研究相当于把病树整体砍掉而栽种新树，补正类研究相当于只是把病树的病枝剪掉而嫁接新枝。其中所谓修正，主要针对经验性知识而言，因为这类知识的客观性更强，根据经验验证的结果可以判断其"正确"或"错误"。其中所谓辨正，主要针对规范性知识而言，因为这类知识的客观性较弱，更多的是一种逻辑思辨的体现，是研究者所认为的"正确"而已。

一、修正既有理论

一个完整的理论体系，大多是经过前后相继的研究工作而建立和完善起来的。在自然科学领域，这种情形尤其常见。比如，笔者随机搜索到一则新闻《张选泽、张永强等在 *Nature Communications* 发文修正了气候模型中气候与碳循环反馈的关键参数》（中国科学院地理科学与资源研究所网站 2021 年 5 月 21 日），其中描述"过去 30 多年间，科学家针对全球尺度上这两种反馈作用参数的估算主要依赖于气候模型，但存在巨大的不确定性，导致估算未来实现碳中和的人为可排放二氧化碳量存在很大误差"，通过新的参数"发现气候模型可能高估了气候－碳循环系统的放大效应，并因此导致巴黎协定中实现碳中和目标的人为可排放二氧化碳总量可能被低估了 $9\pm7\%$"。碳排放是目前全球的重大议题之一，这个系数的修正当然意义重大，从中也可以看到理论修正的思维方式和意义。

社会科学甚至人文学科都有对理论进行修正的情况，不过由于它们不像自然科学那样客观，因此对修正结果的接受不一定那么迅速和明确。传播学虽然属于社会科学，但是我国传播学研究的经验研究尤其实证主义取径相对不多，因此对既有研究进行修正的成果也并不多见。

不过，在 100 篇文章中有一篇历史研究的文章，即郭静的《方法移植与理念流失："密苏里帮"的新闻教育活动考察》（《新闻界》2018 年第 8 期）大致算得上这类研究。我国现代新闻教育的发端，一般认为是引进的美国新闻教育模式，而且是整体横向移植过来的。作者对此有所怀疑，提出了疑问：

> 其实，有移植就会有流变，二者是相生相辅的两面。民国新闻教育的确从美国汲取了营养，但是到了中国的土地上，一群黄皮肤的教育者，面对文化水平参差不齐的学生，在内忧外患的国情中，他们即便是曾经接受过美国新闻教育，依然能够做到"照搬"吗？作为构成教育模式的教育体制、课程设置、教学计划或许可以移植，但教育者的教育思想、新闻理念也一同复制了吗？

随后，作者通过对引入美国密苏里大学新闻学院教育模式的几位主要人物如汪英宾、黄宪昭、马星野等人在教育实践中的教学业务模式和新闻理念分别进行了分析，结论是：

> 通过对他们教学实践和新闻实践的分析，我们发现这种移植是有限的，他们只是将密苏里大学新闻学院具体的，也是最容易模仿的教学方法和课程体系引入中国，如通过在校园内创办报刊给学生提供实践平台，通过邀请报界人士演讲拉近学院与业界的距离，以及实施"通识教育"课程计划等，但美国式的新闻理念、新闻专业主义并未随着"密苏里模式"一同进入中国的新闻教育场域。

作者并未从整体上否定移植之说，而是对整体移植说提出了质疑，因此可算是对既有理论的修正。学术研究的问题意识其实就是一种质疑精神，即对某方面的知识产生怀疑，并通过研究来回答它。作者能够将整体移植说分解为对具体教学模式的移植和对新闻理念的移植两种情况，足见得对问题的思考有相当深度，正是这种深入的分析才产生了有研究价值的问题意识。假设作者局限于对整体移植说议论一番，那么就失去研究的意义了。不少的研究就出现了这方面的不足，总是在表面的问题上翻来覆去地讨论，实际上是问题意识的缺乏。

二、辩正既有理论

所谓辩正既有理论，即认为对既有理论或概念的理解或解释有误，研究者受之激发而提出正确的理解或解释。这种问题意识主要针对规范性知识，因为这类知识大多依赖论辩建构。研究者对于某一个理论或其中的核心概念，如果认为之前的理解是错误的，就可以获得问题意识。

我们以赵国宁的《智能时代"深度合成"的技术逻辑与传播生态变革》（《新闻界》2021年第6期）为例。在互联网环境中，人工智能被运用于传播活动已经是很普遍的现象，其中包括对深度合成技术的应用。深度合成技术本来是一种依托人工智能深度学习算法和模型生成内容的技术手段，它的特征是高度仿真性。在传播业中，深度合成技术几乎与人工智能运用的时间同步，但它进入大众视野，却是因为一些应用深度合成来进行伪造的事件，作者称之为"深度伪造"事件。最早使全球大众关注到"深度伪造"的是在2017年，美国社交网站Reddit上一位名为"deepfakes"的用户发布了用好莱坞女演员的脸替换到色情女演员身上的伪造视频，该视频吸引了成千上万的用户涌入专门的 Deepfake Reddit 社区。作者敏锐地意识到，人们经由"深度伪造"而认识"深度合成"技术，可能对后者的概念形成误解，因此需要对其含义进行厘清，研究的问题意识就浮现出来了：

> Deepfake 技术……一出现就引起了世界范围内的巨大恐慌。人们担心由该技术生成的伪造视频在色情、法庭、勒索、恐怖主义宣传上的滥用 [12]……虽然人工智能"深度合成"技术是以较为负面、戏谑、娱乐的姿态走入大众视野的，但用"深度伪造"（deepfake）来指代这类技术却并不恰当……人工智能"深度合成"技术有很大的正向应用价值，并已经广泛应用在新闻传播、影视娱乐、电子商务、医疗卫生等方面……以伪造（fake）等负面词汇来泛指 AI 合成内容会过分强调该技术的欺诈性，不利于公众对人工智能技术的正确认知，也不利于人工智能技术的未来发展……本文拟从"深度合成"背后依托的技术原理出发，在厘清其技术特征的基础上从科技哲学视角审视该技术的运作逻辑，深入分析人工智能"深度合成"技术给传播生态带来的巨大变革，明晰机遇与挑战共存的现实情况，并初步探讨相关风险的应对之策。

可见，作者是通过技术哲学分析的路径，指出"深度合成"技术的合法性，也就是为其正名；更在此基础上，分析了这一技术给传播生态带来的巨大变革。因为目前的"深度合成"技术运用十分广泛，因此作者进行的延伸性分析是非常具有现实意义的，大大提升了文章的理论价值，也反映出作者问题意识视野的开阔。

三、争议性问题新解

正常的学术研究环境中充满了争论，因为科学本来就是在批判中进步的。在传播学发展的历史中，同样发生过很多起学术争论，不少争论至今仍未平息。不过，这里所谓的争论并非剑拔弩张的争吵，也不局限于阵营分明的对垒，而是基于科学理性的对同一问题的不同见解。从这个意义上说，所谓学术争论更确切地称为学术讨论或学术对话可能更合适。

这类文章颇不少，在 100 篇文章中有 3 篇以这种疑问为问题意识。我们以徐偲骕与张岩松的《国有化还是用户所有？——从"数据所有制"破解社交媒体治理之争》（《新闻界》2019 年第 6 期）为例。在社交媒体兴起的环境下，由社交媒体数据泄露问题引起人们对其治理问题的高度关注，这方面的研究可谓汗牛充栋。作者批评了这些研究，认为它们仍然局限于技术平台侵犯个人隐私、威胁民主政治，以及国家如何监管科技巨头等"技术性"议题，并提出了自己认为需要关注的问题维度。看看作者是如何提出问题意识的：

> 当围绕网络形成的数字资本主义正在渗透和攫取人类社会生活领域的每一个角落[2]，在数据成为 21 世纪的"石油能源"的关头[3]，只要利润仍然是私人资本所追寻的第一要义，那么寄希望于脸书公司自己来保护用户隐私只能是天方夜谭，因为提高用户平均收益（revenue-per-user）来回馈股东才是它的经济基础……另一方面，当私人公司已经能够通过购买或窃取用户数据来渗透、操纵一国的政治选举和内政时，单纯谈论国家从外部来监管社交媒体平台也似乎过于天真。本文并非认为这些技术性讨论不重要，但一个重要面向——所有制问题被忽略了。需要追问的实然问题是，谁拥有社交媒体？拥有者所拥有的核心对象是什么？平台，内容，用户，还是数据？应然的问题则是，它应该被私人所拥有吗？国家和用户应在其中扮演怎样的角色？

既然是对争议性问题的新见解，那么自然地对所争议问题各方观点的梳理和辨析，就成为提出自己观点的必要前提，这篇案例文章也是如此。作者详细地分析了西方关于社交媒体国有化和反对国有化的不同观点及各自理由，认为这些争论"虽然没有涉及需求理论、货币政策等经济议题，但其核心——国家干预主义与市场自由之间的对立，仍然没有绕出哈耶克与凯恩斯理论论战所界定的理论范围"。可见，作者认为这些争论其实只有程度上的差别而无实质上的区分。作者的旨趣在于从自由主义内部的争议跳脱出来，即超越"技术性"的差异，运用政治经济学理论尤其是所有权理论来分析，"因为由用户的上网劳动所产生的数据乃是平台媒介的生产资料，绕开生产资料问题而空谈所有权改革，无法抵达问题的核心"。作者对于之前观点的批评，以及对于运用所有权理论的理由，集中地有一段总结性的阐释，从而强化了问题意识的合法性：

> 这种争论实际上仍然在凯恩斯与哈耶克经济理论大论战的延长线上，而且将关于社交媒体所有制的讨论束缚在了财产所有权意义上的企业产权和用户生成内容的版权框架之内。现有的传播政治经济学成果虽然点出了社交媒体使用是一种被剥削和异化的劳动这一理论命题 [5][6][7][8]，但未能进一步就此主张作为生产性消费者的用户的"数据所有权"，众所周知，媒介资源所有权问题一直是传播政治经济学的核心关切。实际上，已具有抽象劳动特征的用户上网行为所产生的看不见的产品——"一般数据" [9]，恰恰应该被理解为平台资本主义的"生产资料"。按照马克思的解释，"劳动权"实际上应该落实为控制资本，而控制资本又表示占有生产资料 [10]。因此，基于劳动权（而非只是隐私权）的"数据公有制"天然具有合法性，应由用户来收回数据控制权，制衡社交媒体巨头滥用公司权力。

上述这段文字的后半部分，实际上就是作者的结论了。我们在这里讨论的是问题意识，但是从其中可以看到，问题的提出与结论的得出应该做到呼应与自治，关键在于论辩内在逻辑的严谨与流畅。就全文而言，作者能够敏感地意识到之前关于所有权的争论是局限于自由主义框架内的讨论，从而跳出这一框架运用传播政治经济学的理论来进行分析，整体上具有了问题意识的新意。当然，作者实现这一新意的过程是细致而严谨的，即非常详细而扎实地评述了之前的争论观点，而且有力地论证了"社交媒体数据属于生产资料"这一观点，才使"数据国有化"观点的提出在逻辑上水到渠成，因为按照政治经济学理论生产资料应该实行公有制。如果离开这些细致的工作，即使获得了好的问题意识，也无法形成一篇好论文。一些文章具备了不错的问题意识，但是很明显地只能在表面上泛泛而论，却不具备把好的问题意识转化成合格研究的能力。比如，如果这篇案例文章离开了对过去观点的条分缕析和评述，离开了对"社交媒体数据属于生产资料"这样的理论建构过程，泛泛地议论应该"数据国有化"，是无法可靠地得出结论的，也就只能与好的问题意识失之交臂了。

四、重要概念辨析

这也是学术研究中比较常见的一种问题类型，因为概念是理论的基础，因此对概念尤其是重点概念的正确理解是弄懂相关理论的钥匙。与自然科学比较起来，人文社会科学的概念具有相当大的不确定性，一些概念的解释多达 100 种甚至 200 种以上，因此对概念涵义的厘清是一种重要的问题意识。在 100 篇文章中，有 4 篇此类问题意识的文章，这个比例不算低。

这类问题意识还可以细分为至少三大类：一类是对概念含义的辨正，即认为之前大家对概念的理解有误，从而提出自己认为正确的理解；另一类是对概念含义的明晰，即认为概念的含义需要更系统和准确地进行阐释与提炼，因为既有的文献中缺乏这种正本清源的研究；再一类是在对概念辨析的基础上开展延伸性研究，从而在更大的学术视野中构建此类问题意识。

韩德勋的《重访建设性新闻：概念特征、中西语境与现实意义》（《新闻界》2021 年第 5 期）就可以归为以概念辨析为问题意识的文章。近年来，建设性新闻受到较多关注，但是作者认为对其概念存在"误读和争议"，因此有必要加以厘清。作者是这样表明问题意识的：

> 2019 年下半年开始，西方建设性新闻的研究在我国开始升温。经过初期的引介，国内对其认识不断加深，但也存在一些误读和争议，比如关于建设性新闻的概念溯源[1]，对建设性新闻中"介入性"与"客观性"的关系[2]。在被"他者"认同之前，建设性新闻首先要完成自身的认知认同。

文章的第一部分，就是对西方建设性新闻概念的界定，也由此可见它是概念辨析类问题意识。该部分通过对建设性新闻概念的回顾，认为"应用积极心理策略"是西方建设性新闻的核心特征，并将建设性新闻与同类新闻概念进行比较以更加清晰地理解其核心特征。

如果说，该文章的第一部分是对概念的介绍，是为了为概念辨析提供前提的话，那么第二部分就正式进入了辨析阶段。作者分析了中国语境下建设性新闻的不同分支的概念内涵，认为中国的"建构性新闻"与西方的"建设性新闻"表征了不同的概念建构意图以及对于话语权和解释权的争夺。作者更进一步概述全球建设性新闻的状况，发掘出它们中的共同元素即所谓"元建设性"，认为对于建设性新闻存在"同一概念，不同表述"的情形，因此需要对西方所主导的建设性新闻概念框架进行反思。这就把单纯对概念内涵的理解扩展到与全球新闻业的实践结合，进入到对文章真正问题意识的讨论：

> 如果将建设性新闻的内涵和外延扩大，即打破西方学者"运用积极心理策略"的限制，将建设性新闻视为含有建设性的新闻报道，那么除了本文所论述的西方建设性新闻，包括我国外宣央媒建构性新闻在内的正面报道，台湾地区汲取佛学思想发展而成的建构式新闻，在新加坡、马来西亚、斐济、尼日利亚等亚洲和非洲国家在发展传播

学基础上形成的建设新闻（development journalism）[29]，甚至西方新闻史上曾一度流行但被建设性新闻倡导者排除在外的公共新闻、行动新闻、对话新闻、服务新闻等都可以纳入建设性新闻的范畴。也就是说，建设性新闻存在"同一概念，不同表述"的现象。

接着，文章第三部分对建设性新闻的现实意义尤其是对我国新闻实践的价值，包括理论价值、实践价值和哲学价值三个方面进行了论述，认为西方建设性新闻理论为西方审视中国的正面报道提供了新的视角，也为我国的新闻报道提供了创新的理论资源。应该说，这些观点都是具有较强的理论意义的。

之所以较为详细地列出文章的 3 个部分，是想展示出该文章层层推进的逻辑和理论深度。首先是对西方建设性新闻概念的介绍，以之作为全文的出发点和基础。由于西方在新闻理论中的主导地位，因此以它作为基础也是合理的。然后在全球建设性新闻的视野下提炼建设性新闻的共享元素，实际上是为了实现对西方建设性新闻概念的突破，表明"同一概念，不同表述"观点的知识客观性。在这个基础上，文章第三部分论述"西方建设性新闻既佐证了正面报道的合理性与合法性，也提供了创新的资源"，在理论逻辑上就显得自然而然，并且回到了中国的现实语境。这类问题意识就是前面所说的第三类，也就是在概念辨析的基础上，在更大的学术视野中构建问题意识和开展延伸性研究。因此，概念辨析类问题不局限于对概念含义的爬梳，而是可以以概念辨析为基础或为核心，延伸出或扩展出更大的研究问题，从而提升问题意识的学术价值。

第四节　发展类问题意识的激发

发展类问题意识同样是针对既有研究，但它不是对现有理论的整体否定，也不是对其局部否定，而是在现有研究基础上继续推进研究。换言之，发展类研究是对既有理论的延续研究，而后两者属于"纠错"性质的研究，即替代类研究属于整体性"纠错"，补正类研究属于局部性"纠错"，因此三者问题意识的思维方式有很明显的区别。发展类问题意识是非常常见的研究问题类型。

一、补充和完善既有理论

完善既有理论类研究既包括经验性知识，也包括规范性知识，因为这两类理论都需要不断地推进，但以经验性知识的发展较为常见。比如议程设置理论从第一层议程设置理论发展到第二层议程设置理论，再到第三层议程设置理论，就是一个不断发展不断完善的过程，这类研究可称为外延式完善研究。外延式完善研究通常会产生原创性的问题概念，因此也可被视为原创性研究。同时，即使在各层议程设置理论内部，也有大量的研究将其推向不断完善，这类研究可称为内涵式完善研究。

曹钺和陈彦蓉的《社交媒体接触对社会运动参与的影响研究——基于政治自我概念的交互效应》（《新闻界》2020 年第 2 期）可以认为是一篇发展类研究。社交媒体迅猛兴起之后，社会运动也在全球范围内迅速增加，其中很多运动都采用了社交媒体作为动员媒介和组织手段。但是，大多数研究要么过于强调了技术赋权的神话，忽略了运动参与者作为受众的主体性；要么视运动参与者为一个整体的受众，忽略了对参与者内部异质性及其影响机制的分析。因此，作者引入"政治自我概念"作为对参与者进行刻画的自变量，考察它对参与意愿的影响，可以说是发展和完善了社交媒体对社会运动参与的影响这一研究问题。作者提出研究问题的过程是这样的：

> 许多"社交媒体－社会运动"影响的研究把着眼点放在人们"如何"借助新媒介进行动员，关注运动的具体过程和运动对社会的影响，而对参与者群体异质性的说明缺乏实证数据支持。事实上，微观心理层面的特质在政治效果研究中并未受到重视，个体性差异如何对

社交媒体的使用及效果带来影响，也需要进一步研究和探讨[3]。本文关注的正是社交媒体对社会运动的作用机制，并期望通过引入"政治自我概念"这一心理变量对个体性差异作出检验。

这是一个内涵式发展类研究。如果说发现新的研究领域主要依靠"望远镜"的话，那么这种内涵式发展类研究就需要"显微镜"。"望远镜"可以使研究者拥有宽广的视野，在宏大的知识格局下发现空白；"显微镜"则有助于研究者对一个问题或理论的内部洞幽烛微，审察到其中的薄弱之处。研究者在一定宏观涉猎的基础上，集中于某些具体的研究领域或问题深入询问，才可能比较容易地发现研究问题。这就是通常所说的研究切口要小。

在 100 篇文章中，外延式发展类研究如唐荣堂的《中国共产党早期的组织内传播研究（1921—1927）》（《新闻界》2019 年第 1 期）。就组织传播或中国共产党的早期政治传播而言，都有相当多的研究了，因此共产党早期的组织内传播可以被视为外延式发展类研究。但是，在同样的研究方向上，并非简单另起炉灶就可以确立起研究问题的合法性，而是需要研究问题确实具有理论价值或现实意义。我们看看作者是如何阐述这一问题的价值的：

> 百年回望，1920 年代是中国共产党精神气质和革命文化的生成阶段，"革命型文化始具雏形"[1]。特别是在 1927 年以前，中国共产党既没有军队也不掌握政权，党的全部精力集中于包括思想理论宣传、群众革命动员等在内的党的政治传播活动。在笔者看来，初创期的中国共产党堪称是一个"传播型政党"。依托于党的政治传播活动的不断展开，中国共产党早期的组织规模迅速发展至近 6 万人……由此而论，中国共产党早期的政治传播实在是一个值得关注和研究的重要问题。

前面说过，议程设置理论提出后，后来的众多研究都大体上可以被视为发展性研究。不过，在整个理论体系下的一些开拓性研究，比如第二层议程理论和第三层议程理论的提出等，因为它们提出了新的核心概念，因此一定程度上也可以视为外延式的完善性研究。另一方面，在数十年的理论发展过程中，更多的研究是在既有概念下的发展，则属于内涵式的发展与完善研究。比如，麦库姆斯在 1968 年、1972 年的研究中，虽然也运用时滞设计表明了议程设置效果存在，但是并未实际检验大众议程对媒体议程的影响，这个缺陷在 1978 年的研究中得到弥补，它显然属于对前两次研究的完善。又比如，证明议程设置效果存在的一个重要技术手段是时滞设计，即分别测量前一时间点的媒体议程与后一时间点的大众议程，然后判断前者是否"影响"了后者。但是，这个时滞多久方为最优，即时间相距多久为最优？有两项专门的研究表明，议题显著性从媒体议程向大众议程转移，通常需要四到八周的时间[①]。还比如，议程设置理论建立在议题显著性转移的基础上，那么什么因素决定显著性的转移？德国、美国和科索沃等都进行了这方面的研究，从不同角度解释了影响显著性转移的因素[②]。这些都是从理论内部进行完善的类型，即内涵式完善的问题意识类型。

二、过去问题的延续研究

某个问题在过去的一个时间区间内进行了研究，现在接续过去的时间区间进行研究，也可以成为一种问题意识。如果扩张一下，这类研究也可以是一个时间点的，即可以针对同样问题在不同时间点上进行研究。一般地，这两类研究的结论需要相对于原来的研究结论有所变化，理论创新意义才能凸显，因为导致原来结论产生的一些主要因素已经发生了改变。如果导致原来结论产生的主要因素没有改变，那么研究的意义就不大，因为那样就成了简单的重复研究了。除非研究者从同样的经验现象中得出新的结论，但这时就可能属于替代类研究而非延续性研究了。

---

① 麦库姆斯. 议程设置：大众媒介与舆论 [M]. 郭镇之，徐培喜，译. 北京：北京大学出版社，2018：127.

② 麦库姆斯. 议程设置：大众媒介与舆论 [M]. 郭镇之，徐培喜，译. 北京：北京大学出版社，2018：123-126.

黄诗娴的《媒介景观：台湾电影中的台北城市意象研究（2000—2017）》（《新闻界》2017 年第 11 期）就是一篇对过去研究项目的延续性研究。根据作者在文中的介绍，学者李清志曾在一项研究中对台北电影史上的台北都市意象进行了详细的分析，并将台北从 20 世纪 50 年代到 20 世纪 90 年代在台湾电影中的都市意象分为不同的时期，但"李清志关于电影中的台北的研究仅止步于 20 世纪末，21 世纪以来则未有相关延续的研究，也未有人承续其研究"。这就为作者的延续研究提供了空间。但是，仅仅有这种空间是不够的，还要说明其具有研究的价值，即引致李清志研究结论的因素是否发生改变。作者认为新世纪台湾电影面临新的政治、经济、社会文化环境，即指出了原有研究结论有已经变化了的可能，实际上就确立了研究问题的合法性：

> 首先，从台湾电影发展史来看，新电影结束后，台湾电影经历了 1990 年代的低潮，自 2002 年《蓝色大门》起转折，至 2008 年《海角七号》实现票房全面复兴，新生代导演涌现，给台湾电影带来更多新的可能性，新世纪可以作为台湾电影史上的一个时间断代；其次，2000 年至今台湾三次政党轮替……带来一批庶民化、商业化电影，也使得台湾出现有别以往、具有"庶民美学"风格的电影；第三，2007 年底台北市电影委员会成立，城市营销结合电影观光，带来前所未有的商机，电影中的台北被刻意形塑为符合城市营销期待的面貌，电影成为台北的城市名片；第四，新世纪是经济、资源全球流动，科技、媒介高速运转的全球化时代，在"全球城市"（the global city）情境中，任何城市都难以避免全球化的过程并不断被卷入全球经济主导的资本与权力中。[6]

又比如常江的《中国电视史：1958—2008》也可被视为一项延续性研究。在方汉奇先生为该书撰写的"序一"和郭镇之为该书撰写的"序二"中都说得很清楚，即自郭镇之研究到 1988 年的《中国电视史》之后，就再没有研究中国电视史的专著了，而中国电视业发展又过去了近30年。常江的著作就时间而言并非接续郭镇之的研究，而是同样从中国电视发端开始研究，就史学研究范式而言也不同于郭镇之的研究方法，但显然属于同样的问题意识即中国电视发展通史，并且研究的历史时期截至2008年，因此可以被视为延续性研究。

麦库姆斯和肖的议程设置研究在早期是一系列的研究，这一系列研究实际上构成了延续性研究。他们对1968年、1972年和1976年连续3次美国总统选举中选民的议程进行了研究，当然不是简单的重复研究，而是每次都提出了新的疑问，比如第二次研究扩大了调查范围并分夏秋两季进行了三次调查，第三次研究则选择了差异性很大的三个不同地区，并从2月到12月采访了9次。这种延续性研究与上面所说的延续性研究不同，它不是考察环境中影响因素改变导致结论的改变，而是对之前研究中的不足进行补充研究以强化理论的可靠性。实际上，通过两次后续研究，议程设置理论的合法性增强了很多。这可以算是接续性研究的一种特殊情形，当然前面将其视为发展类问题意识也是合理的。

这类问题合法性的关键并不在于某个时期无人研究，而是在于时过境迁环境是否发生了变化，研究者需要提供充分的理由表明这种变化已经发生，才能表明研究问题的价值。不过，在显而易见的情形下，也可以不必对这种因素进行描述。比如一些讨论研究方法的文章，如果10年前某篇文章以某些期刊为对象进行了研究，那么10年后再以这些期刊为对象进行研究时，一般可以不对导致变化的因素作说明，因为学术生态的改变是显然的，那么很可能研究方法的使用也出现了较大的改变。这时即使不作说明，研究问题也一般是成立的。

三、西方理论的中国在地化研究

社会科学的大多数理论都由西方引入，因此在引入之后如何形成与中国情景相结合的理论，就显然成为一个需要关注的理论问题。这并非要跟风地推行"本土化"，而是表明应该考虑到不同的经验情景可以发展和丰富理论体系。也不是说本土化就非得自己全部搞出来一套理论体系，把西方的理论加以发展和改变也是可以实现本土化的。中国特色社会主义理论不就是对外来理论进行改造的结果吗？我们经常讲中国特色社会主义理论是对马克思主义的发展，就是因为中国情景丰富了它的理论内涵。中国的传播学理论也是从西方引进来的，但它是建立在西方社会情景基础之上的，那么在中国就自然面临情景检视的过程，因为我国的传播环境、文化传统、社会心理、管理制度等都和西方明显不同。

100 篇论文中有 3 篇可算是受到国外研究的启发而提出的本土化问题。黄莹的《语境消解、隐私边界与"不联网的权利"：对朋友圈"流失的使用者"的质性研究》（《新闻界》2018 年第 4 期）中对中国用户不发朋友圈、减少发朋友圈的现象进行了研究。黄莹与梁皓云的《"一扇永远打开的门"与"没有下班的工作"：职业群体对于微信使用的实证分析》（《新闻界》2018 年第 4 期）探讨了微信使用对职业群体带来的影响。郗艺鹏与罗海娇的《媒介议程与公众外显议程的网络关联性研究——基于第三级议程设置理论》（《新闻界》2018 年第 12 期）以传统媒体为代表的垂直媒体以及以社会化媒体为代表的水平媒体进行了第三级议程设置效果研究。当然，不是说这三篇论文仅仅是受到国外研究的激发而产生的问题灵感——事实上每一项研究问题的提出都可能是多种因素激发的结果——而是说国外的研究在问题灵感的激发中扮演了角色，甚至扮演了重要的角色。我们阅读这 3 篇论文就可以清晰地观察到。

这类问题意识要求对西方的相关研究非常熟悉，才能知道西方研究的问题与成果动态，然后把西方的研究问题移植到国内的相应情境中进行讨论。比如社交媒体倦怠是一个新出现的问题，国外已经有相当多的研究，但国内的文献很少，黄莹的论文就属于这方面的案例。研究者在文中较为详细地描述互联网的普及以及社交媒体倦怠行为逐渐出现的现实情景，更对西方研究文献做了较为清晰的梳理，意在表明这一问题的研究价值。在此基础上，提出西方理论在"中国语境"下的研究意义：

总体来说，现有研究都是基于西方语境，缺乏关于用户社交媒体使用至不使用这一动态图谱的历时性研究，以及不同文化语境和不同社会群体不使用行为的比较研究。本研究将借用"流失的使用者"（lapsed users）[40]这一概念来聚焦那些不在朋友圈发布信息并且自愿地逐渐减少朋友圈使用的人群，对其行为产生的原因与影响进行分析。通过基于中国语境下使用者动态实践的分析，以期补充国内外关于社交媒体不使用及社交媒体倦怠的研究成果，为以后相关研究提供参考。

郗艺鹏等的论文同样提到了国外研究对激发出问题灵感的作用。第三级议程设置理论早就被提出，西方也有了相当数量的研究，那么在中国的效果如何呢？这显然是西方理论在中国情景下的问题。该文第一部分即"问题的提出"部分的最后一段清楚地写道：

媒介效果研究的深化是第三级议程设置理论的一大进展，研究者发现媒体不仅对公众浅表层的内隐认知产生影响，同时也会作用于公众深层加工的外显认知。自 2007 年首次由金（KIM）和麦库姆斯（Mccombs）[3] 提出后，2010 至 2015 年间又在美国、中国香港等地得到实证研究证实 [3] [4]，而在中国大陆，该理论在近两年才有学者开始关注 [6] [7] [8]。本文在引介第三级议程设置理论意涵的基础上，进一步探究媒体对公众深层外显认知影响的偶发因素与作用机制，为丰富该理论的解释范围，提升中国媒体在重大公共事件的议程设置效果提供启示。

黄莹与梁皓云的论文则在摘要中就开宗明义地指出该研究"是基于中国语境、对过往以西方群体为样本的相关研究的补充与拓展"。作者在论文第一部分即"前言"中又强调"本文旨在对中国语境下这一问题的观照，对过往基于西方群体为样本的相关研究进行回应"。作者在论文第二部分即"文献回顾与研究问题"中再次提到："理解新传播技术的社会文化意义需要将着眼点放在作为实践主体的使用者和他们的日常生活实践的社会语境下来理解。过往基于移动传播技术的工作情境中的使用缺少基于中国语境下的研究与观照。"总之,文章清晰地表明一种将国外的研究问题用于观照国内情景的问题意识。

这类问题意识似乎像抄西方学术的"作业",也就是西方有什么研究问题,可以拿来在中国的情景中进行类似的研究。其实,传播学本来就是从西方尤其是从美国引入的,那么也可以说我国整个传播学研究的早期历史都是在"抄作业"。将外来的理论或研究与本土的情景结合起来,可以说本来就是全球学术流动的一个常规路径。问题的关键在于,一方面,并非所有的理论或研究都有进行本土化研究的必要,如果社会情景相同或类似,那么本土化研究的意义就不大;另一方面,要寻找出本土化的问题,而非仅仅将现成的理论或研究结论在本土重复验证一遍,或者用国外的理论来削足适履地装进中国的经验资料分析或议论一番。反观郗艺鹏等的文章就获得了有一定本土意义的结论:"我国媒体的新闻报道实践亦可以从第三级议程设置理论有关'联系'的观点中获得启发,由为公众设置'态度意见'转为设置'思维逻辑',培养公众理性客观的思考问题方式,并结合水平媒体的中介化作用,实现新闻报道主体思想的有效传达。"像这样既提出本土情景的问题,又获得具有本土化特征的理论成果,才是这类研究的真正价值。

这类问题意识延伸一下,就成为传播理论在全球的在地化研究。在深度全球化的今天,理论的全球性流动空前通畅,那么它对于流入地而言都面临在地化的检视或发展。议程设置理论提出后,出现了大量的在地化研究。麦库姆斯在《议程设置》中提到了全球很多国家或地区对该理论的在地化研究,比如在英国、德国、西班牙、日本、阿根廷和中国台湾等。这些美国之外的研究可能以美国学者研究过的问题为问题,也可能提出新的研究问题,但是无疑都会表现出在地化研究的特征,即不但经验资料是当地的,研究结论也可能发生改变。比如在德国的一项研究中,议程设置效果似乎就不显著,即在5个议题方面显示出议程设置效果,而在其他11个议题方面则没有显示出议程设置效果①。

议程设置理论在中国的经验研究同样可以归入此类问题意识。比如李本乾与张国良②以上海和云南 668 名受众和《人民日报》以及两地党的机关报和晚报为研究对象，首次检验了我国受众议程与大众传媒议程及其关系。研究结果表明，在宏观层面上，我国受众议程与大众传媒议程显著相关，但在微观层面上其相关性却较低。作者由此提出了媒介议程之间的非对称性传播模式，提出了"权变效果理论假设"。其他不少议程设置的本土经验研究，也都属于这类问题意识。

四、西方实践的中国本土化研究

这是就西方实践引进到中国后的情景适应性等方面提出问题，即同样的传播实践在西方和在中国的理论解释各是什么或有什么区别，原因是什么等。可见，这类研究的理论创建意义并不那么强，而是重在对经验事件或现象作出不同的理论解释，便于人们对其有透彻的理性认识。

张洋的《当代中国调查性报道的兴起：话语与实践的历史考察》（《新闻界》2019 年第 1 期）就属于从这种角度提出的问题。调查性报道是新闻业的一种重要业务形式，我们熟悉大量的西方调查性报道案例，最著名的比如《华盛顿邮报》记者伍德沃德和伯恩斯坦对水门事件的报道等。20 世纪 80 年代，调查性报道引入中国，并逐渐成为媒体和记者相当推崇的报道形式。一些主要的媒体推出了不少调查性报道新闻，甚至不少媒体专门设置了调查性报道性质的采访部门。调查性报道一度在新闻业颇受重视，如研究者所言："《南方周末》《中国青年报》《新京报》《财经》等报刊以及中央电视台的《新闻调查》《焦点访谈》等栏目均以调查性新闻报道见长，产出了大量基于本土问题的调查性报道，推动了中国社会的改革与

---

① 麦库姆斯.议程设置：大众媒介与舆论[M].郭镇之，徐培喜，译.北京：北京大学出版社，2018：18-19.

② 李本乾，张国良.中国受众与大众传媒议程设置功能研究[J].复旦学报（社会科学版），2003（01）：114-123.

变迁，也促进了中国本土新闻业的逐步成熟。"但是，新闻业也好调查报道也好，中国的社会文化环境与西方有很大的不同，那么调查报道引入中国后对中国新闻业的观念和实践等产生了什么影响？研究者正是对此提出了疑问：

> 那么"深深植根于自由主义传统"[6]的调查性报道观念，如何与中国传统新闻观念和社会语境相衔接，进入中国本土新闻实践之中？中国新闻从业者、新闻学者、官方机构以及公众等不同社会行动者在引入调查性报道的过程中，用怎样的话语来阐释调查性报道的意义内涵，使之与自身诉求相一致？调查性报道作为外来的新闻文体观念，导入中国新闻业之后对于中国本土的新闻实践又产生了怎样的影响？

可以看到，作者希望对调查报道这个西方传播业务被引入中国后的情景进行理论解释，而且这种解释具有鲜明的中国特征，因为它"与中国传统新闻观和社会语境相衔接"，因此自然地区别于西方"深深根植于自由主义传统"的调查性报道观念。总之，这是一种基于中国社会文化背景的对于从西方引入的传播业务的理论解释。正如作者在文中所说："调查性报道作为一种从西方传入的新闻观念，也逐步与中国本土的社会现实相调和，形成了具有地方性特征的'中国式调查报道'。"由于中国的现代传播业是从西方引入的，西方的传播理论发展出了一套对其较为自洽的解释，但是在中国的政治、文化、社会、经济等背景下如何进行理论解释，显然提出了相当多的疑问。

五、普适性理论的情景窄化研究

我们把某个普遍的理论具体在一个较小范围内的研究称之为"情景窄化"。它一般地有两种情形：一种情形是地理空间的窄化；另一种情形是研究对象的窄化。比如研究媒介素养项目，媒介素养理论具有一般性或者普适性。但在进行研究时，有时候需要对某个区域内人群的媒介素养进行研究，比如对农村或者对城市居民进行研究，这时候就是理论的空间窄化研究；有时候需要对某些特定的对象，比如某个行业、某个年龄段、某个职业等的对象进行研究，这时候就是理论的对象窄化研究。

理论是具有普适性的。如果一个观点仅仅适合于解释一个具体的事件，它就很难称得上是理论。不过，普遍性的理论在某些特定的范围内会有自己的特征，对其特殊性的发现就形成了研究的问题意识。大家非常熟悉中国特色社会主义理论这个概念，它就意味着有一个更为普遍的社会主义理论，中国特色社会主义理论就是一般性的社会主义理论在中国的情景化，这显然是地理空间窄化的结果。因此，通用理论的情景窄化研究是有学术价值和现实意义的。

无论是哪个类型的窄化研究，都绝不是仅仅将已经研究出来的结论放在窄化后的研究对象身上再验证一次，这样就相当于没有提出任何研究问题。因为在更大范围内适用的理论，在较小范围内当然也是适用的。但是反过来却不一定，即在较小范围内发展出的理论，不一定在较大范围内适用。因为理论要在越大的范围内抽象，就势必牺牲掉较小范围内可以成为理论的成分。这同样说明了理论的情景窄化研究的价值所在。不少的文章没有把握住理论的情景窄化研究的关键，比如一些研究青少年媒介素养的文章，无非是把媒介素养的一般性理论往窄化后的研究对象身上套用一下，这样当然不会有任何理论新意。因此，窄化研究的关键是通过情景改变，发现在原来普适理论中所没有的理论成分。

这类问题意识也是较为常见的，在100篇文章中有3篇此类研究。我们以章震和尹子伊的《政务抖音号的情感传播研究——以13家中央级单位政务抖音号为例》（《新闻界》2019年第9期）为例。情感传播并不是老问题，尤其是新媒体兴起之后，这方面已经有相当丰富的理论资源，但是在政务传播中讨论情感传播问题，可以算是新的研究问题。这属于研究对象窄化的类型。作者较为详细地回顾了情感对网络传播影响的文献，表明了情感对传播的意义，从而认为"随着以抖音为代表的短视频平台越来越受欢迎，政府单位如何继续传承政务微博、政务微信的情感传播经验，努力探索和创新政务抖音号的情感传播办法，值得加以深入研究"。如果说，这样的提问还显得较为间接的话，那么作者在引言中就更明确地针对了政务传播这个"窄化"的情景了：

> 有研究者认为，情感也是一种权力，它和政治权力相互塑造，既会影响现有的政治秩序，也有可能被政治权力所掌握和利用[1]。这不禁让人追问，当下政治权力对情感的掌握和利用表现如何？政务机构在多大程度上使用情感策略进行传播？这种情感政治传播实践对过去以"理性"为主导的传播实践提供了怎样的补充和启示？

情景窄化研究要注意避免两个误区：其一是成为对现象的评论，其二是成为对通用理论的验证。一些文章运用某个理论来研究具体的经验现象——某类传播现象或某个区域内的传播现象，看起来属于情景窄化研究，但是没有提出理论性的问题，仅仅是运用理论概念套用在现象上进行了议论、评论或述评之类，这样的文章最多可能成为应用性研究，但是不属于理论研究。另一种情形是情景窄化研究后并没有得出新的结论，不过是把通用性的理论又验证了一次，当然也是没有学术价值的。这两种情形其实都是问题意识缺乏的表现。现在各种细分的传播领域很多，比如健康传播、环境传播、公共传播等，它们都应该在自己特定的领域对传播理论有延展性的成果，而非用传播学的通用理论或概念来机械地对这些领域的现象评论一番或者解释一番。

议程设置理论提出后，也出现了相当多的情景窄化研究。空间窄化的研究比如研究者在美国肯塔基州路易斯维尔市进行的项目，把 1974—1981 年的大众议程与《路易斯维尔时报》的新闻报道进行比较，发现教育、犯罪、地方环境和地方经济发展具有强烈的议程设置效果，但是排名第五和第六的公共娱乐与医疗保健却反映出反向议程设置效果，即大众议题为媒体议题设置了议程①。对象窄化的研究就更多了，比如对外交、毒品、犯罪、环境等方面的研究，均属于对象窄化性质的问题，或者说大多数属性议程设置研究的问题，都可被视为对象窄化类研究问题。

六、学术综述

这是就某个研究问题的学术发展脉络或进展动态进行梳理和评论的问题意识，这类研究往往被称为学术综述。学术综述一般不具有自己的研究问题，而是对学术历史和现状的述评，但因为学术研究总是站在前人的基础上，因此综述对于研究者快速了解相关问题的理论进展是非常有帮助的。尤其是对于刚做研究或刚接触所研究问题者而言，通过与阅读研究问题相关的文献综述类文章，不但可以快速地获得有关问题的研究情况，而且可以获得进一步阅读文献的线索，因此不失为一种高效的科研手段。因此，学术综述本身可能不算发展类问题意识，但它对于推动进一步的研究相当重要，因此将其归于此类问题意识。

丁依然的《从"剥削"中突围：数字劳工研究的现状、问题和再陌生化》（《新闻界》2021年第5期）是一篇偏于文献梳理性质的文章。近年来，随着互联网的迅速普及和社交媒体的滥觞，用户日益成为内容生产者（UGC），使得数字劳工研究颇呈涌现之势，对这类研究的回顾和评价自然就具有了较为重要的学术价值。看看作者提出这个问题的缘由：

> 当下的数字劳工世界则几乎完全被归为批判对象，因为它代表着新技术背景下新的、更为隐蔽和智慧的剥削形式。近年来，随着对数字经济理解的加深，数字劳工一词引起国内外传播学、社会学、经济学、政治学等学科的广泛关注。国内外知名传播学期刊、杂志、会议多次将"数字劳工"设为专题探讨，甚至有学者将该话题视为全球批判传播的关键议题[2]、中国新媒体研究的八大议题之一[3]。"劳动一直

---

① 麦库姆斯.议程设置：大众媒介与舆论[M].郭镇之，徐培喜，译.北京：北京大学出版社，2018：20-21.

是文化和传播研究的盲点"[4]的现象在一定程度上得以扭转……随着数字劳工研究逐渐陷入"僵局",本文认为,有必要对数字劳工的现象和概念进行"再陌生化",突破旧"套路",发现新问题。

文献综述类文章要注意避免仅仅是对文献的堆砌和罗列而未能从中提炼出有启发意义的观点,这其实也是问题意识的缺乏。实际上,文献综述依然需要很强的问题意识和问题导向,将问题作为选择文献的标准和组织文献的灵魂。文献综述的问题意识就是要探究某个研究问题的状况、不足和建议,而且不足和建议要建立在扎实可靠的文献梳理的基础之上。常常看到文献梳理类文章粗枝大叶地罗列若干文章,不但不足以展示有关理论问题的历史发展脉络,而且观点也随意发挥,缺乏文献支持,失去了这类研究的意义。

丁依然的文章虽然有文献综述的色彩,但在较大程度超越了文献梳理本身,就是因为有较强问题意识驱动的结果。尽管该文在标题中表明研究的目的是探究"数字劳工研究的现状、问题和再陌生化",看起来"现状""问题"和"再陌生化"是并列的结构,实际上这3个具体的研究问题是层层递进的关系。文章共有5个部分,第一至第三部分都是对"现状"的描述,各部分小标题分别是"数字劳工研究的兴起与价值""数字劳工研究关注的基本问题""当前中国数字劳工研究的热点",可见这三部分的内容是从历时性到共时性、从全球视野到本土化研究的一种递进关系。这些是文献梳理特征较强的部分。在对研究现状进行把握的基础上,自然可以分析研究中存在的不足,文章也就推进到第二个具体研究问题,即文章第四部分的小标题所示"数字劳工研究的问题",该部分指出了现有研究的局限是较多集中于"剥削机制"研究。提出了问题,那么就需要考虑解决问题,第三个具体研究问题就自然而然地出现了,文章第五部分的小标题是"对'数字劳工'的再陌生化",其实就是作者提出的解决方案,即所谓跳出"剥削分析框架"或者"再陌生化"。因此从相当大程度上说,该文与其说是文献综述,不如说是在文献梳理基础上对数字劳工研究提出的建议，后者就是其明确的问题意识。这样的问题意识就超越了学术综述类文章的常规兴趣，而是以启发学术思想创新为追求了。这里看看作者在结论中对再陌生化的阐释：

> 再陌生化首先意味着抛却预设，反思"数字劳工"研究中卷入的多元行动者、劳动过程，尝试从简单化的"剥削"分析中突围。我们可以通过柏格森意义上的"进入"和"绕行"两种方式再次认识"数字劳工"问题："进入"意味着直面"数字劳工"研究缺少中层理论的问题，跳出现有的、简化的剥削分析框架，通过回顾经典，为相关现象分析提供更为坚实的理论锚点；而"绕行"则意味着一种视觉上的转换，跳脱出宏大的政经分析框架，从反思数字劳动者（工作者）的主体性以及劳动整体性入手，关注那些在当下尚被遮蔽的问题。

实际上，麦库姆斯的《议程设置》就是一本典型的文献综述专著，前面提到郭镇之、刘海龙和史安斌等人对于议程设置理论发展脉络的介绍，则是典型的文献综述文章。可以看到，好的文献综述对于研究者的帮助是很大的。

第五节 比较类问题意识的激发

这里的"比较"与通常所说的"比较"的概念不同，它并非仅仅局限于某项具体研究内明确的、直接的对比，而是包含了在更大时间或空间范围内的对比。无论是经验研究还是规范研究，总是基于一定的时间或空间维度，当所依据的时间或空间条件改变以后，就产生了比较类研究问题。这对于经验研究是显然的，而对于规范研究而言也是成立的。比如对于新闻真实观念，在虚拟现实技术下来讨论它，就隐含着把新闻真实概念放在传统媒体时代和虚拟现实技术下进行比较讨论的意义，这其实是时间维度上的比较类问题。因此，在传播研究中，甚至可能在整个人文社会科学研究中，比较类研究意识都是很常见的问题意识类型。

在整体上可以把比较类问题意识分为两类，即历时性比较和共时性比较。前者指在研究的问题意识中隐含着时间维度上的对比，后者则隐含着空间维度上的对比。前者比如新媒体兴起后新理论的建构或对传统经典理论的反思、运用新的理论视角解读现象等，都体现出一种历时性比较的特征。后者比如同样问题的中西对比研究、同样问题不同地理空间的研究等，都具有空间维度上对比研究的特征。

需要区别比较类问题意识与比较研究方法。前者是运用对比思维而产生的研究问题，后者是在研究过程中运用比较方式。不少情况下，比较类问题意识的确采用了比较研究方法，但是由于它比比较研究方法的范围宽泛，因此相当多的比较类问题意识可能不采用比较研究方法。比如研究新媒体环境下的新闻客观性，它显然是因为与传统媒体时代比较而产生的问题意识，但在研究中不一定需要进行对比，而可以直接论述。

一、同一问题的中外比较研究

传播的中西比较研究是常见的研究问题，因为无论是传播现象还是传播理论，中国和西方国家均有大量相同的议题或问题，但它们在不同的国家呈现出何种差异性及其原因，是非常值得探究的问题类型。

中西对比类问题与前面讨论过的西方理论或实践在中国的本土化研究不同。中西对比类问题讨论的是中西方在面对某一个相同的研究问题时，各自的研究结果是如何的；本土化研究讨论的是西方的理论或实践在中国情境下是如何的，这里隐含着把西方传播理论视为普适理论的前提。换句话说，在研究过程中，前者对中西方的研究问题都要分析，是平行线索的结构；而后者可以只分析中国的研究问题，可以是单线索的结构；在结论中，前者需要对比双方的情况，后者可以只呈现在地化的情况。

李宗亚的《中美大学生社交网站"断交"行为之比较研究》（《新闻界》2019年第7期，后称《断交》）明显属于中国和美国之间的对比研究。

这类研究的关键在于确定一个中西方传播中相同的研究问题，然后提出在同样问题下中西方是否会产生不同的结论，以及为什么会有不同的结论。该文在标题、摘要和引言中，都明确地提到比较研究思维，比如摘要第一句话就开宗明义地提出"本研究旨在对比分析中美两国大学生在社交媒体上的断交行为"，在引言中又提到"仅有的研究主要是通过大数据观测网络节点连接与断裂的动态变化，或者通过小规模的访谈展开定性分析，基于大规模的问卷调查寥寥无几，对比研究更是寡闻少见"。在研究过程中，作者提出了 7 个研究假设，其中 3 个属于中美对比假设，包括：与美国大学生相比，同质性倾向更能预测中国大学生在社交网站上的断交频率；与美国大学生相比，面子顾虑更能预测中国大学生在社交网站上的断交频率；与中国大学生相比，隐私顾虑更能预测美国大学生在社交网站上的断交频率。在研究结论中，研究者既分析了中美两国大学生影响社交媒体断交的共同方面，也分析了差异性的方面，并且解释了其中的原因。比如对"面子顾虑"对比分析：

　　在对比中美大学生受访者时，本研究发现面子顾虑是预测中国大学生断交频率的最有力变量，但却不能显著预测美国大学生的断交频率。虽然美国受访者的面子意识也很强（Mean=4.01），仅略低于中国受访者（Mean=4.15），但美国大学生在社交网站上进行断交操作时，面子顾虑并不构成障碍。究其原因，首先是两种文化背景下的冲突处理方式差异造成的。在个人主义文化中，人们倾向于用直接的方式解决冲突，而在集体主义文化中，冲突解决往往采用一种缓和的方式[3]。当双方起冲突时，美国大学生通过屏蔽或删除好友这种直接的方式解决问题，而中国大学生则是以间接的方式来处理争端，例如设置访问权限，故意不回复对方的信息等。

二、同一问题的不同情景比较研究

一个研究问题既可以中外对比，也可以用其他方式对比，后者就属于这里要讨论的问题，因为除了中外对比之外还有相当多的对比类型，比如性别对比、年龄对比、文化对比、地理对比等。

对比类问题意识多种多样，这里按照对比的对象列举一些例子。案例对比类型如李艳红的《生成创新：制度嵌入如何塑造新闻创新差异——对三家媒体数据新闻实践的比较》（《新闻与传播研究》2021 年第 12 期）；国别对比类型如方振武和韦路的《媒介体制与社会信任——基于欧洲 12 国的比较研究》（《新闻与传播研究》2021 年第 8 期）；理论范式对比如白红义和张恬的《社会空间理论视域下的新闻业：场域和生态的比较研究》（《国际新闻界》2021 年第 4 期）；学者的学术思想对比如唐海江和曾君洁的《作为方法论的"媒介"——比较视野中麦克卢汉和德布雷的媒介研究》（《现代传播》2019 年第 1 期）；时间点的对比如王海燕和刘湘的《数字化环境下的新闻"去专业化"研究——基于 2018 与 2012 年我国报纸新闻的比较内容分析》（《新闻大学》2020 年第 7 期）；跨文化对比如蒋晓丽、李晓蔚和张放的《"讨公道联盟"：跨文化比较视野中的中国网络私刑行动研究》（《新闻记者》2021 年第 5 期）；法学适用对比如张惠彬和王欣怡的《如何判定侵害信息网络传播权的行为？——基于"服务器标准"和"用户感知标准"的比较》（《新闻界》2018 年第 11 期）。从如此类别众多的例子中，可以看到对比类问题意识的丰富性。

在 100 篇论文中没有这类论文，因此以上面提到的李艳红的论文为例。比较类问题意识具有合法性的关键在于所提出的比较维度具有理论价值。研究者论及，在新闻业剧烈变迁的背景下，新闻创新成为数字时代新闻业研究的重要范畴。关于组织创新，斯拉彭德尔提出了个体主义观点、结构主义观点和互动过程观点，作者认为：

> 斯拉彭德尔归纳的这三种视角在数字新闻学的新闻创新研究中均有体现。个体主义视角视新闻组织当中的个体成员为创新采纳和实施

的关键主体（Keyagents），关注微观行动者，包括记者、新闻组织的管理者或新闻编辑室中的 IT 人员等，他们对技术的感知、"个体的热情和使命感"[2] 或与其他成员的互动和整合被认为是促进创新的关键[3]。结构主义观点比个体主义观点在新闻创新研究中更早也更多得到重视。采取这一观点的学者试图揭示出影响和塑造创新过程的结构性因素、尤其那些与组织策略、组织结构和资源以及组织文化等相关联的结构性因素。如技术社会学者博茨科夫斯基（Boczkowski）通过比较案例研究将组织结构、工作文化以及对于受众的看法这三个与组织的结构性特征有关的因素界定为影响创新发展的因素[4]，这一结论在随后的研究中也得到了其他研究的支持[5]。

与上述两种观点不同，被斯拉彭德尔认为最具理论潜力的结合结构与个体主义之互动过程的观点在现有的新闻创新文献中却并没有得到很好的阐述，成果数量仍然有限[6]，也因此，他说的"行动与结构之间的复杂的似是而非的关系"[7] 始终没有得到学术界的充分阐述。

本研究尝试回应这一挑战，通过引入组织研究中的制度分析框架，试图弥合个体与组织视角之间的沟壑，并力图发展一个兼顾个体与组织、结构与能动性的关于新闻创新的分析框架。

从上面的论述可以看到，作者对组织创新理论的框架和新闻创新研究的动态都是较为熟悉的，因此提出引入制度分析以弥补研究不足。不过，这个研究问题是建立在对比分析基础上的，因此需要对采用三家媒体作为案例进行对比分析的原因进行阐释。作者的理由是：

作为比较分析的个案，三家新闻组织尽管存在媒体类别（如日报还是杂志）和定位（如《南风窗》定位时政领域，财新定位财经，南都则在内容上定位为更为广泛的综合性新闻内容）等方面的差异，但却均属于以纸媒为基础正在经历数字化转型或融合发展的数字化转型媒体，作为"数字化转型媒体"，它们符合本文探究处于数字化转型进程中的纸媒如何进行新闻创新这一研究目的，这使我们有机会"同中求异"，探讨在此过程之中三者创新表现之差异如何形成。因此，本文个案选择的目的并非为了在描述的意义上推论到总体，而是希望借助比较的逻辑进行因果机制的揭示，理解数字化转型的过程和特征可能如何影响到媒体的新闻创新活动。

三、相同理论的不同媒体环境比较研究

这里所谓的"不同媒体环境"，主要指传统媒体与新媒体。在新媒体逐渐取代传统媒体的环境下，大量建立在传统媒体基础上的理论需要被置于新媒体环境下进行审视和检验，这里面自然含有一种比较意识，会激发出很多的研究问题。

比如，在新媒体环境中，有的学者认为议程设置理论将不再具有解释力，因为传统媒体的影响力衰落且受众高度分散，但是也有学者认为它可以继续发挥理论功能，因为网络媒体中头部媒体影响力的集中度依然很高，甚至超过传统媒体时代的集中度[①]。可见，议程设置理论需要被放置于新媒体环境中进行检视，以发现它发挥作用的新的方式。这就是把经典理论放在新媒体环境中检视类型的研究，这里面包含着对相同理论在不同媒体环境下进行比较的问题意识。

由于新媒体越来越主流化，这类问题意识并不缺乏，可以说几乎所有经典传播理论都将面临新媒体环境的检验与挑战。在100篇文章中，这类研究问题是比较多的。比如曹珊的《后真相语境下新闻从业者的书写权力研究》（《新闻界》2018年第2期）把如何生产新闻这一传统议题置于后真相环境下进行了研究；翟秀凤的《普遍性还是历史性：理解数字时代的新闻专业主义》（《新闻界》2018年第4期）将新闻专业主义这一传统话题放在数字时代分析；华维慧的《从诠释到具身：虚拟现实技术对新闻真

---

① 麦库姆斯.议程设置理论概览：过去、现在与未来[J].郭镇之，邓理峰，译.新闻大学，2007（03）：55-67.

实的再生产》（《新闻界》2020 年第 11 期）对新闻真实这一新闻学中的基本概念放在虚拟现实技术的背景下进行了讨论。

我们以曹珊的论文为例进行稍微深入的分析。该文认为，所有的社会现实都是由知识构建的，而知识又是由权力构建的，因此社会现实是一种权力的构建物。在传统媒体时代，新闻从业者通过各种正式与非正式的书写维护其生产解释新闻事件的文化权威，那么到了新媒体所塑造的后真相时代，这样的书写是否受到威胁，或者发生了何种改变？传统媒体时代的理论被置于新媒体时代检视，就促成了研究问题的浮现。作者是这样描述问题意识来源的：

> 新闻从业者通过各种正式与非正式的书写以维护其生产解释新闻事件的文化权威 [5]，并结合一些专业性原则来生产建构新闻的价值意义，从而塑造新闻场域内外的边界。然而，作为新媒介技术发展到特定阶段"产物"——后真相，以一种无限制的主观性正影响着新闻业的各领域，虚假信息、反转新闻、非理性舆论等甚嚣尘上，事实真相却被"排挤"。究其问题本质在于新闻事实书写的建构性，新闻从业者不再是唯一的新闻书写主体，新闻生产逐渐从组织化集体工作转变为社会化互动行为 [6]，新闻书写规则、新闻书写话语等均表现出多元动态的面向。书写权力恰恰为这一问题的探究提供理论基础，以此分析媒介与书写、主体与书写的理解。

这类问题的提出有一个关键，即把一个传统的理论或概念与新出现的传播情景或现象联结起来，从这种内在的张力中产生问题意识。曹珊文章中的新闻书写权力、翟秀凤文章中的新闻专业主义、华维慧文章中的新闻真实，都是传统新闻业时代的经典概念和研究问题；但是，曹珊文章中的后真相时代、翟秀凤文章中的数字时代、华维慧文章中的虚拟现实技术，都构成改变了的传播情景或现象。传统的理论或概念与改变了的情景或现象碰撞，激发出了作者的问题灵感。甚至可以用数学思维来理解这类提出问题的模式，以前的传播理论中的"变量"是当时的社会情景，当"变量"已经变迁为现在的社会情景时，原来理论的"输入"和"输出"不是就需要进行重新讨论了吗？

四、相同传播现象的不同理论视角比较研究

有的传播现象以前已经进行过研究，但是可以运用新的理论视角进行讨论，这类问题意识就是运用不同理论视角研究相同的传播现象。当然，这里所谓的"新理论"不是指才发展出来的理论，而是指以前没有被用以讨论所研究现象的理论。

这一类问题意识正好与上一类问题意识方向相反：此类问题意识是运用新的理论视角讨论已经研究过的现象，希望依靠新的理论视角获得新的解释或结论；上一类问题意识是运用变化了的经验检视经典理论，希望对既有的理论进行反思或发展。换言之，前者是理论变化而现象不变化，后者是理论不变化而现象变化。而且，一般地，前者更偏向于理论建构，后者更偏向于现象解释——当然是立足于理论视角的现象解释。

100篇文章中，有4篇文章运用新的理论视角对已有问题进行了研究。汪雅倩的《焦虑视角下强关系社交媒体不持续使用研究——以微信朋友圈为例》（《新闻界》2019年第10期），欧健的《微信朋友圈的有限公共性——基于结构、再现与互动的探讨》（《新闻界》2019年第8期），余富强和胡鹏辉的《"我拍故我在"：景观社会中的自拍文化》（《新闻界》2018年第3期），王雪晔的《裸身抗争：农民工表演式抗争的图像建构与文化内涵》（《新闻界》2017年第12期）都是运用新的理论视角发现问题意识。可以看到，社交媒体的不持续使用、微信朋友圈的公共性、自拍现象、农民工抗争等都并非没有研究过的问题，但是，汪雅倩运用了社交焦虑概念，欧健运用了达尔格伦的三维度分析框架，余富强等运用了德波的景观社会理论，王雪晔运用了社会抗争研究中的资源动员理论，都对原来的问题给予了新的理论解释。因此，从这些研究中，我们都可以看到类似的思维，即对一个已经研究过的问题或现象赋予新的理论视角，则可能

发展出新的理论解释成果来。

我们以欧健的文章作为分析案例。微信的兴起和微信朋友圈的广泛运用，使得微信朋友圈是否具有公共性成为理论讨论的一个较受关注的问题。作者经过相当详尽的文献回顾，勾勒出了微信对朋友圈公共性持乐观意见和持保留意见的两类观点，在此基础上指出了产生这些观点的研究的局限。为了解决这些局限，作者提出了新的理论研究视角，即所谓"一个完整的分析框架"：

> 以上研究大多从一个侧面或者一个单点出发来审视微信朋友圈的公共性，并未将微信朋友圈的公共性实践放在一个完整的分析框架之下展开。"网络与公共领域的关系是复杂的，网络既有助推公共领域的作用，也有促使它衰落的力量存在。"[2] 公共性进入到在一个媒体机构和传播平台越来越多的时代，公共性可能特别复杂，也将面临新的威胁 [3]。本文认为，对微信朋友圈公共性的讨论应该回到公共性的准则与实践的对话上，才能给出一个客观全面的解读。

但是，如果到此为止，作者的研究问题还很难说较好地确立起来了，因为作者认为分析微信朋友圈的公共性需要建立在"一个完整的分析框架"之下，这样的应然性问题是没有人会反对的——它其实可以说是偏于常识性的观点，因此研究问题确立的关键就在于进一步阐释运用的是什么分析框架及其理由。作者提出运用达尔格伦的媒介分析理论，而且作了很充分的说明与解释：

> 那么以此为规范性准则，应当提出怎样的分析框架来阐述社交媒体的公共性实践？达尔格伦（Dahlgren）在早期的分析电视的四维度框架上，提出了分析新媒体的三维度框架。在1995年的著作 *Television and the Public Sphere：Citizenship，Democracy and the Media*（《电视与公共领域：公民、民主和媒介》）中他结合了 Murdock G.（格雷厄

姆·默多克）、Peters J.D.（达勒姆·J·彼得斯）、Fraser N.（南希·弗雷泽）、Thompson J.B.（约翰·B·汤普森）等人的研究成果，为概念化的公共性提出了一个分析框架，这个框架包括四个维度：媒体机构（media institutions）、媒介再现（media representation）、社会结构（social structures）和社会文化互动（sociocultural interaction）[3]。在这个框架下，媒体机构与社会结构都是用来描述机构或者组织层面[4]，因此，在分析互联网这一新媒体时，达尔格伦将媒体机构和社会结构进行整合，统称为结构维度。由此形成了一个三维度的分析框架：结构维度（structures）、再现维度（representation）、互动维度（interaction）。

达尔格伦的分析框架成为研究新媒体公共性的一种规范理论，被许多学者所采纳。比如，我国学者尹连根就以达尔格伦所提出的三个维度为分析框架，从结构、再现和互动三个维度审视微博空间所具有的公共性[5]……

作者还列举了全球学者运用达尔格伦的框架研究媒体公共性的例子，这一方面对相关研究动态进行了评述，另一方面实际上表明了运用这一理论框架来分析微信朋友圈公共性的合理性。可以看到，作者至此才确立起了运用新的理论视角来分析微信朋友圈公共性这一问题的合法性。作者不但在之前有文献的梳理与评述，而且在这一部分也逻辑清晰地介绍了达尔格伦框架的演变情况和分析维度，实际上为后面的分析提供了思维框架。同时还可以看到，作者说明了达尔格伦框架本身就是媒体公共性分析框架，而且列举了运用该框架分析媒体公共性的典型研究文献。这些综合起来，运用达尔格伦框架来分析微信朋友圈的公共性是相当有说服力的。

这类问题意识中要注意的是，所提出的理论视角必须是与所研究的问题有合理关联的，即前者适合用来解释后者。欧健在文章中，可以说多维度的阐释均在表明这一点，才使得问题意识确立起来。运用理论工具切忌"拉郎配"，异想天开地拿来一个"理论"就开始套用经验资料进行分析，恰如随意地用一个容器去盛装所有食物一般荒唐——不同的食物需用不同的容器。有的作者随意运用理论视角，不管理论与所研究的问题是否匹配，也对其没有任何解释，其实是贴"标签"式的套用，反映出没有弄清楚理论视角在研究中的作用。

第六节 实证类问题意识的激发

实证类问题意识指通过运用经验研究方法（即实证方法范式和诠释方法范式）对假设性知识进行研究，以使知识获得确证的研究问题意识类别。因此，从更准确的角度，实证类问题意识也可称为确证类问题意识。

从确证性的程度而言，哲学思辨知识最弱，诠释性知识次之，实证主义知识最强。在实证主义范式内部，似乎又以实验方法的确证性最强，因为它运用变量控制技术排除了干扰因素对因变量的影响。那么循此方向，实证类问题意识至少有3类：如果既有知识是由纯推理得出的假设性知识，采用诠释主义或实证主义方法进行研究是有理论意义的，因为知识的确证性加强了；如果既有知识是采用诠释主义范式得出的，则采用实证主义方法进行研究是有理论意义的，因为知识的确证性加强了；有时候，如果运用调查法或内容分析法时，那么采用实验法也可能形成问题意识，因为一般认为实验法的确证性更强。

相当多的理论在提出来的时候都是假设，即并未获得经验的验证，即使自然科学的不少知识也是如此。比如"日心说"其实早在公元前3世纪的古希腊天文学家兼数学家阿里斯塔克斯就提出来了，但是囿于科技水平的条件一直没有得到实证，那么按照现代科学的观念它就始终只能被称为假设。1543年，哥白尼通过观察与数学运算提出"日心说"并公诸天下，60余年后伽利略运用望远镜证明了"日心说"的正确性。这一过程就是理论假说被实证研究确证的例子。

需注意的是，可以确证的知识应该是经验性的而非价值性的，或者说属于实然性的知识而非应然性的知识，因为后者是无法确证的。尤其是对新兴问题的经验性假设，往往更容易发展出实证类研究问题，因为新理论的建构难免涉及理论假设。比如议程设置理论在新媒体时代是否有效可谓是新问题，一些人预言议程设置理论行将终结，这个预言是一个理论假说，它又建立在两个理论假设之上：其一是受众因网络媒体的众多而高度分散，其二是人们在网络上接触到的议程高度分散。这两个假设如果仅仅由思维演绎得出，那么就可以启发出实证类问题意识。一旦对这两个假设进行了实证研究，那么议程设置理论就推进了一步。事实上，也确实有学者对这些问题进行了经验研究，其结论是议程设置理论在网络媒体时代的解释力依然有效[①]。

确证性研究从范围大小可以分为3类。一类是整体上对理论假设进行确证，这类问题是比较宏观的，也是并不多见的。前面提到的议程设置理论的创立和莫利对霍尔理论的确证，都可以归结为这种类型。另一类是对理论中的隐含的前提或假设进行确证，这一类往往起到对既有理论的发展和完善的作用，前面提到研究者对网络媒体下议程设置理论怀疑论者所隐含前提的确证，就属于这种类型。再一类是并不构成论文整体的问题意识，而是仅构成对研究问题的假设检验，即实证研究在概念操作化之后提出研究假设，这些假设其实也是演绎结果，随后的研究就是对这些假说进行确证，实际上也是一种确证研究过程。

在100篇文章中没有确证类的问题意识，因此这里举一些其他例子。我们常常说传媒产业与其他产业关联，前者对后者有带动效应，但是如果停留在逻辑思辨层面，它就仅仅是理论假说。丁和根的《我国传媒产业关联及其演化趋势分析——基于投入产出表的实证研究》（《新闻与传播研究》2020年第11期）就通过对投入产出表的分析使之成为确证性的研究。这个案例还有一个特点，传媒产业与其他产业存在关联是常识，但具体是如何关联的，经过深入挖掘最终形成了问题意识。

现在以陈昌凤和师文的《人脸分析算法审美观的规训与偏向：基于计

---

① 麦库姆斯.议程设置理论概览：过去，现在与未来[J].郭镇之，邓理峰，译.新闻大学，2007（03）：55—67.

算机视觉技术的智能价值观实证研究》（《国际新闻界》2022 年第 3 期）为例对此类问题意识进行分析。随着算法技术的广泛运用，已经出现不少对于算法本身是否具有价值判断偏向等问题的研究，但是正如研究者所言，其中较多是思辨性的而非经验性的，因此不是确证的"科学"知识。这就彰显出对其进行确证研究的理论价值：

> 目前，学术界已关注到了算法作为价值判断主体的正当性问题，但是受限于人工智能的黑箱特性，算法的价值内核仍被视作难以被观摩的抽象存在，相关学术探索多止步于技术伦理层面的思辨探讨，尚缺乏对算法执行价值判断的逻辑及后果的经验性观察。事实上，相比事实判断中隐藏的无意识偏差，算法在价值判断中的观点表达更为强烈，其与人类社会的人文价值也有更为丰富的交涉。作为智能社会中重要的中介，算法在进行价值判断时的观念实践及其后果不应被实证研究所忽视。

既然谓之实证研究，则如前所说它须提出经验性问题，且这个问题之前未曾有人进行过确证性研究。比如上述案例，研究者就指出目前的研究"多止步于技术伦理层面的思辨探讨"而缺乏"经验性"观察。这种问题意识思维，也可以说属于前述"运用新方法"的问题意识路径。

前面已经提到，议程设置理论实际上是一项确证性研究，因为从李普曼的《舆论》中能够推导出议程设置，而科恩则是较为明确地提出了非常接近的概念，但是他们都没有完成经验确证的工作，因此只能称为提供了假设或假想性知识。同时，在议程设置理论的发展过程中，研究者对一些重要的或感兴趣的问题进行了控制实验研究，力图使其确证性更加强化。比如麦库姆斯[①]在《议程设置》中列举了比较传统媒体与其网络媒体议程设置效果的对比实验研究，结论是报纸印刷版和电视新闻的效果要强于各自

---

① 麦库姆斯. 议程设置：大众媒介与舆论 [M]. 郭镇之，徐培喜，译. 北京：北京大学出版社，2018：24-25.

网络新闻的效果。不过，该两项研究分别发表于 2002 年和 2008 年，当时传统媒体还很强势，互联网媒体则因为覆盖面受限和内容质量问题而影响力偏弱。时至今日，如果再次进行对比研究，是否传统媒体的议程设置效果强于网络媒体呢？恐怕要打一个大大的问号了，因此新环境下的问题意识又可能出现了。

问 题 意 识 常 见 不 足

第五章

　　问题意识缺乏或较弱是投稿中非常普遍的现象，反映出相当多研究者可能既没有了解学术问题的性质，也没有了解如何提出研究问题。前面两章介绍了应该如何理解学术问题以及如何培养问题意识，本章从另一个角度深化对这方面的讨论，即根据对 200 篇案例文章的分析来探讨在提出研究问题时如何避免常见的误区。

第一节 问题意识不足概论

　　根据笔者的编辑经验，说超过 80% 的文章在问题意识方面存在不同程度和不同类型的问题并不夸张，这反映出目前的学术训练效果不容乐观。从对 200 篇文章的观察看，问题意识的缺乏有着较多的原因，但下面三个方面是比较关键的。

一、对学术研究基本概念的误解

　　一些文章反映出对学术研究的基本概念有误解，比如把学术研究活动误解为纯粹的"思考"，把论文撰写理解为纯粹的"写作"等。再次强调,学术研究首先是一种实践过程而非写作活动,没有研究过程的写作活动不是学术研究而是直观性的议论、评论、感受、体会与经验交流、工作讨论等,可能连调研报告都谈不上,又遑论作为学术研究论文?后面会提到,在 200 篇文章中,既没有声明研究方法又不属于法律研究等 4 类情况的共计有 55 篇,它们基本上都属于没有提出具有理论意义研究问题的文章。这个比例不可谓不高。

研究者要弥补此方面不足,主要是对关于学术研究的一些基础知识应有所了解,比如什么是知识,什么是创新性的知识,什么是学术研究的问题,学术论文与其他文章之间的区别,等等。这些基本的方面已经在前面有所阐述,因此这里不再赘述。年青学者为了感性理解这些概念和基础知识,可以多阅读经典的研究著作或论文,而且不一定局限于本学科领域,其他社会科学和人文科学的经典文献都可以阅读,从这些优秀成果里面感受学术研究方面的基础知识,包括感受如何发现问题和构建研究方法。现在的学术表面繁荣,课题和成果数量很大,实际上很少有经得起历史检验的东西,甚至在出版的时候就已经没用了,因此青年学者读什么专著、什么期刊、什么文章,自己要有较强的鉴别和鉴赏能力。如果大量阅读那些粗制滥造、缺乏理论意涵的文章,不但会浪费自己的时间,最大的坏处是误导了自己对学术的理解,致使形成不好的学术思维和写作习惯,可谓贻害无穷。

二、对所研究问题理论发展不熟悉

无论是规范研究还是经验研究,无论是由理论触发的问题意识还是由经验触发的问题意识,最终都离不开对所研究问题和研究进展的熟悉,因为如果不熟悉上述两者就无法发现既有研究中的局限,则研究问题的合法性建立不起来。对所研究问题的理论发展是否熟悉,可以从文章中观察到,尤其在经验研究的文献梳理部分可以较明显地观察到作者对理论发展脉络的熟悉情况。规范研究尽管一般不需要专门的文献梳理部分,但是仍然可以看出研究者对理论的熟悉情况,因为它会通过文章中对概念的运用和对理论及观点的述评充分地反映出来。不少文章即使提出了研究问题，但在对问题的理论发展进行回顾时往往蜻蜓点水，点缀式地引用几条文献，根本不足以形成理论发展的历史脉络，那么所提出的问题很可能落入随意性、表层性或重复性的窠臼。

在具体的研究项目中，对理论的熟悉主要指两个方面：其一是所运用的理论视角，其二是所研究问题的理论发展脉络。比如运用议程设置理论研究社交媒体的议程设置效果，那么一方面对议程设置理论需要熟悉，它关系到理论视角的运用和研究方法的设计，另一方面对社交媒体议程设置效果的研究文献需要熟悉，它关系到发现既有研究的不足从而提出研究问题。不过，在少数情况下，如果研究项目不涉及理论视角，则只需对所研究问题的文献比较熟悉即可。

做到理论熟悉当然是一个很辛苦的工作。一些专著的理论回顾部分多达数十页，一些学术论文的文献回顾条目也多达上百条，足见工作量之大。这个工作越扎实，研究问题的确立越有说服力。当然，也不是要一味追求数量，而要根据研究问题的情况所需，总的原则就是让读者认为研究者熟悉研究问题的研究情况，认可所提出的研究问题的确是有理论新意的。

三、对研究问题合法性论证不充分

在论文中不但要提出研究问题，还要进行必要的论证，以表明对其进行研究的合法性。论证问题合法性主要有两个维度：其一是研究问题的创新性，即既有文献中没有该方面的研究；其二是研究问题的价值性，即对理论的创新意义或对实践的启发意义。其中最核心的是问题的创新性，因为如果连创新性都没有，那么它就无法提供人类的知识增量，就失去作为学术研究的意义。关于学术问题创新的判断标准，前面已经讨论过，这里不再重复。研究问题的价值性并不单独形成问题的合法性，但是可以增强研究问题的意义，使得读者更加认可该研究项目。比如一项研究既具有理论创新性，也可能带来很大的理论进步意义或实践意义，显然更容易被认可。

在论证研究问题创新性时，依赖的主要是文献回顾工作，也就是对所研究问题相关的文献进行搜集、阅读、分析，看以前都研究了什么问题以及获得了什么结论，与自己准备研究的问题有何差异。如果寻找到了差异，即文献中所研究的问题与所提出的问题不同，就表明研究问题具有创新性，研究结果可能推动理论发展，问题意识的合法性就建立起来了。如果所提出的问题已经被研究过，那么就要放弃该问题而另外提出问题和通过分析文献进行论证。

研究者论证问题不力不仅可能反映在文献回顾方面，还可能体现在全文的相关部分。实际上，文章的问题意识尽管以文章的文献梳理部分为主，但在引言部分甚至研究过程与结论部分均需一致。有的文章在引言部分、文献梳理部分提出的问题并不一致。从广义的概念说，问题意识不仅包括确立研究问题的合法性，还应包括在整个研究过程中紧紧围绕所提出的问题进行求解并作出清晰的回应。个别文章在研究过程和结论中脱离了研究问题，应该也属于问题意识较弱的情形之一。

还有一种常见的情况，即对研究问题的表达不流畅甚至含有语病。论文中涉及提出和论证研究问题的部分有标题、引言、文献梳理、研究假设等，一些文章在这些部分的表达中概念不严谨、语言佶屈聱牙等，那么即使提出了具有研究价值的问题也往往影响到论证效果。这种情况看起来是文字表达能力欠缺，其实大多数情况还是由背后问题意识的缺乏或较弱所致。一些文章本来没有提出有理论意义的研究问题，就企望用似是而非的"学术概念"来装点"门面"，结果却适得其反，连基本的意思都表达不清。论证所提出问题的研究价值，主要还是要依靠对研究进展的描述，从而说明尚有研究空白或不足，而不能依靠玩弄文字游戏。学术表达如何尽量做到明白顺畅，避免华而不实甚至故弄玄虚，这是大多数研究者，尤其是年青研究者应该考虑的重要问题。

第二节 问题意识不足的常见情形

笔者对 200 篇文章进行了细读，分析其分别提出了什么问题以及是如何提出的问题，其中是否存在不足，如果存在不足，则分析属于哪一类情形并赋予类目标签。经过反复阅读和分析，对类目标签亦多次进行补充和修改，最后对每个类目标签的数量进行统计，获得问题意识不足各种情形的数据。多数文章在问题意识方面不只出现一个方面的不足，最多的有 5 个方面，则按实际出现不足方面的数量进行登记。这种过程的主观性难以避免，因此尽管经过反复编码，但是依然会受到个人判断的影响。

分析每篇文章提出的研究问题，主要依据它们的标题、摘要、引言和文献综述部分，并兼顾正文的研究过程与研究结论部分等。之所以并未简单地根据论文标题分析其研究问题，是因为：一方面，有的标题表达模糊，难以看出其研究问题；另一方面，判断研究问题是否能够确立通常需要阅读文献回顾部分等，有时甚至要与理论视野、研究方法、案例选择等结合起来；再一方面，分析研究问题是否能够确立还涉及对问题的论证，包括论证的表达是否逻辑清楚，也涉及对正文的阅读和分析。因此，不能简单地以标题评价文章是否提出了有效的研究问题，需要阅读全文才能较为准确地评价。

提出问题意识方面不足的目的在于提供参考，帮助年青学者尽量避免这些误区。分析结果，共计获得 26 种不足的情形。

一、概念含义模糊

这种情形指研究问题中的概念甚至核心概念的含义模糊不清。研究问题是由概念构成的，因此对问题的表达必须做到概念严谨含义清晰，尤其是核心概念，其意义确切至关重要。如果提出问题时使用的概念尤其是核心概念的含义模棱两可，就会导致研究问题的含义模糊不清，令读者不甚清楚到底要研究什么问题。

　　一般地，多数研究问题会在论文的标题中呈现出来，因此可以从标题观察研究者提出问题时的概念使用情况。从标题看研究问题中常见概念含义模糊的情况如下：①业务性提法。比如某篇文章标题表明以"新冠肺炎的媒体呈现"为研究问题，其中"媒体呈现"就不是含义清晰的概念。类似情形的提法还有"新闻形态""报道态势"等。②工作性提法。比如某文章标题表明以"乡村信息扶贫建设维度"为研究问题，暂且不论"信息扶贫建设维度"这样的表述可能存在语病，仅就"建设维度"的含义而言也是较为模糊的。③不规范的简称。比如某文章标题中有"城市高知青年的媒介消费"字样，其中的"高知"是口语性简称，难以判断其确切的标准；另一篇文章标题中有"实操路径"的提法，"实操"这样的简称不要说作为表达研究问题的概念，即使在稍微正式的书面表达中也是不适合的。④随意运用网络语言。比如不少关于新冠疫情的文章标题中使用了"硬核标语"之类的提法，其中的"硬核"就是网络语言，因为不清楚何谓"硬核"，所以它的含义也容易令人不解。

　　之所以出现上述情形，主要是因为学术思维尚未养成。在具备学术思维的情形下，对研究问题的表达应该运用学术性的概念，尤其是研究问题中的核心概念应该与理论相关联，而非运用日常语言，更不宜滥用简称或网络语言。不过，这仍然与理论积淀有关，如果缺乏理论积淀，则无法运用理论思维来分析现象，自然无法运用理论概念提出研究问题。

　　要做到概念含义清晰，需注意以下方面：

　　第一，使用规范的理论概念。所谓理论概念，指来自理论体系中的概念，它们因为经过严谨的理论建构过程，概念或术语在其中已经被赋予了较为明确的意义，因此能够保证研究问题具有清晰的含义。大多数学术研究都是为了推进对某个理论的研究，那么提出问题时就应该使用该理论体系中的有关概念，而不能以想当然的提法去代替专业术语。有时候，对有的学术概念的含义有不同解释，但是它仍然比日常用语的含义更具确定性，况且研究者在文章中可以对所选择的含义加以说明而使之更具确定性。之所以说"媒体呈现""新闻形态"等所表示的研究问题是模糊的，是因为从中看不出是从何种理论中提出的问题。研究者需对理论或现象作深入思考，找到研究的理论落脚点。

比如，新冠疫情作为一种突发性公共卫生事件，是否会影响到媒体的客观性，即媒体的平衡报道原则是否得到遵守？这样的提问才是从新闻理论中提出的疑问。那么这时候所谓"媒体呈现"就可以具体化为平衡报道准则在版面上的"呈现"，上述研究问题如果表述为"突发性公共事件报道中的客观性：平衡报道的视角"之类，问题意识就比较明确了。

提出问题时不但表意要清晰，而且语言要规范，或者说要用书面语言而非口语，比如"高知"这样的提法，如果改成"高学历"就较为妥当，因为这样就不但使得表达比较正规得体，而且使得所包含的标准也比较确定了——文章中可以大学或研究生以上学历作为"高学历"的操作化标准。

第二，对日常概念进行必要的学术建构。提出问题时除了使用学术概念，还必然会使用更多的日常概念，如果使用的日常概念而并非采用其日常含义时，就应该在文中进行必要的学术性建构，使之成为符合研究项目所需的确切概念。比如，马克思在研究资本主义经济的性质时，资本是一个非常基本的概念，那么当时资本其实首先是日常概念或者经济学中的概念，但是马克思并非取其日常含义或者在经济学中的含义，而是将其学术含义建构为"带来剩余价值的价值"，它就成为政治经济学中的特有概念。当然，如果在提出问题时使用的日常概念并无特殊含义，也就不必煞有介事地进行学术建构了，对于一些不必要界定的概念进行界定纯属多此一举。比如"突发性公共事件报道中的客观性：平衡报道的视角"这样的问题，其中的概念已经是意义较为确切的日常概念或学术概念，就一般地没有必要进行建构了。

二、概念含义飘忽

这种情形指研究问题中概念的含义前后不固定，其内涵和外延不能在全文中保持一致。换言之，同一个概念在文章的不同位置的含义不同。这种情形会导致研究问题的含义前后不一致，实际上也令人难以明白文章到底在讨论什么问题。

比如一项研究是"'文学新闻'在中国的概念变迁与本土化实践"，文章中既认为文学新闻是"非虚构写作在新闻领域的分支"，又把两者当作同一文体："学者诺尔曼·西姆斯（Norman Sims）于 1984 年发表了一篇名为《文学新闻记者》（*The Literary Journalists*）的文章，开启了学界对非虚构写作的新一轮探索。"可见，研究者对"文学新闻"这个概念的界定可能是前后不一致的，即前文认为两者是有区别的，后文又将两者视为同样文体。那么，在这种情形下，如何理解研究问题中的"文学新闻"呢？读者恐怕无法确定采纳哪一个含义。

另一篇文章以"中国民族音乐文化的海外传播历史：百年路径与全球图景"为研究问题，文中把"音乐作为文化"和"音乐文化"两个概念混淆了，因此在论述了文化的意义后，分析的却是具体音乐作品如何传播的问题。另一篇关于文化的文章与之类似，该文试图描绘出我国自电影诞生以来"影视红色文化"的对外传播历史，但仍然只是罗列了不同历史时期的具体影视产品对外的贸易或发行情况，显然影视文化的"对外传播"与影视产品的"对外交易或发行"是不同的概念。这些都是概念界定不严谨所造成含义飘忽的情形。

克服此种不足，主要是养成严谨的概念使用习惯。无论是经验研究还是规范研究，都离不开对概念的使用，每一个概念都应该有其确定的含义。同时，那些在研究中反复被提到的概念，尤其是那些核心概念，在全文的不同位置都应该具有一致的含义，否则就会导致对研究问题理解的混乱。当然，在某些情况下有的概念在论文不同位置的含义可以不同，则应当加以清晰的说明。比如，有的概念有广义和狭义之分，而研究者在某些情况下采用其广义含义，在某些情况下采用其狭义含义，但显然应该在不同用法时有清晰的说明或提示，否则就会引起理解混乱。

三、想象性地提出概念

这种情形指在研究问题中凭空杜撰出的"概念"。学术研究固然追求创新，但它指的绝非将功夫用在文字方面的故弄玄虚。没有实质性的问题创新或思想启发，靠玩弄文字往往会适得其反。有的研究问题中含有主观编造的概念，导致研究问题的含义令人费解。

比如某文章标题中提出的问题是"网络空间中的尊他意识"，其中的"尊他意识"就是生造概念；另一篇文章提出的问题是"公共卫生应急事件中假新闻的高热度生成路径"，其中的"高热度生成路径"令人不解其意；还有一篇文章的问题中含有"'媒体参与'的知识脉络、实践意蕴"，但"媒体参与"的含义不确切。类似的情况还有很多，比如在提出问题时含有"文化消费观""网络化个人主义""复杂作用机制""复杂性分析""强势技术理性""男性气质转向""史论理析""青年圈群""复杂主体性""舆论可见性组合机制""游客凝视""三维话语空间"等。也许这些文章都提出了不错的研究问题，但是这些"概念"却让人不知所云。如果问题的关键信息不能迅速传递给读者，那么即使有好的研究问题也可能错失好评机会。

还有一种情况与此类似，就是对日常概念滥加引号，似乎加上引号以后它们就摇身一变成了学术概念，这当然是不可能的。学术概念的形成是依靠对经验事实的抽象或对形而上学概念的演绎，绝不是依靠对任何提法加上引号就可以实现的，后者可能反而导致概念模糊。学术概念需要的是含义确定性，日常概念加上引号意在表明其有"言外之意"，恰恰与学术概念的确定性要求相悖。这种情形不仅在提出问题时存在，在正文中也时常见到，都是相当不好的学术思维习惯与写作习惯。

要克服此种不足，主要应注意以下两个方面。一方面，要养成良好的学术思维与写作习惯，避免养成把玩弄文字游戏当成学术研究的错误观念，严谨准确地运用概念。另一方面，要克服此种不足，最根本的还是要提高理论基本功，注意养成理论思维的习惯，如果对相关理论熟悉了，那么对运用什么概念来表达研究问题就不会存在困难，也就不会误入歧途，编造一些似是而非的提法。比如前面提到的"公共卫生应急事件中假新闻的高热度生成路径"，文章实际上是想探讨假新闻传播速度的影响因素，如果它确实是一个研究问题的话，那么何妨直接表达为"公共卫生事件中假新闻传播速度的影响因素分析"呢？这样不是就令人能够理解了吗？

四、传播概念过于泛化

这种情形指把一些非传播现象作为了传播学研究问题。传播学似乎历来对自己研究什么以及如何研究分歧甚大，在一些年青学者的思维里则更加模糊。很难说学术"版图"的扩张没有意义，但是对于理论功底不深的部分年青学者而言就可能难于把握，会想当然地构思出一些"传播"或"媒介"现象进行研究，实则理论与经验完全是"两层皮"，最终多是点缀若干概念下的空泛议论。

比如某研究以"作为空间媒介的三重意义——对广州越秀公园相亲角的考察"为研究问题。文章的结论认为公园相亲角是一种社交空间，是一种提供弹性生活的流动空间，是一种退休老人闲谈漫步的临时性郊区。这个结论显然是很常识性和表层性的。问题意识的缺乏与传播概念的泛化有较强的关联，因为从提出的问题看，文章试图运用媒介学理论来讨论问题——它提出将公园相亲角视为"空间媒介"。但从文章内容看，它使用的又是大众传播学的概念体系和方法取径。这两者不能说完全没有交叉，但明显地有自己的研究问题、理论体系和研究方法，因此可以说是将"媒介"概念泛化了。还有不乏将村委会、小卖部、工业遗产等作为"媒介"来研究问题的，大多属于类似的情形。

另外一种传播概念泛化的情形走得更远。比如一篇文章把人的生物识别信息的非法获取、交易、流通等视为"传播"，如果按照这个逻辑，那么宇宙中任何物体的位移都可以进行"传播"研究了。还有把非遗文化的继承当成"传播"问题的，把直播带货中消费者与商品的接受关系作为"传播"问题的，把传播商品或文化产品的市场交易或对外的贸易作为"传播"问题的，等等，"传播"概念均有泛滥之嫌。

每一个学科或理论都有自己的解释范围，传播学理论也不例外。如果研究对象超过了其解释范围，而根据自己的感觉把什么都往"传播"或

"媒介"的"筐"里装，那么传播学理论就难以合理地解释现象。这里当然不是反对对传播概念的讨论与突破，而是表明提出的问题应该与用以研究该问题的理论体系一致，换言之研究问题中"传播"或"媒介"的概念应该与研究过程中的相应概念保持一致，否则就容易出现概念泛化的情况。

五、研究问题表达不具体

这种情形指在标题中提出的问题比较模糊，但是文章中实际研究的问题尚属明确。这种方式不利于读者迅速而直接地知悉研究的问题，因为必须阅读文章之后才能了解研究的确切问题，那么标题的窗口作用就非常有限。同时，文章标题与内容也显得不大一致，存在一定程度"文题不符"的嫌疑。

比如某篇文章的标题以"平台型媒体如何重构在线消费"为问题，其中"在线消费"就是一个相当宽泛而模糊的概念，因为可以从多个角度去讨论它，比如从消费心理、消费行为、消费关系等角度，因此该表达方式并没有告知读者本文到底想讨论什么问题。通过阅读该文可知，研究者实际上讨论的是平台型媒体如何建立与消费者之间的信任关系，那么将标题改成"平台型媒体如何建立在线消费的信任关系"之类就较为合适，这时的研究问题就比较明确了，提出的问题与实际研究的问题也是一致的。

另一篇文章在标题中以"土味短视频自媒体中的地方建构"为研究问题，其中"地方建构"的含义非常含糊，因为"建构"的维度可以非常多，比如文化习惯、政治治理、消费方式、社会心理，等等，读者无法知道该文将进行哪个维度的研究。通过阅读文章发现，文中讨论的是地方如何建构现代性话语，那么如果将标题改成"土味短视频中地方现代性话语的建构分析"，研究的问题就一目了然了，而且也与文章中的表达相一致了。

上述这样的问题表达方式之所以需要改进，首先因为它的标题与文中不一致，标题提出问题的外延远远超过了文中实际研究问题的外延，所以可称为"文题不符"或"名实不符"。其次，它还导致读者难以根据标题知晓作者要研究什么具体问题，而标题恰恰是了解研究问题的重要窗口。最后，也是很重要的一个方面，即标题中提出的问题超出了期刊论文的承载能力。并不是说宏大的问题不能研究，而是因为它们偏于宏大，一篇期刊论文的容量几乎无法承载，它们可能更适合于以专著形式进行研究。因此，在这种情形中，直接将实际研究的问题呈现在标题中，即可消除前述3个方面的弊端。

六、研究问题过于宏大

这种情形与前述"研究问题表达不具体"既有相似也有区别，相似之处在于都是提出的问题因为偏于宏大而显得模糊，不同之处在于本种情形下在文中"研究"的问题本身与标题中是一致的，即都是偏于宏大而模糊的，而前述情形下在文中研究的问题是比较具体的，只是与标题中所提出的问题不一致而已。

这种情形，常常以"……的传播研究"的形式提出研究问题，比如"东京奥运会的新媒体传播研究""符号学视角下的影视人物形象传播研究""大型体育赛事的抖音传播研究""符号互动论视角下新冠疫情的情感传播研究""新媒体时代乡村网红的旅游形象建构与传播研究""人类命运共同体理念的对外传播研究""媒体新冠疫情的内容生产与传播研究"等等。这些表达中，无论是"新媒体传播""形象传播"还是"抖音传播""情感传播"等，都不是明确的研究问题，而最多可称为研究的对象、方向、领域等，比如"新媒体传播"指的是以新媒体作为研究的经验资料对象，"形象传播""情感传播"指的是研究方向或领域。至于在一篇文章中既要对乡村"网红"进行形象"建构"研究，又要对其进行形象"传播"的研究，就更加不大可行了。其实，凡是号称"……的传播研究"类型，基本上都没有提出明确而具体的研究问题，因为所有传播研究都可以冠以这样的标题方式。

这类文章在研究过程中往往只能进行空泛的议论，或者只鳞片爪地搜集一些经验资料而无法具备学术严谨性，因为实际上对这些"研究问题"

也很难建构起系统的资料搜集方式。比如"东京奥运会的新媒体传播研究"这样的问题，其中的"新媒体传播研究"涉及的经验资料范围过于宽泛，因为"新媒体"的内容种类和内容量实在太大，系统地搜集资料几乎不可能，对于期刊论文而言更是无法完成的任务。

这种情况出现的原因，并非简单的表达问题，而是问题意识较弱或缺乏的问题，因为这类文章基本上都没有真正的研究问题。比如"东京奥运会的新媒体传播研究"是一篇对策性文章，作者并没有运用系统的研究方法和理论视角，而是直观感受式地进行了"传播"的"现状""问题"和"对策"三个方面的议论，每个方面构成文章的一个大的部分，显然并没有理论问题意识。如果要将其转化为有效的研究问题，那么由于"新媒体"是一个极为宽泛的概念，可以将其局限为"主流媒体"或"体育媒体"之类；同时由于以"传播研究"表达的研究问题也过于宏大与模糊，需要考虑到底研究传播方面的什么具体问题，比如具体为对报道框架进行分析之类。那么，综合起来，原来的研究问题可以改为"东京奥运会报道的新闻框架：基于主流媒体的研究"之类。如果觉得这样的问题比较平常，那么进一步将其改成历史研究或者对比研究可能更具意义。比如改成"奥运会报道框架的历史流变：基于主流媒体的研究"，通过对比不同历史时期对奥运会报道的新闻框架；或者改成"中美东京奥运会报道的框架对比分析"，对不同国家媒体报道同一体育盛事的新闻框架进行比较分析。总之，大而化之的所谓"传播研究"通常缺乏实际的研究问题，需要深入思考经验现象或事件中蕴涵着什么样的理论困惑，才能真正提出有理论价值的研究问题。

七、经验范围过于宏大

这种情形指研究问题中涉及的对象范围过于宏大，明显地使研究问题的可行性不强。社会科学研究中问题与经验资料的范围应当较为匹配，无论提出的问题过于宏大还是研究资料的范围过于宏大，都可能使得研究不具有可行性，致使研究问题难以确立。前面讨论了提出问题过于宏大的情形，这里讨论经验资料范围过于宏大的情形。

比如"中国民族音乐的百年全球传播历史"这样的研究问题，其中"民族音乐"涉及不同种类，全球传播涉及众多国家和地区，时间跨度近100年，在一篇期刊论文中要搜集如此广泛的资料，显然是无法实现的。实际上该文也仅仅是零星地罗列了不同时期一些地区的歌曲的传播情况，完全不足以形成"100年"与"全球"这样宏大视野下的完整面貌。

非历史研究中也有资料范围过于宏大的情形。比如"网络平台空间的短视频广告传播研究"这样的问题，其中"网络平台空间"这个概念太大了，可以说包括了各种各样的互联网平台，以这么宏大的范围为目标，最终很难系统而规范地搜集资料。实际上，作者仅仅是随意地选择了两个互联网平台，然后从中各自选择了10个短视频作为研究对象，对于所选择的两个互联网平台和各10个短视频的理由并无令人信服的说明。

要克服这种不足，有必要缩小经验资料的范围并重新斟酌研究问题。比如对于"中国民族音乐的百年全球传播历史"这一文章，可以考虑研究某些民族音乐在全球的传播历史，甚至某些民族音乐在全球某些国家或地区的传播历史，这样一来研究问题的可行性就变得强多了。对于"网络平台空间的短视频广告传播研究"这一问题，可以区别不同类别的短视频平台作为经验资料的搜集范围，使得研究问题具有可行性。比如，可以较为著名的短视频平台抖音或快手为经验资料搜集范围，通过系统性的抽样方法以若干短视频广告作为研究对象。例如将其改为"社交短视频广告传播效果与广告类别之间的关系"之类，至少就研究问题的可行性而言要强多了。

八、程式性套用背景

这种情形指在研究问题上程式性地套上一个宏观背景，但没有考虑到该背景是否与所研究的问题有真实的关联。理论研究一般是在某个背景下进行的，因此在问题中把背景提出来加以凸显是合理的。但是，如果在提出研究问题时随意地套上一个背景概念，在实际研究时却完全与该背景无关,则背景概念就成了"摆设",反而影响研究问题的合法性。

比如在"智能媒体时代的新闻视觉化呈现特征"这样的研究问题中,显然是以"智能媒体时代"作为研究背景的,那么文中对"新闻视觉化呈现特征"的研究就应该在这个背景下进行。但是,文章中主要讨论了信息的搜集、加工、呈现以及可视化的不足等,看不出与智能媒体有什么关系。换言之,如果取消"智能媒体时代"这个"帽子",文章的内容也是成立的,因为所讨论的问题均非智能媒体传播的独有现象。目前常见的"大帽子"还有"新媒体时代""融媒体时代""大数据时代""数字时代""社交媒体环境下"等,基本上都与新媒体有关。

并非说背景性概念不可以使用,而是说要使用得当,即在研究问题中提出了背景,就应该把问题切实地放在所提出背景下进行研究,背景须成为研究问题不可分离的一部分。假如提出了背景,研究的内容却与背景无关,则研究的问题反而难以确立。比如"智能媒体时代的新闻视觉化呈现特征"这样的问题,研究中脱离了"智能媒体时代",实际上就成为对纯粹"新闻视觉化"的研究,这当然不是新问题了。

要克服这种不足,就要改变动辄抬出"某某时代""某某背景下"等的思维习惯,实际地评估研究问题是否是在所提出的背景下进行的。具体而言,要考虑至少三个方面。第一,所提出的背景是否真实存在?比如"智能媒体时代"这样的提法,就涉及如何定义智能媒体,是否已经进入智能媒体"时代"等疑问。类似地,想当然地提出"虚拟现实新闻时代""5G传播时代"等概念,也陷入了同样的误区,因为这些"时代"还远远未到来。要避免这些误区,不如实事求是地把研究问题中的背景概念换成"智能媒体传播中""虚拟现实新闻下""5G传播中"之类的表达更为合适。第二,是否有必要提出背景概念?比如在"智能媒体时代的新闻视觉化呈现特征"这一问题中,"智能媒体时代"这个背景概念可能就没有多大必要,因为新闻视觉化是早就存在的业务现象,如果用"智能媒体时代"去限制,反而使得研究的可行性大大降低。第三,如何避免背景概念与研究过程分离?在确实需要提出背景概念时,应该使背景概念与研究过程融合，否则就属于想当然地套用概念了。以"智能媒体时代的新闻视觉化呈现特征"为例，一般有两种思路实现融合：一种思路是在背景（一般在引言部分）中阐释智能媒体时代的特征，以及为什么要把该问题放在智能媒体这个背景下来研究；另一种思路是选择智能媒体作为新闻视觉化研究的经验材料。这两种思路可以同时使用，或者至少需要使用一种，以避免背景概念被虚化的情形。

九、重复性研究问题

这种情形指所提出的问题是已经被研究过的问题。学术研究是探索新知识的工作，因此别人已经研究过并且得出结论的问题，就没有必要进行再次研究了。当然，如果后来的研究能够改进或推翻原来的结论，也可以成为研究问题。

比如一篇文章的标题为"网红经济下的情感劳动：理解短视频的新视角"，认为"迄今为止对网红经济的研究通常从营销学视角出发来探讨其建构策略，而很少关注其中蕴藏的情感劳动""网红经济从诞生至今，情感劳动成为学界关注的焦点"。其实，传播学对网红现象的研究当然不是"通常"从营销学视角，对情感劳动的研究也远远早于网红经济的诞生，因此前述表述反映出作者对理论文献不大熟悉，结果是提出了重复性问题。

另一篇文章以"互联网平台内容创作者的技术控制研究"为问题。文章本身在文献综述后就已经提到"平台通过技术、制度和意识形态等方式控制着劳动者，以维持平台的劳动过程与生产秩序""在这些控制方式中，技术扮演着决定性的角色，技术解放了劳动者，技术也控制着劳动者"，那么"本文着重聚焦互联网平台劳动控制中的技术控制"就很明显地属于重复研究了。

再一篇文章以"建构论视域下的新闻定义：主体间事实的共识"为问题。因为建构主义思想已经成为影响广泛的认识论，所以它对传播学以及新闻定义的影响是自然而然的，则仅仅在建构论层面来讨论新闻定义的创新性就不强了。文章自身也提到"到了 20 世纪七八十年代，西方许多研究者采取建构论视角，美国社会学家塔奇曼将新闻视为一种建构的现实，主张新闻生产是再生产社会主导意识形态、使现状合法化的过程"，这些论述已经表明从建构主义视角分析新闻的概念并不具有太强学术新意。

上述几篇文章的作者不能说毫无问题意识，但是问题意识较弱，即对研究问题相关文献的搜集、阅读、分析等还不到位，因此没有提出真正属于理论空白的问题。重复性问题是相当常见的，要避免这种情形，需要针对所研究的问题更加深入地分析文献。比如对于网红短视频的情感劳动研究，如果进行过充分的文献阅读，可能就不会去讨论它"是不是"情感劳动这种表层性的问题，而可以思考情感劳动如何影响短视频的传播机制或其粉丝的接受机制，因为具有情感劳动特征的网红短视频与其他短视频相比较，在这两个方面可能有所区别。因此，将研究问题改为"网红短视频的受众互动机制：基于情感劳动的视角"之类，也许可以形成较有意义的研究问题。

十、常识性研究问题

这种情形指提出的问题偏于常识性，依据常规经验就可以回答而不需要通过学术研究获得结论。所谓常识，是众人皆知的知识。既然大家都知道了，那就用不着研究了。如果把常识作为研究问题，就可算是"为了研究而研究"的情形。这时候，看起来认真严谨、中规中矩的研究，其实多数都是无效劳动。

哪一类问题属于常识性问题？从下面这些研究中可以窥其一二：某研究对党报 1979—2019 年"五一"社论进行话语分析，结论是这些社论塑造了我国工人阶级作为社会主义建设主力军的形象；某研究对国庆节报道的新媒体互动进行文本分析，从评论中分析出 95% 以上的人表达了爱国情怀，结论认为读者的情感是爱国的；某研究对红军无线电通信事业发展历史进行研究，结论认为无线电通信技术帮助了红军侦查敌军、干扰敌军、上下级沟通、进行宣传等。

这类情况还可以列举很多。为什么说这些问题是常识性的？因为简单地思考一下就知道，我国工人阶级当然是社会主义建设的主力军，绝大多数人当然会具有爱国情感，军队无线电台当然是用于侦察敌情、干扰敌军等的。

因此，这类文章即使做了充分的资料搜集工作，也进行了严谨的资料分析，但是因为提出的问题过于常识性，即使进行了严谨的研究，得出的结论也只能是常识性的，基本上不会有理论价值。

要检验某篇文章提出的问题是否是常识性问题并不难，只需思考一下这些问题是否不需要研究就可以直接回答出来，或至少可以直接回答出来相当大一部分即可。此外，还可以反过来，从结论推断问题是否是常识性的。比如，如果文章的结论是"媒体塑造了工人阶级作为社会主义建设主力军形象"这样的常识性观点，则可以反推出文章提出的问题也是常识性的。

其实，提出常识性问题，并不一定意味着现象本身没有理论意涵，而更可能是研究者缺乏必要的理论积淀，因此无法将现象置于理论的映照之中，自然难以提出理论问题，而只能在现象层面或常识层面发出疑问。也就是说，其原因在于研究者对理论不熟悉，缺乏通常所说的理论思维。要克服这一不足，就需要掌握理论并深入分析应在何种理论视角下分析现象。比如对于"'五一'社论塑造了我国工人阶级的什么形象"这样的问题，考虑到不同历史时期社论中突出的话语可能不同，也就是建构"主力军"形象的修辞不同，它可能反映了中国社会面貌的变迁以及历史的进程，那么，如果能把这个历程中话语形态的变迁与社会发展的关系刻画出来，探究社论以什么样的话语建构了"主力军"的形象，以及为什么会这样建构，就可能发现理论意义。至于其他两个例子，如果加以深入思考，也是可以找到研究问题的，在此就不赘述了。

十一、现象或事件议论类

这种情形指仅仅对现象或事件进行议论或评论，既缺乏理论视野也缺乏系统的研究方法。这种文章实质上和中学议论文差不多，写作方法上也差不多，都是把一个大的观点分成几个小的观点，然后对每个小的观点进行论证。

它可以分两种情形：一种是以不特定的现象或事件为议论对象；另一种是以特定的现象或事件为议论对象。所谓以不特定的现象或事件为议论对象，指没有明确的研究问题和系统的搜集资料的过程就直接提出观点。比如某文章研究"社会网络理论视角下人工智能对广告业的影响"，文中仅仅是对人工智能可能对广告业产生的"影响"进行了空泛的想象性的议论。该文尽管有一段文字对"社会网络理论视角下的新闻传播学相关研究"进行了"文献回顾"，但显然这样的文献回顾是无法具有针对性的，因为文章本身连研究问题都没有。文中也没有系统的资料搜集与分析过程，而是直接提出若干观点，在论证每一个观点时列出自己认为合适的经验材料，这种举例论证方式与学术研究方式的流程是恰好相反的。

所谓以特定的现象或事件为议论对象，比如某篇文章以"防疫二维码作为健康共同体的可能"为问题，对疫情中广泛使用防疫二维码这一现象进行了讨论。该文章同样没有系统的经验材料搜集方法与过程，而是分成四个部分分别提出观点并进行论述，论述时尽管天马行空地充斥着很多"学术概念"，如"数字人造物""生命权力技术""具身性实践""国家机器的机体治疗""身体的区隔""健康体""赤裸生命""人的主体性""全景监狱""嵌入""基础设施"等，但依然无法掩饰问题意识的实质性缺乏。

另一篇文章以"智能广告时代行业的变革：从重构到升级——基于行动者网络理论视角"为问题。文章第一部分提出了行动者网络理论，并进行了"文献回顾"；从第二部分开始，就完全进入直观的议论阶段，所有的观点均是主观想象性提出然后进行论述，因此同样属于议论式思维与写作，称不上学术研究论文。

对现象或事件的议论或评论不构成学术研究的问题意识，因为它最多帮助我们理解案例与现象。要将这类文章转换成研究论文，研究者首先要分清学术论文与议论文之间的根本区别，这个常识性问题前面已经讨论过，这里不赘述。在此基础上，要深入思考案例或现象中可能隐含的理论意义，由此出发挖掘问题意识。比如对于"社会网络理论视角下人工智能对广告业的影响"这样的问题，如果明晰其中的"影响"为广告市场结构的改变，那么原来的问题就变成"智能媒体时代广告市场的结构演化动因——基于行动者网络理论视角"，这样可能形成了研究问题。

笔者曾专门写过一篇小文，在"传播学龙门阵"微信公众号推出，讨论研究论文与议论文之间的区别，当然也包含了思辨研究论文与议论文之间的区别，兹摘录如下：

研究论文可以分为两类，即经验研究和哲学思辨研究。经验研究论文与议论文之间有一个最明显的区别，即前者须有系统的经验资料搜集方法与过程，而且这个方法与过程要在文章中报告出来，即我所谓研究方法的"透明性"；议论文不会有这个要求，它可能有论证材料的搜集过程，但没有系统性的要求，也无须在文中报告出来，经受同行评议。

更难于区分的是哲学思辨研究与议论文，因为两者似乎都依赖于"思辨"得出结论。在四川大学的一次讲座中，一位来自重庆大学的博士研究生问过这个问题，我当时回答了两个方面，后来感觉不满意。实际上，我在那之前也在长期思考这个问题。

从一些文章可以看到，由于对研究论文特征的掌握不够，加上中学时写过很多议论文，不少作者就不自觉地把议论文写作思维和方式带入研究论文写作中。其实，这两者之间的差别是很大的，主要可从下面五个方面描述。

其一，讨论问题不同。研究论文的目的在于发现新的知识，因此指向的是没有解决的理论问题，比如宇宙最初是如何形成的之类；议论文的议题则非常广泛，但大多指向操作性的道理或事实，比如好好学习、学术论文要有创新等。

其二，价值取向不同。研究论文通常是"求真"，因此不涉及价值判断或功利目的，尤其经验研究更为明显，因此主要是"实然"探寻；议论文往往是以价值、功利、效果等作为预设前提，比如好好学习才能实现自己的理想、学术论文有创新才能被发表等，因此通常是"应然"口吻。

其三，理论视野不同。研究论文通常需要理论视野，也就是需要将现象等放置于一定理论框架中进行讨论，讨论中要运用专业概念；议论文当然可以不需要理论视野，比如给不好好学习的学生讲道理，要求其好好学习，只需要讲一些通常的道理就可以了，用不着什么理论框架和理论概念。

其四，提出观点不同。研究论文需要先有研究过程，再得出研究结论。这在经验研究中非常明显，需要到研究过程最后才知道结论。即使是思辨研究，一般也要经过严谨的逻辑演绎，到最后才呈现结论。议论文可以先提出观点，再进行论证。如果研究论文先提出观点再呈现研究过程，那就有"观点先行"之嫌。简言之，研究论文先有过程再有结果，议论文可以先有观点再有过程。

其五，研究方法不同。实际上，议论文不是"研究"，但是假设它是一种"研究"，则与研究论文在研究方法方面有根本差异，即研究论文采用的是学术性方法，而议论文采用的是论证性方法。研究性方法需要有系统的资料搜集和分析过程，而论证性方法主要依赖于事例等论据资料。前者依据认识论和方法论原则保障结论的可靠性，后者依靠修辞技巧获得说服效果。

也就是说，如果提出的不是理论问题而是操作性问题，没有运用理论视角，没有研究方法等，就往往是议论文而非研究论文。这些方面都并不难辨别，讨论的是否是理论问题，是否运用了理论视角，是否运用了研究方法，在一篇文章中都可以清晰地看出来。

十二、陈述类或介绍类

这种情形指把陈述性或介绍性文章当成学术论文。因为这类文章要么仅仅是对事实的叙述或介绍，要么是对已有知识的陈述或介绍，因此并不属于学术研究类型或者不属于学术创新类型的文章。有时候，这些内容会夹杂着议论与评论，但是仍然不属于研究性文章。

这种情况在历史研究中比较容易出现，作者对某个历史人物或事件进行了叙述，依据的完全是现有的史料，也没有通过叙述提出新的观点，换句话说既无新的史料发现也无新的史论形成。这种文章或者适合于作为对相关历史人物或事件的介绍资料，但无法被称为学术论文。

比如某两篇文章分别以"民国时期四川省的报刊业""论中国早期工人报刊的诞生和探索"为问题。前一篇文章把四川省民国时期的报业划分为两个历史时期，分别介绍了两个时期各自兴办了哪些报纸，再介绍了主要报纸创办时间、名称、主编、内容等。显然，这样的内容并不具备学术性，因为它并没有发现或提出新的知识。后一篇介绍了三家媒体创办的时间、地点、负责人、宣传特点、主要报道等，也明显地属于介绍性质而非研究性质的。

非历史研究也有文章属于介绍性的。比如以"智能媒体时代新闻视觉化的呈现方式研究"为问题的文章，第一部分介绍了新闻视觉化呈现中信息的搜集、加工、建模，第二部分介绍了视觉化的应用场景比如游戏、报道、社交，第三部分介绍了视觉化的一些弊端，第四部分介绍了视觉化呈现中的技术依赖等，可见明显地属于介绍性而非研究性的。

十三、业务或工作体会类

这种情形指把业务交流或工作交流类文章当成了学术研究。相当多的论文没有区分清楚理论问题与实务问题之间的区别，提出的是实务方面的问题，常见的比如业务方面、工作方面文章等。

所谓业务类问题，指采编等传播业务或其他业务方面的问题。业务类文章的作用在于与同行交流关于业务的观点、经验、体会等。这种文章可以不运用理论视角，也不必运用学术研究方法，可以直接提出观点，因此有别于学术论文。

比如一篇文章的标题是"新时期中国科普动画创作刍议"。仅从"刍议"而言，就可判断文章属于直观议论性的。文中也的确是对动画作为电影或作为媒介进行了介绍和评论，最后对业务提出了建议，而没有提出理论问题，因此不属于学术研究论文。

工作类文章的作用在于与同行沟通关于工作的观点、经验、体会等。这种文章也不必进行理论分析和运用研究方法，而是直接提出观点、建议或要求等。把工作类问题当成学术类问题的情况也是常见的，在200篇文章中有4篇属于在形式上模仿学术文章而实际上讨论的是工作性问题的类型，分别分布在媒体融合、县级融媒体中心建设、网络舆情治理或应对、舆论引导方面。

比如一篇文章是"流动现代性视域下媒体融合的演变逻辑与未来图景"。该文章讨论的核心问题是媒体融合，所提出的问题看似运用了"流动现代性"理论，但该理论是一个非常宏大的概念，与这类非常具体的经验问题很难有效结合，因此文中对媒体融合的议论只能停留在具体的工作操作层面。文章仅仅是在议论中兴之所至地点缀了一些"流动现代性"的概念，谈不上系统性的理论分析。文章的结论认为媒体融合应该摒弃盲目的"随波逐流"和利益驱动下的"安身立命"思维，"以解决国家发展困境为目标、以满足社会建设需求为动力，推动有定位、有价值的融合"。这样的结论是相当常识性的，而且是对具体工作的建议，因此与学术研究有差异。

针对舆情应对或舆论引导方面的文章也比较多，但同样地大多缺乏理论思维，而仅仅是在工作层面的议论。比如一篇文章是"从'政治逻辑'到'业务逻辑'：地方政府网络舆情治理模式研究"。该文章没有套用理论，也没有在形式上模仿论文的一般结构比如有专门的"文献梳理"等部分，而是直接分成四个部分提出观点进行论述。不过，文章可能为了表明其"学术"研究的特征，运用了不少的自创概念和理论概念，比如"政治逻辑""业务逻辑""权力意志""压力型体制"等，这些用语要么缺乏确切的含义，要么是随意地来自于不同的理论，无法改变文章属于泛泛议论的实际情况。

业务类和工作类讨论文章一般从标题上可以看出来。比如"新媒体员工工作适应的现状与问题""县级融媒体中心建设的经验以及反思""政府舆情应对的路径创新""工作微信群日常维护的策略研究""网络谣言的治理模式与优化路径""主旋律新闻 Vlog 报道的突破与创新""论融媒体时代广播剧题材选材的多样性",等等,而且相当部分这类文章标题带有"浅论""浅析""策略""路径""模式""优化""作用""创新""呈现""实践""发展""思考""调研""分析""难题破解"等标志性词语。这些文章本来并非学术研究论文,因此当然不会有问题意识。但是,不少作者将其视为学术研究论文而投稿,可见在对基本概念的理解上出现了偏差。

不过,理论问题与实务问题之间并无截然的鸿沟,互相之间可以转化。一个问题如果没有被置于学术理论和系统的研究方法下分析时,它就是实务类问题。如果对一个实务性问题进行深入的理论思考,也可以从中发掘出问题意识。比如对于"流动现代性视域下媒体融合的演变逻辑与未来图景",以流动的现代性理论来讨论媒体融合并不是很合适,因为该理论针对的社会结构偏于宏观。其实所谓液态新闻业的提法就明显受到流动现代性概念的启发,而以它来分析媒体融合既没有失去流动现代性的理论资源,也可能更具有直接的解释力。同时,研究的问题如果仅仅是说明媒体融合中不应该盲目地"随波逐流"等,就显然是工作性要求而非理论探究了,因此也需要重新确定。比如,运用液态新闻业的理论视角,分析媒体融合对媒体内部业务边界的影响,甚至进一步讨论新的新闻生产机制等,都可能成为有学术意义的研究问题。

十四、问题表达不流畅

这种情形指对研究问题的表达不通畅甚至包含语病,影响到读者对研究问题的准确理解。这里面的情况比较复杂,既有因为纯粹的表达问题而导致的语义含混,也有因为对研究方法理解有误,还有的是因为没有正确使用核心概念等,都会导致读者难以理解研究问题的含义。

因为纯粹表达问题的，比如某文章以"突发性公共卫生事件之社会传播机制研究"为问题。看起来研究的是"社会传播机制"，但"社会传播"的意义不明晰，因此难以理解文章研究什么。经过阅读文章知道，研究者是把突发性公共卫生事件在传统媒体上的传播与在社交媒体上的传播进行对比，所谓的"社会传播"指的是在社交媒体上的传播。那么，如果把研究问题改为"突发性公共卫生事件在传统媒体与社交媒体上的传播机制对比"之类就比较好理解了。

另一篇文章以"传统媒介使用、互联网使用、性别观念、家人亲密度关系"为研究问题，则表明作者对研究方法的表达不太熟悉。文章中认为传统媒体使用与互联网使用对家人亲密关系有不同的影响，并试图以性别观念作为中介变量来讨论这种影响。但是，提出问题时把中介变量与自变量和因变量并列起来，就属于对研究方法的理解不透彻，违背了常规的思维方式与表达方式。如果把研究问题改成"传统媒体与互联网媒体对家庭亲密关系的影响对比研究——以性别观念为中介的分析"之类就清晰多了。

第三类情形是核心概念含义不明。作者想当然地编造一些概念，可能以为能够显示出"学术性"，结果反而弄巧成拙使得意义含混。比如，一些文章的研究问题中出现诸如"劳动创造闲暇""被直播的外交事件""作为民俗'行动者'的媒介""作为媒介的草根 NGO""青年圈群的话语"等，这些提法本身的含义令人费解，那么以它们作为概念甚至核心概念提出研究问题时自然就使人不明就里。前面从概念角度讨论过此类问题，这里不重复。

提出研究问题，最起码的要求是表达流畅，因此试图以文字游戏来显示"学术性"的想法不会有实际效果。只有真正理解现象并用合适的概念去表达，方可使问题表达具有明确的含义和理论意义。比如"劳动创造闲暇"的研究中，作者以该提法指称"农民在农闲时间不是呆在家里轻松休闲而是到周边打短工"，这个意义本来是很容易理解的，完全没有必要表达得令人费解。比如把"劳动创造闲暇"改成"农闲期间的劳动形式"之类，问题的含义就容易理解了。

十五、研究问题内在矛盾

这种情形指研究问题从文字上看没有问题，它的概念是明确的，表达也是流畅的，但整个问题却存在内在的矛盾。因此，这里的"矛盾"不是指语法或逻辑方面的矛盾，而是指基于现实方面的不可能性。

比如某文章以"《大公报》的出版与发行的社会网络分析"为研究问题。作者希望用社会网络分析法来分析该报读者之间的关系，但是社会网络分析是在图论和数学基础上发展起来，后来又借助于计算机技术而成熟，主要用来分析众多行动者之间关系的一种方法，那么《大公报》无论出版也好还是发行也好，其读者之间能形成什么样的关系呢？即使有相互关系，这种关系又如何可能被观察呢？读者与读者之间其实是没有什么关系的。因此这个问题本身很难成立。实际上，作者在分析过程中并没有真正运用社会网络分析法，因此可能仅仅是听说过这么一个方法概念，就想当然地套用在研究问题中了。如果作者摒弃这一思维，不去贴"社会网络分析"的标签，而是实事求是地将其改成"《大公报》的出版与发行的人际资源分析"之类，分析人际资源而非市场化因素促进了早期报业的发展，那么它可能变成实际的研究问题了。

另一篇文章在提出问题时运用了一个核心概念——"'旧新闻'新闻化"，作者认为当重大的社会新闻事件发生后，不少媒体会把过去同类的事件翻出来再次传播，并把这种现象命名为"'旧新闻'新闻化"。但是，通常认为新闻是对最近事件的报道，把过去的事件翻出来重新发布，它可以说是传播行为但很难说是报道行为，因此这种行为谈不上"新闻化"，则这个提法本身是内在矛盾的。其实，如果能够避免这种矛盾性的表达，还是可以在其中寻找到问题意识的。比如，哪一类的"旧闻"容易被翻出来重新传播，"旧闻"传播与"新闻"传播之间的关系，"旧闻"传播的受众特征等，这些问题如果被置于一定的理论视角下进行分析，都可能产生一定的理论意义。比如，考虑什么样的受众倾向于传播"旧闻"，提出"'旧闻'再传播：基于受众社会心理差异的分析"之类的问题，也许是具有理论创新意义的。

十六、经验的切口过小

这种情形指文章的经验范围切口过于狭小，致使很难从中发掘出理论意义而只能就事论事。尽管说，一般建议研究的切口要小，但这主要是针对研究的问题而言，尤其对于经验研究而言，而非针对经验资料的范围而言。

比如以"抖音热门书法自媒体的符号学解读"为问题的文章。它让人产生疑问，"自媒体的符号学解读"为什么要通过"抖音热门书法"自媒体来分析？"书法"自媒体与一般自媒体的"符号学解读"比较会产生理论新意吗？或者"热门"自媒体与一般自媒体的"符号学解读"比较会产生理论新意吗？这些问题显然很难回答，也几乎无法回答，因为普遍的传播规律理应符合特殊的传播媒介或现象，何况于"符号学解读"又属于前面所说的宏大而空泛的问题类别。实际上，这样的文章最后并没有产生出理论性结论，而仅仅是对"书法自媒体"进行了议论。

这种情形之所以很难成为研究问题，主要是因为经验类型被层层定语限定，既无法解释这些层层限定的理由，也很难从被层层限定后的经验中抽象出理论。比如"抖音热门书法自媒体"是被"抖音""热门""书法"所不断限定的"自媒体"类型，但是很难解释为什么要进行这样的限定，因为按照学术研究的常规，对经验的每一次限定都意味着限定后可以得出与限定前不一样的研究发现，即属于前面所说的情景窄化研究，否则限定条件就是不必要的。比如，提倡西方理论的中国在地化研究，其实就是用"中国"对经验进行限定，意味着中国经验将产生出不同的理论成果来，否则就没有对经验进行限定的必要。那么，层层限定导致经验范围非常狭窄后，产生理论的难度就可想而知了。

十七、研究问题不聚焦

这种情形指文章中提出了两个甚至多个问题，而且这些问题之间缺乏内在的联系。一项研究只针对一个问题，这是自然而然的事情。在一项研究中，如果问题不能聚焦，同时讨论几个方面的问题，则势必都浅尝辄止。研究问题不聚焦，可以从文章的标题、摘要和引言等部分看到。

比如一篇文章以"社交媒体虚假信息和负面情绪蔓延的心理机制与应对研究"为问题，可以看到其中包含了"虚假信息蔓延的心理机制""负面情绪蔓延的心理机制""虚假新闻的应对""负面情绪的应对"等四个研究项，要在一篇论文中完成这么多任务显然困难，而且"虚假信息蔓延的心理机制""负面情绪蔓延的心理机制"这两个问题之间可以说几无联系，它们各自都可以成为一项独立的研究。那么，这样的研究问题要考虑如何聚焦，比如改成"社交媒体虚假信息传播的心理机制研究"，研究的目标可能就较为明确了。

还有一种常见情形也属于研究问题不聚焦，即在提出问题时看起来是聚焦的，却在阐述问题时提出一大堆具体问题。比如一篇文章标题是"作为媒介的民间 NGO：媒介化视角下的参与式观察研究"，单从标题似乎看不出什么，但是文章摘要中提出了一系列研究问题：

> 然而民间 NGO 内部存在怎样的交往模式？如何使组织内互不相识的彼此形成群体认同？民间 NGO 群内成员会产生什么新的社会关系？民间组织如何利用自媒体招募志愿者？又如何找寻受困者？作为没有政府主导的民间组织如何发起社会动员？这些问题都值得解答。

摘要采用这种连续提问的写作方式并不很合适，不过这是另外一个问题。仅就摘要中提出这一连串的问题而言，它们不但随意得如同日常闲谈，基本上没有表达出理论问题，而且这些问题之间缺乏内在关联，因为里面所谓内部交往、组织认同、成员关系、社会招募、社会动员等都是不同理论维度的提法。这么多彼此并无关联的"问题"，在一篇文章中除了泛泛而论之外基本上别无他法。

再看正文中的提出问题，即文章的第一部分为"问题的提出"，其下分为三个小部分依次是"研究背景""研究对象和研究方法""研究问题"，其中"研究问题"部分如下：

> 据统计，我国在 1990 年至 2000 年期间，公益组织数量呈上升趋势，而 2000 年以后呈急剧上升趋势，这与互联网技术的飞速发展具有相关性。本文立足于综合型民间 NGO，力求展示在媒介不断深入日常生活实践的过程中，民间草根组织是如何通过媒介实现社会动员的。具体而言，媒介是如何重构群成员的社会关系，媒介如何构建慈善活动，民间 NGO 带有怎样的媒介烙印？

可以看到，这里提出的"问题"同样是不聚焦的，"具体而言"之下的三个"问题"同样属于日常性表达的方式，而且彼此之间没有关联。此文章标题、摘要和正文中提出的问题各不相同，是问题不聚焦的典型。

要做到研究问题聚焦，关键是问题意识的清晰和突出。在研究问题明确的基础上，要紧密围绕研究问题进行阐述，而不能引向无关的问题。比如上述文章的"研究问题"部分，可以紧紧围绕新媒体如何实现社会动员目标这一问题进行阐述，兹尝试改写如下：

> 本文以基层社会 NGO 为案例，旨在研究在媒介不断深入日常生活的过程中，NGO 是如何运用新媒介进行社会动员的，以及新的动员模式对慈善组织的运作效果有何影响。具体而言，NGO 对新媒介的运用如何重构了组织成员的社会关系，即对组织内的成员动员产生了什么影响，对组织外的社会动员产生了什么影响，最终这种动员模式对慈善组织的运作效果产生了何种影响。

修改后的"研究问题"虽然也提出了一系列问题，但是它们都是围绕一个核心问题即"NGO 运用新媒体对其运作绩效的影响如何"在阐释，所有的提问都是这一核心问题的子问题，因此不但不存在不聚焦的问题，反而有助于读者对作者的研究思路有逐层深入的了解。

在一些规范性研究中，研究者在提出研究问题之后，也会对其进行详细阐释而派生出一系列的问题，但后者也是以前者为核心进行阐述的。比如假设讨论"新媒体环境中新闻客观性出现了什么变化"，那么可以进一步阐述成"客观性的内涵是否已经变化""如果已经变化那么其原因是什么""在引起变化的原因中谁是主要的因素"等。总之同样说明，一篇论文只能有一个核心研究问题，如果确实需要把研究问题分解成若干个次级问题，后者须以前者为中心进行提问和阐释，以避免出现研究问题不聚焦的情形。

十八、问题宏大个案渺小

这种情形指提出一个相当宏大的问题，却使用很微观或很不典型的案例作为经验资料。这种情形的标志通常是"以……为例""以……为案例的研究""基于……的研究"等。

在经验研究中，案例研究是常用的方法，而且也并无不可，但案例选择必须与所提出的问题尽可能相匹配，否则研究的结论就很难令人信服。比如，研究全国新闻传播专业大学生的媒介使用情况，如果以某个小城市的某个学院的学生作为案例，就很可能不大合适，因为它很难反映全国的情况。

比如一篇文章以"工作微信群的日常维护策略——基于一家地市级电视台广告部微信群的民族志"为研究问题。"工作微信群的日常维护策略"是一个非常普遍的问题，但是运用一家地市级电视台广告部门的微信群作为经验资料的案例来源能有多大的可信度？换言之，它能有多大的研究信度与效度呢？因此，这类研究很容易做无用功。

类似的还有"网络媒体中'家暴'话语的转向——以微博平台'金瑜案'评论为例""社交媒体中的舆情反转研究——以'广州小学生被体罚吐血'事件为例"等，均是提出了非常普遍的问题，却用一个不太有说服力的个案来讨论。

那么，如何判断所运用的个案与所讨论的问题是比较匹配的呢？大致的原则是：如果采用随机抽样方式获得经验资料，则案例抽样范围应该与所提出问题的推及范围相一致；如果不采用随机抽样等抽样方式，那么所运用的案例应该具有典型性，即在某些方面的特征与所讨论问题所要求的特征相符合。比如在"工作微信群的日常维护策略——基于一家地市级电视台广告部微信群的民族志"这项研究中，"工作微信群的日常维护策略"是推及范围非常广泛的问题，那么如果采用抽样方法，抽样的范围应该覆盖所有的微信群。但这显然不现实，因此需要对研究问题进行调整以使抽样变得可行，或者改变研究方法不采用抽样方式，也可以两种措施同时进行。在不采用抽样方式时，案例选择应该考虑具有典型性。假设既调整问题的推及范围，又提高案例的典型性，前述问题就可以改成"媒体微信工作群的日常维护策略——基于人民日报融媒体中心微信群的研究"。由于人民日报是中国影响力最大的报纸，它的工作管理机制在先进性方面可以被视为典型，因此以它为案例可以满足典型性要求。但是，如果讨论县级融媒体中心建设时，就可以县级融媒体中心为案例，案例的选择既可以是抽样方式，也可以是基于典型性的选择。

十九、动辄"转向"类问题

这种情形指动辄提出某种"研究转向"，实际上言过其实。不知从何时开始，传播学中动不动就出现"转向"，类似的还有"重访""再论""再思考"等。如果真正发现了"转向"类问题，那么对学术研究当然是有重大贡献的，可是相当多的这类文章提出的"转向"纯属子虚乌有，因此研究问题是没有意义的。

比如一篇文章以"我国红色文化传播中的沉浸化转向与实践"为问题，主要内容是对红色文化所谓的沉浸传播进行了介绍和评论，从中看不出已经达到沉浸传播"转向"的程度了。其实就大众传播而言，沉浸传播最多才刚刚开始，还谈不上"转向"程度。如果真的已经"转向"了，那就意味着非沉浸传播逐渐消失或者已经消失了，这显然不符合实际情况。

类似的"转向"类问题还有"试论社交媒体中群体传播的'关系'偏向""论我国工业遗产的媒介化转向""凝视视域下男性气质转向和女性话语崛起""网络媒体中'家暴'话语的转向——以微博平台'金瑜案'评论为例"等。姑且不论这些研究问题的意义,仅就"转向"是否存在而言就相当不严谨。如果放大到整个传播学中,近年来还有"空间转向""物质性转向""话语转向""情感转向"等频繁出现在投稿中。不是说对真正的"转向"不可以讨论,而是说是否存在真正的"转向",以及文章中是否真正讨论了"转向"。多数情况下,实践或研究范式并没有出现"转向"那么明显的变化,而只不过是增加了新的范式选择而已。比如新媒体环境下的传播更偏向于打破客观性的独断论,相应的理论研究认为传播与情感无法截然割裂,但是这并不意味着传播就"情感转向"了,因为毕竟传播的客观性并没有被否定甚至仍然是主流取向,而只不过表明在客观性基础上应该考虑到情感因素对传播的影响。

二十、滥用"视角"类问题

这种情形指在研究问题中随意使用"视角",但所谓的"视角"与问题之间的关联并不紧密。在提出研究问题时,指出所运用的理论视角是正常的方式。文章的理论视角意在表明研究问题是在特定的理论框架下分析的,换言之,问题离开了该特定的理论,视角就无法确立。但是,有的"视角"等并不构成理论分析的工具,就使得研究问题本身难言确立,有时甚至导致对问题的表达不够准确。

比如一篇文章以"党报视域下中国共产党百年形象的演变、建构与启示"为问题。什么是"党报视域"呢?它显然不是一个理论视角或理论工具,其实文中指的是以党报作为研究对象,因为该文介绍了资料搜集来源,即1949—2021年以《人民日报》为对象,1949年之前以共产党主要的党报党刊为对象。那么,如果确实要以之为研究对象,完全可以将问题表达修改为"中国共产党党报党刊对其百年政党形象的建构",至少就意义表达而言是较为明确了。原来问题中的"演变"和"启示"不一定要呈现出来，因为历史研究自然带有"演变"性，而"启示"可以是论文的内在组成部分之一。

另外一篇即前面提到过的以"作为媒介的民间 NGO：媒介化视角下的参与式观察研究"为问题。"媒介化"是个什么视角？如果不能清晰地知道，那又如何用这个"视角"来进行研究呢？文章不但没有对所谓的"媒介化"进行解释，而且在研究过程中也看不出来何为"媒介化"，何以"媒介化"，偶尔的提及也是作为先验性概念使用的。文章的内容是关于民间公益组织如何通过 QQ 群实现社会动员的，那么将研究问题修改为"公益机构动员机制的媒介化：基于 SX 市 M 项目 QQ 群的参与式观察"，意义表达可能就比较明确了。

再一篇以"群体传播视域下跨文化传播路径探析"为问题。其中的"群体传播"并非一个具体理论，而是传播学中的一个研究方向或领域，是与"大众传播"并列的，总不能说"大众传播学视域下"或者"传播学视域下"吧。因此，这样的"视域"其实没有意义，因为从中看不出到底使用了什么理论。

因此，运用理论视角或分析视角提出研究问题时，首先要考虑所提出的是否一个真正的理论工具，如果不是则并无提出的必要；其次要考虑理论视角与所研究问题的适配性，避免乱给一个理论或分析"视角"贴上标签；最后就是对问题的表达要比较流畅，使人容易理解。当然，即使提出了适当的理论或分析视角，在研究的过程中要真正使用，避免出现理论与研究过程"两张皮"的情形。不过，这是另外一个问题了。

二十一、一事一议类问题

这种情形指对单一的媒体、事件或个案等发表的评论或述评。尽管学术研究可以单一的媒体或事件作为经验资料，但它须有理论建构的目标，而这类文章没有理论目标，仅仅是对经验资料发表了评论而已。

比如一篇文章以"《体育人间》栏目的文化表征研究"为问题，听起来像是学术研究——因为提到所谓的"文化表征研究"，其实是一事一议类型的问题。文章的主要内容是对该栏目的报道内容、报道内容的特征等进行了介绍，并提出了"《体育人间》栏目对文化传播的启示"。判定属于一事一议类型的另一个主要依据是没有理论建构的目标，从该文"提出问题"部分可看出这方面的特点：

> 本研究选取中央电视台体育频道《体育人间》栏目 2017—2018 年体育人物报道为研究对象，研究问题主要聚焦在运用霍尔的文化表征理论分析《体育人间》栏目的体育人物报道所呈现出的体育文化。

"体育文化"到底是什么？文章没有指明，因此"分析""体育文化"就不是一个明晰的理论问题，换言之，该文章缺乏理论问题与理论建构目标。另一方面，从文章的结论也可看出它是缺乏理论目标的。文章在对《体育人间》的报道内容和特征进行介绍之后，提出了三点"启示"，包括"转变传统体育报道观念，重视传递体育文化""以人为本，关注群众体育和爱好者""激发受众共鸣，提升传播效果"。可以看到，这些启示都是对业务的建议，而且都是比较老生常谈的。

再比如一篇文章以"《字林西报》对孙中山的媒介形象构建"为问题。一张单一报纸对单个人物的形象建构的分析，既无法表明特定人物的媒体形象建构情况，也无法做到对媒介形象理论建构产生推进，因此问题本身是没有理论意义的，只能是一事一议性质的个案介绍与评论。这一类问题要转变为理论研究，需要跳出一事一议的思维模式，比如前述问题改为"民国报纸对孙中山的媒介形象构建：以《申报》为例"，可能较具研究价值。之所以以《申报》为例，因为它是民国时期影响力最大的主流媒体。

有的文章对单个作品或作家进行评析，也属于一事一议类型，不足以形成理论研究论文。比如一篇文章以英国一位著名电影导演为分析对象，认为他的电影呈现出"跨媒介指涉""跨媒介转换""多媒介性"等特征，并认为他的电影"通过跨媒介交互来构建电影的多元表意体系，以打破常规的感知形式，完成对英国电影主流叙事的反抗"。即使这些评论令人信服，但文章仍然不具有理论意义，因为它是评价性或评论性的。

二十二、路边"苦李"类问题

这种情形指提出的问题有一定理论创新意义，但是理论贡献意义比较微弱。有的文章提出的应该说是"新问题"，也就是没有人研究过的，但是其学术价值并不大，因此研究的意义也不大。换句话说，没有人研究过不是因为别人没发现该问题，而是因为该问题的研究价值不大。这颇类似于路边的苦李，不是别人没有看见，更大的可能是因为别人觉得没有采摘价值。

比如一篇文章以"论周××的新闻大众化思想"为问题，叙述了周××如何在办报过程中实施大众化思想。对于周××的办报思想和办报实践的确没有人研究过，但他在报刊史上的地位并不重要，并未提出过具有原创意义的办报思想或理论，也不是办报实践方面的开创性人物，因此讨论他的办报思想的价值不大。事实上，文章中所提出的周××的办报思想也并非他最先提出的，他只不过是实践者。类似的情形还比如对早期一张不知名报纸的历史研究，如果没有发掘出该报在报业史上的独特意义，那么这类研究也是没有多大价值的。

不少实证类研究也有类似情况，比如把已有研究的中介变量之类换一下，就可以提出一个形式上的"新问题"。但这种变换有多大的理论贡献呢？如果没有，它就是一个"苦李"类问题。

这实际上涉及一个新问题，即学术价值大小的问题。尽管学术以创新为目的，但如果考虑到不同研究问题的学术价值不同，则研究者在可供研究的问题中需要权衡，一般优先选择学术价值大的问题进行研究。当然，这表明研究者能够同时提出不止一个研究问题，因此能够有选择的"烦恼"。此外，学术价值的大小是见仁见智的事情，而且对提出的同样一个问题，不同的研究者挖掘出来的价值可能不一样，所以无法提供一个标准的尺度。但是，研究者仍然需要评估一项研究是否属于路边"苦李"，尽量避免那些研究意义不大的问题。

二十三、"理论套现象"类问题

这种情形指用一个理论框架并将其照搬照套在经验现象上面，或者把经验现象或经验事件生搬硬套地往理论框架里面装。在学术研究中，为了保证过程与结论的学术性，一般需要运用理论框架，但是不是为了机械套用，而是为了通过运用理论框架对理论有所发展或者对现象进行理论性的解释。

这种论文通常的模式是先提出一个理论，然后将该理论分拆成若干概念或者随意地从该理论中摘取若干概念，再随意地裁取一些经验资料装进去对每个概念逐一进行论证。更简略的方式是连概念框架都没有，直接对现象进行议论，只不过在议论时套用若干概念。很明显，这种方式最多表明原来的理论或概念有效，也就是对既有理论进行了一次粗枝大叶的验证，或者是对经验进行了解释与评论，只有现象解读意义而无理论创新意义。

比如一篇文章以"独白、复调与主调：公共卫生事件传播中媒体的报道态势"为问题。文章选取了巴赫金理论中的独白、复调和主调这些最基本的概念形成一个框架，然后选取一些疫情报道的经验资料作为论据分别对这三个概念进行论证，结论是疫情报道初期是"独白"性的，中期是"复调"性的，后期是"主调"性的，这就是典型的削足适履式地运用概念解释现象。其实，即使作为对现象的理论解读，文章也是缺乏严谨性的，比如如何从经验资料中抽取概念，如何系统地选取经验资料，如何分析经验资料，从经验资料中如何提炼出"独白"等理论意涵等，都没有规范而系统的方法。

另一篇文章以"社会性媒体对网络交往关系的破坏——基于哈贝马斯的生活世界殖民化理论"为问题。作者论及，哈贝马斯和芬伯格发展出来的生活世界殖民化理论认为，技术、金钱和权力取代生活世界的机制是造成后者殖民化的原因，因此认为生活殖民化理论可以用来解释社会性媒体，提出的结论则是社会性媒体利用技术、金钱与权力媒介"实现了系统对网络生活世界的入侵"。这也是用理论概念套用经验现象的类型，因为它缺乏一些必要的解释，比如如何表明技术、金钱、权力媒介在社会性媒体中的存在，如何表明这些媒介"取代"了网络生活世界，网络生活世界又该如何界定，等等。不首先回答这些问题，就无法用所谓"生活世界殖民化"理论来解释网络生活世界，何况于即使该理论可以解释网络世界，那么也只不过是现象解释而非理论创新。

再一篇文章以"认知透镜模型下的伊斯兰世界——以主流媒体报道与民众调查为例"为问题，意在运用"认知透镜理论"讨论对于伊斯兰世界的认知和态度。根据文章的介绍，认知透镜模型是"将个人知觉过程比作透镜将光线聚焦于一点的作用，即将接收到的来自环境的一组刺激经过重组，聚焦为一个整体的知觉，人们通过一个透镜来观察事物"，该理论还认为客观事实作为远体刺激通过"透镜"反映到认识者的眼中形成近体刺激。文章的分析部分运用调查问卷法，结果是"97.91% 的受访者表示并没有去过伊斯兰国家""绝大多数受众从媒体的角度了解伊斯兰国家，其中传统媒体占 76.36%"，因此结论是"中国民众对伊斯兰国家的认知受近体刺激的影响"。这样的结论比较表层性，甚至与常识不符合。不过，此文最主要的疑问还是理论套用问题，它不但没有清晰地介绍出"认知透镜理论"的含义，也没有说清楚"认知透镜理论"为什么适合于用来分析以媒体为中介的认知。

有的文章甚至用自然科学理论来"解释"传播现象——这种做法并非说绝对不可以或不可能，而是说理论匹配性更难——更容易陷入机械套用的泥淖。

要避免机械地在经验现象上套用理论，还是要真正从现象中发现理论疑问。比如"认知透镜模型下的伊斯兰世界——以主流媒体报道与民众调查为例"这个问题，不一定要标新立异运用"认知透镜"，可以设想媒体接触是否导致认知的改变并解析其原因，也可能发现具体的研究问题。

二十四、"话语"或"符号"类问题

这种情形指表皮性地理解和使用"话语""符号"等概念，并以之作为研究问题或方法等。现在"话语""符号"等似乎被作为了万能的研究问题或方法，在 200 篇文章中在提出问题时表明"话语分析""话语"的多达 10 篇，表明"符号""符号学"分析的有 4 篇。当然不是说不能以它们为问题或方法，而是说绝大多数所谓的"话语分析"或"符号学"分析都名不副实。

无论"话语分析"背后的"话语"，还是"符号学分析"背后的"符号学"，都代表着一个理论体系而非简单的一个概念。但是大多数所谓的话语分析或符号学分析类文章都有一个共同特点，即对背后的理论并不熟悉，而是凭自己的想象把"话语"仅仅理解成某个概念或提法，把"符号"仅仅理解成某种象征物。它所导致的结果是，所谓的"话语分析"或"符号学分析"并没有真正在理论的视角下进行，而是对这些提法或象征物进行的随心所欲的议论。

比如一篇文章以"基于共现词语义网络动物保护议题的话语分析——以微博一则动物虐待新闻报道评论为例"为问题。可以看到，文章表明是话语分析类研究，也的确提到了比如韩礼德的语言学理论，但韩氏的语言学理论只能说是话语分析的理论来源之一——甚至都不是主要来源，因此谈不上属于话语分析理论，更谈不上属于媒介话语分析理论。媒介话语分析理论是从梵·迪克开始，由他和费尔克拉夫等人开创的，因此媒介话语分析基本上都以他们的理论为分析工具。这篇文章不但对此理论体系不熟悉，而且其实采用的是语义网络分析法，作者把"话语"理解成了一个个计算机语义分析时提取出来的词语，这就是对"话语"的曲解了。

另一篇即前面提到过的"抖音热门书法自媒体的符号学解读"。文章虽然表明是"符号学"分析，可是并没有真正运用符号学理论，而是凭借自己的理解在不同事物之后加上了"符号"二字而已。比如，文章在其主干部分即分析部分把"视频文本中的符号分为书法符号、人物符号、场景符号、音频符号和商品符号五类"，其中对每一个"符号"类别的"分析"其实是对在 100 个抽样视频中出现频次的统计。以其对"人物符号"的分析为例：

> 100 个视频文本中有 18 个呈现了人物符号……其对象较为简明，表现为书写者与讲解者；再现体主要包括年轻女性、小学生、大学生、街头流浪者几类群体；解释项主要呈现为努力的年轻人、励志的民间草根和知性美女。

可以看到，这样的分析与符号学理论无关，甚至可能包含了对符号学理论的误读，比如文中把事物视为符号，把对符号的解码理解成短视频中的"讲解"等。其实，文章中所谓"人物符号"中去掉"符号"两字也不影响意义，足见其没有真正运用符号学作为分析的理论资源。

二十五、研究问题论述缺乏

这种情形指提出了研究问题，但是没有论述其研究意义。学术论文不但需要提出研究问题，而且通常应该对问题进行论述以表明其意义。经验研究论文对研究问题的论述，主要体现在论文的引言与文献综述部分。规范研究一般没有独立的引言部分或文献综述部分，但也一般要在文章前面对研究问题进行论述，否则读者无法理解所讨论问题的价值。

比如一篇文章以"新冠疫情下美国媒体疫情报道的框架分析"为问题，在一段简单的引言后即为研究方法介绍，在引言中也并无环环相扣的严谨分析，而是牵强地认为所提出的问题"成为一项具有较高价值的研究课题"，这样苍白的论述显然无法使研究问题的价值令人信服。

缺乏对研究问题论述的情形，表现形式大多与上述案例类似，也就是文献回顾不严谨甚至缺乏文献回顾部分，因此对研究问题意义的阐述被放在了引言中，并且是空泛地谈论，仅寥寥数语甚至一笔带过。其实，这种情形背后的成因依然是问题意识的缺乏，正因为没有问题意识，作者才不知道针对什么问题进行文献梳理，自然也就谈不上通过严谨的论述来确立研究问题的合法性。比如上述案例就明显地看不出真正的研究问题。因此，克服这类不足就回到了老问题上，即提高研究者的问题意识能力。

二十六、研究问题论证乏力

这种情形指虽然提出了有意义的研究问题，但是对其论证不力导致研究问题价值的说服力不强。由于论述研究问题主要在论文的引言与文献梳理部分，因此论述乏力也主要体现在这两部分，尤其体现在文献梳理部分。

文献综述是论述研究问题价值的最重要部分，它通过对与研究问题相关文献的述评来确立研究问题，即通过述评表明所提出的问题具有理论创新意义。所谓具有理论创新意义，指的是两个方面，其一是具有研究的重要性，其二是没有被研究过。对研究问题合法性论述的成功与否，主要取决于作者文献梳理功夫扎实与否。后面会讨论到，文献梳理的作用是多方面的，其中一个重要作用就是确立研究问题，因此如果文献梳理粗枝大叶，研究问题的价值自然也难以令人信服。以"新冠肺炎的媒体呈现"为例，该文文献综述部分包含了 3 个自然段，第一自然段内容如下：

> 国际新闻报道一直是学界的研究热点，这类研究的一个主要关注点是不同意识形态主导下的新闻媒体在新闻报道中的差异。在中西方报道的比较研究中，研究者通常选择重大政治事件[1]、国际冲突事件[2]、重大公共卫生事件[3]、危机性事件[4]等，借助框架理论、话语分析理论、议程设置理论等分析媒体报道理念、报道框架方面的差异，从而揭示新闻报道背后的话语、权力结构、意识形态之间的关系。其中，框架理论是国际新闻报道研究中广泛应用的一种理论视角[5]。由于框架是呈现和理解新闻的一种方案，因此框架又可以被分为媒介框架和个体框架。媒介框架主要聚焦于新闻文本，关注的核心问题是媒介话语的产生及其背后的社会权力关系[6]。甘姆森等人将媒介框架定义为"一个中心的组织理念或故事线，为展开的事件提供意义……框架说

明了争论的内容和问题的实质"[7]。恩特曼更进一步解释了媒体是如何为观众提供解读事件的图式的，他认为框架的形成包括选择和凸显两个过程："选择所感知的现实的一部分，在传播文本中对这些选择的现实加以凸显，以此促进对特定事件的定义，做出因果解释，并做出道德评价或者提出解决方式"[8]。因此，在大众媒体中，事件和新闻的框架呈现会系统性地影响受众如何理解和接收这些事件[9]。

这段文字篇幅不算短，但是基本上没有触及对研究问题意义的论述。前面一部分介绍了国际新闻研究的对象和所采用的方法与理论等，即使这些介绍是正确的，也与所提出问题的研究进展没有多大关联。后面部分介绍框架分析法的定义等，更是与阐释研究问题的意义无关。这种失去方向感的论述自然无法表明研究问题的意义，实际上它背后的原因可能与前述相同，也就是研究问题本身并不明确，所以文献综述显得有些漫无边际。

第三篇

方 法 意 识

　　方法意识指系统地设计出研究的程序与手段，以足以支持结论成立的意识与能力。对于经验研究而言，研究过程分为资料搜集与资料分析两个阶段，研究方法相应地也分为资料搜集方法与资料分析方法两类。对于规范研究而言，因为不存在具象性的研究方法，也就无所谓方法设计，或者说它的方法设计就是思维逻辑与论文结构逻辑的安排。

研究方法概论

第六章

研究方法指搜集和分析资料所采用的程序、手段、工具与标准等。不同的认识论决定了不同的方法路径，从而产生了实证主义、诠释主义、哲学思辨 3 种范式。3 种范式所依据的知识合法性理论不同，进而决定了各种研究方法设计的要求与特点各异。

第一节 研究方法的概念

研究方法在学术研究中非常重要。如果说提出问题解决的是"研究什么"，那么研究方法解决的就是"如何研究"。因此，问题意识与方法意识是密不可分的，仅仅提出了研究问题却没有运用严谨而系统的方法，则无法得出结论或者结论不可靠。因此，研究方法解决的是如何获得可靠结论的问题，也就是解决的是知识的合法性问题。

现在讨论研究方法的文献众多，赋予研究方法概念的含义也并非一致。整体上，学术研究方法有广义和狭义之分，广义的研究方法概念包括的意义非常丰富，似乎任何与学术有关的问题都可被纳入"方法"之中，它实际上更像是学习方法或治学方法之类，比如不少文章在谈及方法时阐述如何阅读、如何写作、如何思考、如何选题甚至如何对待学术等。另一部分文献所探讨的研究方法是狭义概念，它指的是在学术研究中为了得到可靠的结论而运用的各种途径与手段的统称。本书后文除特别指明外，所提到的研究方法都指的是狭义的概念。狭义的方法概念是学术研究中方法讨论的核心议题。

研究方法对于学术研究而言不但重要，而且必要。黑格尔认为通过方法才能产生认识："方法也就是工具，是主观方面的某个手段，主观方面通过这个手段和客体发生关系"[①]。俄国著名生物学家巴甫洛夫强调方法道："我们头等重要的任务乃是制定研究方法"，他甚至说"方法是最主要和最基本的东西""有了良好的方法，即使是没有多大才干的人也能作出许多成就。如果方法不好，即使是有天才的人也将一事无成""方法掌握着研究的命运"[②]。

中国新闻学历史上很早就有人提出重视方法。20 世纪 30 年代，李公凡在《基础新闻学》一书绪论部分第三节专门论述了新闻学研究方法，提出了历史法、观察法、比较法和实际的研究法（理论与实际结合的方法）共 4 种方法。他在该书中精辟地论述研究方法的意义：

> 　　要正确地认识一种学问，就必得有一种正确的研究方法。我们要研究新闻学，要对新闻学有正确的认识，就须先求得正确的研究方法。要是我们仅仅感到新闻学的需要，而不用正确的方法去研究，想自然而然地有对于新闻学的正确的认识，事实是绝对不会有的。没有方法，或方法不对，则研究就不会有结果，或虽有结果而不正确。有正确的研究方法，对学问始有正确的认识，同样要对新闻学有正确的认识，也就必须有正确的新闻学研究法。[③]

---

① 黑格尔"逻辑学"一书摘要 [M]// 列宁 . 列宁全集 . 北京：人民出版社，1992：236.

② 孙小礼 . 科学方法论的一个研究提纲 [J]. 哲学研究，2001（02）：66–71.

③ 李公凡 . 基础新闻学 [M]. 北京：中国传媒大学出版社，2018：22–27.

在微观层面，即就学术研究项目或学术论文而言，研究方法有至少三个方面的作用：①现象与结果之间的"加工"作用。纷繁流变的现象无法自己抽象出认识结果，它必须依赖于一定的加工流程，犹如将钢铁等原材料生产成汽车，要依靠工厂里面的生产线一样。在传播研究中，研究者如何搜集资料，搜集到的各种资料如何转化为学术成果，也要依靠于方法的"加工"。②研究过程与论文结构的组织作用。实际上，研究方法的实施是整个研究过程的核心，因此它就具有组织研究活动的作用。它不但对研究过程具有组织作用，也对论文的结构具有组织作用，因为后者无非是对前者的描述。一篇论文的宏观结构，无非是先告诉将探究什么学术疑问（问题），然后告诉研究过程（方法），最后告诉得到了什么结果（结论和解释），可见方法在结构上的承上启下作用。③提供检测结论科学性的依据。如果没有方法，读者无法判断研究结论的来由，也就难以判断其是否具有合法性。学术论文与非学术文章的一个本质区别，就在于前者的结论得出是依靠于研究方法的，而后者可以直接提出观点再论证。因为有了研究方法，理论上任何人都可以按照该方法对研究项目进行重复研究，从而检验结论的可靠性。这当然主要是针对自然科学，但其知识论原理则对其他研究范式也有借鉴意义。

在宏观层面，即就对学术共同体的形成而言，研究方法至少有两个方面的意义：①知识的积累。中国新闻传播学的历史也不算短，但是为什么至今仍多在讨论一些重复性问题？表明学科的知识仍然处在基础阶段，也表明长期地研究下来积累却甚少，因此始终难以深入下去。这与对方法的重视不够有关，因为缺乏方法的研究结论很难因得到普遍承认而持久。②知识的交流。在知识的建构中，交流起到非常重要的作用，但它依赖于统一的标准与话语体系。在缺乏方法的研究环境中，方法不一致甚至缺乏方法会使得交流难以进行，或者是很低水平的交流。延伸开去，这样的研究环境也无法支持传播学科与其他学科之间、本国学术与他国学术之间的交流，结果就是"研究者"自说自话，"理论"的碎片化现象相当严重。传播学科的弱势或在国际上的话语微弱，或与方法意识薄弱有密切关联。

那么，研究方法包含哪些具体内容呢？或者说它包含哪些具体技术手段呢？维索茨基认为方法是"由一系列的技巧（skills）、洞见（insights）和工具（tools）的集合，用以回答研究的问题，并保证研究发现是可靠的和可信的"[①]。经过对各种研究方法的观察，我们可以在维索茨基的基础上认为，研究方法的具体内容包含程序、手段、工具与标准等。因此，研究方法更具体的定义指的是在学术研究中为了可靠地得到结论而运用的各种程序、手段、工具与标准等的统称。研究方法主要是对这4个方面的规范。比如程序方面，扎根理论中的三个阶段编码法即为此类；比如手段方面，民族志等方法中的参与式观察即为此类；比如工具方面，调查研究中运用的量表即为此类；比如标准方面，量化研究中的信度和效度指标即为此类。

经过对各种研究方法的观察，还可以得知它实际上分为两类或两个阶段：资料搜集方法和资料分析方法。不过，具体到某种特定的研究方法，并不一定是同时对资料搜集和资料分析进行规范，而大多是仅仅对其中一个环节进行规范。比如扎根理论分析法就仅仅是一种资料分析方法，而不是资料搜集方法；焦点小组访谈法就仅仅是一种资料搜集方法，而不是资料分析方法。就理想状况而言，一项研究应该既有资料搜集方法也有资料分析方法，才能使得结论较为可靠。但是，大多数研究方法都无法达于此种理想状况，一般地都只是对资料搜集或资料分析单方面的规范。经验研究至少应在一个环节运用方法进行规范，否则很难被承认为学术研究。一些文章之所以被称为"想象出来的研究"，就是因为既没有资料搜集方法，也没有资料分析方法，因此其结论完全是主观的想象或感受等。

传播研究中不重视方法、没有方法、方法不规范等情形相当普遍。期刊收到的稿件，不予刊发的原因是多方面的，可能是选题比较陈旧，可能是结论缺乏创新等，但因为研究方法存在明显不足而被退稿的比例非常高。

首先是缺乏研究方法。这也分两种情况，有的文章本来就没有提出学术问题，因此没有必要要求它运用研究方法。这些文章包括业务感想、个

---

① 维索茨基. 社会研究方法读本 [M]. 北京：北京大学出版社，2004：6.

人感想、时事评论、工作对策、行业报告等。这些文章因为"没有系统收集和分析资料的要求，具有较大的随意性、习惯性和自发性，发挥的主要是一种议论和舆论的功能"[①]，因此实际上不是学术论文。另一种情况是提出了学术问题但是缺乏研究方法，这种情况表明作者尚不清楚学术结论需要通过研究方法才能获得。

其次是研究方法不规范。学术研究的方法不是随意的，而是具有较为严格的规范，否则方法也失去了意义。各种研究方法都有自身的要求，比如如何抽取样本、如何建立假设、如何建立模型、如何验证结果、如何形成理论等，都有一定的程序与标准。同时，不少研究方法是历经数代学者发展的结果，比如民族志、扎根理论方法之类都历经了长时期的演进，同样促进了方法在流程、标准甚至工具方面的进展。因此，研究者对所采用的方法必须熟悉和熟练，按照所发展出来的流程与标准等进行设计，研究结论才能令人信服。

要说明的是，强调研究方法并非方法至上。不乏一些文章的方法非常规范，看起来完美无缺，但是没有提出新的问题，或者结论没有新意，也不是好的甚至合格的论文。同时，强调方法绝不能狭隘地理解方法，比如认为量化方法才是"科学"的方法，比如否定哲学思辨方法等，这些都是对方法概念的理解有误。一些人反对强调研究方法，其实是对研究方法的概念有所误解，这样的争论如同自说自话，是没有什么意义的。总之，对于优秀的学术研究而言，研究方法是必要的而非充分的，只有将好的问题意识与规范的研究方法相结合，才可能撷取到科学研究可靠的果实。

还要说明的是，采用研究方法不能固守成规。综观人文社会科学研究的各种方法，与自然科学的方法比较而言，远没有达到成熟的程度，甚至相当多的方法只能称为"方法论"，因为它们最多只是提出了一些原则，可操作性却很差。因此，研究者在使用方法时不宜生硬套用，而应在其原则基础上主动完善，使研究方法更加严谨和具有操作性，才能使研究结论

---

① 景天魁. 现代社会科学基础：定性与定量 [M]. 北京：中国社会科学出版社，1992：47.

更为可靠。

这方面依然可以看看议程设置研究的例子。我们现在已经知道，麦库姆斯和肖通过 1968 年比较严谨的方法设计提出了一个经典概念或理论，但是可能很多人没有注意到他们之前"失败"了的设想。他们最初计划对美国北卡罗来纳州的《夏洛特观察家报》进行研究，该报每天有几个不同的版本，而且不同的版本之间存在时间差异。因为不同版本对新闻的处理不同，因此在早期版本上位于头版头条的新闻，在接下来的版本中可能居于头版次要位置，甚至完全退出头版。他们设想利用版本之间的差异作为实验的基础，但是"后来发现，新闻编排上的这些变化毫无规律可言，无论在题目上，还是在其位置的变化上，因此我们无法系统地比较它们对公众感知所产生的影响"①。由此，他们事实上中途放弃了原来的研究计划，原因就在于计划中的研究方法无法实现研究目标。这种精神值得学习，学术研究必须树立这种意识，主动审视研究方法的可行性与可靠性，以尽量确保研究结论的可靠性。

第二节　3 种方法论范式

方法论是由认识论决定的，有什么样的认识论就有什么样的方法论。换言之，前面所提到的科学主义、诠释学与形而上学认识论都决定了与自身相应的方法论，即分别对应于实证主义、诠释主义与哲学思辨方法论。

这里借用一下范式的概念。库恩②认为，范式是在科学实践活动中某些被公认的范例，包括定律、理论、应用以及仪器设备等，它的意义在于

---

① 麦库姆斯.议程设置：大众媒介与舆论 [M].郭镇之，徐培喜，译.北京：北京大学出版社，2018：序言.
② 库恩.科学革命的结构 [M].金吾伦，胡新和，译.北京：北京大学出版社，2012：11.

为某种科学研究的传统提供模型。瑞泽尔①阐述得更加具体，他认为范式可以用来界定什么应该被研究、什么问题应该被提出、如何对问题进行质疑以及在解释我们获得的答案时该遵循什么样的规则。可见，无论库恩所说的"模型"还是瑞泽尔所说的"规则"，借用到此处时都与方法论的意义接近。因此，我们可借用他们的概念，将不同的方法论称之为不同的"范式"。换句话说，前述的三种方法论可以被称为实证主义范式、诠释主义范式和哲学思辨范式。

很明显，从外延上讲，方法论概念大于方法概念，即同一种方法论中可能包括若干种具体研究方法。一些研究者将方法论与研究方法相混淆，将具体的方法称为方法论，其实两者的差别很大。方法论可以说是方法的方法，是具体方法的哲学，因此它是抽象的，是没有办法直接运用的。但是方法是具体的，是可以直接运用的。由上述，可以采用方法论对研究方法进行分类，当然其实也是采用它背后的认识论对研究方法进行分类。

国外有学者将社会学研究的范式归纳为四种，即实证主义、后实证主义、批判理论、建构主义②。国内也有人沿袭这种划分方法。但是，这样的划分值得商榷，主要是其中的批判理论与其说是一种偏于过程的方法范式，不如说是一种偏于目标的理论取径。同时，其中的实证主义和后实证主义并无本质区别，都是建立在相信现象的背后存在"客观规律"，从而采用证实或证伪的方式去发现它。此外，这种划分尽管承认"阐释的/辩证的方法论"，但是认为它属于建构主义范式下的方法论。问题在于建构主义强调在研究者与被研究者的互动之中建构理论，但逻辑思辨研究通常没有互动过程，而是"独白"性质的，因此将思辨研究归结到建构主义中并不严谨。总之，这种分类体系的局限甚多。

在传播研究领域，不同方法范式的出现比社会学的要晚。在西方，20世纪40年代传播学兴起之后，科学主义认识论的滥觞才导致了实证主义方

---

① Ritzer.*Sociology*：*A Multiple Paradigm Science*[M].Boston：Ally and Becon，1975：308-339.

② 陈向明．质的研究方法与社会科学研究 [M]．北京：教育科学出版社，2000：14.

法论的广泛使用，而哲学思辨范式渐渐淡出。70 年代初，社会科学领域掀起了对实证主义的反思运动，诠释主义范式迅速兴起。目前在西方传播学研究中，实证主义范式与诠释主义范式是主流，尤其实证主义范式远较国内受到追捧。中国的传播研究方法发展历史与西方类似，只不过实证主义与诠释主义范式均相应地出现得更晚：80 年代初传播学的观念开始进入中国，实证主义方法范式逐渐导入；20 世纪末 21 世纪初，所谓质性研究方法被介绍进来并逐渐盛行，即为诠释主义范式逐渐推广。今天，中国的传播研究中也是三种范式并存的局面。卜卫[①]在 1996 年的一篇文章中提出了传播学研究的两种范式，即实证主义范式、人文主义及解释学范式。她将人文主义和解释学合称为一种范式，其中的人文主义范式实际上大致等于本书所称的哲学思辨范式。

长期以来，实证主义与其他范式之间的争议不断，或者说在中国的语境下，即为所谓量化研究与质性研究之间的争议不断。应该说，脱离具体的研究问题来讨论研究方法的优劣没有意义，因为无论选择哪种方法都仅仅是一个工具。不同的方法有不同的特点和适用范围，而且与研究者的运用偏好和擅长相联系。实证主义范式在精确性与客观性等方面优势明显，但确实存在"意义丢失"的问题；诠释主义范式的长处在于深刻的意义阐释，但在客观性方面也确有不足。传播学乃至整个社会科学领域都处在这种方法论困境中，而且短期内无法改变此局面。正因为如此，我们当以对知识的谦卑之心，既对不同研究方法抱持包容，又努力地去完善各种研究方法，使得传播研究日臻于成熟。

实际上，不同范式的研究方法可以联合运用，以确保研究结果的严谨性。笔者曾专门撰文阐述过这种方式，也在"传播学龙门阵"上推出过，兹摘录如下：

---

① 卜卫. 传播学方法论引言 [J]. 国际新闻界，1996（04）：32-38.

实证主义追求精确的知识，诠释主义追求对社会现象的解释，因此两类方法结合，则既能发现确证性较强的知识，还能诠释这个知识背后的原因、机制和意义等。这当然是很好的研究思路。

这时候，通常的做法是，先运用实证主义方法研究得到结论，然后运用诠释主义方法对结论进行意义探究。我们知道，实证主义方法的长处在于发现现象之间的关系，包括因果关系和相关关系等，但是为什么会出现那样的关系？实证研究通常对此无能为力。比如，不少研究运用实证方法研究媒介使用对政治参与的影响，但是为什么会出现那样的效果，量化方法往往回答不了。这时，如果运用诠释性方法，则可通过探究社会心理、群体特征、文化传统甚至历史影响等方面的影响而提供解释。

是否需要两类方法的结合，需根据研究的问题与目标决定。一般只在实证研究的结论需要进一步的解读时，方法联用才具有价值。要提醒这一点，是因为笔者有时会看到联合运用两类方法的投稿中，实证主义研究的是一个问题，诠释主义研究的是另外一个问题，后一个问题与前一个问题没有形成解释与被解释关系，那么同一篇文章中就出现了两个独立的研究问题，显然在逻辑上是断裂的。

实证主义方法与诠释主义方法结合使用的论文不多，蒋俏蕾、郝晓鸣等的《媒介依赖理论视角下的智能手机使用心理与行为——中国与新加坡大学生手机使用比较研究》（《新闻大学》2019年第3期）就是此种类型。研究者为了探析哪些因素导致了大学生的手机依赖，首先依据既有研究运用统计调查法描述出不同因素与手机依赖之间的关系，然后运用焦点小组讨论法对前述关系进行了解释。显然，统计调查法即使能够发现不同现象之间的关系，对于解释关系形成的原因往往也是无能为力的，这时候诠释主义方法就派上了用场。

用实证主义方法发现确证性较强的知识，然后用诠释主义方法对其进行阐释，这是两类方法结合的最经典模式。不过也有其他模式，比如先运用诠释主义方法搜集资料，然后运用实证主义方法分析资料。这正好与前一种模式的流程相反。我们可以参看一下杨典的《公司治理与企业绩效——基于中国经验的社会学分析》(《中国社会科学》2013 年第 1 期)。该文先运用深度访谈法做探索性研究，以获得问题设计（属于搜集资料的行为），然后运用量化模型对问题进行研究。虽然这是一篇工商管理方面的论文，但其实社会科学研究大多是相通的，新闻传播研究者不妨多看看其他领域的研究文章，这对问题意识和方法意识都会有启发。

一种广为流行的传统是把人文社会科学研究方法划分为量化研究与质性研究，或称定量研究与定性研究。其中所谓"量化"与"质性"指的是对经验资料的分析方式，因此这种分类的标准是就资料分析方式而言的。明显地，这种分类方式无法涵盖资料搜集的方式，并且模糊了研究方法背后的方法论与认识论依据。这样分类的另一个弊端是使所谓质性方法面临一个困境：如果把与定量研究相对的所有非量化方法都称为质性方法，则明显地与质性方法的历史和概念不符合。陈向明[①]曾提出一个质性研究的定义：

> 质的研究是以研究者本人作为研究工具，在自然情境下采用多种资料搜集方法对社会现象进行整体性探究，使用归纳法分析资料和形成理论，通过与研究对象互动对其行为和意义建构获得解释性理解的一种活动。

由上述定义明显可见，并非所有非量化方法都可以归入质性方法，因为有的非量化方法并没有进入自然情境，即没有资料搜集的过程等，比如哲学思辨类研究等。西方传播研究学者也认为不是所有非量化研究都是质性研究，辛格尔特里就专门提醒过，"定性一词，有时被毫无约束地用来

---

① 陈向明. 质的研究方法与社会科学研究 [M]. 北京：教育科学出版社，2000：12.

指称所有非定量研究，这是用词不当"，他以焦点小组为例，认为这种方法不是质性研究，其中一个原因即"研究不是在自然情境下进行的"。[①]因此，这种分类方式容易形成对思辨方法的遮蔽，因为如果把思辨研究归入质性研究就要被质疑，不将其归入质性研究则思辨研究又没有了容身之处。这可以说是思辨方法长期以来不被重视，甚至不被承认的原因之一。

有的学者注意到这个矛盾，因而改用量化方法与非量化方法来分类。这样在逻辑上固然是严密的，但存在的问题是相当于没有分类，因为任何事物都可以用一个"非"字来区别它与其对应物，但是对对应物的分类依据却是含混而笼统的——没有通过分类来揭示出事物的性质特征，因此这样的分类是没有多大意义的。

本书以实证主义等3种范式作为对研究方法分类的主要依据。但鉴于质性方法与量化方法的分类方式流布广泛，本书在少数时候也采用了该两个概念。不过，本书的诠释主义概念包含了质性研究概念。换言之，诠释主义中包含了非自然情境下的研究方法，比如文本分析、话语分析法等。实证主义与量化研究方法的外延基本一致，即传播研究的量化方法同样包含实证主义范式中的3种方法，这一点将在下一节讨论。本书在提到"量化"研究时，意在强调其采用数学手段的特征，而非强调其认识论原则。

前面提到认识论与知识类别之间存在对应关系，方法论与知识类别之间同样存在对应关系。具体地说，实证主义范式与诠释主义范式运用于对经验知识的研究，而哲学思辨范式运用于对规范知识的研究。在经验知识中，如果旨在对精确知识进行研究，则运用实证主义范式，否则就运用诠释学范式。

在分析各种具体的研究方法之前，理解方法论范式是有意义的。方法的设计仅仅是技术性的工作，但是这些工作背后依据的是什么原则，就是方法论所要回答的问题。同时，众多种类的研究方法被分成3种方法论范式，既可以看到相同范式内部不同研究方法所共享的原则，也可以看到不

[①] 辛格尔特里.大众传播研究：现代方法与应用 [M].刘燕南，译.北京：华夏出版社，2000：259.

同范式所依据的理论原则的差异，从而加深对研究方法的理解。总之，学习研究方法不但要理解操作技术，也要理解理论依据，不但要知其然，而且要知其所以然。

不同的认识论有不同的知识合法性观念，而相应地由不同的方法论体现其知识合法性观念。而且，不同的知识类别也需要不同的研究方法才能胜任。传播学知识是一个多样化的体系，既有大量的经验知识，也有相当多无法忽视的规范知识，至少就目前人类的认知能力而言，规范知识还只能运用哲学思辨方法进行研究。换言之，实证主义、诠释主义与哲学思辨都有自己的适用范围，分别从不同的领地共同建立传播学知识的合法性，因此没有必要区分孰优孰劣。实际上，只有优秀的研究项目，而没有脱离了项目的"优秀"研究方法。

第三节　19 种研究方法

对研究方法除了可以按照认识论和方法论分为不同的大类外，还可以分为不同的具体方法。现在，我们来讨论传播研究中常用到哪些种类的方法。这个工作很有必要，因为不同的研究方法的设计不同，因此只有先弄清楚有哪些种类的方法，然后才能针对各种不同的方法讨论如何设计。

迄今为止，对于传播研究方法种类的说法很不一致。温默等的《大众传媒研究导论》（清华大学出版社，2003 年 9 月第 1 版）中列举出了定性研究方法（包含田野研究法、焦点团体研究法、深度访谈法、个案研究法）、内容分析法、问卷调查法、纵向研究法、实验研究法等共计 8 种具体方法。辛格尔特里的《大众传播研究：现代方法与应用》（华夏出版社，2000 年 9 月第 1 版）中讨论了调查法、焦点小组研究、实验研究、参与观察法、访谈法、文献分析法、内容分析法等共计 7 种方法。

柯惠新等人的《传播研究方法》（中国传媒大学出版社，2010 年 2 月版）先后介绍了文献分析法、二手资料分析法、观察法、小组座谈会法、深层访谈法、个案研究法、投影技法、抽样调查法、内容分析法、实验法和互联网研究方法等共计 11 种方法。李彪[①]在对中美新闻传播学术期刊论文的研究方法进行比较分析时，提到了实验法、统计调查法、内容分析、观察法、二手资料法、个案研究法、思辨论证法、综合法等共 8 种方法。最近的文献中，廖圣清[②]等将研究方法分为调查法、实验法、内容分析法、深度访谈法、话语分析法、民族志法、网络分析法等共计 7 种明确的方法和"其他方法"与"无方法"两种情况。

可以看到，无论是国外还是国内，无论是专著还是期刊文献，对传播研究方法种类的说法差异甚大，而且其中有的种类是否属于方法也值得讨论，一些方法的名称与概念也不完全一致。加上互联网兴起之后，一些网络研究方法迅速出现而未引起重视。这些都更加表明弄清楚研究方法具体种类的重要意义。

本书不准备沿用现成的说法，而是准备采用经验观察的方法，看看在实际的研究中都运用了哪些种类的方法。用以调查的文献即前面抽取出来的 100 篇已刊登案例论文。在对这些文章的研究方法进行登记时区别两种情形：第一种情形，作者在论文中声明了所采用研究方法的，即按所声明的方法种类登记；第二种情形，作者没有声明采用了什么研究方法的，则由笔者阅读后判断采用了什么种类的方法然后登记。自然地，笔者的判断可能是不准确的，但为了这项研究能够进行，只好这样变通处理。

调查的结果远比想象的丰富。100 篇论文中，研究者在文中使用的方法有实验法、问卷调查法、内容分析法、扎根理论法、框架分析法、民族志法、参与式观察法、网络民族志法、深度访谈法、焦点小组法、案例分析法、文献分析法、文本分析法、话语分析法、社会网络分析法、文本情感分析法等共计 16 种。但是，因为参与式观察法是民族志法的主要资料获取

① 李彪.新闻传播学研究方法的构造——对 1995—2007 年我国四种主要学术期刊的考察 [J].国际新闻界，2008（01）：26-29.
② 廖圣清，朱天泽，易红发，等.中国新闻传播学研究的知识谱系：议题、方法与理论（1998-2017）[J].新闻大学，2019（11）：73-95，124.

手段，网络民族志法是民族志法的延伸，因此这三种方法可以统称为民族志法，则100篇论文中运用到了14种研究方法。

而且，这些方法中没有包含历史研究、法律研究、文化研究、政治经济学研究和逻辑思辨研究这5种"方法"，因为这5种"方法"都不必在文中声明。当然，严格地讲这5类研究都不是方法意义上的分类，其中的历史研究与法律研究属于研究的领域或对象，文化研究与政治经济学研究属于研究的理论取径，哲学思辨研究属于研究的范式。不过，这5类研究都在不同层次上具备在研究方法方面的自身特点，因此为了较为全面地描述传播研究方法的种类，本书将这5类研究各自视为一种"方法"。这样就一共有19种研究方法（领域、取径或范式）。

这19种方法（领域、取径或范式）在100篇论文中共出现123次。因为有的论文使用了不止一种研究方法，因此方法的总频次超过100。各种研究方法的分布频次见表6-1。

表6-1　100篇文章中不同研究方法出现的频次

序号	方法名称	出现频次	序号	方法名称	出现频次
1	实验法	1	11	文本分析法	6
2	问卷调查法	7	12	话语分析法	1
3	内容分析法	2	13	历史研究	19
4	扎根理论法	2	14	法律研究	6
5	框架分析法	2	15	文化研究	2
6	民族志法	7	16	政治经济学研究	6
7	深度访谈法	8	17	逻辑思辨研究	35
8	焦点小组法	1	18	社会网络分析法	1
9	案例分析法	11	19	文本情感分析法	1
10	文献分析法	5			

因为不同的研究范式中包含若干种具体研究方法，因此现在可以用范式作为标准对研究方法归类。需要说明的是，除了按照3种范式归类外，属于运用计算机手段的两种方法单独列为一类，因为它们与3种范式有较为明显的差异。以下是上述19种研究方法按照范式分类的情况：

一、实证主义范式

实证主义范式包括实验法、问卷调查法、内容分析法 3 种。基本上所有关于传播研究方法的文献都把这三种方法归于实证主义范式，只不过大多数研究者将实证主义范式称为量化研究。

在 100 篇案例论文中，实证主义出现的频次为 10 次（其中实验法 1 次，问卷调查法 7 次，内容分析法 2 次），合计共占 10% 的比例。可以看出，《新闻界》不太偏于实证主义。其实，中国内地传播学期刊论文均以诠释主义研究为主，刊登的实证主义论文并不多。

二、诠释主义范式

诠释主义范式包括了扎根理论法、框架分析法、民族志法、深度访谈法、焦点小组法、案例分析法、文献分析法、文本分析法、话语分析法、历史研究、法律研究等 11 种。但是，因为历史研究和法律研究均有相关学科成熟的方法论和方法支撑，因此不纳入本书针对传播学方法的讨论范围。这样，本书的诠释主义范式实际包括 9 种方法。

诠释主义范式中既包含质性研究方法，也包含非质性研究方法。如果按照对质性方法中"自然情景"的要求，则民族志法才是最典型的质性研究方法。这样的范围划分显然过于狭窄，可以把含有经验资料搜集过程的研究方法也归于质性研究，则深度访谈法、焦点小组访谈法、案例分析法可被纳入其中。扎根理论法与框架分析法的经验资料经常来源于现场搜集，因此也可划归于质性方法类别中。其余 3 种诠释主义方法，即文献法、文本分析法、话语分析法属于对文本的分析，并无直接经验资料的搜集过程，因此只能称为诠释主义方法而非质性研究方法。这也充分说明不能用质性研究来指代所有非量化的研究方法。在 100 篇案例论文中，诠释主义范式出现的频次为 43，远远比实证主义范式多。这可能反映了我国传播研究的特点。

三、哲学思辨范式

哲学思辨范式包括文化研究、政治经济学研究和逻辑思辨研究。当然，这一种分类并不完全严谨，因为文化研究有时候也运用民族志法等方法，但就多数情况而言它是思辨范式的。此外，文化类与政治经济类思辨研究和纯粹哲学思辨类研究之间的区别在于，后者仅仅是对传播理论的讨论，前两者要运用文化理论或政治经济学理论对文化或社会结构与权力进行批判。

在 100 篇案例论文中，尽管经验研究占据主流，哲学思辨研究的数量也不少，该范式出现的频次为 43，刚好与诠释主义的数量持平。这一事实再次表明了规范知识类问题意识的重要性，也表明了哲学思辨范式的重要性。

四、计算机研究方法

计算机研究方法包括社会网络分析法和文本情感分析法。随着计算机和网络技术的兴起，社会科学研究方法的面貌也发生了很大的改变，它们日益成为研究中的得力工具。一方面，计算机和网络可以成为传统研究方法的助手，比如在调查法中作为调查工具；另一方面，计算机和网络甚至发展成独立的研究方法，即独立搜集资料和分析资料。实际上，传播研究中运用计算机的方法不止这两种，但这两种是比较常见的而且比较成熟的，因此本书对它们进行讨论。

为了使这众多的研究方法在后面的讨论中具有一定的逻辑性，我们尝试按照"科学性"来对其进行排列。为了实现这个目标，可以根据研究方法的特征制定若干标准。通常的，自然科学的方法具有最严格的"科学性"，它具有如下 5 个主要特征：①量化，即通过量化模型来得到结论；②结构化，即研究程序的标准化程度高，比如编码环节等就属于结构化特征；③经验性，即从经验资料出发进行研究；④理论框架，即依靠特定理论作为推进研究的路径；⑤逻辑演绎，即依靠逻辑思辨作为推进研究的路径。这样，可对上述 19 种方法中的 15 种方法进行一个详细的排序（表

6-2）。历史研究、法律研究和社会网络分析法、文本情感分析法这 4 种方法没有纳入排序中。

表 6-2　不同研究方法的特征排列

研究范式		方法名称	量化特征	结构化特征	经验性特征		理论框架特征	逻辑演绎特征
					直接经验	间接经验		
实证主义范式		实验法	是	是	是		是	是
		问卷调查法	是	是	是		是	是
		内容分析法	是	是	是		是	是
解释主义范式	质性方法	扎根理论法		是	是		是	是
		框架分析法		是	是		是	是
		民族志法			是		是	是
		深度访谈法			是		是	是
		焦点小组法			是		是	是
		案例研究法			是		是	是
	非质性方法	文献研究法				是	是	是
		文本分析法				是	是	是
		话语分析法				是	是	是
哲学思辨范式		文化研究					是	是
		政治经济学研究					是	是
		逻辑思辨研究						是

　　这样的排列，便于揭示各种方法的特征顺序。可以看到，实证主义方法具有的特征项最多，也就是对其规定性最高，这是它被认为具有"科学性"的原因。质性研究中的扎根理论法和框架分析法虽不具有量化研究特征，但是都要进行编码，因此有一定的结构性特征。民族志法等质性方法不进行编码环节，但是需要搜集经验资料，因此属于经验研究的范畴。文献研究法等则不必搜集经验材料，但是需要依据一定的文本，可以视为从间接经验出发进行的研究类型。文化研究和政治经济学研究连以文本作为研究资料都不需要，直接运用理论框架来进行分析而获得结论。最后是逻辑思辨研究，它连理论取向也可以不需要，直接运用逻辑对概念进行演绎来提出观点。实际上，这也是研究方法从科学主义向人文主义过渡的一个顺序。这样的排序正是本书后面各章节的顺序逻辑。

第四节　方法设计原则

传播研究中的方法应当是系统方案，制定这个方案的工作就是方法设计。这主要是针对经验研究而言。设计方法时，应当遵循一些原则，因为这些原则体现了知识合法性或结论合法性的基本要求。主要的原则即客观性、系统性、控制性、透明性。

一、客观性原则

客观性原则指研究方法设计应当依据外在的而非主观的准则。知识的基本特征是客观性和普遍性，而普遍性正是客观性的结果，知识的客观性又正是产生于研究方法的客观性。方法的客观性表明它不是由研究者随心所欲地设计的，而是要依据独立于研究者之外的规则。不同的方法范式依据不同的认识论，因此所依据的客观性原则也不相同。除了认识论原则的客观性，还必须依据各种具体方法的客观性。各种研究方法都发展出了自身的流程、技术、手段与标准等，在设计传播研究方法时应该遵循这些具体的客观性，而不是按自己的想象和好恶去设计。

经验研究的客观性主要从 3 个方面去实现：

1. 研究起点的经验性

现代哲学的认识论转向，很大程度是建立在经验主义基础上的，即研究的起点从经验出发，研究的对象是经验资料，研究的结论要接受经验的检验。社会学研究受此影响，也具有鲜明的经验主义特征，实证主义的研究范式自不必说，即使诠释主义范式的研究方法，也浸染了经验主义的色彩。一些典型的诠释研究方法比如民族志法、扎根理论法等，都是从搜集经验资料开始的。一些并不典型的诠释研究方法，比如文本分析方法和话语分析方法，它们是从搜集文本开始的，分析的对象也是文本，文本实际上具有间接经验资料的特点。

2. 资料搜集的客观性

研究方法的设计分为两个阶段，即资料搜集阶段和资料分析阶段，这两个阶段都应该致力于保障研究的客观性。资料搜集的客观性，指资料搜集的方法要遵循一定的科学规则而不是作者随意设置。实证研究方法一般采取随机抽样等，就是因为这种抽样方法遵循了统计学的原则，能够使抽出的样本尽量避免受到不同研究者主观因素的影响。客观性较弱的是诠释主义范式，因为这类研究通常没有运用随机抽样方式。在非随机抽样方式下，如何尽量保障研究的客观性呢？一方面，选择的研究对象应该与研究的问题有较为合理的内在联系。比如一篇文章用虚拟民族志进行亚文化研究，选择了一个微信群进行田野调查，但是群里回答问题的人的比例很低，那么这个群是否适合该项研究是值得考虑的。另一方面，作者要对所选择的研究对象进行描述和说明，甚至描述的过程也是一种委婉的说明，都旨在解释所选择的研究对象的合理性。

3. 资料分析的客观性

对资料的分析也要避免主观想象的方式，而应遵循一定的客观规则。比如在实证研究中，进行概念操作化，建立数学模型等，都是客观性分析的过程。一些诠释主义研究也有一定的流程等规定，典型的如扎根理论法和框架分析法。扎根理论法要求依次进行 3 轮编码，然后构建理论模型，再进行理论阐释。框架分析法需要先提出框架分析的理论，然后进行编码，再根据所提出的理论进行分析从而得出结论。但是，大多数诠释主义方法缺乏流程等方面的规范，因此研究者不但可以也不得不对这些方面进行创造性的完善。比如在文本分析方法中，作者搜集好文本以后，如何进行分析是没有一定之规的，研究者可以考虑将其纳入某个理论的逻辑框架，或者设计出某种合理的分析程序等，总之意在提高研究的客观性。

二、系统性原则

系统性原则是指方法应该有整体性而非零散的组合。可以从两个维度来实现方法设计的系统性，一个维度是针对研究方法的不同阶段，另一个维度是针对研究方法所包含的不同内容。

　　所谓针对研究方法的不同阶段，即方法设计要尽可能涵盖资料搜集阶段和资料分析阶段。有的研究方法仅仅是资料搜集方法，比如常见的调查法；有的方法仅仅是资料分析方法，比如扎根理论法。严谨规范的方法设计，需要考虑到两个阶段的研究方法。通常地，实证主义论文仅仅会标示出一种研究方法，比如调查法；但实际上这类研究对资料分析方法也会有较为详尽的说明，比如是采用相关性分析还是其他类型的量化手段等。诠释主义研究有所不同，一些论文会标出一种方法，另一些论文可能标出两种联合运用的方法。标出一种方法的，比如民族志研究。由于民族志法仅仅是资料搜集方法，因此如何分析搜集而来的资料，不同的研究者差异很大。这也导致民族志法在资料分析阶段具有较大的自由度，换句话说具有较大的主观性。这实际上是民族志法运用的困难之一，当然从另一个角度看也是它的优势，即可以较为自由地阐述。标出两种方法的诠释主义研究相当多，比如深度访谈法往往与扎根理论法相结合，前者负责搜集资料，后者负责分析资料。比较理想的研究方法设计，当然是既对资料搜集的方法做设计，也对资料分析的方法做设计，但多数研究做不到这一点。这是人文社会科学研究目前固有的局限。

　　所谓针对研究方法所包含的不同内容，即研究方法应当对研究流程、测量工具、实施措施、控制标准等方面进行系统性的考虑。不过，这样严格的要求只有在实证主义研究中才能得到较好的实现。比如在内容分析法中，研究者会对如何搜集资料与分析资料进行介绍，这是流程方面的；会对概念进行操作化，并借鉴或开发出量表，这是测量工具方面的；会对主要环节进行介绍，这是措施方面的；会对信度和效度指标进行介绍，这是质量控制方面的。当然，不同的实证研究方法的流程、测量工具等都是不同的，甚至相同方法下不同研究项目的流程、测量工具也是不同的，因此没必要在具体内容方面求同。诠释主义研究大多不具有实证主义的结构性特征，因此做到系统性要求的难度更大。在流程方面，多数诠释主义方法都属于资料搜集规范，因此在这种范式下对资料的分析具有很大的灵活性，不像实证主义那样受到数学模型的约束。诠释主义也不需要测量的工具，因为它大多是通过概念演绎获得结论。鉴于此种，诠释主义研究更需要研究者主动追求缜密的设计，否则的话研究方法会显得缺乏说服力。比如，深度访谈法作为一种资料搜集方法，是否运用资料分析方法来与之配合，以及如果运用时应该如何周密设计等，都需要发挥主动性精神而不是应付了事。

三、控制性原则

控制性原则是指研究方法设计中运用一定的控制措施来确保研究结论的可靠性。在实证研究中，研究方法的可靠性主要依赖于信度和效度两个方面。后面会详细地解释信度和效度的概念及其指标，这里简要地介绍一下它们的含义。信度可以理解为同一测量事项在不同测量情境下的差异状况，信度越高则研究的可靠性越高。比如，测量了一个群体媒介使用对幸福感的影响，如果换一个时间测试就属于另一个测量情景，或者换一个同质性群体进行测试也属于另一个测量情景。如果不同测量情境下得到的结果之间的差异比较小，那么可以认为这个测量是比较准的；否则的话就有理由怀疑测量的信度不高，需要从量表和测量实施等方面加以改进。效度则可以理解为测量的指标能否代表所要测量的概念。例如，如果测量受众媒介使用的幸福感，那么应当构建表征幸福感的主要概念指标体系来进行测量；如果其中有概念与幸福感无关或者关联不大，那么测量出来的指标在效度方面就存在不足。比如，如果表征幸福感的概念里有一项是收入高低，尽管收入可能影响幸福感，但二者之间显然不是简单的正相关关系，因此这个指标就会影响到效度。实证研究方法都会对信度和效度指标有明确的要求，并需要在论文中提供该两项指标以及评价结论的可靠性。

不过，信度和效度不应该被理解为对抽象指标的要求，而可以被理解为学术研究中的一种理念，即应该追求研究结果的客观性。换句话说，不同的人运用相同方法对相同的资料进行分析，得到的结论应该具有一致性。从这个角度理解，信度和效度的观念就不仅为实证研究所独有，而是可以推及于诠释主义范式。也就是说，即使进行诠释主义研究，在对同样的对象和资料进行研究时，如果你得出的结论是如此，而我得出的结论与你的相差甚大，那么可能其中一方的方法严谨性值得怀疑。在扎根理论分析法中需要检验理论饱和度，在民族志研究中可以运用三角测量法等，其实就是诠释主义方法提高研究信度和效度的努力。大多数诠释主义研究方法，连扎根理论或民族志这样的质量控制方式也没有，因此在资料分析阶段自由度非常大，就面临如何提高研究客观性的难题。这些问题短时期不可能解决，但是研究者需要对此有清醒的判断，从而在研究过程中尽量主动完善方法设计，以提高研究结论的可信度。

四、透明性原则

透明性原则是指在论文中要对研究方法进行专门介绍，使之"透明"地呈现给读者。实证主义研究不必说，诠释主义范式下多数方法也需要进行介绍，比如民族志法、深度访谈法、焦点小组访谈法、案例分析法等。一般地，作者会在论文中专门辟出一部分（通常在文献梳理部分）介绍方法。在实证主义研究论文中，如果方法介绍部分缺失，说明作者还不具备学术研究的基本知识。在诠释主义范式下，多数方法也有专门介绍的必要，这样不但使文章结构清晰，而且便于将方法介绍清楚。多数时候，诠释主义方法介绍时不涉及对抽样方法的说明，而主要是对研究场景和资料取得方式的说明。比如民族志研究中，需要对田野场所进行说明，同时需要对资料获取方式（观察、访谈、调查等）进行说明。由于研究方法分为资料搜集和资料分析两个阶段，因此在论文中通常也需要对这两个阶段分别介绍。比如深度访谈法和扎根理论分析法结合时，需要同时报告深度访谈的设计情况和扎根理论分析法的设计情况，前者指对访谈对象的描述等，后者指 3 次编码过程等。

第七章　实证主义范式

实证主义是社会学中最早出现的方法论范式，迄今为止仍是社会科学研究中的重要范式。实证主义认为社会科学与自然科学一样，在流变的现象背后存在客观的稳定的规律，学术研究的任务就是发现规律。因此，它强调知识的客观性、普遍性以及精确性，通常采用量化研究方式。

第一节　概论

实证主义主要包括控制实验法、问卷调查法和内容分析法。这三种方法作为相同的范式有共同性的一面，也有区别性的一面。本节分析它们共性的一面，即都需要搜集经验资料，然后通过概念操作化使资料量化，之后提出研究假设并建立数学模型进行分析。它们的区别性一面，则在后面各节中讨论。

一、实证主义的历史

实证主义（positivism）中的"实证"，可以理解为"经验确证"之意。孔德在《实证主义概论》中将其定义为：真实的而非虚幻的，有用的而非无用的，肯定的而非犹豫的，精确的而非模糊的[1]。可见，其中"现实的而非幻想的"是核心，其他的描述都是以此为基础。"现实"的世界即经验世界，它与"幻想"世界相对，因此实证主义强调了知识的经验性；"可靠"与"精确"皆有确定性之意，显然借鉴了自然科学的认识论，强调知识的客观性与精确性。

有人将实证主义称之为科学主义、自然主义、经验主义[2]，这种说法并不完全准确。科学主义与自然主义是相通的概念，指狄尔泰批评的用自然科学的方法论作为一切科学的方法论，它否认社会科学和人文科学有独立的方法论，因此这两个概念是面向所有科学的。但是，实证主义是孔德为社会学研究而建立的哲学，因此它仅仅是面向社会学或者社会科学的。将实证主义称为经验主义也不太准确。经验主义（empiricism）是一种认识论，是与唯理论相对的概念，它的发端最早可以追溯到17世纪初培根的理论与实践；实证主义则是一种方法论，是与诠释主义等范式并列的概念，它于19世纪30年代才由孔德提出。当然，实证主义与经验主义有着非常密切的联系，即后者是前者的认识论之一，可以认为如果没有经验主义的滥觞，可能就不会产生实证主义。不过，实证主义范式不能等同于经验主义，因为在经验主义认识论下还有诠释主义范式。

实证主义从诞生至今可被划分为3个阶段，即经典实证主义阶段、逻辑实证主义阶段和后实证主义阶段，不同阶段对知识可靠性的理解有所变化。经典实证主义以孔德为发端，迪尔凯姆、穆勒也归于其中。他们的主要目标一方面是把社会科学从形而上学中区别出来，另一方面是借鉴自然科学的方法确立社会科学的合法性。他们认为，社会现象与自然现象一样具有客观性，孔德所谓的"社会物理学"，迪尔凯姆所谓的"社会事实"，都包含了这层含义。比如迪尔凯姆提出，社会事实是外在于个人的客观实在，那么它就具有客观性，因此对其研究就应该以经验观察为基础，而不

---

[1]　张志伟.西方哲学史（第2版）[M].北京：中国人民大学出版社，2010：532.
[2]　梅琼林、王志永.试论传播学研究中实证主义和人文主义方法的融合[J].南京社会科学，2006（06）：14-19.

应该以形而上的方式构造理论，应以具有说服力的统计数据作为佐证材料①。既然社会现象具有客观性，那么社会科学研究借鉴自然科学的认识论就顺理成章了。自然科学是以观察法和实验法为基本方法的，因此孔德提出社会科学研究的主要方法就是观察法、实验法、比较法、历史法，其实是以自然科学的可重复实验法为核心的。

逻辑实证主义则是把分析哲学与实证主义相结合的产物，它又被称为新实证主义，以与经典实证主义相区别。分析哲学是 20 世纪 30 年代以后在英美哲学中占据主流地位的流派，其代表性人物有弗雷格、罗素、维特根斯坦、石里克、卡尔纳普等。他们认为只有经验命题和分析命题才是科学命题，换言之只有这两类命题才是科学研究的对象。逻辑实证主义在实证主义的基础上，更加强调认识过程的程序性和逻辑性，也就是更加深入地讨论了从经验如何到达知识的途径。分析哲学以语言学为研究的主要对象，大量运用语言逻辑分析方法，而这种方法实际上又是以数理逻辑为基石的。现在，我们看到实证主义研究中严谨的概念操作化与量化推理模型，就是这种数理逻辑思维的产物。

20 世纪 70 年代的方法论论战对实证主义产生了重要影响，其结果是后实证主义的出现。后实证主义尽管仍然坚持经验主义认识论，但是也承认研究者的知识、背景、经历等会影响到研究的客观性，而且研究的对象不可能完全独立于研究者而不受影响，因此倾向于实证主义与形而上学研究相结合。后实证主义的代表人物亚历山大即认为，从经验研究到形而上学是一个科学连续体，"这个连续体从一定程度上既克服了形而上学的思辨性，又克服了经验主义、自然主义的片面性，形成了一个较为成熟的、辩证的实证主义方法论"②。库恩的科学范式理论同样削弱了知识客观性的假说，因为他认为知识不过是学术共同体的共识，那么知识客观性的假设就被撼动了。另外，后实证主义认识论上的一个重要改变是采纳了波普尔的

---

① 阙祥才.实证主义研究方法的历史演变 [J].求索，2016（04）：71-76.
② 亚历山大.社会学的理论逻辑：第一卷 [M].北京：商务印书馆，2008：41.

证伪主义，认为对再多事实的归纳都无法确保知识的可靠性，因为只要发现一个反例就可以推翻原来的知识。

目前传播研究中的实证主义范式就带有较为鲜明的后实证主义的特征。更准确地说，它是实证主义、新实证主义和后实证主义混合的产物，即一般地既有对假设的证实也有证伪，既有理论预设也有经验检验。值得提出的是，由于实证主义在概念操作中难以避免意义丢失，因此后实证主义包容形而上学讨论的理念有助于一定程度上弥补这一不足。

从孔德发表《实证哲学教程》算起，实证主义迄今已有近两百年的历史，并且一直作为社会科学的重要研究方法论而存在。它虽然起源于欧洲，但是随着20世纪全球的经济中心转移到美国，这一方法论却是在美国大为兴旺起来，欧洲则保留了文化研究的传统。因为美国的文化影响力巨大，所以实证主义在美欧乃至全球社会科学中都占据着主流的地位。比如根据熊兴保[1]对1965—1989年美国8本主流新闻传播学术期刊文章的研究，定量研究为766篇，占57.8%；定性研究为465篇，占35.1%；兼备定量和定性的研究为95篇，占7.2%。

20世纪80年代初，美国传播学传入中国内地。美国传播学是典型的行政研究学派，强调媒体的受众效果、预测、控制等，因此广泛地采用实证主义范式。但是，在中国的传播研究中，实证主义范式尽管逐渐增多，比重却一直不高。董天策等[2]对一本期刊2000—2009年所发表文章的统计，其中量化研究占19.3%。廖圣清[3]等对1998—2017年期间全国9本期刊选取3000篇所刊登文章进行了研究，其中实证研究占比为21.5%。与美国比较，中国内地传播实证主义研究远没有那么普遍。

① 熊兴保.大众传播研究方法概述[J].现代传播，1994（05）：29-35.
② 董天策，昌道励.中美新闻传播学研究方法比较——以2000-2009年《新闻与传播研究》和《Jounal of Communication》为例[J].西南民族大学学报（人文社会科学版），2010（07）：126-129.
③ 廖圣清，朱天泽，易红发，等.中国新闻传播学研究的知识谱系：议题、方法与理论（1998-2017）[J].新闻大学，2019（11）：73-95+124.

二、知识合法性建构

就认识论的客观性依据而言，实证主义的"自然客观性"比诠释主义和哲学思辨的客观性要强得多。所谓"自然客观性"当然不是说社会科学知识要符合自然现象，而是说实证主义把社会现象视为自然现象，因此要求社会科学知识符合社会现象时，要如同自然科学知识符合自然现象时一样地具有稳定性、客观性和精确性。这显然是一个非常严格的知识合法性标准。为了实现这个严格的标准，实证主义方法体现出规范性最强的特征。

第一，从经验出发。科学主义以自然界为研究对象，是一种经验主义的认识论，实证主义借用了这种认识论，因此也必然是从经验出发开始研究的。只有从经验出发开始研究，才能为知识"符合"现象奠定基础。实证主义方法的设计均基于这一原则，体现在操作上就是对经验资料搜集与分析过程的设计，如果没有这些过程而是纯粹的概念演绎，那么就属于思辨范式了。

第二，经验检验。科学主义认为知识是客观的、稳定的，那么当然就具有普适性与可重复性，因此可以运用经验进行检验。这一思想反映在方法论上，即为实证主义研究一般需要先对研究问题提出理论假设，然后运用所搜集的经验资料检验假设，再根据对假设检验的结果对研究的问题进行回应与讨论，从而发展理论。

第三，结构性。自然科学的研究方法的结构性很强，整个研究过程包括什么环节，每个环节有哪些要求，都是比较固定的。实证主义借鉴科学主义认识论，因此其方法的结构性特征也很强，表现在方法的步骤以及每个步骤的要求方面都是比较固定和明确的。比如实验法中如何抽样、如何进行实验刺激、如何分析数据、如何讨论结论等，不但流程清晰固定，而且每个环节的要求也是清晰而固定的，比如抽样环节需要考虑样本的推及性程度，实验刺激时需要控制干扰变量的影响等。

第四，量化。科学主义确信稳定的知识，因此自然科学知识几乎都是量化的知识，实证主义借鉴自然科学的认识论，自然也离不开对量化手段的借鉴与运用。传播学实证研究的实验法、问卷调查法、内容分析法都运用了量化技术。有人认为传播学中的实证主义是"以客观性、实证性、精确性为主导原则的科学观念和科学方法"[①]，其中的"精确性"指的就是运用量化技术的效果。研究方法设计时需要将概念操作化，然后搜集量化数据，或者将非量化的经验资料转化为量化数据，最后对数据进行分析。经典实证主义阶段采用常规量化分析技术即可，比如平均数、数量趋势等，到了逻辑实证主义阶段则往往运用复杂的数学分析模型，比如回归方程或相关性方程等，一方面科学性有所提高，另一方面也容易陷于技术琐碎主义的泥沼。

可以看到，实证主义试图模仿科学主义来建立起社会科学知识的合法性，因此基本上照搬了自然科学研究的方法论，最典型的就是同样采用了实验法，因为实验法无论在自然科学还是在社会科学中，都是在人工模拟环境下进行的研究，因此被认为是科学性最强的研究方法。问卷调查法与内容分析法虽然没有控制干扰变量，但均采用了以精确量化为核心的研究手段，因此同样借用科学主义认识论的原则，即以"自然客观性"作为知识合法性标准。

本章接下来 3 节将对实证主义 3 种方法的设计分别进行讨论。研究方法设计分为资料搜集与资料分析两个阶段，因此方法设计也理应包括该两个阶段，但由于实证主义的资料分析皆为量化方式，而量化方式主要与数学有关，因此在后面 3 节讨论方法设计时只分析了它们的资料搜集阶段。经验资料的量化分析一般有描述性分析与模型分析两种，前者指对资料进行特征刻画，比如平均数、总数、方差等，后者指对研究问题进行变量操作化后将数据代入数学模型的分析。明显地，后者才是实证主义资料分析的核心环节。实证主义中运用最多的数学模型有相关性分析、回归分析等，这些知识需要参阅高等数学方面的教材。麦库姆斯和肖在提出议程设置的研究中，就主要采用了相关性分析配合变量时滞分析的方式。

---

① 梅琼林，王志永. 试论传播学研究中实证主义和人文主义方法的融合 [J]. 南京社会科学，2006（06）：14-19.

第二节　控制实验法

在社会科学研究中，控制实验法是最接近自然科学研究方法的方法，也最能体现社会科学研究追求"科学性"的意图，因此我们将它作为讨论实证主义方法的起点。

一、概念与历史

关于实验法（experimental method），美国传播学者坦南鲍姆曾经下过一个严谨的定义：实验法是系统地操纵一至数个假定有关的自变量，并在客观状态下，以及在固定其他自变量的可能干涉影响的条件下，观测其对某些因变量的独立效应和交互效应[①]。这个定义的可取之处在于指出了实验法的精髓，即在于控制一些不纳入考察的干扰变量，以便于分析所考察自变量与因变量之间的关系，因此更准确地可称其为控制实验法。

在社会科学研究的方法中，实验法显得比较另类。其他方法多在自然情境下进行，质性研究就明显地具有此特征，即使实证研究的其他方法比如调查法和内容分析法，也是在偏于自然的情境中进行的。实验法则不同，它采取了人工模拟场景的方式。正是通过人工模拟实验场景，才可能对非考察变量（干扰变量）进行固化和控制，从而将考察变量的影响凸显出来。

现代科学实验法起源于培根。他认为建立在实验基础上的经验研究才是从事物中找出公理和概念的妥当方法，也是进行正确思维和探索真理的重要工具。培根自己也是实验方法的积极践行者，并因为科学实验而染病去世。他所开创的经验主义哲学对近现代的科学发展产生了巨大影响，自然科学从从属于道德哲学与神学的境遇中解放出来，实验科学方法也从从属于思辨方法的境遇中解放出来，科学焕发出强大的生命力。可以说，近

[①]　戴元光，苗正民 . 大众传播学的定量研究方法 [M]. 上海：上海交通大学出版社，2000：80.

代物理学、天文学、生物学等领域的迅速进展，与这种认识论和方法论的变革有莫大关系。

孔德实证主义提出实证主义的 4 种方法，其中包含了实验法，因此，实验法几乎在社会学诞生的同时就成为一种主要的研究方法。不过，由于社会科学研究的是与人有关的现象，而人是具有思维与情感的，因此社会现象之间的关系远比自然现象之间的关系复杂，所以社会研究中是否适合实验法也受到一些质疑[①]。其实，实验法作为一种研究方法，不宜局限于自然科学或社会科学。自然科学的方法不仅可以运用于社会科学，甚至可能适合于人文科学。重要的在于研究的方法是否适合于所研究的具体问题，而非从宏大的学科上来对方法进行区分。

传播研究中运用实验法历史悠久，而且主要适用于效果分析。霍夫兰是传播研究中实验法的先驱，他是耶鲁大学实验室的心理学教授，在第二次世界大战期间担任了美国陆军部心理实验室主任，负责研究在军队中电影观看对提高士气的效果，为此而进行了一系列传播实验研究。战后，他在耶鲁大学主持"关于传播与态度改变的耶鲁项目"，研究材料就主要来源于战时资料，其成果为《大众传播实验》一书，率先开辟了传播研究实验方法的路径。霍夫兰和他的耶鲁大学同事一起开展了大量的传播心理实验研究，使实验法在传播研究中广为人知，成为了"学界喜欢的方法"[②]。另一方面，他运用实验法所取得的成果大大丰富了传播学的理论，尤其是建立了说服理论模型，对说服者、说服内容、说服环境等对于说服效果的影响进行了广泛而深入的研究，对传播效果理论的形成有显著的贡献。

以"实验法"为关键词在中国知网对 CSSCI 来源期刊论文进行搜索，结果显示传播研究中实验法运用得并不多，其最早见于 2006 年，至 2021 年底共计 32 篇。在 100 篇案例论文中，运用实验方法的有两篇。实验法运

---

① 赵雷，殷杰. 社会科学中实验方法的适用性问题 [J]. 科学技术哲学研究，2018（04）：8-13.

② 施拉姆，波特. 传播学概论（第 2 版）[M]. 何道宽，译. 北京：中国人民大学出版社，2010：211.

用较少的原因，很大可能与变量控制的困难有关。

二、控制实验法设计

实验法的根本特点即干扰变量控制。因此在实验法设计中，最核心的要求就是进行干扰变量控制，它可以说是整个方法设计成败的关键。因为如果变量控制不佳，就无法判断因变量的变化到底是由考察变量引起还是由干扰变量引起。比如，要考察某一个报道对男性和女性读者的不同影响，那么就需要排除对效果产生影响的其他因素，比如年龄、文化、收入、宗教等，才能凸显出性别对传播效果的影响。

那么如何进行变量控制呢？总的原则是将干扰变量的影响控制在最小程度或者固化下来，只让作为自变量的考察变量对因变量发生作用。本节将以张放、杨颖等人的《政务微信"软文"化传播效果的实验研究》（《新闻界》2020年第1期，后文称《软文》）为例来说明。自新媒体兴起以来，政务机构也积极创办自己的公众号，发布政务消息和新闻等。政务微信显然也要追求传播效果，通常认为"软文"化可以增强传播效果，媒体也常常发布"软文"或者将硬消息"软化"，这种在传统媒体时代就存在的行为在新媒体时代，或者更具体地说在政务微信上有更好的传播效果吗？《软文》一文就是要回答这个疑问。

《软文》分为六个部分：①研究问题；②文献回顾与理论假设；③自变量设置、因变量测量与研究假设；④研究方法；⑤实验结果；⑥解释与讨论。可以看到，就结构而言，该文章与经验研究的通常结构基本一致。主要差异在于将研究假设作为单独一部分，也就是第三部分，由于这部分的内容相当复杂，所以单独出来也是可取的。另一个小的区别是在文献梳理后提出了"理论假设"：政务微信"软文化"会影响政务微信传播效果。显然，这个"理论假设"就是通常所说的通过文献梳理确立的研究问题，不单独称为"理论假设"也是可以的，因为它实际上属于研究假设的一个组成部分。文章的第四部分为专门介绍研究方法的部分，包括了抽样方法、实验组别划分、实验刺激材料准备、实验刺激过程等内容。

《软文》在提出问题之后进行了概念操作化定义，将"软文化"作为自变量，将传播效果作为因变量，分别转换成可以操作的更微观和更具体的概念。文章在文献梳理的基础上，从3个维度来判断政务微信文章的"软文化"特征：一是根据话题属性，区分为软话题和硬话题；二是根据表达风格，区分为活泼风格和严肃风格；三是根据标题设置，区分为标题党和非标题党。话题属性、表达风格和标题设置这些概念都是便于观察和判断的，因此"软化"化概念的操作性就建立起来了，也就是解决了自变量的测量问题。同时，作者借鉴自己之前对微博传播效果的研究，提出从形象构建效果、信息传达效果及互动关系效果三个维度对政务微信传播效果进行评价，并设计了相应的量表。这样，作为因变量的传播效果也变成可测量的了。

实验法全部采用的是对比研究，要么进行试验前后的对比，要么进行试验组间对比。《软文》一文采用了组间对比设计。作者根据话题属性、表达风格和标题设置这三个自变量形成了2×2×2的多因素组间方案设计（表7-1）。研究者选择了240人作为被试，将其分成8个小组每组30人；再将不同的刺激材料提供给不同的被试小组并要求被试在10分钟内阅读完毕，然后在15分钟内完成实验量表的填写；接着统计出不同小组的量表结果，并在不同小组之间进行结果对比和多因素相关性分析，就可以得到哪些因素在影响传播效果，以及影响程度如何的结论。

表7-1 《软文》中2×2×2析因设计自变量分组

"标题党"式标题				非"标题党"式标题			
表达风格活泼		表达风格严肃		表达风格活泼		表达风格严肃	
软话题	硬话题	软话题	硬话题	软话题	硬话题	软话题	硬话题
第1组	第2组	第3组	第4组	第5组	第6组	第7组	第8组

实证主义方法的设计主要考虑研究对象的获得、研究资料的获得、信度与效度检验三个方面，而实验法中还要考虑变量控制技术，综合起来实验法设计就需要考虑四个方面的问题。现在以《软文》为例分析这四个问题。

（一）研究被试的获取

实验法中的研究对象被称为"被试"，因此实验法的第一个环节是研究被试的获得，也就是选择和确定参与实验的人员。有的投稿把其他研究方法中的研究对象称为"被试"是不准确的。

研究者如何获得实验参与人员呢？是否需要通过随机抽样呢，即是否需要先确定一个总体，再从总体中抽出样本作为被试呢？作为严谨的研究，运用随机抽样技术当然是最理想的，但实验法要获得被试会受到一定局限，所以未必非要运用随机抽样方式，一些情况采用了方便抽样方式。《软文》并没有说明298名参与者是通过随机抽样获得，按照经验这可能是方便抽样方式，因为恐怕很难从一个更大得多的总体中抽取出如此大规模的样本。

要注意的是，抽样获得的参与者并非都能确保胜任度和责任心，因此需要进行样本清洗之后才获得最终被试，如《软文》中所实施的那样。此外，在对被试分组的时候，应该运用控制变量一致前提下的随机分配原则，即研究者在确保各被试组控制变量（比如文化、性别、年龄等）一致的前提下，运用随机概率原则匹配每个小组的成员。

（二）研究资料的获取

如何从被试获得研究资料，获得什么样的资料？这是实验过程中要解决的问题。在传播研究的实验法中，一般地由研究者向各被试组提供刺激材料，并通过被试接受刺激后回答问题来获得经验资料。通常有两种情形，一种是获得被试前测和后测的数据并进行对比分析，另一种是获得不同实验组对同一刺激材料的效果数据并进行对比分析，或者是获得不同实验组对不同刺激材料的效果数据并进行对比分析。

《软文》将240名被试平均分成8个小组，给每个小组提供不同的刺激材料，比如分别提供标题党/活泼/软话题、标题党/活泼/硬话题等，然后对接受刺激材料后的被试进行量表测试，再计算不同小组的量表值从而获得自变量的数据作为经验资料。采用前后测量对比或者实验组与控制组对比的原理与此相同，均是通过运用量表问题来测试被试从而获得研究数据。

（三）变量控制技术

实验法成败的关键在于控制变量，即尽量控制干扰变量的影响，使实验中仅由自变量对因变量产生影响。变量控制是实验法的思想精髓，也贯穿在方法设计的整个过程中。上述对《软文》研究方法的介绍，没有提到它的变量控制方法，实际上它的整个研究过程中都较好地体现了变量控制原则，形成了方法设计的丰富的细节。研究方法学者提出通过变量控制、统计控制、环境控制和抽样控制来避免干扰变量的影响[①]。下面结合《软文》来说明这些变量控制手段。

1. 变量控制

变量控制是指不同的被试接受不同的实验材料刺激，这些不同的实验材料实际上代表着不同的变量。在其他变量相同的情况下，那么传播效果就反映了不同刺激材料的结果。比如在《软文》中，8 个小组每个小组阅读的材料不一样，分别代表不同的变量。比如在阅读"标题党 – 表达风格活泼 – 软话题"和"标题党 – 表达风格活泼 – 硬话题"的两个小组之间，就意味着进行了软话题和硬话题的变量控制，对比结果可以分析出不同话题对传播效果的影响。

2. 统计控制

统计控制是指在不同被试小组之间实现干扰变量的一致性，这样就排除或控制了干扰变量对因变量的影响。比如在《软文》中，240 名被试都是四川大学某个专业的硕士研究生，他们在很多方面具有一致性：年龄、文化、专业等。相反，假设有一些被试小组为研究生，另一些被试小组为中学生，那么就难以保证干扰变量在不同组别间的一致性。《软文》中将 240 名被试分成 8 个小组，每个小组男生 14 人，女生 16 人，也就尽量排除了组间性别差异作为干扰因素的影响。还比如，实验之前未向被试透露目的，避免了被试的先入之见影响到量表填写。这些都是为了使不同组别间干扰变量保持一致。

---

① 辛格尔特里. 大众传播研究：现代方法与应用 [M]. 北京：华夏出版社，2000：159–160.

3. 环境控制

环境控制是指控制实验条件之外的环境因素对实验造成的干扰。辛格尔特里举的例子可以借用在这里：对两个班级进行阅读技巧实验测量，结果是日常读报班比日常不读报班的阅读技巧好，但这可能是因为实验中前者的照明条件有利于阅读引起的。这就是环境控制的一个例子。它提醒方法设计中要注意避免环境因素对因变量产生影响。

4. 抽样控制

抽样控制是指按照随机概率原则将被试分配到各个小组。这样做的目的也是保持不同组别间干扰因素的一致性。比如在《软文》中，将 240 名学生分配到 8 个小组时应该采用随机原则。文中提出在性别匹配原则下分配到 8 个小组，但未说明在满足性别匹配原则下是否采用了随机概率匹配方式。这是一个小的遗憾，当然也可能是由于研究者认为性别是主要的干扰因素，其他的干扰因素都相当次要。

变量控制并不限于上述 4 个方面。研究者在设计时应该全流程地贯穿这个理念，以保证研究的信度和效度。比如在《软文》中，除了上述 4 个方面的变量控制外，还有下述两个方面对变量施加控制的措施，就反映出研究者主动地创造性地完善研究方法的思维：

一是对被试的测试。研究者首先从 298 名参与者中进行了参与态度测试等，最终选择了 240 名被试。

二是对实验刺激材料的控制。这是《软文》变量控制中的一个亮点。研究者为了避免现实中真实存在的政府机构或部门给公众留下的既定印象干扰实验结果，同时也使推送话题范围不至于过于狭窄，遂采用了虚拟政府部门"成都青年服务中心"的政务微信公众号作为目标感知对象，并在改编"成都发布"（账号主体为成都市人民政府新闻办公室）、"微成都"（账号主体为成都市互联网信息办公室）等政务微信推送内容的基础上形成相应的实验刺激材料。也就是说，作者为了尽量避免被试受到现实中刻板印象的干扰，专门申请了微信公众号进行实验，并对真实的政务微信文章进行了改编。这样对控制干扰变量的效果当然是更好的。

　　研究者提出了干扰变量控制的 3 种途径，即随机概率分配、特征值匹配和将干扰变量设计到方案中[①]。第一方面与辛格尔特里所说的抽样控制是同一含义，第二个方面与他所说的统计控制是同一含义，唯第三点是他所未提到的。所谓将干扰因素设计到研究方案中，实际上就是将干扰因素设计成一个自变量。比如在《软文》中，假设性别属于一个干扰变量，则设计进方案的结果可能是：将 240 人分成 16 个组，每个组 15 人（增加男生被试同时减少女生被试）；其中 8 个组为男生，8 个组为女生；相应地，$2 \times 2 \times 2$ 研究就变成了 $2 \times 2 \times 2 \times 2$ 研究。可见，这种思路固然可以，但研究的复杂程度大大增加了。

　　（四）信度和效度的检验

　　尽管信度与效度的量化检验只能在实证研究的某些或某个环节实施，但信效度控制的理念应该贯穿在研究的整个过程中，因为它是确保研究科学性的重要途径。因此，上述变量控制技术其实也是信度与效度尤其信度控制的重要组成部分。试想，如果变量缺乏控制或者控制不佳，那么干扰变量对因变量产生了突出影响，则自变量对因变量的影响就难以分辨了。

　　实验法中信效度控制的主要环节是在量表设计时对其检验。实验法研究中，自变量一般不需要测量，因为研究者只对变量的种类感兴趣，而不需要获得变量的具体数值。比如，《软文》研究不同政务文章风格对传播效果的影响，那么自变量就是"标题党""软文"等类别，这些概念没有程度数值。但是，实验法中需要测量因变量的值，比如《软文》中就要测量不同刺激材料对被试"影响"的存在与否以及大小。用来测量对被试"影响"的工具就是量表，这时候就需要对量表进行信度与效度检验。关于量表的概念、设计以及信效度检验可参见本书第四部分的相关内容。

　　（五）实验法中的术语

　　实验法涉及一些专门术语，研究者在论文中应该使用这些术语，而不宜随意地提出概念。这里介绍一下：

---

① Wimmer, Dominick.*Mass Media Research: An Introduction*[M]. 北京：清华大学出版社，2003：214-216.

①被试：指在实验中被作为观察对象的参与者。比如在《软文》中，参加实验的 240 名学生就是被试。

②实验处理：指实验法中对被试进行的控制行为，目的是分析控制行为对因变量的影响。实验处理又被称为实验刺激。比如在《软文》中，让被试阅读给定的材料就属于实验处理或实验刺激。

③刺激材料：指实验中用来对被试进行试验处理的材料。比如《软文》中提供给被试阅读的模拟微信文章就是刺激材料。

④前测与后测：在实验处理之前对被试所做的观察或测量称之为前测，在实验处理之后对被试所做的观察或测量则称之为后测。将前测与后测对比就可以分析出实验处理对因变量的影响情况。

⑤实验组与控制组：在实验研究中，接受实验处理的一组或多组被试被称为实验组，不接受实验处理的一组或多组被试被称为控制组。控制组有时也被称为对照组。实验结束时，对比实验组和控制组的数据就可以分析出实验处理所产生的影响。

第三节　问卷调查法

问卷调查法是社会科学研究中的一种常见方法。美国社会学家艾尔·巴比称"问卷是社会调查的支柱"，我国社会学者风笑天将问卷视为"透视社会的艺术"[①]。另有研究者生动地比喻道："调查研究是现代社会科学的坐骑，使研究者和从业者能够快捷有效地搜集大量资料，并且将资料应用于应用性或理论性研究问题上。"[②]因此在传播研究中，它也是一种重要的方法。

---

① 戴元光，苗正民. 大众传播学的定量研究方法 [M]. 上海：上海交通大学出版社，2000：109.

② 辛格尔特里. 大众传播研究：现代方法与应用 [M]. 北京：华夏出版社，2000：139.

一、概念与历史

所谓问卷调查法（questionnaire survey method）或调查研究法（investigation and research method）指通过问卷收集经验资料，采用数学模型分析数据的量化研究方法。有的研究者也称其为抽样调查法或统计调查法。

需要说明的是，"调查"这个词语在日常生活中应用极其普遍，比如"没有调查就没有发言权"等，使"调查"作为一种工作方法深入人心。但是，社会科学中的调查研究方法与日常所说的"调查"有所区别。日常话语中的"调查"多指一种工作方式，是具体的实践活动。研究方法中的"调查法"是知识获取的一种工具，需要遵守系的设计、专业的操作规则和规范化的流程等。

问卷调查法可以分为描述性研究（descriptive study）和分析性研究（analysis study）[①]。描述性研究的目的在于勾画出研究对象某个时点上的状态特征，不需要变量之间的对比。比如学校对学生学术成果的调查统计，媒体的读者或受众调查等。分析性研究的目的在于解释为什么会出现某种特征，通常采用两个或两个以上的变量去对研究假设进行检验，通过分析变量之间的关系来对现象做出解释。比如，电视台通过市场调查来分析生活方式对收视习惯的影响，或者来预测电视节目可能获得市场成功等。就学术研究而言，问卷调查法绝大多数为分析性研究，因为描述性研究难以揭示现象背后的原因，因此作为工作性或业务性的研究比较合适。

与控制实验法比较，问卷调查法反映出社会科学研究方法逐渐从自然科学方法中脱离出来的趋势。因为尽管都是实证研究，但控制实验法更加具有自然科学的特点，即通过人工情境来控制变量；问卷调查法并不控制变量，而是在自然的社会情境下搜集资料。自然科学研究无法采用问卷调查法，因为它研究的对象是物的世界，而社会科学研究之所以可以采用问卷调查法，因为研究的对象是人的世界，人可以回答调查问题。

---

① Wimmer, Dominick.*Mass Media Research: An Introduction*[M]. 北京：清华大学出版社，2003：161.

问卷调查法很早就在传播学研究中被使用。著名的两级传播理论就是问卷调查法的成果。1940年，拉扎斯菲尔德等人在时代-华纳公司的资助下，对大选中的宣传战进行了调查，以分析大众传播对于选民态度的影响。他在1944年出版《人民的选择——选民如何在总统选举中做出决定》一书，首次提出两级传播理论，认为大众传播只有通过"意见领袖"的中介作用才能发挥影响作用。这就是拉扎斯菲尔德等人在美国俄亥俄州伊里县选择了600名市民进行调查而得出结论（史称"伊里调查"），也是传播学早期调查研究法的经典案例。议程设置理论也是通过调查法研究得出的。

以"问卷调查"为摘要关键词在中国知网对CSSCI来源期刊论文进行搜索，结果显示传播研究中最早提到问卷调查法是在1998年，到2021年底共计出现416篇，是在各类研究方法中被使用数量最多的。在100篇案例论文中，采用问卷调查法的有7篇，也是被使用数量较多的研究方法。

二、问卷调查法设计

问卷调查法的设计中同样主要包括研究对象的获得、研究资料的获得、信度与效度检验。本节将以李宗亚的《中美大学生社交网站"断交"行为之比较研究》作为案例。社交媒体的兴起大大方便了人与人的交往，但近年来人们在社交媒体上与好友"断交"的行为引起了研究者的注意。《断交》一文就是要探究这种现象背后的原因。研究者引入社会心理学理论，具体地说是要考察同质性（homophily）、面子顾虑（face concerns）和隐私顾虑（privacy concerns）这三种社会心理因素是如何影响"断交"行为的。文章分为五个部分，各部分小标题依次是：①引言；②文献综述；③研究方法；④数据分析；⑤结论与建议。

（一）研究样本的获取

在问卷调查法中，研究对象就是调查对象，即参与调查从而为研究提供数据的读者或受众等。那么，如何获得调查对象呢？调查法与实验法类似，如果能够运用随机抽样来获得调查对象当然是最好的，但现实往往有局限。调查法所面对的潜在对象可能过于庞大，或者边界不好确定，因此有时候也运用非随机抽样方式，或者随机抽样与非随机抽样相结合的方式。《断交》一文就是便利抽样与随机抽样方式结合的案例。它在选择中山大学时是便利抽样方式，但在选择全校的 6 个班级时采取了随机抽样方式。

由于计算机技术和网络技术的大规模普及，网络调查方式在社会科学研究中被广泛采用，不少传播研究也采用了网络调查方式。网络调查方式具有成本低和效率高的优势，而且调查对象的范围不受地域限制；但是，它的缺点是不便于对调查对象进行选择。在传统的线下调查中，尽管也常常采取街头拦截等便利抽样方式，但研究者事实上可能对潜在调查对象进行观察和选择，以确保后者符合研究要求。正是因为这个原因，研究者采用线上方式时需要关注调查对象的符合性并进行控制。

因此，在线问卷调查法往往需要对样本进行清洗。一种办法是通过对答卷结果的观察以对参与调查者进行筛选。比如强月新等人的研究《作为中介的隐私关注：隐私知识、主动保护意愿对用户自我表露的影响机制研究》（《新闻界》2019 年第 5 期）中，获得网络问卷 407 份，但是"通过雷同答卷、填写速率、无效 IP 等多种方式剔除无效样本 3 份，本研究最终的有效样本量为 404 份（N=404），满足题项数量的 10 ～ 15 倍范围"。汪雅倩的研究《焦虑视角下强关系社交媒体不持续使用研究——以微信朋友圈为例》（《新闻界》2019 年第 10 期）中也采取了同样的处理方式，研究项目初始获得调查问卷 642 份，"经筛查，剔除无效的回复，包括答题时间过短、对所有问题都有相同答案的回复，最后得到有效问卷 613 份"。另一种办法是通过问题设置的方式来筛选调查者。

（二）研究资料的获取

问卷调查法的经验资料与实验法一样都需要通过测量得到，但与控制实验法有所不同的是，它往往需要对自变量和因变量同时测量，而控制实验法往往只需要对因变量作测量。比如在《软文》中，研究者只需要对传播效果进行测量；而在《断交》中，研究者既需对作为自变量的社会心理因素进行测量，也需对作为因变量的"断交"行为进行测量。

在控制实验法中，研究者通过控制干扰变量并进行实验刺激测量数据；而在问卷调查法中，研究者通过让调查参与者回答问卷的方式测量数据。研究者将所研究的问题进行概念操作化转变为可以测量的自变量和因变量，再设计出问卷对变量进行测试获得数据。因此，问卷作为测量工具在问卷调查法中起着关键的作用，采用问卷调查法研究必须将问卷设计作为非常重要的工作。

问卷可以按照不同的标准进行分类，最主要的分类是将其划分为结构型问卷和非结构型问卷。所谓结构型问卷，指研究者在每一个题干下都提供了可以选择的答题项，调查对象只能在答题项中选择回答，而不能自己另外提供答案。所谓非结构型问卷，指研究者没有在题干下提供答题项，调查对象可以自由回答问题。借用通常的学生试卷为例，结构型问卷相当于全部由选择题组成的试卷，非结构型问卷则相当于全部由问答题组成的试卷。

结构型问卷的好处是便于量化分析，因为它可以对回答项的频率进行统计，或者对各回答项进行赋值后进行统计，然后将统计值代入统计模型进行变量分析。非结构型问卷也有自己的优势，即调查对象可以自由地回答，有利于表达出更丰富的意见。

传播研究中的问卷调查法大多数采用结构型问卷。不过，即使是结构型问卷，也往往会包含一些非结构型的问题作为补充。比如，一项研究生活方式对电视节目收视行为影响的研究中，很可能需要调查对象回答人口统计学方面的问题，包括年龄、性别、学历、收入水平等非结构型问题。但是，就研究中的自变量和因变量而言，则往往是结构型问题，否则无法进行量化处理。

需要注意问卷与量表这两种工具之间的区别。问卷是调查法中独有的测量工具，量表则除了在调查法中运用外，在其他量化方法中也可广泛地使用，比如在实验法中也可以运用量表来进行测量。可以这样说，问卷与量表都是测量工具，但是量表更为严谨和结构化，因此属于问卷中的一个类别。因为一方面量表的形式是比较固定的，无论 5 级、6 级还是 7 级量表均是如此，但是问卷的问题要灵活得多，甚至可以是非结构化的问题；另一方面，一个关键的区别在于，一张量表仅是针对一个复杂的概念进行测量，而一张问卷则往往会对诸多事项进行测量。比如一张电视收视率的问卷可能会对收看的内容、时间、地点等事项进行调查。也由此可以看出，问卷既可以对概念进行测量，也可以对行为等方面进行测量，它的适用范围比量表要广泛。

问卷设计是以概念的操作化为前提的。概括起来，设计问卷的整个流程是：

①明确研究的问题，也就是确定一个有价值的研究问题，比如在《断交》中所要研究的问题是社会心理因素对社交媒体断交行为的影响。

②确定所要考察的变量关系，这是将要建立的数学模型的基础，比如在《断交》中的变量关系是以社会心理因素为自变量，以社交媒体断交行为为因变量。

③对变量进行操作化定义，使抽象的概念转变成具体的可观察和可测量的概念，而且要确保信度与效度，比如在《断交》中把对社会心理的概念转换成对同质性、面子顾虑、隐私顾虑 3 个社会心理学变量的测量，把对社交媒体断交行为的测量转换成对社交媒体屏蔽行为和删除行为的测量。

④根据操作化定义后的概念设计问卷（或量表），比如《断交》中对自变量和因变量分别设计了量表与问卷。因此，看起来问卷仅仅是研究中的一个环节，但它是从研究问题开始环环相扣的若干个环节的自然延伸。如果没有这样丝丝入扣的严谨逻辑，问卷的设计很容易脱离研究的问题，沦为随意提出几个问题的大杂烩。不少调查法研究的文章就出现了这样的不足。

⑤对问卷或量表进行信效度检验，这一点在后面专门讨论。

⑥运用问卷或量表进行测量，也就是让参与调查者回答问题，获得研究所需的数据。

问卷设计中需要注意的问题大致如下。

第一，问卷的结构。一般地，一张完整的问卷，应该包括前言部分和问题部分。前言部分的任务是以非常简明得体的语言表明问卷和调查的目的，以及对参与调查者的感谢。如果对参与者有报酬的，可以在前言中说明。

第二，问卷的长度。所说的问卷的长度，指的是问卷需要回答者多长的时间作答。研究者认为回答需要的时间根据回答方式不同而不同：邮件或者小组调查的方式最多不超过 60 分钟，一对一的面访也最多不超过 60 分钟，电话调查最多不超过 20 分钟，购物中心等场所的访问最多不超过 10 分钟[①]。这个标准为国内较多的方法文献所借鉴，因此可以作为研究者的参考。

第三，问题的顺序。问卷中除了前言外，应该是非结构化的问题在前面，因为它更便于灵活提问，尤其是提出关于参与者有关的人口统计学问题。一般认为，问卷中的问题应该是先易后难，非结构化的问题在前面也体现了这一要求。同时，问题的顺序应该有内在的逻辑性，也就是同类的问题在相同的板块，而且有内在的逻辑顺序。

第四，语言的要求。要注意到参与调查者并非学者而且文化程度差异甚大，所以问卷设计的语言要注意简明。首要注意简洁，因为这样可以节约参与者的时间，有利于参与者认真地回答问题。其次是注意通俗明白，尽量避免使用学术性和专业性的概念，而是将这类概念转换成日常性的概念进行提问。否则的话，参与者如果模糊地理解了问题含义，测量的准确性就要受到影响。

第五，语义的明确。学术研究应该力求确定性而不是含糊，因此问题设计中给参与者提供的回答依据也应该具有确切性。也就是说，参与者根据问题就能够确切地作答。比较多的情形如：

您对某某报道的态度是：

A. 非常喜欢；B. 喜欢；C. 中立；D. 不喜欢；E. 很不喜欢

这是一个简单的 5 级李克特量表问题。这样设计问题的量表不少。问题在于，参与回答的人如何判断"非常喜欢"和"喜欢"以及"不喜欢"和"很不喜欢"之间的区别呢？同样的情感强度，也许在一个参与者看来是"喜欢"，但在另一个参与者看来就回答成了"非常喜欢"。因此，研究者可以将这类问题转换成参与者可以明确而客观地判断的问题。

[①] Wimmer, Dominick.*Mass Media Research: An Introduction*[M]. 北京：清华大学出版社，2003：175.

调查问卷获得回答的途径一般有现场面访、电话访问、邮件访问、在线调查等。现场面访，即调查者访问调查对象，当面提出问题；电话访问，即通过电话入户提出问题；邮件访问，即将问题通过邮件发给调查对象；在线调查指运用互联网渠道获得研究对象以及实施问卷调查。虽然近年来学者们较多地采用在线调查，但现场面访仍是主流的方式。

（三）信度和效度检验

在问卷调查法中，问卷或量表是测量的工具，因此它们的信效度关系到研究质量的好坏甚至成败。与控制实验法一样，研究的信度与效度检验是至关重要的。调查法中的信度和效度检验也有两个层次，一个是贯穿于整个研究过程中的方案设计，即在调查法中依赖于统计控制技术来提高信效度，以至于辛格尔特里甚至认为问卷调查法"所达到的统计控制程度使得实验法的应用毫无必要"[①]。这似乎有些偏颇，实验法和统计法各自有适用的研究问题。

量表构建有两个来源，一个是借鉴别人研究中的成果，另一个是自己设计。借鉴别人研究的优点是量表比较成熟，但缺点是不一定完全适应研究项目，所以很多时候需要进行适当的改造，并进行信度与效度检验。如果是自己设计的量表，则更需要进行信效度检验。

但是，对于非量表性质的问卷而言，如何保证其信效度是一个难题。事实上，作为学术研究的测量工具，调查问卷理应具有较高的信效度。但是，由于研究问题的不同以及调查问题的千变万化，信效度检验难度很大，而对这一问题完全视而不见则容易导致研究的随意性。相当多的调查问卷几乎就是拍脑袋的产物，是随意提出几个问题拼凑出来的产物。这里提出问卷设计的信效度控制建议。

一是效度控制。效度概念意味着所测量的概念可以反映所研究的问题中的概念。比如在《断交》中，对社交媒体断交行为的测量被转换成对"屏蔽"和"删除"两种行为的测量，后两种行为基本上是社交媒体上断

---

① 辛格尔特里. 大众传播研究：现代方法与应用 [M]. 北京：华夏出版社，2000：139.

交所可以采取的全部行为，因此这样的测量是有效度的。相反，相当多的文章中的问卷并不能测量所提出的问题，也就是研究缺乏效度。

现在研究农民工城市融入的文章较多，比如一篇投稿讨论"社交媒体使用与青年农民工城市融入之间的关系"，其中在对社交媒体进行测量时，测量的是青年农民工微信和 QQ 的使用频率。首先，"社交媒体使用"是一个很综合的概念，远远超过使用频率概念，比如还会包括使用的功能、场所、时间等，那么用"使用频率"来测量"社交媒体使用"就存在第一个层次的效度不足（如果研究的问题改成"社交媒体使用频率与青年农民工城市融入之间的关系"就可以避免这个问题）。其次，目前运用最广泛的社交媒体是微信和微博等，QQ 是即时通信工具而一般不被视为社交媒体（QQ空间可视为社交媒体），因此存在第二个层次的效度不足。

二是信度控制。信度意味着可重复性，即无论是改变时间进行测量还是改变实施者进行测量，所获得的结果是一致的。由于调查法本来就是要观察自变量取值变化时对因变量的影响，而调查的目的就在于发现不同调查对象的数据，因此很难进行真正的重复性检验。从理论上而言，只有完全重复地进行同样的调查才能检验其信度，这在现实中显然不大可能。因此，除了在整个研究方案设计中严谨地运用统计控制来确保信度外，似乎并没有别的有效方法来控制问卷设计的信度。这个问题也可以引起大家的思考。

第四节　内容分析法

内容分析法与控制实验法、问卷调查法一样是重要而历史悠久的实证研究方法。内容分析法是"回答大众传媒很多方面问题的有效工具"[①]，因此它的运用相当广泛。实际上，几乎所有与传播效果有关的问题都可以采用内容分析法进行研究。

---

① Wimmer, Dominick.*Mass Media Research*: *An Introduction*[M]. 北京：清华大学出版社，2003：83.

一、概念与历史

关于内容分析法（content analysis method），被广为引用的是贝雷尔森 1952 年在他的著作《内容分析：传播研究的一种工具》中给出的定义：内容分析是一种对传播内容进行客观、系统和定量地描述的研究方法。这个定义迄今仍为研究者所公认。定义中最为核心的是"客观""系统""定量"三个词，非常准确地描述了内容分析方法的特征。这里借用祝建华[①]对这三个词语的解释：

> 所谓"客观"，是指研究者必须从现存的材料出发，原始材料说了什么就是什么，绝对避免个人的主观好恶倾向。所谓"系统"，是要求按照一个前后统一的计划，对全部有关材料进行研究（research），而不能为了证明某个观点专门去搜集有用的资料（research for）。所谓"定量"，是用绝对数、百分比、平均值、相关系数等数量概念，把分析结果精确地表述出来。

可以看到，内容分析法最直观的特征是其属于量化研究。有人将以内容为经验资料的研究统称为内容分析法，这是对其概念的误解。在传播研究中，内容分析法的概念含义是很确定的，特指对内容作客观、系统、定量的研究方法。一些不具有这 3 个特征的研究方法，即使以传播内容为经验资料，也不属于内容分析法。比如对传播内容的常见非定量分析就有文本分析、话语分析等。

内容分析方法历史悠久，可以上溯到 20 世纪 20 年代初李普曼的一项研究。他为了证实美国新闻界并非自己所标榜那样的客观真实，与一位朋友一起对《纽约时报》的俄国十月革命报道进行了统计分析，结果认为这些报道充满了偏见。现代意义上的内容分析法，即客观、系统、定量意义上的内容分析法兴起和成熟于第二次世界大战期间及之后，主要的贡献者是

---

① 祝建华. 内容分析——传播学研究方法之二 [J]. 新闻大学 .1985（10）：97-100.

拉斯韦尔和贝雷尔森。拉斯韦尔 1927 年出版了他的博士论文《世界大战期间的宣传技巧》（*Propaganda Technique in World I*），提出了对内容进行精确量化分析的思想和方法。第二次世界大战爆发后，他领导政府的"战时宣传实验部"，带领贝雷尔森等年轻学者对军事宣传品进行研究。战后，拉斯韦尔和贝雷尔森分别出版了有关内容分析方法的专著，尤其后者出版的《传播研究中的内容分析》（*Contents Analysis in Communication Research*）建立了系统的分析体系，使得这种方法成为了传播学乃至整个社会科学中被广泛使用的研究工具。传播研究中内容分析广受重视。美国杂志《广播与电子媒介》（*Journal of Broadcasting and Electronic Media*）在 1977—1985 年期间的报告表明，有 20% 以上的研究运用了内容分析方法[①]。

内容分析法早期多被用于对报纸报道的分类研究，后来逐渐被运用到电视、广播、图片、杂志甚至信件、日记、谈话、互联网等领域。比如闫岩等在《失真的镜像——对优酷视频中"城管 vs 商贩"冲突的内容分析》（《新闻与传播研究》2015 年第 2 期）中研究的经验资料就是互联网视频内容。

如果说控制实验法是完全的自然科学方法，问卷调查法是社会学的方法，那么内容分析法可以说是真正属于传播学的方法，或者说是由传播学者创立的研究方法。内容分析法不需要接触和影响研究对象，研究者对传播内容进行纯文本分析。内容分析法在传播研究中的应用主要体现在以下几个方面：描述传播内容的倾向性或特征、从信息内容推测信息传播者的态度、研究媒介内容的真实性、从媒介内容推论传播效果、建立媒介效果研究的起点等。

以"内容分析法"为摘要关键词在中国知网对 CSSCI 来源期刊进行搜索，结果显示最早在 2000 年提到内容分析法，至 2021 年底共计 108 篇文章提及内容分析法。在 100 篇案例论文中有 2 篇运用了内容分析法。

---

① 戴元光，苗正民. 大众传播学的定量研究方法 [M]. 上海：上海交通大学出版社，2000：68.

二、内容分析法设计

内容分析法同样包括研究对象的获得、研究资料的获得、信度与效度检验等。后文将主要以黄顺铭和刘娜的《逝后的性别差异：一个资本视角——〈人民日报〉讣闻报道的内容分析》（《国际新闻界》2016 年第 7 期，后文称《逝后》）为例。

媒介内容的性别问题是一个传统的研究方面。《逝后》试图分析在《人民日报》的讣闻报道中是否存在性别差异或歧视。文章引入了社会资本理论，以之为视角来分析传播内容中的性别差异或歧视。文章分为五个部分：第一部分是"引言"；第二部分是"文献回顾与研究假设"；第三部分是"研究方法"；第四部分是"数据分析"；第五部分是"结语"。这与通常的实证研究的流程是基本一致的。

根据提出的研究问题，文章的研究思路是，从《人民日报》抽取 500 篇讣闻报道作为样本，按照社会资本的四个子概念（文化资本、权力资本、社会资本、象征资本）对样本进行编码，然后通过对归属于每个子概念中男女性被提及的频率来分析是否存在性别差异或歧视。

（一）研究文本的获取

前面讨论的控制实验法通过抽样确定被试，问卷调查法通过抽样确定调查对象，这二者均是对人进行抽样；内容分析法不同，它不涉及其他人参加研究项目，而是对符合研究条件的文本进行抽样。研究中既可以采取随机抽样，也可以采取非随机抽样。

在内容分析法中，如果可以作为研究对象的文本的数量较大甚至很大，那么采取随机抽样方法是合理的。比如杨莉明和周睿鸣的《公共空间中的私人话语：传媒工作者的微博内容分析》（《新闻界》2014 年第 19 期）中，因为将所有传媒人的所有微博内容都纳入研究范围显然是办不到的，所以需要进行抽样，作者采用了等距抽样方法。

有时候，研究总体的规模并不大，则可将总体全部纳入研究范围，而免去了抽样过程。比如常江和文家宝的《中国电视调查性报道的困境——基于场域理论对央视〈新闻调查〉（2009—2014）的内容分析》（《新闻记者》2015年第11期）中，以央视《新闻调查》栏目2009—2014年的节目为总体；由于该节目每周播出一次（遇到突发性事件时当周停播），6年中共播出278期（含重复播放的6期）。这个节目量显然并不算大，因此研究者将其全部作为研究对象。

《逝后》对抽样的处理稍微复杂一些。研究者对《人民日报》1995—2014年的文章进行标题关键词检索，获得文章3091篇，然后经过样本清洗得到2444篇。其中关涉女性逝者仅113人，因此将其全部纳入样本；然后在剩下的2331篇中随机抽出387篇男性逝者的讣闻，组成一个500篇的研究样本。也就是说，文章采取了整群抽样和随机抽样相结合的办法，对女性逝者的报道采取了整群抽样，而对男性逝者的报道采取了随机抽样。由此可见研究者可以根据实际情况，在满足研究要求的前提下灵活运用抽样技术。

通常需要对抽出的样本进行清洗。《逝后》就对抽样获得的文章进行了样本清洗，具体采取了如下方式：①只保留逝世被作为一种"事件"而非"纪念"的篇目；②只保留逝者身份为"大陆人""港澳台人"和"海外华人"的篇目；③按照硬新闻优先或时间靠前的原则，每位逝者只保留一篇报道。这样清洗后获得前述所说的2444篇文章。

（二）研究资料的获取

内容分析法中研究资料的获得是通过编码来实现的。这一方法最鲜明的特征就是编码，即通过编码来对内容进行分类，获得各个变量的频率数等。可以说，如果说内容分析法中方法设计是核心的话，那么编码就是核心之中的核心。掌握和熟练运用了编码技术，才算真正掌握了内容分析法。

所谓编码，也称之为类目构建，其实质是提出一套概念体系或类目体系，作为对内容进行分类的标准，然后按照这个标准对内容进行分类和登记。所谓"类"指类型，是较大的概念范畴；所谓"目"仍指类型，是较小的概念范畴。由这个名称可见，类目构建往往有两个甚至多个概念层次。

类目构建不是随意地提出几个概念，而是提出一个概念体系。不少投稿虽然声明采用了内容分析法，但类目构建时泛泛罗列出体裁、篇幅、消息来源等这些概念，而非对研究问题进行概念操作化的结果；然后简单地统计描述一番，既缺乏概念的学理性依据，也缺乏内在的逻辑结构，就显得非常表面化。

可以说，类目的构建过程也是概念的操作化过程，类目的提出一方面可以通过经验构建，但主要的是通过理论与文献梳理构建。据笔者观察，类目概念主要有两类，一类是大众传播学赋予传播文本的概念，比如消息来源、报道类型、报道篇幅、报道版面、报道主题等，这类概念往往是描述性的；另一类是传播文本中所包含的情感、文化或意识形态等社会学方面的概念，这类概念不是直观的，往往需要通过细读分析才能获得。那么，具体到一项研究中，这两类概念就会有 3 种组合情况：

①全部由传播学文本的概念组成。这种概念体系，适合于对内容的特征作描述，比如某类报道的数量、时间趋势、消息来源等。仅仅由这类概念组成的类目体系所具有的学术意义有局限。

②全部由文本的情感等概念组成。《逝后》就运用了这样的组合。文章提出了传播文本的 4 种可能意义并作为类目概念，包括逝者的文化资本、权力资本、社会资本、象征资本。显然，这样的类目构建有利于将其他领域的理论引入，《逝后》就引入了社会资本的理论。这种类目建构方式有利于分析大众传播内容背后的社会因素等，理论探讨的空间要广阔得多。

③大多数情况是类目中既有传播文本的概念，也有文本情感等的概念。比如黄河和康宁的《移动互联网环境下群体极化的特征和生发机制——基于"江歌案"移动端媒体文本和网民评论的内容分析》（《国际新闻界》2019 年第 2 期）中，除了文本概念外，还引入了情绪类概念"态度极端程度"等，因此对群体极化效应进行了考察。前述常江等人的研究中引入了"报道倾向"这样的情感类概念，分析统计文本的正面、负面或中性的 3 种态度，为后文运用场域理论阐释留下了空间。钟智锦和周志成的《"一国"与"两制"的工具性实现：对香港报纸的内容分析（1998—2016）》（《新闻大学》2018 年第 4 期）中引入了"情感属性"的概念，为媒体对"一国

两制"的态度分析提供了理论场景。

周翔[①]提出类目编制中需要注意的 3 个原则，即分类要详尽，使所有分析内容都可以归入相应类目；类目之间要互斥，使一个内容单元只能归入到一个类目；类目层次清楚，使内容单位在不同层次的归类清晰。这样做的目的是为了类目概念之间的逻辑清晰，否则会导致有的内容难以甚至无法按照类目体系进行编码。比如《逝后》中就是文化资本、权力资本、社会资本、象征资本这样从资本角度分类的一个体系，类目之间的区别与联系都是清晰的。除此之外，还需要注意两个方面：第一是要在文献梳理过程中进行概念操作化，尽量提供类目编制的理论依据，保证作为学术研究的基本特质；第二是要避免仅有文本特征描述类类目，这样的类目难以进行深度分析，很难探究出理论性与学术价值。相当多的内容分析法文章罗列出体裁、篇幅、消息来源等特征描述性概念，然后进行统计评论，基本上属于就事论事而不具备理论价值。在内容分析法中，并非不需要描述性类目，但这些对样本特征的描述仅仅是研究的基础，真正的研究应该是文本的情感特征等社会学意义方面。

编码工作完成后，还不能直接用于内容的分类，而是先要进行信度和效度检验。经过对编码的信效度检验后，就可以按照类目对内容进行分类了。所谓对内容分类，就是将各内容单元按照类目概念进行登记，最后统计不同类目在内容中出现的频率。内容单元可以是一篇报道，也可以是报道的标题，还可以是一个段落等，需要根据作者的研究情境设定。各个类目概念下内容出现频率登记完成后，就获得了进行研究所需的数据了。

（三）信度和效度检验

与控制实验法和问卷调查法中对信度和效度的检验不同，它们都是对量表或问卷进行检验，而内容分析法是对类目编码表进行信效度检验，检验的方法也有所不同。通常，对编码表进行信效度检验是由两个或两个以上人员先对少部分内容试编码，然后看编码结果的一致性，一致性越高则

---

① 周翔. 传播学内容分析研究与应用 [M]. 重庆：重庆大学出版社，2014：201-202.

信度越高，达到一定信度要求才能进行正式编码。

　　信效度检验不达标的原因可能是编码员、编码准则、类目定义、分析单位或者这些方面的综合问题。为了达到可接受的检验水平，有学者推荐了下面的 3 步骤法：①尽可能具体地对各类目进行界定；②加强对编码员的培训；③进行预研究，以修正类目以及判别编码员的胜任情况，甚至解除不合格的编码员。① 信效度检验达标后再对样本进行编码，编码完成后再进行样本的信效度检验，判断独立编码员编码的一致性程度。通过这些措施提高编码的信效度，一直到可靠性达到要求后才进行对内容的测量和登录。

---

① Wimmer, Dominick.*Mass Media Research*: *An Introduction*[M]. 北京：清华大学出版社，2003：151.

第八章 诠释主义范式

诠释主义范式是社会科学研究的另一重要范式，是我国传播研究中运用最多的范式。诠释主义范式认为社会现象不同于自然现象，不存在所谓客观的稳定的规律，因此社会研究仅仅是对社会的解释。尽管如此，诠释学研究同样需要考虑知识的客观性问题，从而避免沦为纯粹主观的想象等。

第一节 概论

诠释主义范式中包含的具体方法众多，本节介绍这些方法的共同特征。要说明的是，由于诠释性范式诸方法的结构性特征不如实证主义方法明显，因此提炼它们之间的共性有一定难度。这就更依赖后面各节对不同研究方法的特征进行介绍。整体上，与实证主义比较，诠释主义研究有较为系统的经验材料搜集过程，但是材料分析阶段的客观性相对较弱。

一、诠释主义范式的历史

所谓诠释主义（Hermeneutics）范式，是在对实证主义方法论批判的基础上提出的，它认为社会现象背后不存在恒定的规律，因此社会研究不是为了寻找"客观"规律，而是对社会现象意义的诠释。诠释主义的意义来源于诠释学，洪汉鼎[①]分析了诠释学的概念来源：

> 诠释学（Hermeneutik）一词来源于赫尔默斯（Hermes），赫尔默斯本是希腊神话中诸神的一位信使的名字，亦称"快速之神"……因为诸神的语言与人间的语言不同，因此他的传达就不是单纯的报导或简单的重复，而是需要翻译和解释，前者是把人们不熟悉的诸神的语言转换成人们自己的语言，后者则是对诸神的晦涩不明的指令进行疏解，以使一种意义关系从陌生的世界转换到我们自己熟悉的世界。正是这种最初的含义，古代语文学家都是用"翻译"和"解释"来定义诠释学。因此，诠释学实际上就是一种语言转换，一种从一个世界到另一个世界的语言转换，一种从神的世界到人的世界的语言转换，一种从陌生的语言世界到我们自己的语言世界的转换。

古典诠释学概念发展至今，作为现代学术概念的意涵相当丰富，研究者指出它至少有 6 种性质规定：①作为圣经注释理论的诠释学；②作为语文学方法论的诠释学；③作为理解和解释科学或艺术的诠释学；④作为人文科学普遍方法论的诠释学；⑤作为存在和存在理解现象学的诠释学；⑥作为实践哲学的诠释学[②]。其中"作为人文科学普遍方法论的诠释学"就是本书所说的诠释学方法论范式。这里所谓的"人文科学"包括了社会科学。

狄尔泰是最早提出诠释主义范式的哲学家。他对孔德的方法论深感怀

---

① 洪汉鼎 . 诠释学与中国 [J]. 文史哲，2003（01）：8–12.

② 洪汉鼎 . 诠释学与中国 [J]. 文史哲，2003（01）：8–12.

疑，甚至认为他的方法是内在矛盾的，因为"他在没有对各种具有实证性的精神科学加以有条理的任何利用的情况下，就把他那些大胆的一般概括推导了出来"①。他认为精神科学是与自然科学并列的科学，自然科学知识通过感官获得，而精神科学知识却需要通过心理活动和内在感悟获得。狄尔泰旨在重建方法论，他明确提出对于精神科学"我们并不试图把握这个领域，而是主要试图领会这个领域"②。他从哲学上把"诠释学"的意义、功能提到前所未有的高度，认为"诠释学"不是一般意义上的研究方法、技巧的集合，而是一种能有效地研究人类科学的方法论③。

韦伯是对社会科学研究方法具有极其重要影响的思想家和学者。他不是纯粹的哲学家，也没有提到诠释学这样的概念，然而他提出的研究方法论却与诠释主义范式殊途同归。韦伯认为社会科学与自然科学存在本质上的差异，因为人类的社会行为过于复杂，不可能用自然科学的方式加以研究，而只能是"精神现象的移情理解"④。其中的"移情理解"几乎就是原样借用狄尔泰的概念，足见狄尔泰方法论对韦伯的直接影响和启发。如果说，狄尔泰仅仅是提出了诠释学的概念，那么韦伯的贡献则在于发展出了诠释学的一套概念体系，使这种方法论具有操作性。比如他提出著名的工具理性与价值理性区别的思想，提出社会学研究中价值中立的理念等，均对于确立社会学的科学性具有重要意义。韦伯本人的研究领域广泛而且成就巨大，涉及政治学、经济学、宗教学、历史学等，因此诠释学方法论几乎影响了后来全部的社会与人文学科。

巴赫金与韦伯的学术身份有相似之处，他也不主要作为哲学家而是作为学者，而且是在多个理论领域有重大建树的学者；他在学术研究的同时，也对方法论进行了研究。巴赫金在《人文科学方法论》一文中反对实证主义的研究范式，认为人文社会科学研究中"对各种符号（象征）结构

---

① 狄尔泰.精神科学引论 [M].艾彦，译.南京：译林出版社，2012：148.
② 狄尔泰.精神科学引论 [M].艾彦，译.南京：译林出版社，2012：13-24.
③ 沃野.诠释学方法论的昨天和今天 [J].学术研究，1999（01）：3-5.
④ 韦伯.社会科学方法论 [M].北京：中国人民大学出版社，1992：70.

的解释，必然会涉及无限的符号（象征）的涵义，所以这种解释不具有精密科学的那种科学性"①，是对诠释学理念另一个角度的强调。他认为"对涵义的阐释不可能具有科学性，但这种阐释具有深刻的认识价值"②。他继承了狄尔泰的认识论和方法论，但又认为"狄尔泰的理论只是重视了生物学、生理学方面，而忽视了人文科学的社会性特征"③，从而提出了不同的诠释学思想。他显然认同社会知识的客观性，但认为"解释"和"理解"的客观性不是如狄尔泰所说的依赖于心理学机制，而是依赖于社会机制，换句话说即对社会现象意义的解读不是由心理学决定的，而是由与社会互动决定的。因此，巴赫金非常强调人的能动性、互文、语境等在"理解"和"解释"中的重要作用，比如他提出"理解涵义就是通过直观（观照）来发现实有的东西，再通过建树性的创造去加以补充""理解是与其他文本互相比照，并在新的语境（我的语境、现代语境、未来语境）中重作思考""文本只是在与其他文本（语境）的关联中才有生命"④ 等。可以说，如果说狄尔泰的方法论依然带有科学主义影响痕迹的话，那么巴赫金的方法论思想无疑就更具社会学特征。比如，他提倡的"通过建树性的创造去加以补充"，与格尔兹的"深描"颇有异曲同工之妙，也可以说是我们在社会学研究中常常用到"深描"方法的思想来源。

皮亚杰对人文科学之不同于自然科学、人文科学方法论之不同于自然科学有专门的阐述，认为"由于人文科学以从事无数活动的人作为研究对象，而同时又由人的认识活动来思考，所以人文科学处于既把人作为主体又把人作为客体这样一个特殊的地位，这自然会引起一系列既特殊又困难

---

① 巴赫金全集：第四卷 [M]. 白春仁，晓河，潘月琴，等译 . 石家庄：河北人民出版社，2009：429.

② 巴赫金全集：第四卷 [M]. 白春仁，晓河，潘月琴，等译 . 石家庄：河北人民出版社，2009：429.

③ 钱中文 . 理解的理解——论巴赫金的人文科学方法论思想 [J]. 文艺争鸣，2008（01）：118-123.

④ 巴赫金全集：第四卷 [M]. 白春仁，晓河，潘月琴，等译 . 石家庄：河北人民出版社，2009：427-443.

的问题""因为对自身或对他人进行实验或观察的主体一方面可能受到所观察现象的改变，另一方面也可能是改变这些现象的展开甚至其性质的根源"①。因此，皮亚杰提出："自然科学意义上的科学客观性在社会科学中是达不到的，只有把研究同观察者真的介入和一定的实践结合起来时，社会学的认识才有进步的可能。"②皮亚杰③把追求因果关系的自然现象研究称为"解释"，把对社会现象的研究称为对意义的"理解"，因为社会意义并不从属于物质，因此"理解"就成为单独的研究范式：

> 的确，在分析各种意识状态之间的关系时，人们发现一个基本情况，即这些关系从来不属于以上所述的那种真正的因果关系，而是属于另一类型的关系，这种关系或许可称为广义的蕴涵。一种意识状态主要表达一种意义，而一种意义并不是另一种意义的原因，但蕴涵着另一种意义（从逻辑上讲多少是如此）……简言之，意识构成一个蕴涵体系（在概念、情感价值等等之间），神经系统构成一个因果体系，而心理生理平行论则构成蕴涵体系与因果体系之间同构论的一种特殊情况，这样就恢复了意识所特有的一个功能。

20世纪70年代，西方社会学领域对实证主义进行了反思，遂有诠释主义范式的产生以及兴盛。不过，在目前的西方传播学研究中，诠释主义并不像在我国这样占据优势。我国传播学中引入诠释主义的研究方法，应该从质性研究方法被引入算起。质性研究方法，包括民族志法、深度访谈法、焦点小组法、扎根理论法等方法大致在2000年前后逐渐进入传播研究领域，并迅速成为研究的主流范式之一。

---

① 皮亚杰.人文科学认识论[M].郑文彬，译.陈荣生，校.北京：中央编译出版社，1999：21-22.

② 皮亚杰.人文科学认识论[M].郑文彬，译.陈荣生，校.北京：中央编译出版社，1999：33.

③ 皮亚杰.人文科学认识论[M].郑文彬，译.陈荣生，校.北京：中央编译出版社，1999：67-68.

二、知识合法性建构

诠释主义的知识合法性标准是"社会客观性"，这意味着知识应该"符合"社会现象，或者说"正确"地反映了社会现象。总之，社会现象才是评价知识客观性的标尺，这样才能避免把个人主观想象作为知识。那么，诠释主义如何实现这种知识合法性呢？它与实证主义既有相同的方面，也有差异很大的方面。

第一，从经验出发。诠释主义与实证主义相同，都属于经验研究，从认识论讲都认为知识来源于经验，从方法设计而言都首先要进行系统性的经验资料搜集工作。诠释主义各种方法中首先都是经验资料搜集，比如扎根理论法中的资料搜集、框架分析法中的文本搜集、民族志法中的田野调查等。文献分析法、文本分析法、话语分析法等虽然不必到社会情境现场中搜集资料，但文献与文本等可被视为二手经验资料，因此最终也是经验资料搜集的工作。

第二，半结构化或无结构。诠释主义研究方法众多，有的方法呈现出一定的结构化特征，但是远不如实证主义的特征明显，主要是扎根理论法与框架分析法，这两种方法因为有编码过程而具有一定的结构化特征；更多的方法没有结构化特征，比如深度访谈法或者案例分析法等，其流程以及要求都不具体，主要依赖于研究者的规划。这种半结构或无结构特征一方面有利于研究者发挥主动性，但是另一方面也增加了研究方法设计的难度。诠释主义方法如果不严谨设计，比较容易陷入过度阐释的境地。

第三，理解与解释。诠释主义与实证主义以经验验证和量化手段获得知识不同，它依靠对社会现象的诠释（理解与解释）提出知识。但是这种理解与解释需要客观，即应该与社会现象的情况相"符合"。换言之，不能从字面上把"诠释"想象成主观的空想，而应该是在对社会事实理解基础上的解释。康德所说"人为自然立法"，表明了人类认识不可避免的主观性。但是，客观世界毕竟参与到了知识的建构中，因此对社会的理解与解释也应该是客观的而非空想的，否则经验现象就被视若无物了。

上述 3 点表明，对社会的诠释是客观的而非主观的，尽管这种客观性有所局限。在诠释学的概念本源中，神的语言和人类的语言不同，因此赫尔墨斯首先要将神的语言翻译成人类的语言，这就是诠释学中的"理解"，有的学者将其称为"翻译"似乎更容易明白其含义；但是，神的语言有晦涩难懂的一面，因此作为信使的赫尔墨斯还需要用容易理解的语言向人类传递，这就是诠释学中的"解释"。那么显然，无论对神的语言的"理解"还是"解释"，都必须尽力符合神的本意，这种客观性制约表明诠释性知识的客观性。利科尔认为"理解"指"一个人向另一个人传递信息的能力"，"解释"指"根据理解由作者凝结的生活表现的精准意义来规定"①，同样表明了"解释"具有依赖于"生活表现"的客观性。

如何实现对社会的客观理解与解释？狄尔泰提出对社会的研究就是对社会实在的"觉察"，在觉察的过程中依靠共情而产生理解，即"不仅从认识的角度表达它感兴趣，而且还对发展一种对于它的感受、同情和热情感兴趣——歌德曾经正确地认为这是历史学家们的观察所取得的最优秀的成果"②。这种"觉察"绝不是空想性质的，狄尔泰认为"任何一种具体研究都必定会使其研究主题与（1）社会 - 历史实在的所有各种现象的因果关系及其表现联系起来，（2）与制约这种实在的各种普遍法则联系起来，以及（3）与从人和其任务的总体性的关系之中产生出来的由各种价值和命令组成的体系联系起来。"③这种与社会 - 历史等联系起来的观念，表明了社会知识的客观性。

韦伯从因果关系的角度提出了社会研究的客观性。他在《社会科学认识和社会政策认识的"客观性"》一文提出社会研究中同样运用了因果关系，只不过这种因果关系与自然科学中的因果关系有很大不同。他认为在文化科学研究中并非说普遍性的知识、抽象的概念、合规则性的认识和

---

① 利科尔. 解释学与人文科学 [M]. 陶远华，等，译. 曲炜，等，校. 石家庄：河北人民出版社，1987：49.

② 狄尔泰. 精神科学引论 [M]. 艾彦译. 南京：译林出版社，2012：126.

③ 狄尔泰. 精神科学引论 [M]. 艾彦译. 南京：译林出版社，2012：124-125.

表述"规律性"联系的尝试没有合理性，恰恰相反，他指出"假如不运用'规则学的'知识——因果联系之合规则性的知识——要对一个个体的结果作出有效的归属是绝对不可能的"①。按照他的观点，文化科学不像自然科学那样追求具有普遍推及性和规律性因果关系知识，而是追求"适当的因果联系"的知识，因为对于自然科学而言越是普遍性的知识越有价值，但是对于文化知识而言"最普遍的规律由于是内容最空洞的，所以通常也是最没有价值的"②。因此，文化科学的目的和方法不是寻找所谓普遍的因果关系，而是发现"具体的结果归属于具体的原因"③这类因果联系。

李凯尔特比韦伯论述得更加明晰，但是也似乎偏于了极端。他把知识分为文化科学与自然科学两类，自然科学追求无限接近于普遍知识，文化科学则追求无限接近于个体知识："自然科学致力于用它的概念去把握为数众多的、甚至可能是无限多的各种各样的对象，而历史学则力求使它的叙述仅仅符合于它所研究的某个与所有其他对象不同的对象，这个对象可能是一个人物，一个世纪，一个社会运动或一个宗教运动，一个民族或者其他等等，历史学借助于这种方法使听众或读者尽可能结晶于它所指的个别的事件。"④在这个意义上说，与韦伯的观点类似，研究的目的不是对普遍性因果知识的探寻，而是对具体现象的具体原因分析。李凯尔特提出，"至于文化现象以及那些被我们当作文化萌芽阶段或类似之物而与文化现象相联系的现象……我们对特殊和个别之物及其一次性过程感兴趣，因而我们要求用历史的、个别化的方法去认识特殊和个别之物"⑤。

---

① 韦伯．社会科学方法论 [M]．李秋零，田薇，译．北京：中国人民大学出版社，1999：20.

② 韦伯．社会科学方法论 [M]．李秋零，田薇，译．北京：中国人民大学出版社，1999：21.

③ 韦伯．社会科学方法论 [M]．李秋零，田薇，译．北京：中国人民大学出版社，1999：20.

④ 李凯尔特．文化科学和自然科学 [M]．涂纪亮，译．杜任之，校．北京：商务印书馆，2000：56.

⑤ 李凯尔特．文化科学和自然科学 [M]．涂纪亮，译．杜任之，校．北京：商务印书馆，2000：71–72.

因此，诠释主义同样是因果关系的知识，也就是同样是客观知识。它包含两个方面的含义。其一表明这种因果关系不同于自然科学中普遍性的因果关系，而是对具体社会现象或事件的原因的分析，因此并不追求研究结论适合于所有的类似社会经验。其二表明其知识仍然具有因果关系特征，即在研究结论与社会经验之间存在内在的逻辑关联。

当然，诠释主义知识的客观性比较于实证主义的要弱，因为其背后的客观性标准就有差异。实证主义以自然现象作为最终尺度，而自然现象的稳定性最为确定，以之为尺度的知识的客观性自然最强；诠释主义以社会现象作为尺度，而社会现象本身就具有不稳定性，以之为尺度的知识的客观性自然较弱。但是，不能因此否定诠释主义知识的客观性，否则就无法确立起社会研究的合法性。

本章接下来将对诠释主义的9种方法的设计分别进行讨论。诠释主义范式下具体方法的种类较多，有的属于资料搜集方法，有的属于资料分析方法，但无论属于哪一类方法，都与另一类有非常密切的联系。比如扎根理论法本身主要属于资料分析方法，但它的理论抽样要求会对资料搜集产生直接影响。同时考虑到诠释主义资料分析的自由度较大，研究者容易阐释过度甚至脱离经验资料，因此在后文中既分析了资料搜集阶段，也讨论了资料分析阶段。这与在实证主义中只讨论了资料搜集阶段有所不同。

第二节　扎根理论法

在诠释主义研究中，扎根理论法是最接近于实证主义的，因为它的结构性特征最为明显，主要体现在它需要三级编码这一研究程序和手段方面。可能正是因为这一点，扎根理论法在社会科学和传播学研究中都是很重要的方法。

一、概念与历史

所谓扎根理论方法（Grounded theory analysis method），指通过对原始资料的分析提炼出概念或范畴，再进一步形成理论的研究方法。其中的"扎根"指扎根于所获取的经验资料，因此扎根理论法是从下往上生成理论的方法。卡麦兹定义它为："简单说，扎根理论方法包括一些系统而又灵活的准则，让你搜集和分析质性数据，并扎根在数据中建构理论。"[①]

扎根理论法不但是一种研究方法，而且开创了一种新的社会科学方法思想。在扎根理论法诞生之前，传统的研究范式即实证主义范式往往是从理论开始研究，即根据既有文献或研究者的经验提出理论假设，然后运用经验材料来验证假设，最终通过证实或证伪的方式发展理论。扎根理论法恰恰与此路径相反，它并不首先进行理论假设，因为它的目标是生成理论而非验证理论，因此只有在研究结束的时候理论才会浮现。

扎根理论法既可以作为一种独立的研究方法，也可以与其他研究方法联合使用。当它作为一种独立的研究方法时，它既对资料的搜集也对资料的分析进行规范。当它与其他方法联合使用时，它单独地对资料分析阶段进行规范，而与其他方法共同对资料搜集阶段进行规范。扎根理论法可以与相当多的资料搜集方法联合使用，比如常见与深度访谈法、焦点小组法等联合使用。扎根理论法在资料搜集中发挥的作用，主要是提供理论抽样的原则。比如，如果扎根理论法与深度访谈法联合使用时，则资料搜集阶段就既有深度访谈法的特征，也有扎根理论法的特征，其中所谓"扎根理论的特征"，换句话说就是遵循理论抽样原则。

扎根理论法的出现与当时的社会科学研究的背景有关。20 世纪 60 年代，社会科学研究面临较大的困境。一方面，作为主流范式的实证主义聚焦于对既有理论的验证，而不关心新的理论的生成；另一方面，民族志法长于对文化情景、场域、制度等方面的描述，却在对文化的解释方面贡献

---

① 卡麦兹.建构扎根理论：质性研究实践指南[M].边国英，译.陈向明，校.重庆：重庆大学出版社.2009：3.

甚微①。扎根理论法的出现，似乎找到了第三条道路，它意在弥补实证主义发现理论的不足，同时弥补民族志法研究理论性较弱的缺陷。

1964 年，格拉泽与施特劳斯在对临终照护机构的研究中首次尝试使用扎根理论法，并在 1967 年出版的《扎根理论的发现》（*The Discovery of Grounded Theory*）一书中，正式提出了"扎根理论"的概念，标志着它作为系统研究方法的诞生。扎根理论法被提出后相当受欢迎，可能因为它让社会科学研究者看到了获得科学合法性的新途径和新希望。"他们的著作激发了新一代的社会科学家和专业人士，特别是护士，去追求质性研究。加州大学旧金山分校护理学的很多博士生都从格拉泽或施特劳斯那里学习扎根理论方法，后来都成了他们专业的领袖和质性研究的专家。"② 目前，扎根理论已经发展到第二代，代表人物有查马兹、科宾、克拉克、莫斯等。随着影响的扩大，扎根理论法逐渐扩散到社会科学的多个学科，成为西方社会科学质性研究范式中一种非常重要的方法："从历史发展的角度看，扎根理论是除了民族志之外，最早且最具影响力的研究路径。其他路径都是晚近兴起的，而且（除了现象学研究）都可以将扎根理论作为一种分析资料的方法。"③

扎根理论研究是否需要理论的指引，即在研究之前是否需要进行理论回顾，并从理论回顾过程中发现研究的问题？从这一方法创立时的本意来讲，它是不需要的，因为它的旨趣就在于从原始资料中发现原创性概念的理论，如果研究之前进行理论回顾，势必使研究落入原来理论体系的窠臼。因此，格拉泽④坚称，当开始一项扎根理论研究时，研究者应该与现有理论保持距离而无需进行文献综述，他可以把这项工作放在研究的结束部

① 弗里克. 扎根理论 [M]. 项继发，译. 林小英，校. 上海：格致出版社，2021：3.

② 卡麦兹. 建构扎根理论：质性研究实践指南 [M]. 边国英，译. 陈向明，校. 重庆：重庆大学出版社，2009：10.

③ 科宾，施特劳斯. 质性研究的基础：形成扎根理论的程序与方法 [M]. 朱光明，译. 重庆：重庆大学出版社，2015：6.

④ Glaser. *Doing Grounded Theory：Issues and Discussions*[M].Mill Valley，CA：Sociology Press，1998：67.

分。也就是说，扎根理论者在研究之前不需要进行理论回顾，但是可以把理论回顾放在结论部分，通过与既有理论的对照来讨论所发现的理论。

但是，年轻一代扎根理论学者并不全都赞成这种与理论刻意保持距离的态度。弗里克[①]认为，目前的研究环境与 20 世纪 60 年代已经大为不同，真正空白的领域很难寻找；年轻的研究者如果离开理论回顾的指引，可能令研究方向迷失；学术共同体对文献综述的普遍性要求，使得缺失文献回顾的成果可能被认为属于非学术研究的类型。邓恩[②]列举了在扎根理论研究之前进行理论回顾的 5 项优点：①帮助研究者理解研究背后的原因和理由；②可以将研究情景化；③有助于了解所研究的问题是否已经被其他同行施行；④可以促进编码和理论生成的清晰性；⑤可以增强研究者的理论敏感度。这些观点都是非常有道理的。格拉泽和施特劳斯在创立扎根理论时，可能为了强调其"发现"理论的特征，从而偏于刻意地回避文献综述。但是，随着学术研究生态的变化和扎根理论的发展，扎根理论法未必就一定局限于"发现"理论而不验证理论。其次，即使用于"发现"理论，由于理论具有体系性和层次性，则通过文献回顾可以寻找到宏大理论中的某些空白，如果通过扎根理论对这些空白进行填补，那么同样也是"发现"理论的过程。总之，在扎根理论法中不必刻意地与理论保持距离，而可以根据研究的问题来确定。如果所研究的问题的确属于空白性的，那么也不必一定要求进行文献综述；如果所研究的问题并非空白性的，那么进行文献回顾确立更精准的问题方向还是有必要的。并且，根据扎根理论类的投稿看，也不宜完全排斥理论回顾，因为相当多文章的分析脱离了学术语境，而接近于文本特征描述之类，缺乏文献回顾提供的理论指引可能是原因之一。

弗里克[③]提出了适合运用扎根理论法的三种情形：①对于存在问题但

---

① 弗里克.扎根理论.项继发，译.林小英，校.上海：格致出版社，2021：13-14.

② Dunne. The place of the literature review in grounded research[J]. *International Journal of Social Research Methodology*，2011（14）：111-24.

③ 弗里克.扎根理论 [M].项继发，译.林小英，校.上海：格致出版社，2021：15-16.

缺乏解释（或解决方法）的研究领域，是理想的方法。同时，对于某些未经太多研究和理论化的领域，也是较为理想的方法。②研究者如果有充足的时间可以使用扎根理论，且不满足于对现象作快速省事的分析，那么就应该做扎根理论研究。③如果研究者对经验（实证）探究有充足的准备，而对既定的详细规则有较少的期许，也可以使用扎根理论法。其实，核心的是第一条，即扎根理论法适合用于对那些理论解释尚不充分的新问题的研究。

　　格拉泽和施特劳斯分别来自美国哥伦比亚大学和芝加哥大学，并接受过实证范式和诠释范式的学术训练，因此他们提出的扎根理论法试图融合两种研究思想的优势，不过也内含了两种范式之间的矛盾。扎根理论法体现了社会科学对自然科学研究方法借鉴的浓厚色彩，以及对"科学性"的向往。这种特点体现在三次编码过程中对操作技术的具体规定，其目的在于避免研究者的随意性和主观性；还体现在根据材料中登录的概念反过来对材料进行分类，出现频率高的概念最终会被吸收到理论中。同时，扎根理论法虽然不使用实证研究中效度和信度的概念，但是提出了理论饱和度的概念和运用理论抽样方法，也是对实证主义中信度和效度概念思想的借鉴。因此，在所有质性研究的方法中，扎根理论法是最接近自然科学研究方法的方法。卡麦兹就说："我们认为作为理论的扎根理论，不仅包括实证主义倾向，也包括解释主义倾向。"① 格拉泽和施特劳斯② 一再声称他们的方法也适用于定量研究与定量数据，表明他们并未将该方法禁锢于诠释性方法之中。扎根理论这些特征的形成与格拉泽个人的学术经历有关，他曾在哥伦比亚大学跟随拉扎斯菲尔德接受过严格的实证主义训练，因此把实证主义思想带入了这一研究方法之中。

　　但是，实证主义和诠释主义之间的纷争也涉入这一具体的方法之中。经典扎根理论的理想是通过对经验材料的直接分析，就可以"发现"材料

---

① 卡麦兹. 建构扎根理论：质性研究实践指南 [M]. 边国英，译. 陈向明，校. 重庆：重庆大学出版社，2009：97.

② 弗里克. 扎根理论 [M]. 项继发，译. 林小英，校. 上海：格致出版社，2021：5.

中的理论。格拉泽和施特劳斯希望通过对材料的层层编码，逐渐接近材料中的理论，以至于最终发现"客观"理论。这样的设想固然很理想，但是在编码的过程很难圆满地实现，因为对于同样的一段资料，不同研究者的编码可能有霄壤之别。这种过程中的主观性与目标的客观性之间出现了几乎无法调和的紧张关系，从某种程度上说正是"实证主义与诠释学结合"①中出现的紧张关系。扎根理论这种内含的矛盾导致了两位创始人后来的严重分歧。格拉泽坚持实证主义的认识论，认为只要研究者以尽量开放的心态进入田野，在那里搜集可以作为研究资料的东西，然后对资料进行分析和归纳，理论就会逐渐地"浮现"和"被发现"。他的这种想法被批评为"天真的经验主义"②。施特劳斯则走向了扎根理论方法的另一个可能。他和学生科宾合作的著作中认为"借由符号互动论（symbolic interactionism），呈现了扎根理论的方法论工具背景，并且强调了交织在行动中和交互中的人的解释角色，以及分析过程中研究者的解释"③。显然，施特劳斯使扎根理论法走上了诠释主义方法的路径。

国内外社会学方法的著作一般地会对扎根理论法进行介绍，比如国内较早介绍扎根理论法的是北京大学的陈向明教授，她把这一方法较早运用于教育学研究，后逐渐推广到其他领域；国外比如艾尔·巴比的《社会学研究方法》（第十一版）也对该方法作了介绍。但是，国内传播学方法研究的专著或专文几乎未见介绍此方法。

以"扎根理论"为摘要关键词在中国知网对 CSSCI 来源期刊论文进行搜索，结果显示在人文社会科学领域的运用数量较快增长（表8-1）。2021年，在摘要中标出运用扎根理论法的论文共有408篇。根据上述搜索结果，在传播研究领域，扎根理论截至2021年底共计出现40篇。在100篇案例论文中，运用扎根理论法的有2篇。扎根理论法运用较少，可能还与需要

① Kelle.Theorization from data[C]. Flick.*The SAGA Handbook of Qualitative Data Analysis*. London：Saga，2014：554-68.
② 弗里克.扎根理论 [M].项继发，译.林小英，校.上海：格致出版社，2021：5.
③ 弗里克.扎根理论 [M].项继发，译.林小英，校.上海：格致出版社，2021：8-9.

大量的现场工作有关，即获得一手资料的工作量比较大，对研究者的时间和精力都是挑战。另一方面，无论是在社会学还是传播学研究中，运用扎根理论的经典作品似乎都寥寥无几，这可能是该方法不太受到关注的又一个原因。

需要说明的是，仅以"扎根理论"为搜索关键词可能会漏掉一些运用扎根理论法的文章，因为它们可能在摘要中表达为"扎根分析"等，但笔者并不是为了精确地描述使用该方法的文章的数量，而是为了展示方法使用的趋势，以及不同方法间使用情况的相对比较，因此只用一个搜索关键词可以简化研究。本章后面各节对诠释主义方法进行讨论时，均只用了一个搜索关键词也是出于这个原因。

表 8-1 以"扎根理论"为摘要关键词的知网搜索结果

年份	2021	2020	2019	2018	2017	2016	2015	2014	2013
篇数	408	324	296	246	226	185	133	119	69
年份	2012	2011	2010	2009	2008	2007	2006	2005	2004
篇数	52	39	38	20	11	7	1	1	3

二、扎根理论法设计

扎根理论法是资料分析方法，因此在运用扎根理论法时需要运用另外的方法来搜集资料，即运用此方法时对研究资料获取阶段的介绍实际上是对所联合使用方法的介绍；然后才进入扎根理论分析即资料分析阶段。联合使用的方法有多种选择，比如深度访谈法、焦点小组访谈法等；同时搜集资料的类型也是多样性的，格拉泽[①]认为扎根理论的数据可以来源于访谈和观察，也可以来源于包括政府文件、录音、新闻报道、信件、著作等任何能为研究问题提供线索的材料。

本节以姚曦和王佳的《国际品牌跨文化传播的影响因素模型与提升路径——一项基于扎根理论的探索性研究》（《新闻与传播研究》2014 年第 3

① Barney, Anselm.*The Discovery of Grounded Theory：Strategies for Qualitative Research*[M]，Chicago：Aline，1967：161-184.

期，后称《品牌》）为例说明。研究者的意图是在跨文化传播活动日益频繁的背景下，"运用扎根理论探寻国际品牌跨文化传播过程中的影响因素"。论文的结构是：①问题的提出；②文献回顾与述评；③研究设计；④范畴提炼与模型建构；⑤国际品牌跨文化传播影响因素的模型阐释；⑥结论与建议。其中第三部分是对研究方法即扎根理论方法设计的介绍，包括文本选择、理论抽样、资料获取等内容。

（一）研究资料的搜集

1. 研究对象的获取

扎根理论法同样首先要确定研究对象，也就是从何处或向谁获得研究所需的经验资料。在确定研究对象时，扎根理论法的抽样不同于实证主义通常的随机抽样，而是提出了自己独有的理论抽样概念。

所谓理论抽样（theoretical sampling），即由理论概念驱动下的抽样，而驱动抽样的概念来源于之前对资料编码的结果。查马兹解释理论抽样为"旨在寻找和收集能够提炼并详细阐释浮现中的理论的类属"[1]。理论抽样是扎根理论方法成功的关键之一，因为它保障了研究的信度与效度。卡麦兹[2]对于理论抽样的概念、目的和方法均有生动的描述：

> 假设你已经有了一些初步的——也许是尝试型的类属。在对数据进行初步比较时，你选择了一些聚焦代码，并撰写了关于这些代码的备忘录……快速浏览这些备忘录，你会发现：这些类属很有意思，但是很单薄。你还没有定义你的类属以及它们的属性。太多的内容仍然只是假设、仍然未知或存在问题。而你需要的是有力的类属，可以屹立不倒，而不是摇摇欲坠。你要做的是什么呢？……答案是搜集更多关于这个类属及其属性的数据。这个策略就是理论抽样，理论抽样就

① Charmz. *Constructing Grounded Thoery: A Practical Guide through Qualitative Analysis*[M]. London: Saga, 2014: 192.

② 卡麦兹. 建构扎根理论：质性研究实践指南 [M]. 边国英，译. 陈向明，校. 重庆：重庆大学出版社，2009：97.

是指寻找和搜集相关的数据，来加工和完善研究中出现的类属。理论抽样就是通过抽样形成类属的属性，直到没有新的属性再出现。

因此，理论抽样指持续抽样直到编码中没有新的概念出现时才停止。可见理论抽样的一个明显特征，即它并非一次性抽样，而是循环往复式的抽样，并且新的抽样由对原来抽样进行分析的结果所驱动。正因为如此，理论抽样中的资料搜集形式可以是多样性的，不仅包括一手的，也可以包括二手的，目的在于运用不同类型的资料回答新的理论疑问。如格拉泽和施特劳斯所说："理论抽样通常需要档案文献阅读、访谈和观察同时进行，因为所有的数据片段都很重要。在这个过程中，很少对样本中的应答对象进行系统性的访谈。"[1]格拉泽认为万物皆数据，表明了理论抽样的问题导向，而非拘泥于资料的类别。从扎根理论的设计理念讲，理论抽样是持续性的，即新的概念出现驱动新的抽样，但是在有的研究中对其进行了简化，即由滚动式抽样简化成阶段式理论抽样。

（1）滚动式理论抽样

滚动式的具体方法是，比如以深度访谈作为资料搜集方式时，研究者在对第一位访谈对象进行采访后，即对访谈所获得的资料进行开放式编码，根据编码中产生的疑问提出新问题，根据新问题决定下一次抽样的目标对象。

比如科宾等[2]在《质性研究的基础：形成扎根理论的程序与方法》中，举了一项对美国越南战争（简称"越战"）老兵的研究作为说明扎根理论法的案例，其中对第一位老兵访谈的结果是老兵对越战体验的描述为"不是太糟糕"，这引起了研究者的疑问，因为以前听到越战老兵和其他战争老兵自述的体验都是糟糕的，因此作者怀疑是因为这位老兵不是"战士"

---

[1] Glaser, B.G., Strauss, A.L.*The Discovery of Grounded Theory*：*Strategies for Qualitative Research*[M].Chicago：Aldine，1967：75.

[2] 科宾，施特劳斯. 质性研究的基础：形成扎根理论的程序与方法 [M]. 朱光明，译. 重庆：重庆大学出版社，2015：157.

而是一名护士的缘故吗？所以，作者将下一位抽样的目标确定为"战士"，"看看这在'战争体验'中是否确实不同"。

也就是说，除了首次抽样外，理论抽样总是建立在对之前资料的分析的基础上，依赖于分析中出现的新概念来提出问题，然后再次抽样来回答该问题。当然，在新的访谈中，并不完全局限于回答之前出现的新概念，也可能是对原来概念的细化，即从新的维度进行解释；以及提出新的概念，从而驱动新的一次理论抽样发生，直到没有新的疑问或理论概念出现时才停止。比如，如果某项研究已经抽样 10 人进行访谈，但是访谈中仍有新的理论概念出现，那么就应该继续抽样 1 人进行访谈，直到没有新概念出现。没有新的概念出现，在扎根理论法中被称为理论饱和。因为是滚动抽样，因此"资料收集永远不要超过分析太多，因为后面资料收集的焦点，即在后面访谈或观察中要提的问题，都是建立在前面分析发现的基础之上"①。

然而，这里面仍然有难以避免的主观性，因为新概念的出现在很大程度依赖于研究者个人，不同的人可能从同样的资料中提出不同的新概念，从而驱动出不同的理论抽样路径。这种情形是扎根理论难以克服的，其实任何诠释研究都难以完全克服主观性。扎根理论尽量弱化这一缺陷的方式是保持内在的逻辑以获得读者的理解："正是这些资料分析和分析中产生的有关概念问题决定了我需要收集什么样的资料以及我要注意这些资料中的哪些方面。其他研究者可能选择了另外一个方向，但任何阅读过我的分析的人都能理解我的逻辑。"②

滚动式抽样可以贯穿于研究的全过程，"甚至在撰写研究报告的时候，研究者又有了新的洞见，发现一些类属比其他类属发展得更加充分，或者

① 科宾，施特劳斯. 质性研究的基础：形成扎根理论的程序与方法 [M]. 朱光明，译. 重庆：重庆大学出版社，2015：155.
② 科宾，施特劳斯. 质性研究的基础：形成扎根理论的程序与方法 [M]. 朱光明，译. 重庆：重庆大学出版社，2015：158.

发现整体逻辑上的断裂，需要进一步收集资料，这些都是很常见的"。① 也就是说，在整个研究过程中，只要需要对概念体系或理论进行优化时，就可以或需要继续抽样以补充分析。这可以说是它的一个优势，"扎根理论策略的优点是，你可以从最早的研究阶段就发现数据中的缝隙和漏洞"，然后"可以找到所需数据的来源，并去搜集它们了"。②

（2）阶段式理论抽样

另一种理论抽样方式是阶段式抽样，即把抽样获得的研究对象分成两组，其中一组作为开放式编码资料的对象，另一组作为理论饱和度检验的对象。研究者对两组资料分别进行开放式编码，如果从检验组中获得的概念没有超出从编码组中获得的概念，就可以停止抽样；否则需要追加抽样，直到没有新的概念出现为止。以深度访谈为例，假设某研究抽样 12 人作为研究对象，则可以首批以 8 人作为编码组进行深度访谈，然后整理访谈资料进行编码获得若干概念；再以其余 4 人作为检验组进行深度访谈，同样整理资料和进行编码获得若干概念；将从检验组获得的概念系列与从编码组获得的概念系列对比，如果没有新的概念出现，或者很少出现新概念，就可以不再补充抽样和分析了。《品牌》一文采用的是阶段式理论抽样方式，文中陈述抽样方法如下：

> 鉴于质化研究要求受访者对所研究的问题有一定的理解和认识，我们选择了 8 位在跨国公司工作的员工、4 位广告行业和媒体行业的从业人员和 12 位 22—40 岁受过高等教育的普通公众……我们对跨国公司的员工和广告、媒体从业人员进行了个人深度访谈，共计 12 人次，每人次的访谈时间约为 1 个小时；对普通公众采用了焦点小组访谈的方式，共 3 组，每组 4 人，每次的访谈时间约为 1 个半小时。

---

① 科宾，施特劳斯 . 质性研究的基础：形成扎根理论的程序与方法 [M]. 朱光明，译 . 重庆：重庆大学出版社，2015：160.

② 卡麦兹 . 建构扎根理论：质性研究实践指南 [M]. 边国英，译 . 陈向明，校 . 重庆：重庆大学出版社，2009：62.

2. 经验资料的获取

研究对象确定之后，接下来就需要考虑采用什么方式从对象处获得经验资料。运用扎根理论法时，资料搜集任务由其他的方法承担，因此文中陈述方法时需要对联合使用的方法进行介绍。与扎根理论法联合使用用来搜集资料的方法较多，比如《品牌》声明"采用了半结构化访谈和文本分析的方式"搜集资料，实际上采用的是访谈法（深度访谈法和焦点小组访谈法）搜集资料。

3. 理论饱和度

理论抽样到什么时候停止呢？扎根理论法提出了理论"饱和度"概念，即抽样产生的理论达到了饱和度就可以停止，否则就应该继续抽样。所谓理论达到"饱和"，指新抽样获得的资料中不再出现新概念，或者基本上不出现新概念，或者对原来概念的解释没有出现新的维度。比如上述科宾等人的研究中，如果继续对"战士"或"非战士"型越战老兵的抽样结果，都不再有新的概念出现，他们表达出对那场战争的体验都是相同的概念体系了，而且对概念类属的描述没有新的维度出现，那么抽样就可以结束了。

《品牌》一文中对理论饱和度的陈述有两处，先后分别是：

> 初始访谈提纲由7个问题组成……在接下来的访谈过程中，根据已收集到的资料进行不断的分析和比较，灵活加入新的问题，形成第二轮的访谈提纲，在进行一定数量的访谈后，再对资料进行整理和分析，一直到没有发现新的问题为止。
>
> …………
>
> 最后，在半结构化访谈和文本分析结束后，我们以分层抽样法抽取了10份访谈记录（包括8份个人深度访谈和2份焦点小组访谈），以等距抽样法选择了25份文本分析材料进行编码分析和模型建构，余下的访谈记录和文本分析资料则留作模型检验使用。

这两处所采用的理论饱和度检验方式分别对应的是滚动式理论抽样和阶段式理论抽样，因此前后似不一致。从前面的抽样过程看，应该是采用的阶段式抽样，即一次性抽样到一定规模，而非逐个人进行抽样；并对所有抽样进行访谈或焦点小组访谈，然后才将获得资料分成编码组（8 份个人访谈与 2 份焦点小组访谈）和检验组（4 份个人访谈与 1 份焦点小组访谈）进行理论饱和度检验。

（二）研究资料的分析

扎根理论法资料分析最显著的特征就是编码方法，这是它为了保障研究科学性的另一个关键手段。所谓编码指"从原始资料中提取概念，并在属性和维度上发展这些概念"[①]。编码的作用是"对数据片段用一个简短的名称进行归类，同时也对每部分数据进行概括和说明。你的代码展现了你是怎样对数据进行选择、区别和分类，并由此开始对它们进行分析性说明的"[②]。扎根理论法的核心工作是编码，通过编码从原始资料中提取出概念，再在概念之间寻找联系形成范畴，最后通过构建以核心范畴为领契的理论模型。在扎根理论法的发展史上，不同学者提出了不同的编码意见，但目前仍以三级编码的使用最为普遍。

1. 开放式编码

开放式编码（open coding）是编码的第一步，是从原始材料中提取概念的过程。无论扎根理论法运用什么方法搜集资料，所获得原始资料的数量都是相当庞大的，显然无法直接从浩大而杂乱的原始资料中生成理论，因此首先要从资料中提取出概念，这一工作即开放式编码。理论总是表现为一些表示概念之间关系的陈述句，因此提取出概念就搭建了原始资料通向理论的桥梁。

所谓开放式编码中的"开放"，指研究者既不能有先入为主的个人成

---

① 科宾，施特劳斯.质性研究的基础：形成扎根理论的程序与方法 [M].朱光明，译.重庆：重庆大学出版社，2015：169.

② 卡麦兹.建构扎根理论：质性研究实践指南 [M].边国英，译.陈向明，校.重庆：重庆大学出版社，2009：56.

见，也不能受现有理论的影响，只能从材料本身中提出概念。这样做的目的，显然是为了保持研究的"客观性"。如何做到呢？研究者应当以一种开放的心态，尽量"悬置"个人的"倾见"和研究界的"定见"，将所有的资料按其本身所呈现的状态进行登录[①]。在这里可以看到现象学对社会科学研究方法的影响。

那么，内容分析的单位是什么？在扎根理论法中，分析的内容单元可以是逐词、逐行或者逐个事件[②]，但更常见的是针对每一个句子或每一个自然段。研究者通过仔细阅读内容，提炼出其中的理论概念，并在相应的资料单元上做好规范的备忘录标签。标签是编码中的重要工具，在每一个编码环节都要运用它来标注类目，以便编码结束时进行统计与分析。比如，在对新冠肺炎中媒体应急机制的深度访谈后，按照一个句子提取一个概念的方式，如果受访者说"我们的手机24小时开通"，那么可以提取出与应急机制相关联的概念"手机畅通"，并采用备忘录标签进行标注。

用来编码的类目概念有什么特点呢？卡麦兹[③]提出了7个方面的建议：①保持开放；②贴近数据；③使你的代码简单而精确；④建构简短的代码；⑤保留行动；⑥比较不同的数据；⑦迅速浏览数据。这7方面中，第一和第二点反映了开放性的要求，第三和第四点反映了简短和精确的要求，是最核心的方面。有一点需要注意，一般地要求代码尽量运用数据中的原始词语，比如在深度访谈中访谈对象提到的概念，就可以用来作为代码。这样能体现扎根理论法开放性的特征和学术研究的客观性特征。

开放式编码的结果是产生了相当数量的概念，有的研究项目会产生上百个概念。这样大数量的概念给进一步分析带来了一定困难。处理的办法有两个，第一个办法是剔除，即对其中偶然性的概念进行剔除，比如对出

---

① 陈向明.质的研究方法与社会科学研究 [M].北京：教育科学出版社，2000：332.

② 卡麦兹.建构扎根理论：质性研究实践指南 [M].边国英，译.陈向明，校.重庆：重庆大学出版社，2009：64-68.

③ 卡麦兹.建构扎根理论：质性研究实践指南 [M].边国英，译.陈向明，校.重庆：重庆大学出版社，2009：63.

现频率在 2 次以下的概念进行剔除。另一个常见的办法是对概念进行类属化，也就是对同类概念进行合并以生成更大的概念，有的称这个更大的概念为范畴，有的称之为类属或主题。比如在对新冠肺炎中媒体应急机制的深度访谈后，除了有人提到手机畅通外，可能还有人提到"家里的座机呼叫转移到了手机"（家庭座机畅通），还有的人提到"办公室电话 24 小时有人值守"（办公室电话畅通），那么"手机畅通""家庭座机畅通""办公室电话畅通" 3 个概念合并起来便形成应急机制中"通讯畅通"这个范畴。进行概念的范畴化或者类属化，主要是为了减少概念数量，便于下一步进行关联式编码。

比如《品牌》以对 12 人的深度访谈和对 12 人（分 3 个小组）的焦点小组访谈以及文本资料作为研究的数据，采取逐句编码的方式；而且"为了减少误差和人为的偏见"，作者"尽量使用受访者的原话和文本中的内容作为挖掘初始概念的母本"；同时因为初始概念非常庞杂，作者对有"交叉"的初始概念进行了范畴化，并剔除了出现频率低于 3 次的初始概念和前后矛盾的初始概念，最后得到 22 个出现频繁的初始概念和范畴。它们是：文化环境认知、文化适应能力认知、企业责任认知、行为效果认知、刻板印象、身份抵抗、空间贴近、领地保护、品牌的传播视角、品牌的传播内容、品牌的传播手段、产品利益认知、品牌情感认知、品牌意义认知、政策变更、政治冲突、商务冲突、资本变动、传播理念、战略眼光、传播品牌文化、危机意识。作者以列表方式呈现出这些概念与范畴，而且为每一个概念或范畴都选择了数条代表性的原始记录列在表内。

需要注意的是，从资料中提取概念并不是计算文本中的词频，有的扎根理论研究以统计词频的方式提取概念，或者作出内容的词云图，都是对开放式编码的误解。比如"手机畅通""家庭座机畅通""办公室电话畅通"的词频统计是"畅通"，可能会掩盖"通讯畅通"这一实质性意义。因此，在编码中如果单纯依靠计算机技术而缺少分析性工作，可能导致编码效果不理想。

2. 关联式编码

关联式编码是编码的第二步，它也被称为轴心编码（Axial Coding）。关联式编码的任务是对第一步中获得的初始编码进行分类，将同类的或关联的编码归集在一起。如果说在开放式编码中要避免主观性，那么在关联式编码中就要发挥主观性，通过逻辑分析去发现概念或范畴之间的联系。前面说过，概念之间的联系才形成理论，所以关联式编码使得向着理论生成更进了一步。

扎根理论法的原始资料本来是故事性的，但是在开放式编码的阶段，这些连续性的、叙事性的资料被打碎了，目的是获得"客观性"的代码。到了关联式编码阶段，需要将这些打碎了的数据再次组合起来，即"把数据再次恢复为连贯整体"[1]，从而趋向于形成新的故事线。关联式编码就是通向重新形成故事的途径，编码在新的故事中起着骨架的作用，负责将整个故事串联起来。

准确理解轴心编码中"轴心"的含义，对于正确理解这个阶段的编码特点有重要意义。所谓"轴心"的含义到底是什么？关于扎根理论法的文献和著作中未见说明，笔者经过对相关文献的分析和对论文分析后认为它其实就是新的故事的主线、主题之类，也就是形成故事主线或主题的一个关键概念或范畴。因此，轴心编码的方法，就是把在开放式编码中获得的较多数量的概念或范畴合并成内在相关联的几组，每个组内均有一个"轴心"概念，其它的概念都对"轴心"概念起着不同维度的描述作用。根据卡麦兹[2]的说法，其他概念可以从"谁""在哪里""什么时间""为什么""如何""结果"等维度来回答"轴心"概念，从而形成新的完整的故事流。

以《品牌》为例。作者分析了 22 个初始概念或范畴之间的关系，并

---

[1] 卡麦兹.建构扎根理论：质性研究实践指南 [M].边国英，译.陈向明，校.重庆：重庆大学出版社，2009：77.

[2] 卡麦兹.建构扎根理论：质性研究实践指南 [M].边国英，译.陈向明，校.重庆：重庆大学出版社，2009：77.

对其归类，最终形成了 6 个更大的范畴，即跨文化传播意识、文化冲突的强度、文化融合的主动性、消费者的认知、不可控因素、文化自觉的前瞻性。其中每一个更大的范畴都对应于若干个初始概念或范畴，而且该若干初始概念或范畴有着内在的联系。比如"跨文化传播意识"这一更大范畴就是由"文化环境认知""文化适应能力认知""企业责任认知""行为效果认知"等四个初始概念或范畴提炼而来，而且显然这四个概念之间有着内在的联系，也就是从不同维度描述了访谈对象的"跨文化传播意识"情况。这就是关联式编码的成果。

3. 选择性编码

选择性编码（Selective Coding）是编码的第三步。选择性编码就是选择最核心的范畴，系统化地将所有其他范畴与该核心范畴建立联系，从而形成理论模型的过程，因此格拉泽也称其为理论编码（theory Coding）。选择性编码与轴心编码的思路是一致的，都是把较小的概念范畴归集到较大的概念范畴，因此可以把选择性编码视为"对轴心编码的轴心编码"。选择性编码阶段有两项任务或者说两个步骤。

第一步是发现核心范畴或核心类属，它要能够将其他范畴或类属联系起来形成完整的故事。如果说在轴心编码阶段，形成的故事还是局部性的，那么在选择性编码阶段，形成的故事就需要具有整体性了，也就是所有的类属或概念都要被整合到一个理论故事框架内。这种"整合"就是"围绕一个核心类属将其他类属联系在一起并提炼和整理相应的理论构念的过程"[①]。研究者需要对每一个范畴进行分析，考虑其作为核心类属的可能，并尝试将其作为核心类属来统领其他所有概念，直到获得最满意的结果为止。

第二步是正式完成叙事体系。作者以确定的核心类属为中心或塔尖，将其他类属形成对核心类属的描述、陈述或解释等。这时候，所有的类属都进入叙事框架，而且核心类属起到了关键作用，因为它"具有统领性，

---

① 科宾，施特劳斯.质性研究的基础：形成扎根理论的程序与方法 [M].朱光明，译.重庆：重庆大学出版社，2015：275.

能够将大部分研究结果囊括在一个比较宽泛的理论范围之内"[1]。同时，要对框架的完善性进行检查和补充，因为由众多类属形成的理论框架可能显得还比较粗糙，这就是科宾等[2]所说的检查"断裂"和进行"填充"的工作，即在核心概念提出和形成初步的叙事框架后，首先要检查逻辑上的断裂，对似乎有断裂的地方要重新设计；然后开始运用已经撰写的和整理的所有备忘录来填充每个类属下面的信息。

《品牌》在选择性编码阶段提出"可以将研究的核心确定为'国际品牌跨文化传播影响因素及其作用机理'"，而没有提出经过轴心编码获得6个二级类属中何者为核心范畴，也没有阐明如何运用核心范畴来组织其他范畴从而形成理论模型。事实上，在该文章的理论结构图中显示出是以6个二级概念中的"文化融合的主动性"作为核心范畴的，那么在阐述理论模型时也应该按照这个结构进行，才符合扎根理论法的特点和要求。

最后讨论一下扎根理论研究的成果。扎根理论法在理论阐释时先要运用选择性编码获得的几个概念形成一个理论模型，然后对这个理论模型进行阐释。换言之，以核心类属为统领的概念体系是整个理论阐释部分的框架。科宾在《质性研究的基础：形成扎根理论的程序与方法》第12章以自己对越战老兵的研究为例，进行了专著撰写的结构示范。他经过编码提炼出了核心类属，即"在越南一段时间之后，尤其是与敌人进行战斗之后，那么出现的基本故事就是'生存的故事'"；他同时将其他的概念"自我"方面的变化、"战争印象"和"回家"方面的变化作为对核心概念的描述或解释，形成了一个理论框架，它同时也是专著的叙事框架。他提出专著的结构是：

---

① 陈向明.质的研究方法与社会科学研究 [M].北京：教育科学出版社，2000：334.

② 科宾，施特劳斯.质性研究的基础：形成扎根理论的程序与方法 [M].朱光明，译.重庆：重庆大学出版社，2015：283.

第一章"导论"对理论模型进行了阐述；第二章"战前时期"描述了老兵参战前的自我状况和对战争的印象，以及加入新兵队伍后对于生存威胁认知的模糊；第三章"战争时期或战斗体验"描述了参加战斗后切实感受到了生存威胁，生存成为战争体验的主要焦点；第四章"战后时期或回家"描述了士兵回家后受到战争阴影、反战情绪困扰以及为了生存而进行的自我调适比如建立"沉默之墙"；第五章"结论与启发"提出了帮助老兵克服战争阴影的建议。

这个结构提供了一个如何用核心范畴以及类属体系来结构研究成果的例子。不过需要说明的是，他这个专著例子呈现的仅仅是相当于论文中的研究结论部分，而没有陈述研究方法。研究方法部分可能在之前的某部分呈现，否则无以说明如何确定研究对象以及如何提出问题等。

在理论模型形成以后，要形成完整的理论阐释还需要大量的"填充"，通过"填充"的方式赋予理论框架以质感的细节性内容，生成既有理论密度又有经验材料的文章。"填充"的内容既包括对概念不同属性和维度的描述，也包括引用所获得的经验材料（比如访谈内容等），还包括作者的合理想象，以及与之前理论的对照等。其中"填充"经验资料是很常见的，当然并非随意的拼凑，而是为了对范畴或属性的说明或论证而进行的合理"引用"。这样才能使理论阐释部分比较饱满，同时也具有一定的可读性。卡麦兹一再强调可读性，"简单的语言和直接的观点会使理论具有可读性""即使扎根理论家也没必要像干巴巴（disembodied）的技术员那样去写作"[①]。事实上，所有的学术写作如何尽可能地提高可读性，也是值得深思的问题。

---

① 卡麦兹.建构扎根理论：质性研究实践指南 [M].边国英，译.陈向明，校.重庆：重庆大学出版社，2009：217-219.

第三节　框架分析法

在诠释主义范式中，框架分析法与扎根理论法既有相似性也有很大区别。就相似性而言，两者都需要编码过程。就区别而言，扎根理论法需要三级编码，而且编码之前一般不设定理论作为起点；框架分析法只需要一次编码，而且在其编码之前可以设定理论作为起点。框架分析法可能正因为编码过程的存在而使之也显得较为"客观"，因此也一度成为传播学研究的重要方法。

一、概念与历史

所谓框架分析法（frame analysis method），可以理解为针对特定的媒体内容，通过编码方式来分析内容文本突出了什么、如何突出、突出的效果，以及为什么突出等的研究方法。因此，框架分析法不但可以用于分析媒体内容的特征，也可以用于分析媒体内容的生产与传播效果。

框架概念的最早提出者是美国人类学家贝特森，他在 1955 年发表的《游戏与幻觉的理论》（A Theory of Play and Fantasy）一文中提出了"元传播"（meta-communication）概念，用来指征人们在传播中对所传递符号的定义及其诠释规则的约定。他把这个约定的诠释规则称之为"框架"，因此框架即"元传播"。有人认为"元传播"是"关于传播的传播"其实不很准确，确切地说它指的是为了传播而共享的意义规则。

贝特森把交流信息按照抽象程度分为两个层次，其一是意义明显的信息，其二是意义含蓄的信息，并认为大多数"元传播"信息都是含蓄的。这些含蓄的"元传播"信息对理解意义明显的信息起着"框架"的作用，也就是起着认知模式的作用。他以自己 1952 年 1 月在美国旧金山三藩市动物园的观察为例说明，动物园的两个猴子看似在打斗，但实际上是在游戏。在这里，表面上的打斗动作是意义明显的传播信息，而"游戏"就是"元传播"信息，两个猴子必须具备这个元传播认知能力，它们之间的游戏才能够发生而且持续下去。因此，在他那里，框架就是用来理解或解释现象的思维方式。贝特森[①]认为框架具有 6 个方面普遍的功能和用途，这些功能与用途对我们理解框架的概念有帮助。笔者将其归纳为三方面：①排斥性，即框架把一些信息包含在内，就意味着把另一些信息排斥在外；②前提性，即采用了某个框架，就意味着该框架被作为了理解和解释框架内信息的前提；③区别性，即框架意味着对框架内与框架外事物进行了区别，框架内事物具有相同的特征。简要地说，框架起到的就是选择与理解的作用。

贝特森并没有将框架概念发展成系统的理论，所以当时这一概念也没有引起多大注意。直到 1974 年美国社会学家戈夫曼出版《框架分析：经验组织论》（*Frame Analysis：An Essay on the Organization of Experience*）一书，框架理论才被系统地创立起来，并逐渐引起学术界的广泛关注。戈夫曼显然受到了贝特森的启发和影响。他以相机为喻，认为人们的认识"取决于相机而非相机拍摄下的图片"[②]，也就是强调了认知中的选择性注意因素，这与贝特森关于框架的选择作用相符合。他还强调框架能够"将原本毫无意义的事物赋予意义"[③]，这又与贝特森所提出的框架的理解作用相符合。

贝特森和戈夫曼提出的都是认识论而非方法论，更不是具有操作性的研究方法。此后，相当多的学者参与到对框架理论的讨论之中，并对其进行了发展。2010 年，由 Dangelo 和 Kuypers 出版的《新闻框架分析：实务与理论》（*Doing news framing analysis：empirical and theoretical perspectives*）一书中囊括了 21 位框架理论分析方面的理论者和运用者，著名者如恩特曼、舍费尔、里斯、劳伦斯等。该书不但包含了一篇对于框架理论的综

---

① Bateson.A Theory of Play and Fantasy[J].*Psychiatric Research Reports*，1955，39（02）：39–51.

② Gofman.*Frame Analysis：An Esay on the Organization of Experience*[M].Cambridge：Harvard University Pres，1974：2.

③ Gofman.*Frame Analysis：An Esay on the Organization of Experience*[M].Cambridge：Harvard University Pres，1974：21.

述，还主要从框架建构与框架概念、框架效果、框架理论与其他理论整合三个方面汇集了 14 篇研究论文，因此值得学习框架理论者参考，不过尚未被翻译成中文。如果算上该书中没有包括的学者如甘姆森、坦卡德等，参与框架理论讨论、发展的学者队伍相当可观。

研究者们努力将框架理论发展成一种具有一定操作性的具体研究方法，使之在研究中得到了较为广泛的使用，"在大众传播、政治传播、科学传播、视觉传播、新闻学、社会运动、风险、宗教等各个社会科学领域迅速扩散"[1]，"一时之间几乎言必称框架"[2]。《新闻框架分析：实务与理论》[3] 一书也指出，新闻框架已经成为大众传播中一个迅速兴起的研究领域，专业学术会议上框架分析非常常见，几乎所有的传播学术期刊每期都刊登框架分析的论文。一项研究表明，从 2001 年 1 月至 2004 年 5 月，6 种一流英文传播学期刊上所发表的文章中，出现频率最高、使用最广泛的方法就是框架分析[4]。另一项研究指出，2014 年国际传播学会（ICA）和新闻与大众传播教育学会（AEJMC）的年会论文中，分别有 49 篇和 42 篇论文的标题中含有"框架"一词[5]。框架分析法得到广泛使用，可能与它本身具有较好的适应性有关，即它不但适合新闻内容分析，也适合新闻生产与效果分析。其实，除此之外，因为人们的认知模式是社会建构的结果，而且是"社会文化中的核心部分"[6]，因此通过对传播框架的分析，又可以与社会分析联系起来，使得框架分析成为社会文化分析甚至批判分析，则可进

① 王彦. 沉默的框架：框架理论 60 年的时间脉络与空间想象 [J]. 浙江大学学报（人文社会科学版），2017（06）：206-224.
② 刘强. 框架理论：概念、源流与方法探析——兼论我国框架理论研究的阙失 [J]. 中国出版，2015（08）：19-24.
③ Dangelo，Kuypers.*Doing news framing analysis：empirical and theoretical perspectives*[M]. London：Routledge，2009：1.
④ 陈阳. 框架分析：一个亟待澄清的理论概念 [J]. 国际新闻界，2004（04）：19-23.
⑤ 刘强. 框架理论：概念、源流与方法探析——兼论我国框架理论研究的阙失 [J]. 中国出版，2015（08）：19-24.
⑥ vanGor.The Constructionist Approach to Framing：Bringing Culture Back in[J].*Journal of Communication*，2007，57（01）：60-78.

一步拓展框架分析的应用空间。恩特曼提到，"明晰而普遍理解"的框架概念有助于对受众自主性、新闻客观性、内容分析、舆论与规范民主理论提供新的解释或方法。[①] 其中就包括了对新闻与社会联结的分析。

在框架理论分析中，准确地理解"框架"的含义对于方法设计至关重要，但是这一概念的含义却长期以来含混不清。恩特曼认为框架是"选择"与"凸显"：框架"通过强调某种定义，某种因果解释，某种道德评判，以及推荐某种解决办法以选择和凸显事物的某些方面"[②]；甘姆森认为框架是"中心思想"："框架是一组有组织性的中心思想，不但能让相关事件产生某种意义，并建议什么才是主要的议题"[③]；吉特林认为框架是"选择""强调"与"表现"："关于存在着什么、发生了什么和有什么意义这些问题上进行选择、强调和表现时所使用的准则"[④]；坦卡德与甘姆森的观点相似；潘忠党认为框架是"传者提供给受者应当如何理解符号的诠释规则"，是心理学的概念，类似于"场景""镜框"或格式塔心理学中的"格式塔"，"它将所包含的元素以一定的逻辑前提予以组合"[⑤]。这些解释固然令人眼花缭乱，但其实都没有脱离贝特森对框架的基本定义，即作为交流中对符号进行诠释的规则。在人们的传播交流中，总是存在不必言明或不便言明的诠释规则，双方根据规则传递信息和理解信息，自然就属于所谓对内容的"选择""框限"，而对内容的理解就产生了所谓的"中心思想"。

但是，由于框架分析法本身存在相当大的模糊性与不确定性，它因

① Entman.Framing：Towards clarification of a fractured paradigm[J].*Journal of Communication*，1993，43（04）：51-58.

② Entman.Framing：Towards clarification of a fractured paradigm[J].*Journal of Communication*，1993，43（04）：51-58.

③ Gamson，Modigliani.Media discourse and public opinion on nuclear power：A constructionist approach[J].*American Journal of Sociology*，1989（01）：95.

④ 余秀才.网络舆论场的构成及其研究方法探析——试述西方学者的"场"论对中国网络舆论场研究带来的启示[J].现代传播，2010（05）：120-123.

⑤ 潘忠党.架构分析：一个亟需理论澄清的领域[J].传播与社会学刊（香港），2006（01）：17-46.

而被恩特曼^①称为"破碎的范式",并呼吁确立"明晰而普遍理解"的框架概念。国内尽管也较早引入了框架分析方法,但显然受到该方法不成熟的影响而鲜有有影响力的成果,甚至对方法的表层性套用现象相当普遍。正如郭小安^②评价道,新闻框架理论在实际应用中正逐渐陷入"低水平、重复性"量化描述的困境,"极少能够深入话语本身及社会结构与权力层面""没有在传播研究中表现出同理论话语地位相符的理论张力,反而渐渐成为应用率极高却缺乏理论深度的文本分析代名词"。

框架分析法属于诠释研究还是实证研究?从这一方法的起源看,无论是贝特森还是戈夫曼,他们在运用的时候都是诠释主义的。戈夫曼本人《框架分析》一书的"研究方法继承芝加哥学派以定性研究见长、注重对经验事实的过程进行探究的特色"^③。后来坦卡特为了避免质性研究的主观性,尝试将框架理论发展成一种量化的方法。他将新闻框架分类列出 11 个指标,通过统计每个指标数量的多少来判断新闻框架,使框架分析派生出量化的取径。但是,这种量化的取径并非框架研究的主流,因此本书将框架分析法作为诠释性方法。

以"框架理论"为摘要关键词搜索中国知网的 CSSCI 期刊论文,结果显示该方法于 1999 年首次出现并整体上呈增加趋势(表 8-2)。在传播研究领域,根据上述搜索结果,新闻传播期刊论文中最早运用框架分析法见于 2000 年,截至 2021 年底共计出现 79 篇。这个数量虽然不算大,但是考虑到国内社会科学运用框架分析的总篇数并不多,因此相对数量还是不少的。其原因,可能因为框架分析适合于分析内容,包括媒体内容有关。在100 篇案例论文中,运用框架分析法的有 2 篇。

---

① Entma.Framing: Towards Clarification of a Fractured Paradigm[J]. *Journal of Communication*, 1993, 43(04): 51–58.

② 郭小安,腾金达.衍生与融合:框架理论研究的跨学科对话[J].现代传播,2018(07):46–53.

③ 肖伟.论欧文·戈夫曼的框架思想[J].国际新闻界,2010(12):30–36.

表8-2 以"框架理论"为摘要关键词的知网搜索结果

年份	2021	2020	2019	2018	2017	2016	2015	2014	2013	2012	2011	2010
篇数	30	36	32	35	33	25	26	24	32	35	16	20
年份	2009	2008	2007	2006	2005	2004	2003	2002	2001	2000	1999	
篇数	22	12	11	8	9	5	4	3	4	2	2	

二、框架分析法设计

框架分析法与扎根理论法有较多的相似之处：两者都需要编码过程；两者都属于资料分析方法，因此都需要在介绍方法时介绍资料的搜集方法；两者都因为编码环节的存在，而可以被视为半结构性和半程序性的研究方法。不同之处在于，扎根理论法通常需要3次编码环节，而框架分析法只有一次编码环节。

在推动框架分析法的发展方面，很多学者都有贡献，而尤以恩特曼和甘姆森的影响较大并在国内运用较多，因此后文主要以恩特曼和甘姆森的研究论文为案例来讨论方法设计，其他学者的设计思路则顺带性地介绍。

（一）恩特曼的研究案例

引用的恩特曼研究案例论文是他作为第二作者与马修斯的一项研究，名为"Slanting While Framing the News：children's Health Care Policy and the Liberal Bias Hypothesis"。韦路和王梦迪翻译了该文章并以《新闻框架的倾向性研究》为题发表在《浙江大学学报》（人文社会科学版）2010年第2期（后文简称为《倾向性》）。美国的媒体从来有监督政府和捍卫民权的自由主义神话，那么由此推论媒体在冲突性事件中的态度应该与民众一致而非与政府一致。该研究的结果却表明，在对儿童医疗保险计划（SCHIP）的报道中，尽管事实上民众对该计划持普遍支持态度而政府持反对态度，但媒体较为普遍地采用了政府的态度框架即反对框架。该研究进一步分析了这种新闻倾向性产生的原因。文章的结构是：①引言；②SCHIP背景；③SCHIP新闻的倾向性维度；④研究方法；⑤研究发现；⑥结论。

1. 研究资料的搜集

在恩特曼在研究中，需要对比新闻媒体报道和公众对待 SCHIP 的态度，前者就属于新闻报道的框架，后者属于社会态度或情绪。后者可以通过各种社会调查数据显示出来，《倾向性》就运用相当多的资料表明了大众对 SCHIP 的支持态度。因此，研究的目标就聚焦到发现新闻报道的态度或者说框架。很明显，根据框架分析理论，新闻报道文本是由报道框架支配的，因此通过对新闻文本的分析就可以发现新闻报道框架。正是循着这个思路，研究项目希望通过对新闻文本的抽样来研究发现新闻框架，然后将所发现的新闻框架与大众的态度框架进行对比而得出媒体是否客观和是否捍卫公众利益的结论。

（1）研究对象的获取

框架分析的经验资料大多是新闻报道，因此研究对象是媒体。如果框架分析的资料是交谈内容，那么研究对象也可以是人。《倾向性》要分析的是新闻报道框架，因此媒体是其研究对象。研究以《华盛顿邮报》《纽约时报》《今日美国》以及美国广播公司（ABC）、美国全国广播公司（NBC）、美国哥伦比亚广播公司（CBS）的 3 大夜间新闻节目中关于 SCHIP 的新闻报道为新闻文本来源。论文中阐明了以这些媒体作为文本来源的理由：

> 选择《纽约时报》和《华盛顿邮报》，是鉴于其声誉和"敢于挑战政府的记录"。选择《今日美国》是因为它的读者面较广，发行量居全美之首。传统电视网仍然是最受欢迎的新闻来源，因此三大电视网的晚间新闻也被囊括其中。为了更清晰地阐述问题，大多数分析都综合了以上这些媒介渠道。

（2）经验资料的获取

接下来，需要从选定的媒体获得文本资料，一般采用从报刊数据库中搜索的方式，但是搜索的关键词和时间段需要合理地设定。当然，如果涉及的文本资料量不大，则将其全部纳入研究资料范围也是可以的。在恩特曼的研究中，作者介绍了文本搜索方式、时间区间，它实际上也是一种抽样手段，即选择一些典型的时间段，选择这些时间段的理由是有关重要事件发生导致媒体形成对 SCHIP 的报道高峰。搜索过程与结果是：

> 文章选自 Lexis-Nexis 数据库，搜索关键词包括"SCHIP""S-CHIP""美国儿童医疗保险计划（State Children's Health Insurance Program）"或"儿童医疗保险（Children's Health Insurance）"。2007年8月2日，美国参议院投票通过了 SCHIP 扩大的参议院提案版本："2007年儿童医疗保险重新授权法案"（Children's Health Insurance Program Reauthorization Act of 2007）。8月1日，众议院通过了该议案的众议院版本，"2007年儿童医疗保护法案"（Children's Health and Medicare Protection Act of 2007）。Lexis-Nexis 搜索的时间范围被确定为参议院投票前一个月（2007年7月2日）和众议院投票维持小布什总统的否决之后一个月（2007年11月18日）之间。在这一时间段内，相关争论引起了媒介广泛的注意。搜索结果显示，《纽约时报》发表了62篇相关文章，《华盛顿邮报》75篇，《今日美国》40篇，三大电视网一共播出18个报道。读者来信未计算在内。

2. 研究资料的分析

框架分析法与扎根理论法一样都属于资料分析方法，因此在方法中对资料的分析是其核心环节，也是比较困难和关键的环节。其要旨在于，将文本按照一定的类目进行编码，而所谓类目就是框架概念。那么，这些框架概念从哪里来呢？从理论上讲有两个途径，一方面是研究者自己构建，另一方面是研究者根据既有研究成果构建。这也与扎根理论的类目概念只来自原始文本而非既有理论明显不同。笔者考察了近年来刊登于新闻传播学 CSSCI 期刊的所有主要论文（采用框架分析法的），发现自己构建新闻框架的极少，绝大多数都是采用了既有框架体系，比如甘姆森的框架体系等。因此，这里先介绍一下有哪些学者提供了可供选择的框架概念体系。

第一个是梵·迪克提出的话语分析框架。戈夫曼并没有提出一个框架分析的概念体系，因此框架分析的规范性存在缺陷，梵·迪克较早地努力弥补此方面不足。他将新闻话语归纳为一系列的概念类别，客观上与框架分析建立了契合之处。梵·迪克的新闻话语框架由 10 个概念构成，其中归属于摘要的有两个，即标题和导语；归属于正文的有 8 个，即主要事件、结果、境况、先前事件、历史、各界反应、期望、评估。我国第一篇采用框架分析方法的文章，即陆晔的《香港中文报纸中的中国内地新闻：新闻文本的框架研究》（《新闻大学》1998 年夏）就是采取的这一框架，不过仅仅是选取了由对正文分析的 8 个概念组成的框架，而没有分析摘要中的两个概念。

第二个是臧国仁提出的框架。他的框架分为 3 个层次，即"高层次指的是事件的抽象意义，或是主旨，通常难以辨识。中层次则由主要事件、历史、先前事件、结果、归因、以及评估等几个环节组成，有些事件包含了所有上述环节。低层次指的是框架的表现形式，系由语言或符号组成，包括字、词、句，以及由这些基础语言所形成的修辞或比喻"[①]。这一框架与梵·迪克的新闻话语框架有较多类似，其中的中层框架结构与后者有较多的重合之处。不过，这个框架结构比梵·迪克的更加清晰，概念名称也更符合中国人的文本理解习惯（比如"主旨"这样的框架概念）。

第三个是甘姆森提出的"诠释包裹"（interpretive package）框架。在框架分析的历史上，甘姆森作出了重要贡献，他的"诠释包裹"理论被广泛采用。甘姆森[②]将新闻框架分为两类，一类是"框架装置"，包括隐喻、描述、短语、论据以及视觉影像；另一类是"推理装置"，包括问题来源、后果或事件影响、责任归咎、解决方案、道德呼吁。

---

① 臧国仁. 新闻媒体与消息来源——媒介框架与真实建构之论述 [M]. 台北：三民书局，1999：51.

② Gamson, Lasch.The Political Culture of Social Welfare Policy[M]//Spiro, Yaar. *Evaluating the Welfare State*.New York：Academic Press，1983：402.

第四个是坦卡特提出的框架。坦卡特认为可以通过量化的方式确定新闻框架，他因此归类出 10 个新闻框架即新闻标题（包括主副标题）、新闻图片、图片说明、新闻导语、消息来源、引语的选择、引语的强调、文章所属的系列、数据和图表、文章结论。但是，对这种框架使用的较少。

第五个是瑟曼特克和沃肯伯格①提出的框架。他们认为，媒体报道中存在冲突（conflict）、人情味（human interest）、经济影响（economic consequences）、道德（morality）、责任（responsibility）这 5 个"通用框架"，这些框架可以在不同议题、不同媒介形态、不同国家和地区的新闻报道中普遍存在，虽然这些框架可能并不是同时出现。

但是，上述 5 类框架体系都没有提出具体的框架概念，而最多只能算是对框架概念的分类模式，因此是无法直接按照这些体系来编码的。比如经常被使用的甘姆森的"诠释包裹"分为"框架装置"与"推理装置"，其实还需要研究者提出"框架装置"与"推理装置"中的具体框架概念方能进行编码工作。

恩特曼的框架分析方法与上述 5 类有所不同，他并不先提出某个框架概念分类模式，而是根据研究的问题灵活设定类目概念。这种方式的不足是缺乏一个既有的概念框架，其好处则是免去了套用框架模式的痛苦——很多套用框架模式的研究都陷入了照猫画虎之境地。

现在，我们回到恩特曼的研究项目本身。

（1）内容单元的划分

框架分析时的文本单元，一般以整篇报道或段落为单位，也可以构成完整意义的几句话或几个段落为分析单元。恩特曼的研究是按照意义单元来划分分析单元的：

> 每一篇文章都被区分为段落或案例，从而构成研究的分析单位。
> 段落的编码依据为是否包含涉及 SCHIP 的正面或负面的完整主张。按

---

① Semetko, Valkenburg.Framing European Politics: A Content Analysis of Press and Television News[J].*Journal of Communication*.2000，50（01）：93–109.

照 Entman 等学者的定义，主张是指"一个独立统一的论点或思想，它可能包含多达三个独立（物理上相连或有关）的句子"。

（2）类目编制

所谓类目编制即编码，其实就是按照类目概念对文本进行分类归集的过程，因此类目如何编制就非常重要。在恩特曼的框架理论中，并不事先提出框架概念，而是根据研究问题提出类目概念体系。比如在《倾向性》中，研究的目的在于比较新闻报道文本中的框架概念与大众的框架概念是否一致，大众的框架概念已经知道了，因此要获得的是新闻文本中的框架概念。研究中对新闻框架赋予的类目是"支持"或"反对"，这通过对各文本分析单元的阅读不难获得。但是，如果止步于此，仅仅把文本中的框架概念与大众的框架概念进行对比，固然可以得到两者一致或不一致的结论，却难以解释这种结果的原因。也就是说，为什么大众支持 SCHIP 而媒体框架却并非如此呢，仅仅对文本态度进行编码是不足以解释的，这会影响到研究的深度。为了避免这种情况，恩特曼的研究还对编码的类目进行了扩张，即对各分析单元的信息来源（政府、共和党、民主党、记者等）和信息特征进行了编码，其中信息特征又细分为推理基础（3 种不同的信息维度）、复杂程度（简单或复杂），以及政策效果（涉及全民还是特定群体）3 种框架。这样，在分析文本框架概念与大众框架概念的差异时，就不仅仅是呈现大众对公共卫生政策支持与否这样直接而简单的结论，而是可以结合信息来源以及信息特征等进行原因方面的深度阐释，因而把新闻报道的框架讨论与其背后的社会决定机制联系起来了。比如，这样的结论既是水到渠成的，也比单纯回答"支持与否"更有理论意义：

　　本研究表明，与批评者的论断相反，新闻倾向性的很多重要来源是超越记者的选择意识的。在这个案例中，美国政治文化中的个人主义和在媒介市场上不需要复杂政策言论的相对单纯、政治冷漠的受众，使 SCHIP 扩大的支持者从一开始就处于不利地位。与之相关联的是媒介对于官方信息来源的依赖，以及媒介对于这些有权操纵结果的政府官员的偏向。

（3）编码信度检验

框架分析的编码需要进行信度检验，这与扎根理论法中三级编码过程都不需要信度检验不同，后者对编码的控制措施是理论抽样和理论饱和度检验。信度检验可以有两种方式：一种是在正式研究前对少部分经验资料进行信度检验，如果达到信度要求再使用经过检验的类目概念进行编码；另一种是对全部经验资料编码完成后进行信度检验，如果达不到信度要求则需要重新编码并重新进行检验，直到达到信度要求为止。《倾向性》采用了第一种方式，对 10% 的资料进行了编码的信度检验：

> 为了提高编码员之间的信度，第二个编码员接受严格的编码训练，并完成了 10% 文章的编码任务。除了推理基础的编码信度（Cohen's Kappa，0.70）较低之外，其他所有编码信度均超过 0.80。考虑到本研究及其编码方案的复杂性，这样的编码信度处于可接受的范围之内。信度指标是完全可以接受的。

（4）编码

接下来就是正式的编码工作了，也就是把每一个文本单元赋予类目表中的一个概念。比如在《倾向性》中，涉及的类目概念就有态度、信息来源、推理基础、复杂程度、政策效果等类别，一些类别下又有若干具体类目概念。最后统计出各类目的数量以供分析。《倾向性》在研究方法部分陈述了编码过程：

> 研究者对每一个主张进行编码，以确定其消息来源（政府、共和党、民主党、记者等）、立场（正面或负面）、推理基础（3 种不同的信息维度）、复杂程度（简单或复杂），以及政策效果涉及全民还是

特定群体。此外，因为以往研究已经显示出"赛马"式报道在政治新闻中的主导地位，为了评估这种模式的报道的普遍程度，本研究也对段落之间是否包含这种竞争性的"过程"框架进行编码。

（二）甘姆森的研究案例

甘姆森对框架理论的贡献主要是提出诠释包裹理论。他所谓的诠释包裹，其实就是"框架"概念的另外一种提法。他在文章中多次用到框架或基模概念，就是将它们作为诠释包裹的同等概念使用的。他甚至直接引用吉特林的关于"框架"的概念来定义诠释包裹："大量未言明的或未意识到的，为记者报道和为我们依赖记者报道来组织世界"。他认为，媒体是个体建构社会意义的一部分，而文化又是媒体建构社会意义的一部分，而诠释包裹既受到社会文化的影响，也受到个人认知发展历史的影响。他还认为，媒体诠释包裹的主要影响因素有文化共鸣、赞助商、媒体实践 3 个方面。诠释包裹通过结合文化共鸣、赞助活动以及与媒体规范和实践的成功契合，在媒体话语中获得成功。

甘姆森把"诠释包裹"分为两类：一类是"框架装置"，其实就是状态类的框架概念；另一类是"框架推理"，指的是对状态类框架进行解释的框架概念。这一点与恩特曼的框架理论法不同，前面说过恩特曼并不事先给出框架概念的类别。

我们将引用甘姆森于 1989 年发表于《美国社会学杂志》（*American Journal of Sociology*）的《核能的媒介话语与公共舆论：建构主义的视角》（Media Discourse and Public Opinion on Nuclear Power：A Constructionist Approach）一文（后文简称《核能》）。原子能被发现以后，和平利用核能是国际社会的一项重要议题，但是由于对核武器的担忧，使得媒体上关于此问题的报道呈现出争议的一面。甘姆森的研究旨在探究从 1945 年美国在日本广岛和长崎投下原子弹直到 1986 年苏联切尔诺贝利核电站核泄漏事故发生期间，媒体关于核能的话语框架是如何变迁的。但是，在这项研究中，甘姆森并未运用他所提出的"框架装置"与"推理装置"，而是直接提出的框架类目概念。

和恩特曼的研究中需要将新闻文本的报道框架与社会态度框架比较不同，甘姆森的这项研究纯粹是为了发现新闻报道框架的历时性变化，即希望发现新闻媒体对核能的报道框架经历了怎样的历史演变，以及这种演变背后的社会原因。论文的结构是：①引言；②媒体话语的特征；③公众舆论的特征；④核电调查数据；⑤结论。可以看到，与恩特曼论文中有专门的"研究方法"部分不同，甘姆森的论文中没有该部分，不过它的研究方法主要呈现在第三部分的开始部分。这种不系统和单独介绍研究方法的写法，在今天当然是不大提倡的。

1. 研究资料的搜集

甘姆森项目研究资料的获得同样包括研究对象的获取和研究资料的获取两个环节。

（1）研究对象的获取

甘姆森项目选择的媒体包括主流的全国性电视媒体、新闻杂志和报业辛迪加；电视媒体包括美国广播公司、美国哥伦比亚广播公司和美国全国广播公司的晚间新闻广播；新闻杂志包括《时代》《新闻周刊》和《美国新闻与世界报道》。之所以选择报业辛迪加，是因为报纸上有关于核能的新闻漫画和新闻评论专栏。

（2）经验资料的获取

因为属于历史比较研究，因此甘姆森论文的抽样期间比恩特曼的抽样期间长得多，从第二次世界大战末期的长崎广岛事件直到 1986 年的切尔诺贝利核电站核泄漏事故。研究项目将此期间划分为三个历史阶段，即从长崎广岛事件到 20 世纪 60 年代末 70 年代初，从 20 世纪 70 年代初到 70 年代末，从 70 年代末的美国三里岛核电站事故到切尔诺贝利核电站核泄漏事故。在每一个阶段内，研究者选取具有典型意义的两周作为从媒体抽取文本的时间区间。所谓具有典型意义，指发生了与核能有关的重要政治事件或社会事件，研究者称其为"批判性话语时刻"，即由重要事件导致相关方与记者积极在媒体就核能发声的时期。第一阶段选取了 1956 年艾森豪威尔在联合国演讲后的两周，第二阶段选取了尼克松 1973 年关于核能演讲后的两周和卡特 1977 年逮捕反对核能示威者之后的两周，第三阶段选择三里岛核电站事件后的两周。研究者报告了在这三个阶段分别获得文本数量的情况。比如，在第三阶段获得文本的情况是：53 个电视片段，6 篇新闻杂志报道，71 幅新闻漫画和 56 篇报纸观点专栏文章。

2. 研究资料的分析

框架理论分析法应该进行编码，而且应在研究方法部分报告编码类目的来源，但甘姆森的此篇论文中仅仅是提到了进行编码，也介绍了编码工作的一些细节，但是并无陈述类目概念是如何建构的。这可能与框架分析发展处于早期对方法报告的不重视有关。

（1）文本单元的划分

甘姆森是以包含了一个诠释包裹的文本来划分文本分析单元的。由于一个诠释包裹可能由一个段落构成，也可能由若干个段落构成，因此他的分析单元就可以是一个段落或几个段落组成的文本单位。前面说过，甘姆森所谓的诠释包裹其实就是框架概念的含义，因此一个段落或几个段落中体现了某个框架概念时，这一个段落或几个段落就被视为一个分析单元。这一点与前面恩特曼的单元划分标准比较类似，只不过恩特曼将其称为"主张"，而甘姆森称之为"诠释包裹"。

（2）类目编制

《核能》虽然没有专门的研究方法部分，但是从后文看研究者进行过编码工作，也就是从文本单元中提取框架概念。而且，与恩特曼的先提出框架概念不同，甘姆森的框架概念是在对文本的通读后提炼出来的，通过对长达 40 余年核能报道的阅读，从中主要发现了核二元论框架、反核框架、发展框架、技术失控框架、公共责任框架和邻避框架等。另外，甘姆森的研究还进行了第二层次的编码，也就是在一级类目下设置了二级类目，这是它此项研究中比较有创新性的地方，而且也有较强的合理性。比如在发展框架下面，就设置了诸如"不发达国家尤其可以从和平利用核能中受益""核能对于维持经济增长和我们的生活方式是必要的""反对核能的人害怕改变"等类目。编码人员根据文本单元的内容首先将其归集到二级类目，再把二级类目中反映了相同框架概念的归集到一级类目中。这样的工作，有助于提高编码工作的准确性。

（3）信度检验

《核能》在文中仍然明确陈述了信度检验及其标准：两个独立的编码人员分别对相同的资料进行编码，当编码信度达到80%方被接受。从这一点也可看到，甘姆森的研究确实是有编码过程的。

（4）编码

与恩特曼的研究一样，研究方法的最后阶段是编码工作，也就是把每一个文本单元赋予所提出的框架概念，然后统计每个框架的频次情况。不过，与恩特曼的研究方法是根据先前提出的框架概念对资料进行分类不同，甘姆森的研究方法是对资料阅读后才能提出框架概念，两者的方向恰好相反。因此可以看出，甘姆森的框架理论法有一定的"扎根"特征。甘姆森所谓按照"诠释包裹"来对资料进行编码，就是研究者阅读内容后对其主旨的提炼。比如，甘姆森在论文中举了一段被赋予"发展框架"或者"发展诠释包裹"内容的例子：

> 如果电椅是在电灯发明之前发明的，我们还会使用煤油灯吗？一直以来，神经紧张的人们对技术进步都有抵制，他们看到问题而忽略了益处。对核能发展的抵制是这种对进步和变革的非理性恐惧的最新版本，是现代田园牧歌和勒德主义者的表现。当然，核能发展并非没有问题，但正如技术进步的历史所表明的那样，问题是可以解决的。发展核能的失败将阻碍我们的经济增长，使我们背弃对穷人和子孙后代的义务。如果强制性的乌托邦阻止我们现在在核能方面取得进展，那么下一代可能会坐在黑暗中指责这一代官员没有尽到应尽之责。

编码完成后，框架分析法的方法工作就告结束了，转而进入理论分析阶段，也就是根据出现了什么框架、不同框架出现的频次、各种框架之间的关系进行分析和阐释。这时需要避免就事论事的情况，比如仅仅指出某种框架多少、占整体的多少比例之类，理论意义往往不大，重要的是分析出各种框架之间的关系，甚至进一步地将框架呈现作为社会文化或社会权力表征的方式。比如在恩特曼的研究中，不但提取了对于公共卫生政策支持与否的框架，而且提取了信源、政策效果等方面的框架，后者对前者具有解释力，就产生了理论纵深感。在甘姆森的研究中，研究者也不仅仅提取框架并简单地叙述其历史变迁，而是将其放在社会文化、赞助商和新闻规范之中讨论，从而获得了更深的理论意义。同时，所有的理论讨论都必须基于所发现的框架，而不能信马由缰地自说自话。

尽管框架分析法已历经数十年发展而且被较为广泛地使用，但是作为具有可操作性的方法却远远没有完成。一方面，对于方法的一些基本概念莫衷一是，比如对于"框架"概念的解释就林林总总。另一方面，方法的流程同样没有统一的规范，比如前面恩特曼与甘姆森的编码过程就很不相同。即使包括最核心的编码工作，目前也没有较为公认的标准，正如潘忠党所说："迄今为止，我们还没有足够的研究积淀而形成完整的分类体系，也就是说，我们仍缺乏对架构这一社会实践动态的充分理论认识。"[1] 总之，框架理论至今仍然是"破碎的范式"[2]。这种情况再次提醒研究者要避免被动地套用方法，而是需要主动地完善研究方法，使研究结论获得作为知识的可靠性。

---

① 潘忠党. 架构分析：一个亟需理论澄清的领域[J]. 传播与社会学刊（香港），2006（01）：17–46.

② Entman.Framing：Toward clarification of a fractured paradigm.*Journal of Communication*，1993（43）：51–58.

第四节　民族志法

一、概念与历史

民族志法（ethnography method）又称人种志方法，原本主要是人类学的研究方法，后来被引入到社会学以及社会科学。民族志法由于创立较早，相对而言也比较成熟，因此是社会科学研究中一种很重要的方法。

民族志既是一种资料搜集方法，也是一种资料分析方法。作为资料搜集方法，民族志以参与式田野观察为核心工作，因此有时候民族志方法与参与式田野观察法两个概念可以等同。作为一种资料分析方法，民族志的书写并无固定的程式和标准，体现出一定的文学性特征，即所谓"诗学"[①]的叙事气质。当然，这种文学性特征并非指其为真正的文学作品，而是说它在书写方面具有较强的直观性，但民族志写作毕竟是学术研究，是在讲述"理论故事"[②]。

民族志的文学气质，与其来源于记载异域奇闻逸事的文体有关。每个民族似乎都有对异域文化的好奇心，因此书写异域奇闻逸事的历史源远流长。有学者认为，中国古籍中的《山海经》、《左传》中的"蛮夷"传、《淮南子》、《风俗通义》以至"二十四史"中的边疆民族篇章，西方历史典籍比如希罗多德的《历史》中的许多传说、地理等都属于这种旨趣的写作[③]。近代以来，随着资本主义的扩张，一些官员、商人和传教士等到达遥远的异国他乡，他们的文字给本国的人们带回了关于异域文化的记载。这类记载固然具有相当好的可读性，但它们毕竟只是偏于猎奇的文学叙述，而非建构知识的学术文章。

---

① 彭兆荣．民族志"书写"：徘徊于科学与诗学间的叙事 [J].世界民族，2008（04）：34-41.

② 郭建斌，张薇．"民族志"与"网络民族志"：变与不变 [J].南京社会科学，2017（05）：95-102.

③ 阮云星．民族志与社会科学方法论 [J].浙江社会科学，2007（03）：25-34.

19 世纪中后期，一些学者开始致力于把上述写作方式发展成一种知识生产方法，早期的民族志便产生了。代表性的人物和作品有泰勒的《原始文化》、弗雷泽的《金枝》、摩尔根的《古代社会》等。但是，早期的民族志主要依据到过异民族的探险家、传教士、商人的叙述资料，研究者自己几乎不会深入到田野之中，即使到达田野，时间也通常很短，并且主要依赖于翻译人员与土著沟通。这样的资料就是我们今天常说的"二手资料"，而且这些资料带有各种偏见，再加上研究者自身的偏见，作为知识的客观性就更难以得到保证。因此，早期的民族志学者被讥为"扶椅上的人类学家"。

民族志真正被确立为学术研究方法，是从现代民族志的创立开始的。马林洛夫斯基被誉为现代民族志的创立者。他于 1914 年 7 月到澳大利亚从事图腾制度的研究，先是独自在新几内亚（当时由澳大利亚政府管辖）南部的迈鲁岛上从事研究，1915 年 5 月转移到特罗布里恩群岛上继续进行研究，1918 年完成了田野工作后返回到墨尔本。其研究成果于 1922 年出版，即《西太平洋上的航海者》（*Argonauts of the Western Pacific*），该书被誉为现代民族志的奠基之作。马林洛夫斯基在书中对以特罗布里恩群岛为中心的库拉地区进行了深入而细致的研究，揭示出当地土著社会巫术、宗教、贸易与日常生活之间的关系。

马林洛夫斯基对于民族志的主要功绩在于使它演变成一种"科学"的研究方法。具体地说，他在迈鲁和特罗布里恩群岛的实地调查"综合了 19 世纪民族志的几乎所有优点"[①]，严格地运用了较为系统的手段，使得资料的搜集和分析都具有了"客观性"，从而奠定了民族志作为学术研究方法的合法性。20 世纪初期正是科学主义大行其道的时候，受当时实证主义思潮的影响，以及受到读者对早期民族志成果"科学性"怀疑的影响，马林洛夫斯基的民族志很明显地采纳了科学主义的知识观。从《西太平洋上的航海者》对研究方法的介绍中，我们可以清楚地看到他的这一理想："一

---

① 王铭铭.当代民族志形态的形成：从知识论的转向到新本体论的回归 [J].民族研究，2015（03）：25–38.

个民族志学者进入田野工作，横亘在其面前的职责便是勾画出部落生活的规则与规律，并给出他们文化的解剖图，描述出他们社会的结构。"①马林洛夫斯基的民族志迎合了当时的科学主义潮流，因而广受研究者追捧，并被称为科学民族志或现代民族志，有时候也被称为客观民族志或经典民族志，都旨在与前民族志相区别。

20世纪六七十年代，西方世界出现了影响深远的后现代思潮，它对现代文明中的弊端进行了广泛的反思。反思的领域几乎涵盖了一切文化思想领域，涉及文学、艺术、语言、历史、哲学等。其锋芒所及在哲学领域即对科学主义的反思，就方法论而言即对实证主义的反思，从而对人文社会科学的方法论和方法产生了重要影响。现代民族志所标榜的"科学性"显然也被质疑，从而导致了后现代民族志写作方式的诞生。

后现代民族志与现代民族志的区别首先在于知识观，前者认为社会科学知识不是"客观规律"而是对社会的解释。格尔茨自述自己深受韦伯思想的影响，认为人是悬在由他自己所编织的意义之网上的动物，所谓文化也是"这样一些由人自己编织的意义之网，因此对文化的分析不是一种寻求规律的实验科学，而是一种探求意义的解释科学"②。这就打破了客观性描述的神话，而把主要的目标放在对文化的解释上。格尔茨在《文化的解释》中提出："我们不是在一大批未经解释的资料，在极浅的描述上，而是在能使我们与陌生的人们建立起联系的科学的想象力上，衡量我们的解释是否具有说服力。"③

进入互联网时代后，虚拟民族志大量出现。所谓虚拟民族志，也被称为网络民族志、在线民族志、赛博民族志等，是指在虚拟环境中进行的、针对网络及利用网络开展的民族志研究。虚拟民族志的诞生并非因为民族志的知识观和方法论有彻底改变，而只是因为田野调查的场所从现实空间

---

① 马林洛夫斯基.西太平洋上的航海者[M].张云江，译.北京：中国社会科学出版社，2009：10.

② 格尔茨.文化的解释[M].韩莉，译.南京：译林出版社，2014：5.

③ 格尔茨.文化的解释[M].韩莉，译.南京：译林出版社，2014：15.

迁移到了虚拟空间，因此线下民族志的原则基本上均适用于虚拟民族志。

虚拟民族志的优势明显，因为它不需要到达现实中的田野，因而省时省力节约经费，而且网络潜伏不容易被人发觉，或者即使被发觉也难以断定研究者的身份[①]。正因为如此，虚拟民族志的发展非常迅速，2000 年出现了两本重要的虚拟民族志方法著作，其一是人类学家米勒和社会学家斯莱特合著的《互联网：一项民族志研究》（*The Internet：An Ethnographic Approach*），其二是海因撰写的《虚拟民族志》（*Virtual Ethnography*），更有大量学者在研究中运用了这一方法。

但是，与线下民族志相比，虚拟民族志仅能够观察到研究对象的在线行动，获得的主要是文字类内容，有时候会有少量表情等信息，这样的信息类别与线下民族志获得资料的丰富性是不可同日而语的。因此，一些民族志学者对虚拟田野工作是否属于民族志田野工作产生了怀疑[②]。海因是最早系统地研究网络民族志的学者，她自己也认为"虚拟民族志是不完整，它难以完整地描述任何信息源、地点或文化"[③]。也许，在互联网时代，对于民族志的定义也应有所改变，库兹奈特[④]就认为，没有真正真实的民族志，也没有实际上完美的民族志，只有在特定的时间内满足一些特定群体的特定标准的民族志作品。尽管如此，网络观察哪怕是那些声称的网络参与式观察，所能搜集到的资料相当单一，与线下民族志资料的多样性无法比拟。民族志的精髓在于还原语境，那么虚拟社区到底是原生态的网络社区，还是线下社区在线上的呈现，可能是不同的。如果是后者，就会面临从线下到线上的语境迁移过程中有相当多的符号和意义丢失的问题。即使是原生态的网络社区，研究者沉浸其中所能观察到的信息也与线下有相当

① 卜玉梅.虚拟民族志：田野、方法与伦理 [J]. 社会学研究，2012（06）：217-236，246.

② 卜玉梅.虚拟民族志：田野、方法与伦理 [J]. 社会学研究，2012（06）：217-236，246.

③ Christine Hine.Virtual Ethnography.London：Saga，2000：65.

④ 库兹奈特.如何研究网络人群和社区：网络民族志方法实践指导 [M]. 重庆：重庆大学出版社，2016：74-75.

大的差异。

笔者并非反对虚拟民族志，学术研究积极拥抱新技术是大势所趋，因为它会提高研究的效率，但关键在于研究者要直面不足，注意改进方法。虚拟民族志要被确立为新技术下的方法，需要明确自身的标准，使其能够满足学术研究的要求。相当多的研究声称采用了虚拟民族志，但是在线参与式调查的时间相当短，方法介绍也比较含糊，写作中仅有对只言片语的引用，完全缺乏"观察"的特征，更遑论"参与式观察"。当然，另外一种办法则是放弃"虚拟民族志"这个概念，既然在线实际上可能是无法"参与式观察"的，那么将这种资料搜集方式称为"在线观察法"或许比较符合实际情况。

民族志作为一种研究方法，也从人类学进入到传播学。根据张放的研究，民族志媒介研究最早出现于 1950 年鲍德梅克出版的《梦工厂好莱坞——一个人类学家眼中的电影制造业》（*Hollywood，the Dream Factory：An Anthropologist Looks at the Movie-Makers*）[①]。首先提出"民族志传播学"（ethnography of communication）概念的，则被认为是美国人类学家海默思，他于 1964 年在《美国人类学家》（*American Anthropologist*）的一期特刊上提出了这一概念。海默思[②]认为民族志传播学有两个特征：第一是必须深入到具体的自然情景中去考察传播实践，这种置于情境中的研究获得的意义是单纯对语法、对人格、对宗教等的研究所无法达到的；第二是必须把社区作为语境，把传播习惯作为一个整体来考察。

美国人类学家菲利普森[③]更加深入地勾连了民族志与传播研究之间的逻辑，认为任何语言社区的传播实践都是模式化或者系统化的，因为它们受制于一定的行为规范和解释规范。这些规范和意义都会出现在人们的传播

---

① 张放.传播学史视域下媒介研究"民族志转向"之辨及其价值探析[J].南京社会科学，2018（06）：108-117.

② 蔡骐，常燕荣.文化与传播——论民族志传播学的理论与方法[J].新闻与传播研究，2002（02）：16-22，95.

③ Philipsen G.Speakinglike a Man in Teamsterville：Cultural Pattern of Role Enactment in an Urban Neighborhood[J].*Quarterly Journal of Speech*，1975（61）：13-22.

实践中，尤其是在他们的交谈中，因此就可以通过观察他们的交谈即传播实践来系统地研究那些规范的意义。观察交谈的有效途径是语境化，那么民族志就合理地进入了传播研究中。菲利普森的观点表明，传播与文化形成了互补的关系，也就表明了传播民族志研究的两个可能维度：可以通过社区文化来研究传播，也可以通过传播来研究社区文化。

但是，无论是海默思还是菲利普森，所做的都是语言学角度的传播民族志研究。就大众传播民族志而言，到20世纪70年代末80年代初才有所发展，主要有两个方向：其一是电视受众民族志研究，其二是新闻编辑室民族志研究。前者以莫利的《全国观众》和《家庭电视：文化力量和家庭闲暇》等著作为代表，后者以甘斯的《什么在决定新闻》和塔克曼的《做新闻》等著作为代表。1980年以后，此类研究陷入停滞，不仅数量上不如黄金时期的成果多，而且对该领域产生的影响也远逊于前辈研究[①]。传播民族志研究热度下降，一方面可能与研究者依然对民族志作为方法的合法性不太确定有关，另一方面则可能与这一研究方法耗费较多时间和精力有极大关系。现在回过头来观察，当初提出所谓"受众民族志转向"之类的说法是过于乐观和草率了。不过，白红义[②]提出，2004年至今，已有多部运用参与观察方法研究数字化环境中的新闻业的专著出版，还有大量学术论文发表，昭示着20世纪70年代形成的新闻民族志传统的复兴。在传播研究领域，民族志是否已迎来复兴时代，可能还需要观察。

以"民族志"为摘要关键词在中国知网对CSSCI来源期刊论文进行搜索，结果显示在人文社会科学领域，该方法的运用整体上呈现出缓慢增长的趋势（表8-3）。从搜索结果来看，2000年前后国内新闻传播学开始采用田野调查法，并有学者介绍民族志方法在传播研究中的应用。截至2021年底，新闻传播CSSCI来源期刊中，民族志方法共计出现在127篇论文中。

① 白红义. 在新闻室作田野：作为方法的新闻民族志研究 [J]. 现代传播，2017（04）：61-67.

② 白红义. 在新闻室作田野：作为方法的新闻民族志研究 [J]. 现代传播，2017（04）：61-67.

在 100 篇案例论文中，采用民族志（含田野调查、参与式观察、虚拟民族志）方法的有 8 篇。近年来，民族志学者又提出了自我民族志、多点民族志等概念，在国内的传播研究中均有出现。在民族志研究中，虚拟民族志的运用超过了传统的田野民族志。在前述 8 篇文章中，采用了虚拟民族志的就有 6 篇，可见互联网对民族志的改造和使用做出了很大的贡献。

表 8-3　以"民族志"为摘要关键词的中国知网搜索结果

年份	2021	2020	2019	2018	2017	2016	2015	2014	2013	2012	2011	2010
篇数	178	202	171	166	149	126	124	116	105	67	80	84
年份	2009	2008	2007	2006	2005	2004	2003	2002	2001	2000	1999	1998
篇数	94	56	26	29	30	18	10	12	1	5	8	5

二、民族志方法设计

民族志方法的设计仍可分为两个阶段：资料搜集与资料分析。这里以郭建斌和李加方的《"第四世界"中的"低端"媒介实践——非洲马拉维录像厅的田野考察》（《新闻界》2019 年第 12 期，后简称《录像厅》）为例加以说明。该论文的结构如下：①引言；②相关背景；③文献和理论综述；④马拉维农村录像厅的"媒介实践"；⑤进一步讨论。

（一）研究资料的搜集

1.研究对象的获取

民族志研究对象的获取，如果说存在抽样这个概念的话，那么更多的情形是非随机抽样，比如目的抽样等。费特曼并不排斥随机抽样，但认为民族志学者"通常采用非正式的策略来开始田野作业……最寻常的技巧是判断性抽样——也就是说，民族志学者依赖他们的判断，基于研究问题，来选择该亚文化或单位中最适合的人群"，因为如果"对被研究者没有一个基本了解，而又采取一种结构严密而随机的方案，则将导致研究者过早地缩小关注焦点，从而也许会将与研究有关的特定的人们或对象排除在外"。①

---

① 费特曼.民族志：步步深入 [M].龚建华，译.重庆：重庆大学出版社，2013：40.

民族志研究中的抽样实际上有两个层次，第一个层次是选择研究的社区即田野场所，第二个层次是选择社区中的人或事件等。在这两个层次中，均大多采用非随机抽样方式。

（1）社区抽样

社区抽样一般是目的抽样或便利抽样。比如马林洛夫斯基到特罗布里恩群岛去进行民族志研究，采用的就是目的抽样方式——尽管他可能并没有"抽样"这种意识。在《录像厅》一文中，根据研究者的介绍，所采用的应当属于便利抽样方式。

民族志应该对被抽样的社区做必要的描述。如果是专著，则往往有专门的章节对田野场所进行介绍。比如《西太平洋上的航海者》的第一章《库拉地区的风土与居民》和第二章《特罗布里恩群岛的土著们》就明显是对田野调查地区的介绍。这种介绍对于民族志写作的意义是非常重大的，一方面它提供了研究者参与式观察的真实感，另一方面为后文的描述与分析提供了一个社会文化背景。《录像厅》一文的"引言"中也有一段专门对社区进行介绍。文中的"社区"主要是马拉维 Kasungu 县的 Mtunthama 镇，同时作者也对其他的县镇进行了田野调查。下面是该文对主要田野场所的介绍：

> 本文的田野调查地点主要在马拉维 Kasungu 县（Kasungu District，以下称 K 县）Mtunthama 镇（Mtunthama Trading Center，以下称 M 镇）。M 镇位于马拉维中部，主要辐射周边 2 公里范围内的 French、Kapaizi 等 8 个村子及 Area1 到 Area5 五个社区，大概有 1300 余户，9500 左右人口。M 镇及其周边村子共有 13 个录像厅，其中 3 家于 2019 年 6 月开始营业，其余 10 家已经运营了 2～13 年不等。这 13 家录像厅中有 4 家位于镇子中心，另外 9 家分散在周边村子。

对其他田野场所的介绍是：

　　除了以 M 镇为研究基地外，李加方还多次到访 M 镇周边的
Wimbe、Chilowa、Malomo、Chamama 等多个乡镇及所属村子。另外，
作者还于 2019 年 3 月到 6 月多次沿马拉维 M1、M5 等主干道，走访
了马拉维 28 个区县中的 Mzimba、Lilongwe、Blantyre 等 13 个区县及
其乡镇，行程 2000 多公里。到本文写作时，已经走访了马拉维全国 13
个区县 50 余个村镇的 130 多家录像厅，并完成了 30 余个小时的参与
观察，50 余个小时的访谈，850 余份的调查问卷，以及收集了 430 余
场次的放映记录。

　　有的民族志研究没有对田野调查的场所进行介绍，或者介绍得过于简
略，使人无法得知其田野工作的真实情况。对田野场所的介绍不仅是研究
者实际开展过田野工作的证明，也是对所研究问题有关方面进行背景描述
的重要内容。比如《西太平洋上的航海者》的前两章，就细致地描写了库
拉地区和特罗布里恩群岛地区的种族分布、社会制度、风俗习惯、神话巫
术、权力结构、财富制度等，因为后面的库拉交换与这些方面密切相关，
如果不首先进行系统的介绍，后文就很难做到在整体文化背景下来理解库
拉文化的相关方面。

　　（2）事件抽样

　　第一个层次的抽样仅仅是提供了田野调查的场所，而研究者是不可
能对田野场所中的所有人物、事件、现象等进行观察的，因此还有一个抽
样选择的过程。在第二个层次的抽样中，一般仍以便利抽样或目的抽样为
主，但有时候也可以采取随机抽样方式，比如进行问卷调查的时候。《录
像厅》一文可以视为采取了以便利抽样为主的方式，因为作者之一在该国
支教，与当地村民熟悉，从而引发了研究设想。文章选择 K 县 M 镇的原因
主要是就近和方便，还选择"M 镇周边的……多个乡镇及所属村子"，以
及"多次沿马拉维 M1、M5 等主干道"走访了马拉维 28 个区县中的 13 个
区县及其乡镇，也可能是便利抽样而非随机抽样。

2. 经验资料的获取

确定了田野场所和具体的研究对象后，民族志方法设计便进入研究资料获得阶段，也就是具体的田野过程或田野调查阶段。田野资料搜集是民族志最核心和最能体现其特点的阶段，因此费特曼说"田野作业是民族志研究设计的核心所在""田野作业是所有民族志设计最具特色的要素"①。

田野工作中可以用来搜集资料的手段是多元的，包括参与式观察、访谈、调查、文献搜集等。《录像厅》一文采取的田野调查手段就有走访、参与式观察、访谈、问卷调查、实物资料等："走访了马拉维全国 13 个区县 50 余个村镇的 130 多家录像厅，并完成了 30 余个小时的参与式观察，50 余个小时的访谈，850 余份的调查问卷，以及收集了 430 余场次的放映记录。"

在民族志的诸种资料搜集手段中，参与式观察是最重要和最基本的手段。它指研究者长时间在社区以当地人的方式工作或生活，从而融入社区的生活与文化，"以内部成员的视角进行观察"②的资料搜集方式。在民族志中，对文化现象的描述，大多数来源于参与式观察，而且研究者的大多数时候以及主要任务也正是参与式观察。通过参与式观察，有时候甚至是通过反复的参与式观察，研究者才能充分熟悉文化现象的细节。《录像厅》中有一段描述当地小孩蹭看录像的文字，既有叙事也有生动的细节描写，勾画出了很有地方意味的社会文化生活场景。其内容如下：

孩童蹭看影片是每一个录像厅的普遍现象。有的录像厅是用茅草或木板搭建的，缝隙很多，于是小孩就趴在录像厅周遭的缝隙里蹭看。有时候工作人员很忙，影片开始后收一下费就离开了，中途没空再来收费，这样孩童就可以明目张胆地进入录像厅蹭看。而更多的情况是录像厅工作人员与孩童玩着心知肚明的猫捉老鼠游戏，即工作人

---

① 费特曼.民族志：步步深入 [M].龚建华，译.重庆：重庆大学出版社，2013：29.
② 弗里克.质性研究导引 [M].孙进，译.重庆：重庆大学出版社，2011：183.

员进去收费时把未付费的孩童赶出去（其实也就是拍拍孩童的肩膀示意一下）。而一旦工作人员离开后，孩童又会溜进去蹭看，如此周而复始。而录像厅的第一排，一般已成为儿童蹭看影片的专座。事实上，在我看来，孩童蹭看影片已经成为马拉维农村录像厅的一种文化，因为工作人员从不会在录像厅门口把孩童拦住，而孩童在工作人员进去示意后也会自觉离开，他们从不会发生冲突，反而经常看到工作人员亲昵地把蹭看影片的孩童抱出录像厅的温馨画面。（2019 年 6 月 18 日田野日志）

像这样生动的描述使人如同亲见亲闻，确实只有在进行过深入的参与式观察后才能写出。这样的描述使人对一个前工业社会乡村中的社会人情有较深刻的印象，甚至很容易使人回想起当年录像厅刚在中国乡镇上兴起时的类似情形。有的研究声称运用了民族志研究方法，但是缺少对文化场景等的描述，而点缀以推测性文字和几句证明这些推测性文字的"访谈"，这显然是没有把握民族志应该以参与式观察为主要资料搜集手段的特点，是完全算不上民族志研究文章的。

需要指出的是，有的研究者把参与式观察作为一种独立的研究方法，即在文章声明研究方法时将其单独列举出来，甚至有的文章只运用了"参与式观察法"。这种提法有待商榷。笔者认为，参与式观察不是一种独立的研究方法，因为它缺乏较为确定的规范，而将其作为研究方法中的一种资料搜集手段则较为合适。一些研究者把参与式观察等同于民族志研究方法，这也是不很恰当的。比如有研究者一方面承认民族志研究中"所采用的最重要的研究方法和技术同样是观察和访谈"，另一方面又据此推论出民族志与参与式观察"没什么不同"[1]，在逻辑上就不太严谨。尽管参与式观察是民族志研究方法的核心，但是民族志研究方法中搜集资料的手段不仅包含参与式观察，还有其他不少方式，因此它们是应该被明确区分的。

---

① 风笑天.社会研究方法 [M].北京：中国人民大学出版社，2018：314.

弗里克认为，在当前的研究方法中，"参与式观察法逐渐退居幕后，民族志作为一种更普遍的研究策略得到人们更多的关注，它将观察和参与同其他的方法结合起来"①。他的说法不但区分了民族志与参与式观察，也表明了参与式观察越来越少地被视为一种单独的研究方法。

在参与式观察中，研究者使自己成为社区的一员，但同时需要保持一定的专业距离，也就是始终带着一种记录和理解的任务参与社区生活，从而避免过度沉浸其中而影响到自己的价值观；或者说既要沉浸其中以获得真实的文化体验，又要坚守"陌生人"的身份以保持理论敏感性，即"必须能够辩证地将两种功能融合于一身"②。同时，在参与式观察中，研究者既可以告诉研究对象自己的身份，也可以不告诉，前者可能导致研究对象不合作或者影响到其行动，后者可能导致欺骗性行为的出现。艾尔·巴比③认为，如何解决这个问题取决于研究的目的、性质、观察方法等，但必须遵守研究的伦理准则。

在民族志研究中，除了参与式观察，还可运用非参与式观察搜集资料。两者的区别在于，参与式观察需要研究者融入文化实践，从所谓"局内人"的视角进行观察，而非参与式观察不要求这一点，即研究者可以旁观者的身份进行观察。当然，两者似乎也很难完全区别开来，比如对于整个田野工作来说，研究者是"参与式"的，因为他居住和生活在当地；但是对于在当地的一些具体的观察行动，则可能是"非参与式"的。比如，研究者为了更好地理解某个文化仪式而参与其中，这就是参与式的；而大量的观察不是参与式的，也用不着采取参与式的。因此，非参与式观察也是民族志田野工作中的一种重要资料搜集手段。

田野工作中另一种重要的资料搜集方式是访谈。访谈可以采用结构式的、半结构式的，但大量的访谈可能是非结构式的，即非正式访谈。在整个田野工作过程中，交谈无处不在，因此甚至连访谈都不一定谈得上，更

① 弗里克.质性研究导引 [M]. 孙进，译.重庆：重庆大学出版社，2011：188.
② 弗里克.质性研究导引 [M]. 孙进，译.重庆：重庆大学出版社，2011：185.
③ 巴比.社会研究方法 [M]. 邱泽奇，译.北京：华夏出版社，2009：303.

随意的交谈可能更符合民族志自然情境的要求。在参与式观察和访谈的基础上，可以选择一些重要的人物进行专门的访谈甚至深度访谈。费特曼[1]称之为对"关键角色"的访谈：

> 关键角色是民族志学者极佳的信息来源和重要的宣传者……一位提供具体描述的关键角色要比满嘴抽象词语的人更能有所帮助……关键角色有助于综合田野作业者的观察……同时，民族志学者必须小心翼翼地判断关键角色的信息。

民族志中的访谈与作为专门研究方法的访谈有所不同，前者是田野工作中的资料搜集方式之一，后者一般地指深度访谈的专门形式。就对资料的处理而言两者也有区别，前者作为民族志搜集资料的方式之一，搜集到的资料经过整理和选择后直接进入到民族志的书写中，后者则一般运用资料分析的方法（比如扎根理论等）进行分析而产生结论。

民族志中的访谈和参与式观察不是分离的，实际上所有的资料搜集方式都是紧密联系的。参与式观察中发现的问题，可以通过访谈来获得解释；访谈中发现的线索，可以通过参与式观察来进行完整的了解。两者之间是相互促进、交替上升的关系，共同拨开文化的迷雾。实际上，对一个文化的了解，需要通过多种途径搜集资料。如前所说，在一些声称运用民族志的研究中，仅呈现出少量对访谈话语的引用，对文化的描述和解释就无法做到深刻与细腻。

民族志研究尽管整体上被视为质性研究，但是在资料的搜集与分析中并不排斥量化的手段。研究者尽管认为民族志的结果主要表现为口头上的描述与解释，但还是承认量化方法与统计分析有时可以扮演一定角色[2]。实际上，现代民族志对量化手段的运用甚至有着有意的重视，因为它更能体

---

[1] 费特曼.民族志：步步深入 [M].龚建华，译.重庆：重庆大学出版社，2013：56-59.

[2] 弗里克.质性研究导引 [M].孙进，译.重庆：重庆大学出版社，2011：189.

现出资料本身的准确性与客观性。比如在马林洛夫斯基的《西太平洋上的航海者》中，有相当多的确切的数量描述，除了田野工作的详细年表，还有诸如"我们立即就会发现山脉高峰的主要绵亘在子午线 149 度和 150 度之间""南马西姆区中文化属于同种类的部族在我们的地图上已经标示为第 5 区，而多布人则属于第 4 区""8 月到 11 月是土著人砍烧灌木的季节""每栋小屋……能住 2 到 6 人""在所有土地之中，每年大约有 1/4 或 1/5 被实际耕作为苗圃"等，甚至还记载了易货交易时不同物品之间的等价数量关系，使得对土著文化的描述非常具体。因此，民族志中搜集量化资料也是不可忽略的一个方面。

田野工作中除了搜集一手资料，还可以搜集二手资料即文献资料作为研究资料，比如历史文献、照片、族谱、日记、信件等。此外，实物也是田野工作中值得搜集的资料类别，因为在一些文化描述中，实物是非常重要的说明材料。总之，民族志研究是问题驱动的，它总是为了回答关于社区文化的某方面疑问，那么多元化的资料支持和多角度的描述与解释，便能够使读者更加信任民族志的结论。

（二）研究资料的分析

民族志资料分析指分析资料以形成民族志学术成果的过程。由于民族志的资料分析并无结构化的流程和标准，因此我们接下来将从成果的角度来反观资料的分析方式，这或许在一定程度上有助于我们对其分析思维的理解。

无论是论文、专著还是报告，民族志成果中大体包含了两类内容：描述性内容和解释性内容。描述性内容即关于"是什么"的内容，解释性内容即关于"为什么"的内容，前者可以称为民族志描述，后者可以称为民族志解释。需要说明的是，它们并非指两种民族志文体，而是指民族志成果中有这两种内容。

在民族志成果中，有大量的描述性内容。我们阅读民族志作品，尤其是经典的民族志作品，常常感觉到它有强烈的叙事特征，很难看到像通常的学术论文那样密集的概念演绎，其理论阐释的内容远没有叙事部分多。

这是民族志通常的特点。这些占据大部分甚至绝大部分篇幅的叙事内容，就是民族志中的描述性内容，是民族志写作中的"血肉"部分。如果没有丰富的描述性内容，民族志解释就会缺乏基础。

在通常的学术观念中，事实描述并不被视作学术研究，因为它仅仅是对事实的呈现，是感性层面的认识，并没有触及学术研究所追求的"实质""本质""规律"这类东西。那么民族志描述为什么又可以被看成知识生产活动呢？

这可以从 3 个角度来理解。第一，仍然要回到现代民族志的前身即异域文化记录文学和前现代民族志之类，它们都为本民族提供了对异域文化的叙述，在那个信息相对隔绝的前现代社会，这些事实叙述性的内容足以构成本族人的知识，因为它填补了人们的认知空白。第二，民族志描述作为知识还有一个意义，即它对异域文化或者是少数文化的记载作用，这方面的功能类似于历史记录。这当然是有一点西方中心主义意识的。从西方文化的角度来看，这些全球的前现代文化都是少数文化，而且它们在现代文化的冲击下面临消失的境地，因此民族志就对它们有重要的历史记录作用。第三，有的民族志研究者抱有一种观点，即并非所有的学术研究都是为了追求普适性知识，有的研究可以仅仅是为了提供研究的基础资料，也就是说作为知识生产中的一个环节而存在。格尔茨[①]阐释了民族志在这方面的理论意义，即民族志描述的个案和特殊文化，正是普遍性的基础和普遍知识的阶段性知识，为巨型知识提供了资料：

> 对于发生在远方的偷羊行为的冗长描述（一个真正好的民族志学者还会深入考察是些什么样的羊），之所以具有普通意义，是因为它们以实实在在的材料滋养了社会学思想。人类学家发现的重要之处，在于它们复杂的特殊性和它们的境况。正是因为具有这种由在限定情景中长期的、主要是（尽管并非无一例外）定性的、高度参与性的、

---

① 格尔茨 . 文化的解释 [M]. 韩莉，译 . 南京：译林出版社，2014：30.

几乎过于详尽的田野研究所产生的材料，那些使当代社会科学痛苦不堪的巨型概念——合法性、现代化、整合、冲突、卡里斯马、结构……意义等——才能得以具有感觉的实在性，从而有可能不仅现实地和具体地对它们思考，而且，更重要的是，能用它们来进行创造性和想象性思考。

现代民族志作品中的大部分内容都具有"讲故事"的性质。比如《西太平洋上的航海者》全书一共 22 章，前面 21 章基本上没有涉及理论概念，而是构造了一个完整的故事。读者阅读这本民族志，仿佛跟着马林洛夫斯基到特罗布里恩群岛旅游，先是听他介绍那里的地形地貌形物和风土人情，然后跟着他随库拉交换船队远航，再由目的地返回本岛。马林洛夫斯基仿佛就是这次旅游的导游，讲述着与库拉有关的各种文化。直到第 22 章"库拉的意义"，马林洛夫斯基才分析了库拉的理论意义。我们可以看到，该书的民族志描述和民族志理论两个部分是比较截然地分开的，如果只看前面的大部分内容，会觉得它就是一个远游故事。这种写作方式带有强烈的前民族志时期异域文学的"讲故事"的特征，现在的很多民族志都采用了这种结构方法，可以称之为民族志描述与民族志理论分离的方法。

有的民族志作品则是将描述与理论穿插推进，类似于一种"夹叙夹议"的文体。我们以塔克曼的《做新闻》为例，该书第 1 章提出研究问题和介绍田野场所，第 2 ～ 7 章描述田野观察结果，第 8 ～ 10 章可以视为理论讨论部分。在这个结构中，第 2 ～ 7 章的民族志描述并非单纯地"讲故事"，而是和理论讨论结合了起来。比如第 2 章的标题是"空间与新闻网"，内容"聚焦新闻机构如何安排记者，以便挖到各类素材，并将之转化为新闻故事"。该章前面相当大的篇幅都是历史回顾和宏观描述，并把田野观察的经验材料放置在若干个分论点下进行讨论，形成一种穿插的结构形式。换个角度来说，就是田野材料论证了若干个分论点，若干个分论点汇集成各章的结论，各章的结论综合起来形成全书的结论。这就属于民族志描述与民族志理论混合的情况。

在资料分析阶段，并无系统流程与标准方法来展示其自身作为方法的合法性。换句话说，民族志知识的生产尽管是从经验资料出发的，但它的资料分析却有很强的"主观"性。不过，民族志也发展出了一些资料分析的技术，旨在建立起其作为研究方法的合法性。

（1）三角测量法

前面提到过三角测量法，这里再稍微详细地讨论一下。三角测量法是民族志资料分析中的一种基本手段。费特曼称"三角测量是民族志研究的基础。它是民族志研究中正确性的关键所在——检验一种信息的来源，去除一种可供选择的解释，证明一个假说"[①]。三角测量的实质是验证材料的真实性，提高资料的质量和研究结果的精确性。可以用费特曼所举的例子来说明如何实施三角测量：

> 一位教员抱怨在资金中断时期，他的实验室在两次研究经费到位之间的空档中没有得到资助。于是我便查阅了一些以前的记录，和其他几位主要调查者面谈（了解他们对这种情况的看法），我还访谈了其他几位教员（想发现他们在过去的危机中做了些什么），综合表明该教员的担忧具有普遍性。资金危机的直接影响就是研究项目无法继续进行……这其实只是一个文书工作的问题。由于这样的官僚体制结构，导致教员们在申请研究经费时出现了延误，从而耽误了研究项目的进展。因此问题的症结是如何处理这些被延误的文书，而不是在于讨论缺乏拨款时该怎么办。

从这个例子可以看出，三角测量的关键是要采取多种途径去核实和验证每一个观点。当我们从民族志资料中得出一个观点的时候，需要考虑是否有其他资料来同时支持这个观点，如果有则观点的可信度增加，如果没有更多的资料推翻了原来的观点，那么原来的观点就应该被怀疑。这样，

---

① 费特曼. 民族志：步步深入 [M]. 龚建华，译. 重庆：重庆大学出版社，2013：100.

每一个观点，尤其是重要的观点都经过检验，而对观点的否定则推动新的疑问产生和理论思考的深入，从而使研究的问题越来越具有理论深度。

（2）程序性分析

从整体上而言，民族志研究是质性的，但是这并不妨碍对部分资料的分析采用一些程序性和结构性的技术，因为民族志是一种综合性的资料搜集和分析方法的统称。比如，对一些资料进行系统的统计分析，对一些资料运用扎根理论法进行分析，都未尝不可。这些程序性的分析技术可以增强整个民族志作品的学术性。当然，这些结构性的技术只针对部分资料运用，整个民族志的写作仍然是非结构性的。有学者提出运用扎根理论来分析民族志资料，似乎是把整个资料分析阶段的工作都置于扎根理论法下。这可能是一种歧途，因为扎根理论法偏于对文字材料的分析，而对大量的参与式观察的结果则可能无计可施。当然，似乎可以把参与式观察的描述文字资料作为扎根理论的分析资料，但是这很明显是一种削足适履的思路。

（3）量化与图表

前面说过，在资料搜集阶段，量化资料以及图表的搜集可以增强资料的客观性；在资料分析阶段，进行一定的量化分析同样有助于增强民族志的学术性，因为它使观点的得出显得较为"客观"。当然，同上面谈到的对结构性分析程序的运用一样，这种量化分析技术在民族志分析中也仅仅是局部性的，而不能影响民族志方法整体上的特征。量化分析的结果可能是一系列数字，也可能形成表格或数据图，它们都能达到文字论述通常难以达到的效果。

（4）深描

深描是诠释民族志或者说后现代民族志发展起来的一种技术，现在已经成为民族志资料分析和写作中的一种常用技术。与经典民族志追求文化的普遍性规律不同，诠释民族志认为对地方知识的描述有其自身的理论价值，相应地，这类描述就与对普遍性文化的描述不同。经典民族志追求对文化整体的描述，因此是宏观的、概述性的；诠释民族志强调对地方知识的描述，重在发掘地方文化的特殊性，因此需要而且可能进行"深描"。

在《深描说：迈向文化的解释理论》一文中，格尔茨可以说把深描作为了民族志的基本分析与写作技术，认为与"深描"相对的"浅描"主要是对资料的罗列，而"深描"则是对资料意义的解释："人类学著述本身即是解释""我们不是在一大堆未经解释的资料，在极浅的描述上，而是在能使我们与陌生的人们建立起联系的科学的想象力上，衡量我们的解释是否具有说服力。"① 总之，民族志深描作为一种分析和写作技术，与经典民族志偏于宏大的描述比较，它更注重运用多种手段洞幽烛微，更能呈现出地方文化的独特性与可见性。

第五节　深度访谈法

一、概念与历史

深度访谈法（in-depth interview/intensive interview method）是一种通过选择关键少数甚至单个访谈对象，围绕研究问题进行一对一深入交谈的方式来搜集资料的研究方法。

深度访谈法可以分为两种情形：对少数个人甚至单人的深度访谈和对多人的深度访谈。前一种情形往往不需要运用研究方法对资料进行分析，而是将访谈的结果进行文字整理后直接刊登出来即可；后一种情形则通常需要运用某种研究方法来分析资料，因为深度访谈法本身只是资料搜集方法。

当然，这并不能说明单人深度访谈没有学术意义，事实上这类访谈选择的受访对象常常是著名学者，他们的观点往往具有深刻的理论性。比如，由常江博士主持的《新闻界》"全球大师访谈"专栏，从 2018 年 1 月到 2020 年 12 月整整 3 年时间，每月访谈一位欧美传播学的学术大师，就

---

① 格尔茨.文化的解释 [M].韩莉，译.南京：译林出版社，2014：19-21.

具有相当高的学术价值。2020 年，该专栏 2018—2019 年的访谈专栏文章结集成册后由北京大学出版社出版，很快即告重印，学术影响力可见一斑。

类似地，对两人或多人的深度访谈，如果只是对访谈资料进行文字整理后便直接呈现，那么与上述对单人深度访谈的情形类似，都属于不需要运用资料分析方法的访谈方法。

当需要运用某种研究方法来分析访谈资料时，就形成深度访谈法与其他研究方法同时使用的情形。这时，扎根理论法、统计法、民族志法是比较常见的联合使用的资料分析方法。

作为学术研究方法的深度访谈与其他深度访谈不同。新闻报道中也运用深度访谈，但其目的在于揭示隐蔽的事实细节；而学术深度访谈的目的在于提出新的学术观点或思想。民族志中也可以运用深度访谈，但还可以运用观察、调查等手段搜集资料，因此此时的深度访谈并非单独的研究方法，而是作为资料搜集的手段之一。简言之，如果在论文的研究方法部分同时介绍了深度访谈法与资料分析方法，则属于两种方法同时使用的情形；否则，如果没有声明深度访谈法的设计情况，则大致可以断定其将深度访谈法作为了研究方法中的资料搜集手段之一。

同时，深度访谈和访谈（interview）也是不同的概念，前者可以作为一种独立的研究方法，而后者仅仅是一种资料收集手段，而且仅仅指一般性的交谈。在很多研究方法中都可能用到访谈，比如调查研究法、民族志研究法中，但在这些方法中不一定会用到深度访谈。就访谈的内容强度而言，深度访谈的对象少，但强度要大得多，需要较长时间地、从较多角度展开交谈；访谈的对象则较多，与每个人的交谈强度并不大。此外，深度访谈的对象是精心选择的，而访谈的对象则一般没有经过严格筛选，有时候甚至可能是随机选择的，比如在田野场所与当地人闲聊就可以是搜集资料的方式。正如多米尼克所言，深度访谈"样本通常很少……不像访谈那样可能仅需花费研究者几分钟，一次深度访谈可能持续几个小时甚至不止一次……访谈中一般提出相同的问题，而深度访谈中则允许研究者根据受访谈人的回答形成新的问题"①。

以"深度访谈"为摘要关键词在中国知网对 CSSCI 来源期刊论文进行搜索，结果显示在人文社会科学领域这一方法的运用呈现出稳定增长的趋势（表 8-4）。从上述搜索结果来看，新闻传播类期刊论文中运用深度访谈法最早出现在 2000 年，截至 2021 年底共计出现 312 次。在 100 篇案例论文中，运用了深度访谈法的有 8 篇。不过，大多数都属于与其他研究方法联合使用的情形。

表 8-4　以"深度访谈"为摘要关键词的知网搜索结果

年份	2021	2020	2019	2018	2017	2016	2015	2014	2013	2012	2011	2010
篇数	298	276	288	251	180	198	199	181	163	127	95	107
年份	2009	2008	2007	2006	2005	2004	2003	2002	2001	2000	1999	1998
篇数	79	61	48	24	18	11	6	0	1	1	1	1

二、深度访谈法设计

在深度访谈法中，单人或少数人的深度访谈一般不需要运用资料分析方法。多人深度访谈则分为多种情形，既可单独使用也可与其他方法联合使用，而在联合使用时又分多种情形，比如与扎根理论法、统计法、民族志法联合使用等，因此深度访谈法的设计就包含了多种情形。

（一）研究资料的搜集

深度访谈法的关键在于通过与人深度交谈来获得研究资料，这就涉及向谁提问、向多少人提问、问题的设计等决策。

1. 访谈对象的获取

访谈对象的确定是深度访谈法中非常关键的工作，也是此方法的开端。在单人深度访谈中，访谈对象的重要性不言而喻。而在两人或多人深度访谈中，访谈对象的确定同样是决定研究项目质量甚至成败的关键因素。

---

① Wimmer, Dominick.*Mass Media Research*: *An Introduction*[M]. 北京：清华大学出版社，2003：122.

　　无论是对多少人的深度访谈，访谈对象的确定一般采取目标抽样方式，而很少采取随机抽样方式。随机抽样适合于那些在对象中寻找共性的研究方法，而深度访谈法尽管有时候也需从研究对象中寻找共性，但更多的情形是探究研究对象中不同的个性，即研究者需尽力与不同对象深入交谈以获得对同一问题不同角度的理解。

　　判断某一对象是否适合作为访谈对象，应该考察其能否为所研究问题提供数量足够多、质量足够高的访谈资料。从这个意义上说，确定访谈对象的标准是随研究问题的不同而变化的。比如，如果要研究记者在融合报道时代如何行使"把关人"职责，访谈对象的选取标准可能包括在媒体中的权威性、从事融合报道的时间长短、代表性融合新闻报道的数量和影响力、个人在记者界的影响力等方面，而其中"代表性融合新闻报道的数量和影响力"可能是最基本的方面，因为"把关人"职责需要通过报道过程来体现；如果要研究记者在融合报道时代如何实现职业适应，那么访谈对象的选取标准同样包括上述四个方面，但是其中"从事融合报道的时间"可能是最基本的方面，因为职业转型需要一定的时间才能完成。在基本标准得到满足的前提下，其他标准应该越优质越好，比如一个记者在同行中的影响力越大，作为深度访谈的对象就越具有说服力。在实际研究中，可以把最理想的深度访谈对象名单列出来，从最佳的访谈对象开始选取，直到达到研究要求的访谈人数为止。

　　多人访谈的人数并无定规，不过可以确定两个原则：①就研究目的而言，如果偏于探寻访谈对象之间的共性，则访谈的人数一般比较多且更注重访谈对象均质性的一面，因为过少的人数显然会影响结论的可靠性；如果偏于意义深度解读性，则访谈的人数一般比较少且更注重访谈对象异质性的一面，因为人数过多则无法做到有深度的交流与探究。②就访谈对象的特征而言，在探究共性的多人深度访谈中，如果访谈对象的均质性较高，则人数可以较少，因为这时较少的人也可以反映出群体的特征；如果访谈对象的均质性较低，则人数需要多一些，因为较多的人才能较好地反映出群体的特征。有学者给出了多人深度访谈人数的参考标准，即一般在

10 人以内是比较合理的。检验人数是否足够的一个手段是在资料分析阶段测量理论饱和度，即围绕所研究的问题，如果访谈对象中没有新的观点出现或者出现很少，那么就可以认为人数是足够的，否则就需要增加访谈对象。这其实意味着将深度访谈法与扎根理论法结合起来，也就是用深度访谈法来搜集资料，而用扎根理论法来分析资料，并且需要运用理论饱和度来决定抽样人数。

2. 经验资料的获取

在访谈对象确定后，就进入了资料获取环节，也就是对访谈对象逐一进行访谈并记录。为了使访谈进行得顺利和严谨，研究者事先应该准备周密的访谈问题清单，然后才进入访谈实施阶段。

（1）确定访谈问题

所谓访谈问题，即在访谈中向研究对象提出的问题。显然，访谈问题是围绕所研究的问题设计的，因此要把所研究的问题转化成若干个提问，这些提问需要在不同维度反映所研究的问题。通常可以将学术性问题转化为通俗性提问，以便交流且符合访谈的语境，因为访谈对象有可能并非学术研究者。比如，如果研究记者在融合报道时代如何行使"把关人"职责，那么可能要从稿件刊登的权限、流程、标准等维度提问，而且这些提问要用通俗概念表达，如果用"把关人"之类的概念就不利于与非学术人士交流。

深度访谈的提问是半结构化的，也就是要有一定的明确的问题，同时每个问题的回答都是开放式的。相对而言，一对一深度访谈的问题可以少而宏观一些，因为这类访谈的知识密度很大，如果问题较多则无法真正深入；多人深度访谈的问题则可以多一些，才能做到对不同的人尽可能采取同样的提问，以便于在后期的理论化过程中归纳提炼。有学者认为深度访谈是完全无结构访谈，这并不准确，它一般需要在确定访谈的问题之后再进行访谈。与之相比，随意的交流才是无结构访谈。

访谈问题的设计对访谈的成功具有基础性作用，如果提问没有深度，那么所谓的深度访谈就徒有其名。对于一对一的访谈而言，需要两个方面的扎实工作。一方面，研究者需要对与所研究问题有关的理论较为熟悉，才能知道应该就什么样的问题提问，而不是仅就一些表面问题提问。另一方面，需要对访谈对象的经历和学术成就等进行梳理，然后与研究的问题结合起来，设计出合适的提问。如果是学术访谈，则对个人学术经历、学术观点和学术成就的了解是必要的。尽管多人访谈的对象往往不是学术人士，但同样可以先对他们的经历与成就等有所了解，这样才有利于访谈时的交流，且对后期的阐释也有好处。

无论是对少数人的学术访谈还是对多人的访谈，为了真正达到访谈的"深度"，所提问题在结构上应该有纵深感，而不是完全并列式的。也就是说，要就一个问题进行"追问"，甚至步步"追问"，这样才能把访谈对象潜意识里的知识、观点或见解激发出来，形成真正有深度的访谈。当然，在正式的问卷中不一定要设计很详细的有纵深感的问题，而可以在访谈时灵活地"追问"细节和隐蔽的信息。这实际上对访谈人的现场能力有较高要求。

（2）实施访谈工作

深度访谈的实施对访谈人要求较高，因为这个过程是开放式的，需要大量的互动，如果访谈人不具备专业能力和现场能力，那么可能难以调动访谈对象的交流积极性。可以说，在所有研究方法的资料搜集阶段，深度访谈对研究者专业能力的要求是相对较高的，因为其他研究方法不一定要求研究者亲自操作，比如调查法中研究者可以请助手按照方案实施；或者其他方法不需要及时的反应，比如民族志的田野调查中有较多重复访谈，或更换访谈对象的机会。正因如此，深度访谈的主持人应该由研究人员而非研究助理担任，这对保证访谈的质量很重要。同时，因为深度访谈中访谈对象的人数并不算多，所以其工作量是研究者可以承受的。

在开展深度访谈时，访谈人不能局限于对照问题单进行提问，而是要善于"追问"，也就是不断就一个问题进行更为详细的讨论。这要求访谈人根据交流情境灵活地提出问题——往往是提纲中没有设计而由访谈人在现场临时提出的问题，这样才能体现出深度访谈半结构化提问的优势。文格拉夫[1]对于什么才是深度访谈，如何做到深度访谈做了论述，核心观点是要求提供"细节"知识和"复杂"知识：

> "深度"了解某事乃是要获得关于它的更多的细节知识。"深度"指的是了解表面上简单直接的事情在实际上是如何更为复杂的；以及"表面事实"（surface appearances）是如何极易误导人们对"深度事实"的认识的。

有经验的人都知道提问需要技巧，其中一个重要方面是提问的顺序。阿科瑟等[2]提出"渐进式聚焦法"（progressive focusing），主张从访谈对象一般化地感兴趣的事物入手提问，尤其是从其生活史方面提问，再从这种一般化感兴趣的领域中发现更多感兴趣的话题，使交谈能够逐渐深入。事实上，这种技巧也应该体现在问题提纲上，使提问逐渐深入而且富有逻辑性。

研究者担任访谈主持人的任务仅仅是激发访谈对象的交流积极性，因此自己的发言需居于次要地位。要记住："深度访谈"并非"深度对谈"，即应该以访谈对象的发言为研究资料，主持人只不过是为了激发访谈对象发言而设置的角色。有研究者认为，主持人在访谈中不应过多地对访谈对象加以引导，如果主持人的发言超过5%，就要提醒自己是不是太健谈了[3]。此外，研究者在以主持人身份提问时要避免态度涉入，即应该"悬置"自己已有的观点、概念、理论等。如杨善华等[4]认为：

---

[1] Wengraf.Qualitative Research Interviewing: Biographic Narrative and Semi-structured Methods[M].London：sage Publications，2001.

[2] Arksey, Knight.Interviewing for Social Scientists.London：Sage Publications，1999.

[3] 艾尔·巴比.社会研究方法（第十一版）[M].邱泽奇，译.北京：华夏出版社，2009：303.

[4] 杨善华，孙飞宇.作为意义探究的深度访谈[J].社会学研究，2005（05）：53-68，244.

当我们进入访谈现场开始工作的时候，我们应该在抛掉前述"成见"的前提下全神贯注地去感受访谈对象的各个侧面（包括外貌、衣着、神情、语言，也包括访谈进行中的环境……所有这些都是被访谈对象赋予了一定意义的），打一个通俗的比方，就好像是用一张白纸去"印"访谈对象和场景，从而获得对访谈对象赋予访谈与场景的意义的感知和认识。

深度访谈如何提高研究的客观性？文格拉夫[①]提醒，在真实生活（lived life）与被讲述的故事（told story）之间存在差距，因此需要进行一系列的判断和分析。笔者建议借鉴民族志中的三角测量法，这对事实的多渠道核实、对结论的谨慎提出以及对新问题的提出都是有帮助的。

最后，对于上述资料搜集的方法和技巧，以一个例子来说明。王建明等的《公众低碳消费模式的影响因素模型与政府管制政策——基于扎根理论的一个探索性研究》（《管理世界》2011 年第 4 期，后简称《低碳消费》）是将深度访谈法、焦点小组访谈法和扎根理论法结合使用的研究项目，即先后对 12 人进行了一对一深度访谈，将 12 人分为 3 个组进行了焦点小组访谈，然后运用扎根理论法分析前两种访谈中所获得的资料。在全球应对气候变暖问题的背景下，我国公众采纳低碳消费模式成为重要而迫切的问题，那么影响公众采纳低碳消费模式的影响因素有哪些？这是该研究提出的问题。文章的结构是：①问题的提出；②文献述评；③研究方法和数据来源；④范畴提炼和模型建构；⑤低碳消费模式的影响因素模型阐释；⑥结论与管制政策建议。文章的第三部分即"研究方法和数据来源"属于方法声明部分，其中包括对深度访谈法、焦点小组访谈法和扎根理论法设计的介绍。其中的如下内容，陈述了研究者是如何搜集资料的：

---

① Wengraf. Betrayals, Trauma and Self-redemption？ The Meaning of "The closing of the mines" in Two Ex-mines Narratives.Lines of Narrative：Psychosocial Perspectives[C]. *Lines of Narrative：Psychosocial Perspectives*.London and New York：Routledge，2000，

我们采用个人深度访谈（Depth interview）和焦点小组访谈（Focus group interview）相结合的方式。一对一深度访谈共进行了 12 人次，每次访谈时间约 1 小时。焦点小组访谈共进行了 3 组（平均每个焦点小组 4 人），每次访谈会时间约 2 小时。综合使用两种方式可以更有效地达到访谈目标：一对一深度访谈可以给受访者留有相对充分的思考和表达余地，访谈者还可以细致地观察受访者的外部表情和内在心理，从而尽可能深入地理解受访者对低碳消费模式的态度、情感及其潜在动因。焦点小组访谈则通过主持人的引导实现各受访者之间充分讨论、相互启发、互动刺激，在发散状态的思维模式下更全面地揭示低碳消费模式的内在机理。访谈时，我们征得受访者同意对访谈进行了录音，并在访谈结束后对录音资料进行整理，完成访谈记录和备忘录。最终得到共 12 万余字的访谈记录。我们随机选择了 2/3 的访谈记录（16 份，包括 8 份个人深度访谈记录和 2 份焦点小组访谈记录）进行编码分析和模型建构，另外 1/3 的访谈记录（8 份，包括 4 份个人深度访谈记录和 1 份焦点小组访谈记录）则留作进行理论饱和度检验。

（二）研究资料的分析

对单人或少数人进行深度访谈后形成的论文，往往重在体现访谈交流的原貌，也就是多数内容是以对话体的形式呈现。这样做的好处是可以保留双方交流内容的原汁原味，同时具有较强的可读性。访谈者所要进行的工作，主要在于从大量的访谈内容中提炼出围绕主题的多角度阐释，尤其是那些访谈对象过去没有表达过的观点，或者对既有理论的反思，或者对现象的新解释等。因为一对一深度访谈的知识密度较大，因此在被访谈人的阐述呈现出一定新意时，即可视其为具有理论价值。

多人深度访谈的理论生成则需采用另外的方式，它显然无法以对话体的形式呈现，而通常需要运用另外的"加工"方法。这些方法从理论上说可能是实证主义范式，也可能是诠释主义范式，而以诠释主义范式居多。深度访谈法在与实证主义范式结合时，较多地与统计调查法或内容分析法结合；在与诠释主义范式结合时，较多地与扎根理论分析法结合，比如前面的《低碳消费》一文。也有不与其他资料分析方法结合的情形，这种多人深度访谈往往被作为探索性研究，或者直接依赖逻辑思辨方式分析资料。

1. 与量化方式结合

多人深度访谈与实证主义范式结合是一种常见的方法设计。实证研究的优势在于发现现象之间的关系，但是如何分析和解释该关系，它则常常无能为力，这时候就需要运用诠释主义方法比如深度访谈法来弥补。在传播学刚被创立的时候，默顿就发明了焦点小组访谈这种诠释研究方法，但他不认为这种方法能够独立胜任研究项目，而是需要与其他研究方法联合。这可能是量化研究方法与质性研究方法联合使用之思想的滥觞。莫里森[①] 写道：

> 像拉扎斯菲尔德和默顿这样的早期传播学研究者一直坚持各种技术的结合，实际上，焦点小组被默顿发明了出来，伴随着的就是关于这种方法的好处的声明，它可以"解释"通过定量方法收集起来的数据。默顿从来不认为焦点小组应该被作为一种唯一的技术来使用，而总是应该和其他的方法结合起来。

实证主义范式中的实验法、调查统计法、内容分析法均可以与深度访谈法联合使用。常见的思路是：首先运用实证研究获得表达变量之间关系的结论，然后通过深度访谈法对这些结论进行解读。比如，研究记者在融合报道时代如何行使"把关人"职责，也可以采用内容分析的方法，假设获得的结论是从事某类报道的记者在融合报道时代的"把关人"职责最为弱化，那么为什么出现这样的情况呢？关系性结论通常不能回答这类问题。这时，如果选择从事该类报道的记者进行深度访谈，就可以揭示其中的原因。可以看到，诠释研究与实证研究结合的确具有相当优势。

---

① 莫里森. 寻找方法：焦点小组和大众传播研究的发展 [M]. 柯惠新，王宁，译. 北京：新华出版社，2004：194.

下面举一个深度访谈法与量化分析方式结合的例子。杨典的《公司治理与企业绩效——基于中国经验的社会学分析》（《中国社会科学》2013年第1期）研究了公司治理中国家、机构投资者、CEO兼任董事长3种情形分别对企业绩效的影响。从整体上而言，该研究是实证主义范式的，但是在提出问题时运用了深度访谈法，也就是运用了深度访谈法作为探索性研究，这也是质性研究与量化研究结合时的另一种典型思维模式。该论文的结构是：①公司治理和企业绩效：理论与假设；②数据和研究方法；③模型和分析结果；④结论与讨论。其中第二部分是方法陈述部分，包含了对两种方法的介绍。该部分对定量与定性方法融合的声明是：

> 此外，笔者还对基金经理、证券分析师、独立董事、公司高管、投资者关系经理、公司律师等进行了深度访谈，以作为对定量数据的补充。本文试图融合定量和定性分析方法，采用大规模定量数据并运用统计分析方法建立因果联系，通过深度访谈等定性方法厘清因果机制。

这篇论文就方法的规范性而言整体上是很不错的，但是也有值得商榷的地方。第一，它声明了采用深度访谈法，但是陈述该方法时过于简略，仅有"笔者还对基金经理、证券分析师、独立董事、公司高管、投资者关系经理、公司律师等进行了深度访谈"，而并没有对具体的人数、类别等进行规范的介绍。第二，文章在第一部分提出假设时已经用到了深度访谈获得的经验资料，但是到第二部分才声明研究方法包括了深度访谈法，在逻辑上与常规顺序相反。第三，文章提出"通过深度访谈等定性方法厘清因果机制"，也就是意在用深度访谈来阐释量化分析结论背后的机制，但是实际上仅在提出研究假设时用到了深度访谈的经验资料，在第四部分几乎没有涉及访谈资料，这不但与方法设计的目标不符合，客观上也不利于深入地解释量化研究的结论。因此，该研究在方法上尚可继续斟酌，比如在提出假设时不必运用经验资料，而是在结论解释部分充实经验资料，如此便可在逻辑上更加合理，在解释力方面也能有所增强。当然，这可能是吹毛求疵之念，该文在整体的方法规范性方面超出了很多刊登出来的同类文章。

2. 与诠释性方式结合

更多的时候，深度访谈法是与诠释研究方法联合使用，前者的职责在于资料搜集，后者的职责在于资料分析。这类诠释方法主要是扎根理论法。有的研究项目提到将深度访谈法与参与式观察法联合使用，但是仅仅说明了参与式观察法而未对深度访谈法进行说明，表明其很可能是将参与式观察法中的访谈法作为深度访谈法了。实际上，参与式观察法、民族志法等都是综合性较强的研究方法，在研究过程中可能采用观察、访谈、调查等手段，如果其中的某一手段比如深度访谈不是与民族志法等方法并列且有专门说明，那么最好将其视为参与式观察法或民族志法中的资料搜集手段，而非论文独立的研究方法。

前述《低碳消费》一文运用了扎根理论法分析资料。此外，周文霞等的《中国情境下职业成功观的内容与结构》（《中国人民大学学报》2010年第3期）也是一篇将深度访谈法运用得较好的论文。尽管其在分析资料时没有声明运用了扎根理论法，但实际上运用了该方法，因为它的三次编码过程、理论模型构建以及理论饱和度检验等，均与扎根理论法的设计要求完全一致。

3. 与思辨性方式结合

深度访谈后的资料分析也可以不运用实体性的方法，而依靠逻辑思辨来进行，这时往往要依赖特定的理论分析框架。更为自由的思辨则是连理论框架也不用，仅仅依赖纯粹的逻辑思维。这时候，可能需要研究者依照经验或其他的逻辑建立一个分析框架，但由于缺乏规范的方法和系统的理论框架，其理论意义很容易被怀疑。如何运用逻辑思辨或特定理论来分析经验材料，在本章"文本分析法"一节中有较详细的介绍，读者可以参阅该节。

这里举一个运用理论框架来分析深度访谈资料的例子。互联网发展到2010年代，新闻的生产是否像媒介形态的改变那样发生了"剧烈的，乃至根本性的转变"？王辰瑶的《结构性制约：对网络时代日常新闻生产的考察》（《国际新闻界》2010 年第 7 期）试图解答这个疑问。文章的结构是：①引言；②配置性资源；③生产规则；④权威性资源；⑤结构性制约。文章在第一部分较为详细地说明了所运用的理论和研究方法，表明研究者运用了深度访谈法来获得经验资料，运用了吉登斯的结构化理论来分析经验资料。该部分对理论与方法的介绍如下：

> 本文在此借用吉登斯对社会实践的"结构"的表述……吉登斯把"规则"视为行动者的"方法性程序"，把"资源"分为支配生产的"配置性资源"（allocative resource）和支配人类自身活动的"权威性资源"（authoritative resource）。对应到新闻生产这样一种社会实践，很显然，其最重要的配置性资源是消息源，其权威性资源则是社会的关注和信任……本文试图探讨的，就是这些支配传统新闻生产实践的资源和规则在网络时代是否出现了根本性的变化。
>
> 2009 年 12 月—2010 年 1 月，北京大学新闻与传播学院 09 级硕士生以"网络时代下的新闻生产"为主题，对 18 位新闻从业者进行了 17 次深度访谈。这些从业者，在传统媒体工作的有 13 人，在网络媒体工作的有 5 人；男性新闻工作者 11 人，女性新闻工作者 7 人……虽然质性研究并不着意于研究对象在数量上的代表性，但本次深访对象的构成还是比较均衡地反映了网络时代新闻从业者的"样貌"。

可以看到，该论文以吉登斯的结构化理论作为概念框架进行分析，尤其是借用了该理论体系中的"规则"和"资源"的概念，其中的"资源"又分为"配置性资源"和"权威性资源"两类，这些概念联系起来就形成了思辨分析的框架体系。这从论文各部分小标题显示出的文章结构上可以明显地看到。因此，如果在深度访谈法中采用思辨方式分析资料，对理论框架的运用不但是赋予文章理论色彩的重要手段，也是建立起清晰的结构逻辑和思维逻辑的重要途径。

第六节 焦点小组访谈法

一、概念与历史

焦点小组访谈法（focus group interview）是一种资料搜集的方法。它是由经过训练的主持人以半结构化的形式在小组中引导组员进行讨论，并将讨论的情况记录下来作为研究资料。有学者将其称为"典型组讨论方法"[①]。

摩根认为焦点小组访谈法的历史可以追溯到拉扎斯菲尔德在 20 世纪 30 年代开展的马林塔尔研究项目，但是莫里森仔细阅读了马林塔尔研究项目的成果，认为该研究中的那种家庭成员拜访或在公共场所的随机访谈并不具有焦点小组访谈法的特征，该项目成果中也没有提到这种方法的名称。莫里森[②]也不赞同有关博加德顿最先使用焦点小组访谈法的说法，因为他认为博加德顿在相关研究中"收集的资料实际上还是个人的数据"，所以最好把后者的工作看成先驱性的工作。他认为真正创立焦点小组访谈法的是哥伦比亚大学应用社会研究局的社会学家罗伯特·默顿。

默顿于 1941 年加入拉扎斯菲尔德主持的哥伦比亚大学应用社会研究局。当时，社会研究局的研究工作虽然以量化研究方法为主流，拉扎斯菲尔德本人也是量化研究方法的重要开拓者，但研究者能够包容质性研究方法，其中就包括默顿所使用的焦点小组访谈法，因此焦点小组访谈法的诞生与拉扎斯菲尔德的支持密不可分。

1941 年 11 月，默顿参与到一项军方委托的研究项目，该项目旨在对提升军队士气的广播节目的效果进行测试。在这项研究中，拉扎斯菲尔德和默顿分别负责一个研究小组，而后者首次运用了焦点小组访谈法。他把具有相同社会身份的人聚在一起，请他们就某类宣传品对自己和家人的影

---

① 李冬莉. 简评典型组讨论方法的应用 [M]. 社会学研究，1998（01）：48-54.

② 莫里森. 寻找方法：焦点小组和大众传播研究的发展 [M]. 柯惠新，王宁，译. 北京：新华出版社，2004：25-26，192-193.

响进行讨论，并通过观察和记录讨论情况来获得参与者各自的观点、看待问题的角度、相互纠正的机制以及人际互动的信息。其成果于 1946 年出版。当年，默顿和肯德尔还在《美国社会学杂志》上发表文章《聚焦的访谈法》（The Focused Interview）一文，介绍焦点小组访谈法的操作细节；1956 年，默顿、费斯克和肯德尔一起出版了《聚焦的访谈：关于问题和操作程序的手册》一书，对该方法进行了周详的介绍。因此，一般认为是默顿创立了较为成熟的焦点小组访谈方法。尽管该方法是在大众传播研究领域最先诞生的研究方法，但是它之后的发展过程并不顺利。莫里森[①] 描述道：

> 尽管焦点小组研究起源于把传播研究建立为一个独特的学术研究领域这一事业的一部分，奇怪的是虽然它在 20 世纪 40 年代传播研究的拓荒时期就已经开始，而且在学术研究人员看来是很有前途的，但是它却在学术世界失踪了，直到 20 世纪 70 年代才作为一个探索的工具复兴，而且直到 20 世纪 80 年代才得到了作为一种方法的合法地位。

焦点小组访谈法并未受到学术界重视的原因，恰恰在于它受到了商业界的欢迎，因为它在商业界的广泛运用，使得学术界怀疑其作为严谨的理论研究方法的能力。但是，到了 20 世纪 80 年代，焦点小组访谈法逐渐复兴，这与学术领域对定量研究的反思有关。汉森[②] 认为，受众研究在 20 世纪 80 年代和 90 年代发生了转向，从研究媒介对受众行为和信仰产生的影响和效果转到了这样一些方面：受众如何理解、认识、使用媒介以及如何与媒介发生互动，以及如何产生媒介内容和技术之外的意义。在这个背景下，焦点小组访谈法被再度发掘出来，并被学术界广泛地使用。这一时期

---

① 莫里森.寻找方法：焦点小组和大众传播研究的发展 [M].柯惠新，王宁，译.北京：新华出版社，2004：194.

② 汉森，等.大众传播研究方法 [M].崔保国，金兼斌，童菲，译.北京：新华出版社，2004：303.

对焦点小组访谈法的发展贡献最大的是摩根，他于 1988 年出版的《用作定性研究的焦点小组》（*Focus Groups as Qualitative Research*）一书中对该方法的介绍被广泛采用。此外，克鲁格于 1988 年出版的《焦点小组：应用研究的操作指南》（*Focus Groups：A Practical Guide for Applied Research*）一书也是经常被提及的焦点小组访谈法著作。他们的著作与默顿早年的著作一起，建立起了焦点小组访谈法的操作体系。

焦点小组访谈法被广泛地运用于社会科学研究。摩根在 1988 年写道："仅仅在 5 年前，很少有社会科学家听说过焦点小组，但是现在，焦点小组在他们中间激起了广泛的兴趣。"[①]汉森[②]也提到，20 世纪 80 年代，受众研究的质性特征相当明显：大多数受众"接收"研究都采用了焦点小组访谈法、参与观察法和相关人口统计分析法。可见，焦点小组访谈法当时已成为主流的质性研究方法之一。

焦点小组访谈法的整体思路是：确定要研究的问题，然后把研究问题转化为若干个讨论主题；从特定的目标人群中选择若干人作为访谈对象，组成小组，由访谈主持人组织他们围绕主题进行自由讨论；研究者对讨论资料进行分析并提炼出理论观点。这种方法与深度访谈有一定的相似之处，都是通过深度的交流来获得研究数据。不同之处在于，深度访谈主要是以研究者与访谈对象之间的交谈记录作为研究资料，而焦点小组访谈法主要是以小组成员之间的讨论记录作为研究资料。

与国外焦点小组访谈法运用较早而且较为普遍的情形不同，国内社会科学研究中运用这一方法的情形并不多。以"焦点小组访谈"为摘要关键词在中国知网对 CSSCI 来源期刊论文进行搜索，结果显示运用了焦点小组访谈法的论文一般在每年 10 篇左右（表 8-5）。从上述搜索结果来看，焦点小组访谈法在国内传播研究中的运用更少，最早出现在 2010 年，截至

---

① 莫里森.寻找方法：焦点小组和大众传播研究的发展 [M]. 柯惠新，王宁译.北京：新华出版社，2004：17.

② 汉森，等.大众传播研究方法 [M]. 崔保国，金兼斌，童菲，译.北京：新华出版社，2004：304.

2021 年底共计 13 篇。在 100 篇案例论文中，仅有 1 篇运用了焦点小组访谈法。这些使用了焦点小组访谈法的论文中，大多是将该方法与其他方法联合使用，或者作为民族志研究的资料搜集手段之一。严格地说，在后一种情形中，焦点小组访谈法不能算是独立的研究方法。

表 8-5　以"焦点小组访谈"为摘要关键词的中国知网搜索结果

年份	2021	2020	2019	2018	2017	2016	2015
篇数	13	8	16	8	7	8	10
年份	2014	2013	2012	2011	2010	2009	2008
篇数	8	5	8	1	3	4	1

二、焦点小组访谈法设计

焦点小组访谈法是一种搜集研究资料的方法，因此它通常与资料分析方法联合使用，比如与统计调查法、扎根理论法等联合使用。在少数情形下，它也作为研究方法单独使用，此时资料分析一般需要依赖理论框架，否则很容易陷入随意议论的情形。

（一）研究资料的搜集

1.访谈对象的获取

焦点小组访谈法中访谈对象的获取不一定甚至并不主张采用随机抽样方法，因为它对访谈对象的要求不是随机的而是有较强针对性的。"执行焦点小组访谈的目的就在于从清晰界定的一类人群中得到一些特定类型的信息……焦点小组访谈不是在一群碰巧可召集到的人中进行的偶然的和随意的讨论；它是一种精心计划的研究行为，需要跟其他科学研究一样的仔细和严谨。"[①] 因此，访谈对象的获取一般采取目标抽样法。一般选择那些具有较强讨论能力、较为熟悉所讨论问题、社会身份类似的人士作为访谈对象。这里的"社会身份类似"，即参与者具有"同质性"，指个人背景和生活经历相同，或称之为社会地位与身份相同。具有同质性的参与者之

---

① 汉森，等 . 大众传播研究方法 [M]. 崔保国，金兼斌，童菲，译 . 北京：新华出版社，2004：309.

间更易于沟通，异质性太强可能使参与者相互之间产生戒备心理，对讨论时的自由发言不利。

2. 焦点小组的组建

由于焦点小组访谈法的目的主要在于了解参与者对所讨论问题或主题的想法和观点，因此它无法也不必针对较大规模的对象进行，因为如果每个小组的人员过多，显然会影响交流的深度和观点的真实表达。有研究者认为，每个小组的人数以 6 ～ 12 人为宜[①]。

研究者只采用一个焦点小组的情形是非常少的，一般会组成多个焦点小组开展研究。这样做的好处是可以对比不同小组之间结果，避免抽样不当造成单个焦点小组代表性不足的问题。那么到底组织多少个小组呢？有的研究者认为以 3 ～ 4 个小组为宜，但最好是根据理论饱和度来判断而不是墨守某个数字。摩根指出，小组的数目是不确定的，它需要根据另外的讨论是否产生了新的想法来决定。利文斯通和伦特也提出："焦点小组数目的决定原则是，一直到评论和范式开始重复，很少再有新素材产生出来。"[②]这里的"是否产生了新的想法""新素材产生出来"实质上就是理论饱和度检验，是质性研究中常用到的信度和效度检验方法。这种检验实际上也暗示了可以运用扎根理论法分析访谈资料。

3. 主持人的作用

所谓主持人，指每个小组进行访谈时的话题引导者，有时也被称为协调者。焦点小组在讨论时必须聚焦于所研究的问题，因此需要主持人提出讨论的问题，并负责激发大家的讨论兴趣。一般地，研究者亲自担任主持人是最合适的。但是，在焦点小组较多的情况下，比如有的研究有多达 52 个小组[③]，则研究者很难亲自担任每个小组的主持人，这时就有必要让研究

---

① Wimmer, Dominick. *Mass Media Research: An Introduction*[M]. 北京：清华大学出版社，2003：121.

② 汉森，等. 大众传播研究方法 [M]. 崔保国，金兼斌，童菲，译. 北京：新华出版社，2004：313.

③ 汉森，等. 大众传播研究方法 [M]. 崔保国，金兼斌，童菲，译. 北京：新华出版社，2004：314.

助手甚至其他人员担任部分小组的主持人。

主持人对于小组访谈的成败和质量有决定性的作用，因此如果邀请其他人担任主持人，需要对其进行必要的培训，或者就问题手册与其进行充分的沟通。需要注意的是，此研究方法虽然被称为"焦点小组访谈"，但实际并不是通常意义上的"访谈"，而是一种小组讨论形式。也就是说，参与者并非只回应主持人提出的问题，而是相互之间有讨论、互动、影响，因此，有人把这种研究方法称为"焦点小组讨论"，其实更加准确。

那么，在这种讨论中，主持人的角色是什么？首先，主持人要促进小组围绕问题进行讨论，避免脱离要研究的问题；其次，他要负责提出要讨论的问题，即引导参与者对问题清单上的提问逐一进行讨论；最后，非常重要的是，他要推动形成一种气氛，鼓励自由和积极的讨论，尽可能多和深地挖掘出参与者对问题的看法。总之，焦点小组访谈的本质特征是"控制下的小组讨论"。研究者应该事先精心设计好需要讨论的问题，且它们都应该是开放式的问题。

4. 访谈指南的设计

访谈指南是对访谈问题的详细规划和说明，它由一系列开放式的问题及对其的说明组成。问题的体系对于这一方法的成功至关重要，因为在这种"自由"的访谈形式下，要能够提炼出具有共性的理论，合理的问题结构是必要的条件。而且，如果因焦点小组数量较多而需要研究者和研究助理同时担任小组主持人时，访谈指南有助于保障各小组的访谈质量。因此，访谈指南的设计应遵循以下原则：第一，所有的问题都必须围绕着研究问题，从多个维度来解释或回答研究问题，从而形成一个有机的体系；第二，每个小组所讨论的问题都要相同，最好顺序也相同，以便进行比较；第三，可以形成问题的纵深，也就是将整个研究问题划分成几个大的讨论问题，再将每个讨论问题划分为若干更小的提问问题。尤其在小组数目比较多的时候，这样做的好处是能使各个组的讨论问题尽可能相同，从而有助于对比分析不同小组的讨论结果。

访谈指南以问题为核心，但不是仅包含问题，而是对整个访谈工作和细节都有规定，包括主持人在访谈中的注意事项，对不同问题的提问要求等。访谈指南也对工作流程进行了规定，可以参考汉森等^①提出的所谓"标准流程"：首先，让访谈对象了解那些被选定的媒介内容（一个电视节目、一部电影、报纸上的某一部分等）；其次，提出一些没有指向性的笼统问题——在协调者的指导下——逐渐转移到一些特定的焦点、话题和问题上。汉森的这个"标准流程"是针对媒介内容效果研究的，但对其他方面的传播研究也有借鉴价值。

5. 访谈现场的记录

焦点小组访谈的记录与采访记录有根本的区别，后者一般只需要对语言进行记录就可以了，前者却可以甚至需要对参与者的语气、神态、动作等记录，甚至需要对交流过程（比如意见是如何提出的，如何影响到其他成员等情况）进行记录。总之，也许可以说，焦点小组访谈的记录方式在一定程度上接近于田野观察的记录方式。

焦点小组访谈中的"访谈"也与深度访谈中的"访谈"有很大不同，因为它是多人间的交叉讨论而非一对一的讨论，因此，搜集的资料主要是小组成员之间的讨论内容，而非小组主持人与小组成员之间的对话。

（二）研究资料的分析

整体上，焦点小组访谈法的资料分析与多人深度访谈法的资料分析有类似之处。

1. 单独使用焦点小组访谈法

将焦点小组访谈法作为研究方法单独使用时，研究者须先设计好问题，然后在小组进行讨论，最后对讨论资料进行整理，并对问题逐一进行回答和阐释。熊跃根的《成年子女对照顾老人的看法——焦点小组访问的定性资料分析》（《社会学研究》1998 年第 5 期）就可归于此类型。该研究设计了两个焦点小组（每个小组有 10 人参与讨论），并对每个组的人口统计学特征做了简要介绍。研究者事先设计了 4 个讨论主题：子女对照顾老

---

① 汉森，等. 大众传播研究方法 [M]. 崔保国，金兼斌，童菲，译. 北京：新华出版社，2004：321-322.

人的责任和"孝"的责任的看法；照顾老人过程中成年子女与父母之间的代际关系；子女对老人的照顾需要的看法；子女在日常照顾老人过程中面临的困难和压力。研究者在焦点小组讨论和分析中均是针对这四个问题逐一进行的。在分析每一个问题时，均是先进行概貌阐述，然后就阐述中的主要观点列举讨论中的语料作为论据。比如，对第四个讨论主题"子女在日常照顾老人过程中面临的困难和压力"的概貌描述是：

> 在以往的研究中，子女照顾父母尤其是照顾病弱的父母时会遇到资源上的不足，如金钱、物质以及服务短缺等困难；或是由于照顾者本身的健康程度、就业上的安排与照顾任务产生了一定的冲突，对照顾者形成了精神上的压力和紧张（Morycz，1985）。由于被访的绝大多数老人都能自理，在小组访谈中，多数子女认为照顾的压力并不大，而主要的困难多来自老人自身经济状况的恶化或医疗健康方面的负担。另外，也有子女提到居住社区缺少集中的老人活动中心，所以老人的休闲娱乐显得较为单调。但是对丧偶后独居的老人来说，他们的日常照顾仍是一个比较突出的问题，由于子女不在身边，平时遇到的困难会比一般老人要多，尤其是当独居老人健康状况不佳时，他们所需要的照顾更具体，因此家庭成员中子女的压力就比较大。他们会出现就业与照顾老人的冲突，或是要改变以往的生活节奏和习惯来重新调整自己的生活。

在这之后，针对一些观点，研究者以小组讨论资料为论据加以论证。比如，对概述中提到的职业安排与照顾任务相冲突的情况的论证是：

> （Y女士）："这点我也有同感，我们要上班又要照顾自己的家，作为女性很难。我自己在单位担任行政职务，白天事情比较多。我父亲身体不太好，出门也不方便，在家主要靠我妈照顾，我们住的地方离父母家很近，所以晚上有空差不多都要去看看父母，帮他们做一点家务。"

另一种情形是，分析资料时并不对所讨论的主题一一做出回答和阐释，而是从资料中归纳出若干观点进行阐释。比如，章宏和邵凌苇的《个体化视角下中国当代青年对代际相亲节目的接受研究》（《浙江社会科学》2020 年第 3 期）就可归于此类型。研究者设计了 8 个焦点小组（4 个男生组和 4 个女生组），每组 4 ～ 6 人，共计 40 人。该研究中并未提到对哪些主题进行讨论，但是在分析时同样分成若干个主题进行了阐释：青年受众对节目中再现的父母辈婚恋观的解读；青年受众对节目中再现的代际关系的解读；代际相亲节目的现实意义。需要注意的是，由于研究者设计了不同的性别组，因此在分析时实际上采用了比较研究或比较阐释的方法。比如，在"青年受众对节目中再现的父母辈婚恋观的解读"部分，男生和女生对传统婚恋观的态度是：

> 男生组的成员普遍认为，节目中的家长都是抱着真正要结婚的目的，对女生提出了详细的要求。但这些要求基本符合现实，跟中国传统婚配观念中"男主外，女主内"的价值观相近。
>
> 子洋：家长说的这些标准都挺常见的，现实中都会有。之前也遇到过周围的人有这些方面要求。
>
> …………
>
> 但是，节目中男生家长的这些标准却遭到了女生组成员的质疑。例如，在女生组二的讨论中，有些成员通过抵抗解读的方式批判了男生父母要求儿媳"做家务"的要求。有些成员则与社会现实联系在一起，采取了协商式的解读方式。她们表示能够理解节目中家长的意图，但是在现实生活中并不能完全接受这些要求。
>
> 晶晶：这种价值观挺原始的，有点搞笑，感觉像找个保姆。

2. 与扎根理论分析法联合使用

焦点小组访谈法经常与扎根理论分析法联合使用，因为前者是资料搜集方法，后者是资料分析方法。需要提醒的是，如果与扎根理论分析法联合使用，则在焦点小组的设计中应当采用理论抽样并进行理论饱和度检验，比如有 8 个焦点小组时，可以预留 2 个小组用于理论饱和度检验，从而先行对 6 个小组进行扎根理论编码。周逵的《沉浸式传播中的身体经验：以虚拟现实游戏的玩家研究为例》（《国际新闻界》2018 年第 5 期）就可归于此类型。虚拟现实游戏在很大程度上是脱离感官的，那么玩家在其中的身体经验如何？为了研究这一问题，研究者设计了 5 个焦点小组，每组 15 人，并对其进行了较为严谨的介绍：

> 本研究的质化材料由焦点小组（Focus Group）获得。研究者在 2017 年 1 月至 8 月间，分别进行了五组虚拟现实玩家体验和焦点小组讨论，其中包括一组最早进行的试点性焦点小组（pilot focus）。在招募研究参与人员时，本研究按照以下标准进行了筛选：第一，本研究选择了从未有虚拟现实类游戏经验的初次玩家，他们多数对虚拟现实技术已有耳闻，但未能亲自操作体验，这样的筛选标准是为了捕捉到陌生化的媒介使用体验，保证质化研究讨论的敏感度；第二，本研究每组焦点小组人数为 15 人，人员构成均为 18~21 岁的北京高校的大学生，招募方法为滚雪球（Snow-balling）加筛选式，以便找到趣缘、教育程度等都较为接近的参与者。选择这个年龄段的参与者一方面是因为他们是目前游戏消费的主流人群，有着较为丰富的游戏经验，另一方面是因为他们有着较强的思辨和表达能力，可以保证焦点小组的讨论质量。

研究者组织焦点小组对虚拟现实游戏进行沉浸式体验后，围绕研究问题进行了半结构化开放性讨论，然后借助 MAXQDA 软件完成对讨论的内容文本的扎根理论编码过程，即开放式编码、主轴式编码和选择式编码，最后进行理论阐释。

3. 与统计调查法联合使用

质性研究方法常常与量化研究方法联合使用。后者的优势在于描述关系，前者的优势在于解释原因，因此两者联合不但可以解释"是什么"，而且可以解释"为什么"。比如，深度访谈法和焦点小组访谈法与统计调查法联合，就既能描述社会现象之间的关系，也有助于解释形成这种关系的原因。蒋俏蕾、郝晓鸣等的《媒介依赖理论视角下的智能手机使用心理与行为——中国与新加坡大学生手机使用比较研究》（《新闻大学》2019年第3期）就属于此种类型。研究者为了探析哪些因素导致了大学生的手机依赖，首先依据既有研究运用统计调查法的量化研究模型描述出不同因素与手机依赖之间的关系，然后运用焦点小组讨论法对前述关系进行了解释。需要说明的是，此项研究中焦点小组讨论法的作用主要是解释中国大学生和新加坡大学生之间的差异——显然，统计调查法一般能够发现不同现象之间的关系，但对于解释关系的形成原因往往是无能为力的。研究者介绍了焦点小组访谈法的设计：

> 针对两国大学生在问卷调查结果中表现出来的差异，本研究还通过焦点小组访谈来展开深入的探析。焦点小组共计六组，两所大学各三组，分别为高、中、低年级组，每组访谈对象为十人，构成上兼顾性别和专业的平衡。

诠释研究方法与实证研究方法结合的确可以取得较好的效果，因为仅做实证研究是无法揭示背后的社会意义的。比如在此案例论文中，通过量化模型研究可以知道中国和新加坡大学生手机依赖在年龄、收入、寻求刺激感、自我理解、社会理解等方面的差异，但要解释这些差异的社会含义与文化意义，量化模型则无能为力，这时候焦点小组访谈法就可以派上用场。比如该研究通过焦点小组访谈法获得的结论是：

> 焦点小组访谈的结果反映出两国大学生群体智能手机使用差异背后的一些原因。由于中国民众对网络沉迷负面影响普遍比较关注，中国青少年在中学阶段使用智能手机上网会受到来自家长和学校的诸多

限制，到了大学阶段其自主性会逐渐增加。因此，年龄更小的表现出更多的手机非上网功能的使用，而随着年龄增长，自主掌握更多的零花钱，了解了更多的手机上网应用，使得中国大学生对手机上网功能的使用显著提升。相比之下，与很多中国大学生需要离开家乡到大学就读的情况不同，作为一个城市国家，新加坡大学生入学后的变化并没有他们的中国同龄人这么明显，而且由于新加坡实行兵役制，使得新加坡的男性大学生相比而言更加成熟，因而在手机使用上也表现出一些差异。

第七节 案例分析法

在社会科学研究中，案例分析法是一种运用广泛的方法，尤其适合于应用性研究。在较多情形下，案例分析法作为一种资料搜集方法，需要与资料分析方法联合使用。

一、概念与历史

所谓案例分析法（case analysis method），是基于特定目的，选择少数甚至单一案例进行深入分析与解释的一种途径[1]。实际上，案例分析法是与大样本分析法相对而言的，它们之间的区别主要表现在两方面：案例分析法是非随机小样本，大样本分析法多是随机大样本；案例分析法重在对个案的纵向分析以发现个性知识，大样本分析法重在横向分析以发现样本中的共性知识。

如何判断某项研究是否采用案例分析法呢？一般来说，研究者会在文章中进行声明。但是，研究者应该对案例分析法的特征有所了解，这是使用该方法的前提。这需要研究者对"案例分析法"中的"案例"有准确的

---

[1] 李少军.论国际关系中的案例研究方法 [J].当代亚太，2008（03）：111-123.

理解。"案例"一般指有边界的实体（人物、组织、行为条件、事件或其他社会现象）[1]，它隐含了两层意义：首先，"案例"是个体性的，即旨在对少数个案进行深度阐释；其次，"案例"是典型性的，即表明案例的选择有一定的标准。从案例的这两个特征来看，案例分析法可以理解为选择一个或少量典型个体进行系统而深入分析的研究方法。"典型案例"对理解案例的概念和案例分析法的特征至关重要，由此也可以说案例分析法就是典型案例研究法。

不过，不少诠释研究方法都是以单个或少量对象作为研究对象的，比如民族志法会选择一个或少量几个地方进行田野调查，深度访谈法会选择一个或少数几个人做深度交流，扎根理论法会选择一个或少数几个人或机构获取资料等，甚至可以说所有非抽样方法都可能是这种情形。那么如何区分案例分析法与这些方法呢？可以从两个维度加以区分。其一，案例分析法更强调对案例本身特征的解释，而非通过案例来解释别的问题。比如，对某个学者进行访谈的目的是获得某方面的学术见解，则可将其归于深度访谈；如果访谈的目的是分析治学方法，那么就最好将其归于案例研究。其二，更重要的是，案例分析法规定的是资料搜集的范围，其他方法规定的是资料搜集的方式，因此两者实际上并不冲突。比如，采用民族志方法，研究者需要进入研究对象生活的环境，通过"成为"他们中的一员来搜集资料；采用案例分析法则不必如此，研究者可以通过访谈、观察等手段搜集相关资料，获得足够的资料后即可开展研究。又如，采用深度访谈法是以访谈记录作为研究资料，采用案例分析法则可以通过包括深度访谈在内的很多手段来搜集资料。

案例分析法有时会被怀疑能否作为研究方法，因为有人认为它仅仅是对单个或者少数案例的分析，因此结果不具有理论的普适性。这种观点显然忽视了方法论的多元性，而仅仅把实证主义作为所有方法论的尺度。实证主义采用量化的手段，通过建立统计模型的方式使得样本可以推及整

---

[1] 殷.案例研究方法的应用（第3版）[M].周海涛，夏欢欢，译.重庆：重庆大学出版社，2014：7.

体，其问题意识是现象之间的关联，比如因果关系等；诠释主义并不以这样的问题意识为研究目的，而是突出对现象的解释，因此统计学意义上的推及性本来就不适用于这类研究，换言之，不必用统计推及性来衡量案例分析法。有学者将推及性区分为统计推及性和分析推及性，认为案例分析法遵循的是分析推及性而非统计推及性，即所谓分析归纳而非统计归纳①。这种说法相当有道理，因为诠释研究不追求归纳意义上的因果关系，而是追求具体事物之间的因果关系。

那么，案例分析法如何确立自己的理论意义呢？①证伪。实证主义采用演绎—检验的方式，检验时既可证实也可证伪。案例分析法虽然在证实方面的推及性无法与实证主义方法相提并论，但是在证伪方面却毫不逊色。可以这么说，无论实证主义方法获得的理论多么周密，有可能通过一个案例的证伪就可以推翻它。②情景。理论的普适性表明其提炼了不同对象中的共性，这固然有很大的优势，但是忽略了理论对不同个案的适应性问题，而案例分析法有助于解决这种问题。比如我们熟知的马克思主义中国化问题，就是把马克思主义作为一个普适性理论，然后以中国作为具体情境来完善它，在本质上是案例性的理论发展模式。③共性。案例研究实际上是典型研究，这一点非常重要。因此，即使是个案分析，只要它具有典型性，从这一个案中提炼出来的特征就能够在相当大程度上反映其他同类事物的特征。换言之，案例研究法在另一种意义上获得了推及性。尤其是在多案例分析中，因为案例的典型性，从多个案例中提炼出来的共性的推及性更强。当然，这种推及性因为缺乏数学上的精确而不能与实证主义的推及性相提并论。④探索性。实证主义研究一般适用于对成熟理论的发展和完善等，对于新理论的探索则无能为力，这时更需要的是提出问题类的研究，即诠释主义或哲学思辨研究。因此，即使不讨论推及性问题，案例分析法作为探索性研究方法无疑也是可以对理论建构发挥作用的。在这个意义上，应当承认探究性个案研究的合法性，因为它的目的是增加新知

---

① 殷.案例研究：设计与方法 [M].周海涛，史少杰，译.重庆：重庆大学出版社，2017：27.

识，只不过这种知识还处于初步、不确定、试探性状态①。实际上，案例研究的理论建构能力完全可能超出上述 4 个方面，这里不做更多的阐述。

威默等② 从 4 个方面较为完整地概括了案例分析法的特征：

①特定的：案例研究集中在特定的情况、事件、程序或现象上，使其成为研究实际情境中真实问题的好方法。

②描述性：案例研究的最终成果是对所研究问题的详细描述。

③启发性：案例研究有助于人们理解所研究的问题，新解释、新视角、新意义和新见解都是案例研究的目标。

④归纳式：大多数案例研究依赖于归纳推理，也就是通过对数据的分析概括出一些原则或规律。

这些特征，基本上都包含在前面的讨论中了。

案例研究最早起源于法学，1870 年兰德尔出任美国哈佛大学法学院院长后开始倡导这种方法。案例法在法学领域的成功，引起了教育和商业领域的关注。1908 年，哈佛大学商学院开始引入案例法教育，对商业案例的研究也逐渐开始。后来，案例研究法逐渐被更多的学科接受，常被用于"医学、人类学、心理学、管理学、历史学"③。在众多学科中，工商管理学、公共管理学、经济学等学科是应用案例分析法较多的领域，尤其在工商管理研究中，该方法已成为主流方法之一。哈佛大学商学院是全球顶尖的商学院，美国排名前 500 的大公司中担任首席执行官职务的有 1/5 毕业于这所商学院。该学院的主要教学方法就是案例法，两年制研究生在学习期间要分析讨论 800 个左右案例。国内外一流的管理学期刊，都经常刊登

---

① 王宁. 个案研究中的样本属性与外推逻辑 [J]. 公共行政评论，2008（03）：44-54.

② Wimmer, Dominick.*Mass Media Research: An Introduction*[M]. 北京：清华大学出版社，2003：124-125.

③ Wimmer, Dominick.*Mass Media Research: An Introduction*[M]. 北京：清华大学出版社，2003：124.

案例分析类研究文章，国内如《管理世界》《中国工业经济》还开设了案例分析专栏。由于案例分析法在管理学中的应用比较成熟，本节后面的分析将采用该领域的论文。

以"案例分析"为摘要关键词在中国知网对 CSSCI 来源期刊论文进行搜索，结果显示案例分析法在国内的使用日益普遍（表 8-6），范围也几乎涵盖了所有社会科学的研究领域，而主要应用领域则为管理学、法学等。从上述搜索结果来看，在大众传播研究中案例法的应用也很常见。我们经常看到的"以 ×× 为中心的考察""以 ×× 为核心的分析"之类，基本上都是案例分析。传播研究中，案例分析法最早出现在 2003 年，截至 2021年底一共出现在 62 篇文章中。在 100 篇案例论文中，有 11 篇声明使用了案例分析法。

表 8-6 以"案例分析"为摘要关键词的中国知网搜索结果

年份	2021	2020	2019	2018	2017	2016	2015	2014	2013	2012	2011	2010
篇数	512	486	456	467	465	449	408	340	349	312	304	269
年份	2009	2008	2007	2006	2005	2004	2003	2002	2001	2000	1999	1998
篇数	239	206	134	128	100	82	61	61	33	18	21	21

二、案例分析法设计

案例分析法的方法设计同样可以分为资料搜集与资料分析两个阶段。案例分析法类型较多，因此无论是就资料搜集还是就资料分析而言，都难以用一个统一的模式来讨论，所以本节接下来将分不同情形进行讨论。

案例分析法的类型，主要有两种划分标准：按照所用案例的数量，可以划分为单案例分析、双案例分析、多案例分析，其中的双案例分析还可以划分为对比分析和非对比分析；按照研究结果的用途，可划分为理论性案例分析和应用性案例分析，前者是为了生成理论或改进理论，后者是为了用理论来改进实践，其中理论性案例分析又可划分为证伪性案例研究、情境性案例研究、共性案例研究和探索性案例研究等。后面的分析中，将采取以两种划分标准相结合的方式构建行文框架。同时，因为不同类型的案例分析法差异较大，所以无法采用某一篇论文作为案例，而是针对不同的类型以不同的论文作为案例。

（一）研究资料的搜集

案例分析法中，研究资料的搜集实际上也有两个阶段，即案例确定与资料搜集。首先是确定案例，然后在案例范围内搜集资料。

1. 案例对象的获取

在案例分析法中，有关案例对象的决策涉及两个方面，即选择多少个案例进行研究，以及选择哪些案例进行研究。在实证主义的统计抽样中，抽样的数量和标准都服从统计规律。但是在案例分析法中，案例的数量不依赖于统计模型，而是取决于研究的类型和目的等。比如，如果研究的目的就是对某个特定案例进行分析，那么只进行单案例分析就足够了；如果目的是从案例中发现共同的特征，那么只有多案例才能实现目标。

在选择哪一个或哪一些案例方面，决策更加复杂。在统计抽样中，样本抽取是按照随机概率原则进行，但是在案例分析法中，一般不可能按照这种方法来进行案例选择，因为作为个体的案例之间的均质性很差。比如，对全国媒体的某项研究，如果采取随机抽样方式来选取案例开展研究往往会面临一些困难，包括媒体之间的差异巨大，有的媒体无法深入现场调研，远程调研的精力和费用耗费较大等。因此，案例分析法一般采用目标抽样法，即通过综合分析来确定研究案例。

那么，目标抽样又如何具体确定案例呢？作为案例分析法中的个体，与作为统计抽样中的个体的标准不一样，后者要考虑个体的代表性，这种代表性实际上就是均质性强弱，可以用统计模型中的数学期望或方差来反映。案例研究的目的与实证主义研究的目的完全不同，它可能就是旨在对个案本身做深入了解，因此不必将均质性作为案例选择的标准。前面说过，案例研究实际上是典型研究，这时候"典型性"才是案例选择的标准。这里的"典型性"有两方面的含义：一方面指目标特征最突出，另一方面指最能代表多数个体的特征。例如，如果要研究媒体融合发展，从标杆方面来说可能以中央媒体作为案例最好，因为它在这方面的进展最大，即所谓目标特征最突出，可供其他大多数媒体参考；从反映普遍性的情况而言可能省级或市级媒体最好，因为它反映了大多数媒体的状况。再如，研究学生的学习行为时，既可以最优秀的学生作为案例，也可以中等水平的学生作为案例。前一个维度，我们将其命名为"特征突出性"；后一个维度，我们将其命名为"特征普遍性"。一般来说，案例的选择，要么根据特征突出性，要么根据特征普遍性。

无论是特征突出性还是特征普遍性，都表明了案例分析法的学术价值所在，因为它们反映了由案例推及其他个体的可能。以最优秀的学生作为案例，则其优点都是其他学生可以效仿的；以中等水平学生作为案例，则其特点反映了大多数学生的状况。

在明确基本原则后，接下来分析如何在不同研究类型中确定案例。

（1）单案例分析

对单个案例进行分析的情况相当常见，其目的可能是理论建构，比如证伪某个理论；也可能是理论应用，即对实践提出建议。后者往往更常见。作为应用性研究，它主要通过对案例成功或失败、经验或教训的分析，为同类个体提供参考。单案例分析法强调分析的纵深，因为对案例的分析越深入，揭示出的案例特征就越深刻，即结论的推及性就越强。

单案例分析可以选择特征突出类案例，也可以选择特征普遍类案例，但以前者居多——其典型性使结论更具推及性。比如，学习越优秀的学生越容易成为研究的案例，因为他们优秀的品质越突出，对其他学生而言就越具有说服力和借鉴意义。这恰恰是研究者在单案例分析时容易忽略的问题，即并未选择特征非常突出的案例，或者没有把这个案例中突出的特征与价值陈述出来。在媒体研究领域，特征突出类案例常常是最优秀的、最先进的、最快的、领先的，等等。比如某个媒体如果在融合发展方面做得非常好，其新媒体平台的影响力很大而且超过了传统媒体平台的影响力，在同行中居于领先甚至遥遥领先的位置，那么它就具有很强的突出性特征，就可以作为相关问题的研究案例。

下面举例说明。谭小荷的《加密经济重构媒体生态？区块链驱动下的新闻商业模式创新——基于 PressCion 的案例》（《新闻界》2018 年第 6 期，后文简称《区块链》）就是一篇采用单案例分析法的文章。近年来传统媒体面临的危机日益深重，新出现的区块链技术是否可以为新闻业所用，帮助后者走出危机呢？《区块链》一文对区块链商业模式进行了研究，试图回答这一问题。文章第一段为引言，之后分为 4 个部分：①新闻业危机深重，商业模式亟待创新；② PressCoin 的系统解决方案：加密经济＋区块链技术＋独立媒体辛迪加；③ PressCoin 的现实问题与前景隐忧：商业模式与技术应用的双重不成熟；④结语。

《区块链》一文选择以 PressCion 公司作为研究案例，是因为该公司在区块链新闻方面是全球领先的，可以为整个区块链新闻业提供启示。2017年末，美国的一些独立新闻人联合起来，创建新闻界的加密货币并将其命名为 PressCion。这一行动旨在摆脱传统媒体的广告商业模式，促进新闻业资金来源的多元化等。这一新闻业自身的新闻被广为传播，成为当年度重要的行业新闻之一。同时，PressCion 公司的资金募集活动也大获成功，到2018 年 1 月完成了 2480 万美元的众筹资金，号称"有史以来最大规模的新闻媒体众筹融资活动"。可见，从时间较早、影响较大、筹资规模较大等角度衡量，PressCion 公司都是区块链新闻业的典型，以之作为研究区块链新闻商业模式的案例是有说服力的。

（2）双案例分析

双案例分析可以是理论建构导向的，也可以是理论应用导向的，可以是对比性研究，也可以是非对比性研究，但是后者对案例选择的影响更大。也就是说，在双案例分析中，对比性研究与非对比性研究的案例选择思维有所不同。在对比性研究中，要强调两个案例在可比性前提下的差异性，而在非对比性研究中，一般致力于探索两者之间的一致性。由于从两个案例中探索一致性的局限性比较大——毕竟案例数量过于有限，因此这种研究方式并不多见，即双案例分析往往是对比性研究。采用非对比性双案例分析的论文，可参考魏明江等的《来源国劣势与合法化战略——新兴经济企业跨国并购的案例研究》（《管理世界》2020 年第 3 期，后文简称《来源国劣势》）。这里主要讨论对比性双案例分析。

在对比性双案例分析中，选择的案例首先要具有可比性，即在某些基本的方面是一致的。郭笑春等的《数字货币时代的商业模式讨论——基于双案例的比较分析》（《管理评论》2020 年第 1 期，后文简称《数字货币时代》）和程新生等的《多元化企业集团内部控制研究——德隆集团公司的启示与 SSA 集团公司的实践》（《会计研究》2018 年第 11 期，后文简称《多元化企业集团》）都应用了对比性双案例分析。《数字货币时代》一文"旨在发现数字货币是如何影响商业模式中各元素关系及其创新"。文章的结构是：①引言；②文献综述；③研究设计；④案例描述；⑤案例对比分析；⑥研究结论及未来展望。研究者在"研究设计"部分陈述了选择两个案例的理由，即它们的一致性与可比性：

> 本文通过调研大量数字货币的白皮书、相关资讯和文献，并结合数字货币的虚拟性，最终选择以使用 Steem 代币的 Steemit 社交论坛作为数字货币在商业模式应用中的典型案例，与不使用数字货币的社交平台知乎网进行案例对比分析。两个案例均处于社交论坛行业，并且知乎网作为国内的知名内容社区与 Steemit 作为使用数字货币最成功的内容论坛，在商业模式上具有可比之处。

《多元化企业集团》一文旨在"研究多元化进程中的企业集团子公司间内控存在哪些不可复制性，这些内控不可复制性涵盖了哪些突出的内控问题，并进一步分析其成因与内在逻辑，提出解决集团子公司之间内控复制问题的建议"。文章的结构是：①引言；②理论框架构建；③研究设计；④德隆集团与 SSA 集团内控不可复制性——基于扎根理论的分析；⑤德隆集团和 SSA 集团子公司突出内控问题进一步分析；⑥研究结论和启示。在"研究设计"部分，研究者同样陈述了两个案例的一致性与可比性：

本文为双案例研究，具有案例选择多元化、数据的长期性与可得性、信息的丰富性和典型性特点。德隆集团曾经是实务界和学术界关注的焦点，其业务横跨白（棉花及乳业等）、红（番茄酱等）、灰（水泥等）、黑（汽车制造和机电业等）等产业和金融业，是一个非相关多元化企业集团。一直以来，其存在的内控问题并未被充分深入挖掘。SSA 集团成立于上（20）世纪 90 年代初，以交通运输、实业、金融、物流、旅游五大业务为主，是一个相关多元化企业集团，2016 年被《财富》杂志评为世界 500 强企业。同为民营多元化企业集团，其所存在的内控问题与德隆问题既有相同点，又存在异质性。本文将德隆作为对照组，与 SSA 集团企业进行对比分析，以增加分析的饱和度。

从某种意义上说，双案例对比分析的思维类似于实验法，也就是在控制干扰变量的情况下分析自变量对因变量的影响。双案例分析法与实验法类比，案例的一致性相当于实验法中控制干扰变量，两个案例相当于自变量，对比分析出的差异性特征相当于因变量。

（3）多案例分析

多案例分析是案例研究中最常见的情形，案例数量一般是 3～10 个，超过 10 个的很少见。与强调纵深解读的单案例分析和侧重对比研究的双案例分析不同，这类研究通常希望从多个案例中提取出某些共同的特征。尽管多案例分析的案例选择原则依然是要么注重案例特征的突出性，要么注重案例特征的普遍性，但是在具体运用中更加复杂。

①标准筛选法

在多案例分析中，标准筛选法是最常见的案例选择方法。所谓标准筛选法，即先确定一定的标准，然后把所有待选案例与标准比较，符合标准的案例则被纳入研究案例范畴。比如，以多案例分析法来研究媒体融合方面的某个问题时，如果先确定了几个标准（实现了团队融合、实现了业务融合、新媒体影响力居于同行前 10 名等），然后根据这个标准来筛选案例，那么就是采用了标准筛选法选择案例。这种方法适用于可作为研究对象的案例较为丰富的情形，而且有利于增强案例特征的突出性。

李飞等的《高速成长的营销神话——基于中国 10 家成功企业的多案例研究》（《管理世界》2009 年第 2 期，后文简称《营销神话》）旨在研究我国高速成长企业在营销战略方面的共同特征。文章的结构是：①问题的提出；②文献回顾；③研究方法；④讨论和结论。研究者在一个研究课题的基础上，提出了案例选择的标准与理由，并最终选择了 10 家企业作为研究案例。

> 本研究的目的是探讨我国高速成长企业在变化环境下高速成长的共同营销战略特征，因此所选择的企业就必须确保属于高速成长型企业、经历了相应的市场变化环境和激烈的市场竞争、具有行业代表性、独立开展营销战略活动并且具有管理的典型性和代表性。因此在作为中国式企业管理——品牌和营销专题研究的阶段性成果的基础上，在具体的样本选择过程中我们主要遵循了以下选择标准：（1）企业持续成长 10 年以上，作为独立的公司发展；（2）2000 年以来，经营业绩（不同行业的经营业绩选用不同的指标衡量，有生产规模、销售收入、市场份额、净资产利润率等）行业领先（前 3 位），稳定增长；（3）存在自主经营的产品（服务）、品牌，并在国内甚至国际市场上具有较强竞争力；（4）行业处在非寡头垄断状态；（5）企业注重管理创新。

②同中求异法

案例选择也可以采取如下思维：首先，案例应具有达成研究目标所需的共同特征，这是研究得以进行的前提；其次，应突出案例的类型代表性，这是形成研究结论推及性的重要因素。比如，要研究学习成绩好的学生在学习习惯方面的特征，那么所选研究对象首先要满足学习成绩好这个条件，如平均成绩为 A；其次应针对不同的科目选择不同的学生作为案例，这样就消除了学习科目不同所造成的影响，使结论的推及性更强。这种思维同样适用于可作为案例的对象较多，而且对象可以划分为不同群体的情形。

刘洋等的《后发企业如何进行创新追赶——研发网络边界拓展的视角》（《管理世界》2013 年第 3 期）旨在研究中国后发企业在与全球领先企业的竞争中如何通过创新实现追赶的问题。文章的结构是：①引言；②理论回顾；③研究方法；④研发网络边界拓展与创新追赶：机制与过程；⑤讨论与结论。在"研究方法"部分，研究者阐述了案例选择的方法与理由：首先指出 4 个案例都满足研究条件，然后指出它们都代表了各自的行业。

首先，遵循研究聚焦的原则，我们把拥有浙江省级技术中心资质的企业作为样本，因为一方面，浙江省的企业参与国际竞争程度较高，创新追赶是其主旋律；另一方面，拥有这一资质企业的"研究开发与创新水平在同行业中处于领先地位"，一定程度代表中国后发企业进行创新追赶的主力军。其次，遵循选择代表性案例以及选择能够复制以及拓展理论的案例两个原则，我们选择了 4 个案例。具体原因如下。第一，这 4 个案例已经具有国家级技术中心资质或者正在申请进程中，研发网络和创新追赶均为样本中的典型代表。第二，4 个案例分属电池制造、制冷配件、低压电器以及热交换器等行业，是传统制造业的典型代表，对这些案例的分析能够依据复制的逻辑帮助我们探索研发网络边界拓展与创新追赶的关系。第三，由于这 4 个案例在创新追赶过程中采取研发网络边界拓展的形式又有一定程度的不同，对这些案例的分析有利于帮助我们拓展理论分类，探索可能的研发网络演化路径。

③异中求同法

所谓异中求同法，即有意识地在研究对象中选择不同类型的对象作为案例，以增强研究结论的推及性。其原理是，如果选择的案例不同且代表了不同类型，那么提炼出的共同特征就能更真实地反映所有对象的共同特征。比如研究学生的学习问题，如果计划选择 10 人作为案例，那么可以选择成绩优秀者 2 人，成绩良好者 2 人，成绩中等者 2 人，成绩较差者 2 人，成绩很差者 2 人进行研究，这样就消除了学习成绩差异可能产生的影响，从而提高结论的推及性。

异中求同法与前面讨论的同中求异法实际上非常类似，甚至可以说就是同一种方法。"同中求异"的含义是在案例具有研究所要求的基本特征的前提下，在不同类别的案例中选择典型案例；"异中求同"的含义是在不同类别的案例中选择典型案例，然后归纳案例的共同特征。从某种意义上说，这两种方法的区别仅在于强调的角度不同。实际上，采用异中求同法时，虽然一般没有陈述不同类别案例的共同点，但是它们的共同点是必然存在的。比如上述关于学生学习问题的研究中，学习成绩不同的学生仍可能具备某些共同点，比如在同一所学校、同一个年级或者学同一门功课。

谢康等的《组织变革中的战略风险控制——基于企业互联网转型的多案例研究》（《管理世界》2016 年第 2 期）旨在对企业互联网转型中的战略风险的识别与控制机制进行讨论。文章的结构是：①引言；②文献综述与研究框架；③研究方法；④研究发现；⑤讨论。在"研究方法"部分，研究者介绍案例选择方式时，就强调了有意选择不同类别的案例中的典型。这就属于异中求同法的案例选择思维。

基于多案例的复制逻辑，我们先选择两家进行互联网转型的服装企业进行研究，再选择两家进行互联网转型的家具企业进行研究，通过从不同行业的企业发现其转型中风险类型及风险控制的共性，从而获得可靠的研究结论。

④全部纳入法

这种方法就是把全部可选对象作为案例纳入研究。比如某个行业刚刚兴起，目前市场上只有 5 家公司，那么就可以把它们全部作为案例纳入研究。这种方法适合于可选对象数量不大的情形，可以分析出整个群体或行业的特征，而且所有的案例都可以分享案例的结论。传媒业近年来变化很大，一些新的技术和业务形态迅速兴起，初期的相关研究就可以采用这种方法。比如在区块链新闻刚出现时，全球新闻业就只有屈指可数的几家进行了尝试，那么采用全部纳入法进行案例分析不失为一种选择。

笔者没有找到这方面的例文，但有一篇文章与此接近。王慧君等的《共享单车盈利模式分析》（《企业经济》2018 年第 5 期）采用案例分析法研究共享单车企业的盈利模式，把当时处于头部的 7 家企业全部作为研究案例。当时国内的共享单车企业并不多，把头部的 7 家企业纳入，也就相当于将全部共享单车企业纳入了。

⑤混合案例法

多案例分析的案例选择方式并不止于上述 4 种，比如，一种混合案例选择方式也在研究中被采用。刘学的《"空降兵"与原管理团队的冲突及对企业绩效的影响》（《管理世界》2003 年第 6 期，后文简称《空降兵》）采用的是"单一纵深案例研究与多案例半结构化访谈相结合"的研究方法，简单来说即单案例分析与多案例分析相结合的方法。其中，单案例分析的对象即本研究项目所研究的公司。

> 从咨询项目进行两个半月左右时开始，作者有意识地与公司董事长（总经理）、两名"空降兵"、其他高层经理人员、部分核心中层经理人员共 11 人进行了半结构化访谈，请其回顾并回答问卷中的相关问题。之后又对核心人员进行了多次访谈，每次访谈都进行了详细记录。同时在企业的会议、活动过程中进行直接观察，并收集了企业的组织结构、财务报表等文字资料。经过 3 个月左右的时间，第一个纵深案例研究结束。然后开始对访谈资料进行整理，进行内容分析（contents analysis），并得出初步研究结论。

然后，研究者声明为了"保证研究结论的内部有效性和外部有效性"，又选择了 5 家企业进行半结构化访谈，案例企业的选择标准"首先是企业引进了符合我们定义的'空降兵';其次是愿意配合我们的研究,接受我们的访谈"。尽管研究者对多案例分析时的案例选择方式介绍得比较简略,但是仍可以大致判断出其采用的是标准筛选法。

2. 经验资料的获取

案例分析法是就资料搜集范围而言的,它并不确定资料搜集的方式,因此运用此方法时,在声明案例分析法之外,一般还需声明是如何从案例中搜集资料的。通常,几乎所有资料的搜集手段都可以在案例分析法中运用,如深度访谈、文件资料、观察或参与式观察等。

从案例中搜集资料,访谈或者深度访谈是使用得最多的方式。不过也不能局限于访谈这种手段,否则研究方法就变成访谈或深度访谈法了。有的研究也大量运用二手资料,甚至有研究全部采用二手资料,包括新闻报道、企业文件、企业管理层发言、上市公司公开报告等,但是这类资料的支持性相对较弱。顾丽梅等的《行政动员与多元参与:生活垃圾分类参与式治理的实现路径——基于上海的实践》(《公共管理学报》2021年第2期,后文简称《生活垃圾分类》)就属于采用二手资料的单案例分析。文中声明资料搜集手段是"通过上海市人民政府网站、'垃圾去哪了'微信平台(由上海市废弃物管理处主办)收集二手数据和资料,获取相关镇、街道和社区的垃圾分类政策设计与实施的详细信息"。

双案例或多案例分析法的资料搜集手段与单案例分析法并无实质性区别,因此不少这类研究是统一陈述资料搜集手段。不过,也有在双案例或多案例分析中分别介绍资料搜集手段的情形,其原因主要是从不同案例中搜集资料的手段有所差异——可能是因为不同企业所能提供的条件不同,也可能是因为对不同企业的分析重点不同等。比如《多元化企业集团》就分别介绍了从不同案例中搜集资料的不同手段:

> 由于德隆集团事件的典型性和影响力,资料较为丰富,资料获取主要来自书籍、网络新闻媒体、文献材料,其中书籍包括《德隆内幕》《解析德隆集团》《曾经德隆集团》《德隆集团真相》《类金融

控股企业集团的监管与风险处置——德隆集团事件引发的思考》等。上述书籍的作者是曾经在德隆集团任职的高管、新闻媒体人员、高校研究课题组等，具有较高的可参考性和权威性，这方面的资料以二手资料为主。

对于SSA集团，通过实地调研和访谈，获取一手资料：多次深入子公司访谈、直接观察，对SSA集团管理层、董事进行微信和电话采访，对部门经理、员工多次现场访谈，并对有疑问、矛盾的问题进行二次回访，以保证研究问题的"信度"。本文课题组成员之一曾是SSA集团管理人员，具有该集团的管理实践经验，在一手资料获取方面更具有"效度"。出于"敏感性"，并未将该成员列为作者之一，并将该企业集团虚拟为"SSA"。SSA题目为虚，但内容为实。收集二手资料：有关SSA集团的新闻媒体、文献材料、集团管理层发表的演讲、分析师对SSA集团的评析、经营报告等。利用多层次多数据的资料收集方法所形成的三角验证增强了研究结论的准确性（Jick，1979）。

一些研究不但陈述了资料搜集手段的类型，还较为详细地陈述了资料搜集的过程，这一方面增强了学术论文的可读性，另一方面也显示了研究的严谨性。比如《来源国劣势》就相当详细地陈述了资料搜集的过程。

本文数据收集大致可以分为3个阶段。第一阶段，由于地缘和学缘关系，本研究团队从万向和吉利早年开始就为其提供管理咨询服务，并持续跟踪万向和吉利的发展历程，收集了案例企业大量早年的一手及二手资料（魏江等，2014；江诗松等，2011）。这些数据一方面为研究团队初步理解案例提供思路，另一方面在后续分析过程中作为补充证据验证所收集数据的可靠性。第二阶段从确定本文选题开始，集中于万向和吉利的跨国并购，对案例企业进行了深入调研，该轮调研主要目的在于确认跨国并购过程中的关键事件和关键任务，同时对历次跨国并购的历程进行了全面梳理。在此基础上，研究团队分别于2018年和2019年各集中15天左右对万向和吉利进行密集调研，进入第三阶段的数据收集。为了充分获得企业授权，确保数据的可靠性，研究团队以"为万向和吉利写作企业史"的方式获得了万向和吉利高层的支持，包括万向集团总裁、总经理、万向美国负责人和其他直接参与并购项目的管理者和技术人员以及吉利集团总裁、伦敦出租车董事长、Volvo汽车全球董事、Volvo汽车亚太区总裁等多名直接参与并购项目的高管和相关技术人员均接受本研究团队的深入访谈。

此外，资料搜集过程中还应注意资料的信度与效度。以上例文中，大约一半的研究提到进行了信度和效度控制。尽管质性研究中资料的信度与效度控制无法做到像统计模型那样精确量化，但是一些控制措施显然更具优势。最常用的有两种控制手段，其一为理论饱和度检验，其二为三角验证法。这两种方法都已经在扎根理论分析法中较为详细地讨论过。《空降兵》先通过对单个案例的纵深研究获得结论，然后通过对另外5个案例的研究来验证单案例研究的结果，发现它们是一致的，因此认为"研究的结论具有一般性"。这里采用的就是理论饱和度检验方式。《来源国劣势》中则声明了资料的三角验证法："将不同来源的数据（多阶段访谈资料、企业提供的二手档案数据、公开的二手资料等）进行比对，确保'三角验证'。"

（二）研究资料的分析

案例分析法的研究方法具有很大的灵活性，也就是说其资料分析的主观自由度很高，这可能正是这种方法不大被理解和承认的原因。但实际上案例分析法绝非随心所欲地阐释或议论，而是需要遵循学术研究中资料分析的一些基本原则。从这个意义上说，案例分析法的灵活性不是它不被理解和承认的理由，而恰恰是它更具创造力的活力所在。

案例分析法作为一种学术研究方法，其资料分析需要遵循学术规则。但是，案例分析法是非结构性的、非程序性的研究方法，无法像实证主义范式那样对流程进行规定，而只能提出一些操作原则或思维原则。比如，前面讨论过，在资料搜集中进行理论饱和度检验或者三角验证，就是确保研究具有可靠性的原则。不过，比起资料搜集阶段，资料分析阶段的灵活性更大，可能连类似的"原则"也缺乏，以至于这里只能讨论一些分析的思维路径。

1. 实证分析路径与诠释分析路径

无论是单案例、双案例还是多案例分析，从理论上说都可以采用实证分析或者诠释分析的路径，但整体上是诠释分析占大多数。这并不难理解。可能容易令人困惑的是，既然案例分析一般不采用量化分析技术，那么如何进行实证分析呢？在前述研究案例中没有采用量化分析技术的文章，而郑雯等的《中国抗争行动的"文化框架"——基于拆迁抗争案例的类型学分析（2003—2012）》（《新闻与传播研究》2015 年第 2 期，后文简称《文化框架》）正好是一篇运用了量化分析技术的论文。该文旨在分析中国语境下抗争文化框架的类型与分布特征。事实上，它并非单纯采用量化分析的研究，因为文中明确陈述了"采取质性文本分析方法对资料进行分析……为了更系统地揭示框架间关系与框架成因……使用量化方法展示框架的类型分布以及框架使用与抗争事件属性之间的关系"，因此它实际上是质性分析与量化分析相结合的研究项目。文章的结构是：①问题的提出；②资料来源与研究方法；③抗争行动的"文化框架"：一个类型学的思路；④中国拆迁抗争的三种文化框架；⑤框架分布特征；⑥框架间关系：多种框架共用的机理探索；⑦结论与讨论。很明显，文章的第二部分介绍了案例选择与资料搜集方法；第三部分提出了资料分析的理论框架；第四到第六部分是包括分析方法在内的对资料的分析过程与结论，其中第四部分就是质性分析部分，第五和第六部分就是量化分析部分。该研究的质性分析和量化分析是紧密衔接的：第四部分的质性分析对 3 种抗争文化框架本身的特征进行了质性探索和描述，第五部分对 3 种框架出现的频率进行了统计分析，第六部分则对 3 种框架交叉共用的情况进行了实证分析。可见，实证分析实际上是在质性分析基础上的深化，与前面提到的将质性研究用于对量化结果进行解释的方向正好相反。

诠释性案例分析法又可以分为两种情形：采用具象性方法进行分析和采用综合理解方法进行分析。前一种情形实际上主要指采用扎根理论方法进行分析；后一种情形指研究者先对资料进行反复阅读理解，然后直接提出若干分析性的结论。

《多元化企业集团》一文在第四部分介绍三级编码的过程时，就采用了典型的扎根理论分析法。

> 初始编码是扎根理论编码和理论涌现过程中的第一步，本文通过对德隆集团和SSA集团的资料提炼，分别得出645和551个初始编码，并将初始编码进行进一步分类，以产生综合性类别，最终得到德隆集团13个和SSA集团13个综合性初始编码。二次概念比初始编码更具有指向性和概念性，将在初始编码中得到的较低层次类别的概念进行聚类、整合，归纳成二次概念，然后在二次三类突出内控问题概念的基础上再次归类、综合和抽象，形成关联业务与非关联业务治理漏洞、集权与分权治理失衡、激励与考核同质化三类突出内控问题。

综合理解分析法也是比较常见的诠释研究方法。所谓综合理解，即通过仔细阅读材料，提出概念分类或观点体系并进行阐释。似乎可以这样猜想：越偏向于单案例分析就越可能采用综合理解分析法，因为这时更倾向于纵深分析，而且针对单个案例也不易建立量化分析的模型。前述《区块链》和《生活垃圾分类》都是单案例分析研究，采用的就是综合理解分析法。在双案例对比分析研究中，也可以采用综合理解分析法，比如《数字货币时代》就是这种类型。同样，在多案例分析中也可采用这种分析方法，比如陈佑成等的《基于多案例分析的中国O2O商业模式研究》（《宏观经济研究》2015年第4期）就是这种类型。需要注意的是，多数采用综合理解分析法的案例都运用了一定的理论框架作为分析视角，在某种意义上说，这时的理论视角充当了研究方法的作用，因为它为分析材料提供了一个思维框架和概念框架，约束分析过程不至于演变成天马行空的随想。

2. 理论建构路径与应用对策路径

案例分析法可以是以理论建构为目标的，也可以是以提供应用建议或对策为目标的，整体上以后者居多。这可能正是案例分析法能够在管理学中成为主流研究方法的原因之一，因为管理学是偏于应用的学科。实际上，新闻传播学尤其是新闻学也是偏于应用的学科，那么案例分析也可以为它提供一条切实的研究路径。

理论研究与应用研究就方法而言很难说有什么区别，因为方法在其中仅仅是一个工具。无论是实证主义范式还是诠释主义范式，都主要是为了建构理论而发展出来的，但是并不能因此而认为它们不能被用于应用研究。比如扎根理论分析法，它是典型的理论建构方法，但是也在相当多的案例分析法中被用作应用研究的方法。前面说过，《多元化企业集团》就采用了扎根理论分析法，而该研究是一典型的应用研究。可以这么认为，是问题意识的类别而非研究方法的区别决定了理论研究和应用研究的分野。

《数字货币时代》一文先通过文献回顾把商业模式的概念分解成5个方面的组成要素，然后把两个案例的资料分别按这5个要素的框架进行分析和对比，再从每个维度进行对比性阐释。同样可以看到，从案例资料到5个要素的提炼过程也是没有程序性或结构性的资料分析方法的，研究者描述为"以不同价值维度为框架，结合商业模式画布模型，识别出两个案例中商业模式所对应的元素以及其所属的价值活动"，实际上也是综合理解的方式。

《空降兵》一文是先对单案例进行深度分析，然后对另外5个案例进行分析，将后者的结论与前者的结论进行对比。在两轮分析过程中，研究者声明是"主要采用内容分析（contents analysis）方法进行研究"。一方面，这里的"内容分析方法"并非实证主义范式中的"内容分析法"，而是泛指对内容文本的分析；另一方面，即使作为质性的分析，研究者也没有声明采用程序性或结构性的方法，则依然是综合理解的方式。

上面的例子说明，在相当多的情形下，案例分析法的资料分析运用了综合理解这种方式，这表明包括应用性案例研究在内的所有应用性研究常常被卷入到直观性的分析方式之中。这种分析方法的优点是便于深刻思想的阐释，缺点是容易导致随意想象从而降低其推及性和学术性。可以通过多种途径尽量弥补其缺点：①运用一些程序性和结构性的资料分析方法，比如量化分析方法或扎根理论分析方法等，前面已经举过这类例子；②增强资料搜集阶段的严谨性，包括案例的选择、流程的周密、资料的验证等，以之间接表明整个研究的严谨程度；③分析中加强对资料细节的呈现，以显示观点是基于资料的而非主观的；④基于一定的理论框架而非基于经验逻辑来分析资料。最后这条途径，就是我们接下来要讨论的问题。

3. 理论指引路径与经验逻辑路径

在学术研究中，除原创性研究外，一般会运用某个理论来分析经验资料，这便是所谓理论视角。在案例研究中，理论视角也常常出现。与在其他研究方法中一样，案例分析中的理论视角有助于将对材料的分析置于特定的理论框架中，从而有助于对该理论进行改进或完善，或者有利于对经验进行理论性分析，以便改进实际工作。

《文化框架》是一个理论建构性的研究，文中运用了媒介框架中的抗争框架概念作为分析的理论工具，从而把对案例资料的分析纳入到一个理论体系之中，而非直觉性的泛泛而谈。这就避免了不少研究中容易出现的缺点，即对经验材料的分析缺乏理论视角而信马由缰地议论一通。

更多的案例研究是应用性研究，则更加依赖理论视角，尤其那些采用综合理解分析法的研究，更需要理论框架对资料分析的过程进行约束。比如《来源国劣势》作为一篇应用性研究文章，就以"来源国劣势"理论作为分析经验资料的理论框架。

那么，可不可以在案例分析中不运用理论框架呢？可以的，只不过这时会更加依赖研究方法的严谨性。比如宋金波等人的《垃圾焚烧发电 BOT 项目的关键风险：多案例研究》（《管理评论》2012 年第 9 期）中并没有提出分析资料时的理论视角，而是自己构建了一套从案例资料中辨别垃圾焚烧发电项目风险点的方法。由于这套辨别方法的难度不大且较为严谨，因此即使没有理论视角，结论也能被认可。这种分析资料的方法所依赖的就不是现成的理论框架，而是经验逻辑。

4. 纵深演绎路径与横向归纳路径

就思维方式来讲，案例分析的路径可以分为纵深演绎路径与横向归纳路径两种。所谓纵深演绎路径，指深度解读案例中的意义，重在挖掘出案例中的独特性，一般用于对单个案例的分析。所谓横向归纳路径，指通过对两个或多个案例的分析，归纳它们之间的共性特征。

单个案例比较适合于作纵深性分析，不单是因为它无法运用归纳法，更是因为它往往具有独特性。比如，行业里的第一家、最先进的一家、规模最大的一家等，都比较适合于作纵深性的单案例分析。

《生活垃圾分类》是一篇单案例分析的文章，采用的就是纵深性分析的方式。我国从 2000 年开始在北京和上海等城市试点生活垃圾分类工作，2019 年 7 月 1 日上海正式实施生活垃圾管理条例，率先进入垃圾分类强制时代。《中共中央关于坚持和完善中国特色社会主义制度　推进国家治理体系和治理能力现代化若干重大问题的决定》中提出要"普遍实行垃圾分类和资源利用制度"，将垃圾分类纳入国家治理的范畴。由于上海市是我国最大的都市，又是最先进行垃圾分类试点的城市，并且是首先将垃圾分类制度化的城市，因此以之作为单案例分析是合理的。就研究的问题而言，该研究旨在探讨："行政动员与多元参与的关系如何？二者如何促进垃圾分类政策的基层落实？"很明显，这是一种深度解读的思维，而非从多个事物中归纳共性的思维。该研究通过对案例的深度解读，得出了上海市垃圾分类工作的具体实施在基层的 3 种模式，并对政府动员与基层参与的关系进行了分析。事实上，尽管这是单案例分析，没有办法获得统计推及性，但是由于上海城市管理水平的先进性，以及制度化实施垃圾分类的先行性，其研究结论对其他城市还是具有相当大的参考意义的。这就是单案例分析可以具有理论推及性的原因所在。

多案例分析常常运用归纳法，这并不意味着多案例分析就不需要深度解读，实际上，诠释研究甚至可以说所有的研究都需要深度解读。但是，它的深度解读与单案例分析中的深度解读有所区别：多案例分析中，深度解读不是唯一的手段,往往在进行深度解读的同时还需要运用归纳法;多案例分析中的深度解读通常不如单案例分析中那样深入,因为事实上无法对每个案例进行详细的深度解读。双案例分析的情况,介于单案例分析与多案例分析之间,即需要对两个案例都进行相当深度的解读,然后进行对比分析或非对比分析。如果是非对比分析,那么与多案例分析类似,也可以归纳出共性特征来;如果是对比分析,即在相同维度上分析两个案例之间的差异,其中对"相同维度"的寻找也意味着归纳思维。

多案例分析中,归纳思维的运用相当普遍,从上述研究案例来看,比扎根理论法的运用还要多。至于归纳时所依据的"维度"或"类目"之类,有的研究是依据理论体系构建出来的,有的则如同前面所说,是依靠经验进行"综合分析"后提出来的。《文化框架》一文所运用的大致也是归纳思维,即通过理论梳理提出3种抗争文化框架,然后把所有案例资料归到3个框架里去阐释。一个更典型的例子是《营销神话》,它运用营销学的钻石定位理论提出了目标顾客、市场定位、营销组合等9个分析维度,然后将案例资料置于这9个维度下进行分析。研究者在描述其资料分析方法时,非常清晰地提到了归纳的思维:

> 首先对得到的一二手资料进行整理和归类,然后运用前述的理论框架和界定的问题,对样本企业的实际情况进行描述,并形成文字材料,从而得出这10家样本企业的分析研究报告。目前振华港机、国美电器、联想、蒙牛、招商银行、国际航空和李宁等7家公司的报告公开出版了部分报告内容,海尔、新希望、云南白药等3家公司的案例报告已完成初稿。在此基础上,课题组成员对这些案例进行了讨论,探寻他们的共同特征,归纳出相应的研究结论,我们分别对其进行详述。

需要注意的是,多案例分析中的归纳思维并非通常的归纳方法。也就是说,在多案例分析中不能机械地运用归纳法,一些案例可能具有较多的特征,另一些案例可能具有较少的特征,它们综合起来就形成了案例群中可以"归纳"出来的特征集合。因此可以说，有时候的特征集合是所有案例的特征的并集而非交集。同时，特征集合的提出并不意味着结束，还需要对其中每个特征进行一定的阐释，这时候就有了深度解读的意味，只不过它一般是对案例群整体的解读而非对个案的解读。

多案例资料分析的方法可能远比上面提出的方法复杂和灵活，因为多案例的结构和研究的目的都是灵活多变的。比如，有的研究是先对多个案例分别进行单案例分析，再综合起来进行跨案例分析，在跨案例分析时就运用了归纳思维。《来源国劣势》就是这种情况，该文描述其跨案例分析的方法是："首先分别比较吉利（和万向）的 3 次跨国并购案例中面临的来源国劣势和采取的合法化战略之间的异同，而后比较吉利和万向之间的差异，总结出不同类型来源国劣势的几类模式。"可以看到，其中也明显地运用了归纳思维。

案例分析法是一种偏于应用研究的方法，应该可以在传播研究中发挥作用，但实际上却用得很少，其原因可能与目前传播研究过于追求理论研究有关。传播研究过于追求理论的倾向不但导致其与业界脱节，而且导致问题意识与方法意识日益逼仄，即提到传播研究似乎只能想到那么几种研究方法，导致传播研究的生机顿失。不过也需要注意，有些文章尽管声明运用了案例分析法，但存在方法设计不严谨的情形，比如随意选择案例且缺乏理由，随意而过度地解读案例。这些不足均严重制约了案例分析法作用的发挥。因此，认识到案例分析法的价值，并规范地运用该方法开展研究，是传播研究中需要同时重视的事情。

第八节 文献分析法

在传播研究中，对于文献分析法是否属于研究方法有较大争议。实际上，文献分析法不但属于研究方法，而且是一种在人文社会科学中历史悠久且运用较为广泛的方法。承认它是一种研究方法并正确运用，对于丰富传播研究方法，甚至对于丰富传播学的问题意识都具有相当重要的意义。

一、概念与历史

所谓文献分析法（document analysis method），指通过对多种文献进行系统分析而生成理论的研究方法。与后面将会讨论的文本分析法类似，文献分析法也是就所搜集资料的类别而言的。不过，两者之间也有差别，简言之，文本分析法一般只针对一种特定的文本，而且在研究过程开始之前就知道文献类别；文献分析法则一般针对多种文献进行，而且在研究过程开始之前并不很清楚会搜集到哪些类别的文本，以及可以搜集到多少数量的文本，这些都需要在资料搜集结束后才知道。

在传播学领域，相当多的人认为文献分析法不是研究方法。曾经有一篇流传非常广泛的微信文章就秉持这一观点，其依据之一是英文中没有与"文献分析法"对应的学术名词。该文作者显然没注意到辛格尔特里的《大众传播研究：现代方法与应用》，该书中就介绍了文献分析法，其英文名称就是"document analysis"。该书是以介绍定量研究方法为主的，介绍的3种定性研究方法（参与式观察法、访谈法和文献分析法）似乎是"补充"性质的，因此都不大详细，但无疑表明了西方的传播研究者对文献分析法的认可。

其实，不仅是在传播学领域，似乎在整个人文社会科学领域，对文献分析法作为研究方法的合法性都意见不一，"甚至有时两种观点发生激烈的争论"①。在不少讨论研究方法的文献中，要么文献分析法不在其中，要么直接否定这种方法的合理性。之所以不少人认为文献分析法不是研究方法，最根本的原因是未能准确理解"文献"这一概念的含义。

实际上，在中文语境中，"文献"既包括学术文献方面的含义，也包括非学术文献方面的含义。1984年开始实施的中华人民共和国国家标准《文

---

① 姚计海．"文献法"是研究方法吗——兼谈研究整合法 [J]. 国家教育行政学院学报，2017（07）：89-94.

献著录总则》（GB/T 3792.1—1983）①关于"文献"的定义是："记录有知识的一切载体。"由此可见，"文献"不仅包括文字记录，也包括图片、音视频等，它们可能是学术性的，也可能是非学术性的。这时候，"文献"对应的英文单词是"document"。文献分析法中的"文献"，指的就是这种文献，即既包括学术文献也包括非学术文献，而且在多数情况下是指非学术文献。

在中文语境尤其是学术语境中，"文献"还有一种含义，即专指已经公开发表的学术成果。这也可以被看作是狭义的"文献"的含义。学术论文或著作中往往有"文献回顾"（也叫"文献综述"或"文献梳理"等）部分，就是对既有学术研究成果的回顾和评论。这时候，"文献"对应的英文单词是"literature"，"文献回顾"部分因此被称为"literature reviews"。显然，这时候的"文献"指的是学术研究成果而非供研究使用的原材料。文献分析法中的"文献"在多数情况下并不指这类文献。

反对文献分析法是研究方法者，首要的原因可能如上所述，即将文献的两种含义混淆了，以为文献分析法中的"文献"指的是学术文献。实际上，很多采用了文献分析法的研究项目不是或不主要是以学术文献为分析资料的，而是或主要是以报告、新闻、政策、规划、网页等各种非学术文献为分析资料的。

学术领域对文献的概念界定是比较清晰的，一般将文献分为零次、一次、二次、三次文献4类。零次文献指未经加工出版的手稿、信札、数据和原始记录等文件。一次文献指经过创作的文献，如期刊论文、研究报告、专利说明书、会议论文、报刊文章、公司报告等，所谓"二手文献"指的就是这类文献。二次文献是对一次文献进行加工整理后的成果，如书目、题录、简介、文摘等检索工具。三次文献是对有关的一次文献、二次文献进行广泛深入的分析研究之后综合概括而成的产物，包括综述、专题述评、学科年度总结、进展报告、数据手册、进展性出版物以及文献指南等。

---

① 该标准已废止，现行标准为《信息与文献 资源描述》（GB/T 3792—2021）.

文献分析法中的"文献"指的是上述四种文献中的零次文献和一次文献，这样便会有 3 种情形：

①以零次文献为主的，大多数是历史研究，因为原创性的历史研究往往以这些原始资料为分析材料。研究者认为文献分析法"使研究者能够知晓过去事物被诠释或理解的方式"①，应该也主要是从历史研究的角度解释它的。大多数历史研究其实都属于文献分析法，只不过不必在文中陈述出所使用的方法罢了，因为它的方法是显而易见的。如果否认文献分析法的存在，那么相当多的史学研究甚至文学研究等就无法解释其方法了。

②以一次文献中的学术文献，比如期刊论文、会议论文、学术专著等作为研究资料的，一般会形成学术综述文章。学术综述是常见的学术文章类型，如果要追究它的研究方法，其实就是文献分析法，只不过也不用在文中声明罢了，因为它的方法也是不言自明的。有的文献综述类论文声明采用了文献分析法，其实没有必要，文献综述不采用文献分析法还能采用什么方法？不过，我们不把文献综述类论文纳入文献分析法的研究范畴，以避免概念混淆。

③以一次文献中的非学术文献和部分零次文献作为分析资料的，才是我们在此所界定的文献分析法。这时，研究者声明其使用了文献分析法并没有不妥，它表明研究者是通过对相关文献的搜集和分析来实施研究的。如果不承认这一种研究方法，那么这类研究就无法说明自己采用了什么研究方法，甚至很可能被判为"缺乏研究方法"。它更为严重的影响是可能扼杀本可以通过这种研究方法获得的研究成果，使学术研究的方法意识和问题意识益发陷入了无生机的枯涸境地。

不过，一些研究者对文献分析法有误解，在文章中错误地声明和设计了此方法。这也可能是导致学术界对这种方法产生偏见的另一原因。通常有两种情形：

①把论文中的文献回顾当成文献分析法在文中声明。一般来说，学术

① 辛格尔特里．大众传播研究：现代方法与应用 [M].刘燕南，等，译.北京：华夏出版社，2000：266.

研究需要进行文献回顾，方可知道所研究问题到目前为止的研究动态以及不足，从而确立自己研究问题的合法性。但是，这并非全文的研究方法，或者说不是整篇研究项目的研究方法，而是研究中的一个过程，因此将其声明为整个论文的研究方法是不妥的。不承认文献分析法是研究方法者的理由之一正是"所有文章都采用的方法就不是研究方法"，针对的就是这种情形。可以说，双方都错误地理解了文献分析法。

②把参考了既有研究成果当成文献分析法在文中声明。笔者在搜集采用文献分析法的研究案例论文时，发现有的文章参考了别人文献中的方案而形成自己的研究方法，比如设计量表等，就声明采用了文献分析法，这当然也是明显的误解。学术研究中参考别人的研究是一种普遍的工作，并不需要特别声明为一种方法，而是按照学术伦理标明即可。

其实，除了从文献的概念这一角度来表明文献分析法的存在和必要，还可以从问题意识的角度来表明其存在和必要。一篇文章中的文献回顾或参考既有研究成果不属于文献分析法，这在上面已经阐释过。即使是作为学术文章类别之一的文献综述类论文，其问题意识也与采用文献分析法的论文的问题意识有显著区别。前者以学术动态为问题意识，后者并不以学术动态为问题意识。后者可以分为两种研究类型，其一是以学术文献为研究资料，其二是以非学术文献或主要以非学术文献为研究资料，现分别简要阐述之。第一类以学术文献为研究资料，并非都是文献综述，而是可以不以学术动态梳理为问题意识的。比如廖金英的《戴脚镣的孤独领跑者：我国"新闻专业主义"理念与实践的内在逻辑悖论》（《新闻界》2020年第3期）几乎全部以学术文献为论述材料，但它显然不是以学术动态为问题意识的，而是旨在指出"新闻专业主义"在我国处在"情系大众却蔑视大众，根于生活却背离生活"的悖论境地中。通常，以学术文献作为文献分析法的文献资料，适合于理论新闻学的研究，往往采用哲学思辨的范式，前述廖金英的文章即属此类。第二类以非学术文献或主要以非学术文献为研究资料，当然不以学术动态为问题意识，这是比较容易理解的。本节后面的案例都是这种类型，因此这里不赘述。

可以说，文献分析法不但是一种研究方法，而且是一种历史悠久且运用广泛的方法。说它历史悠久，是因为可以说自有了学术研究以来，研究者就离不开对过去文献的运用；说它运用广泛，是因为在历史、文学等人文社会科学领域都可以见到对它的运用。比如在历史学中，对文献分析法的运用非常普遍。历史学家傅斯年关于史学方法的名言是"史学即史料学"，他提倡史学研究应该重视考证与考古，其中的考证其实就多为对文献的辨析，这是典型的文献分析法。他分析了直接史料与间接史料、官家记载与民间记载、本国记载与外国记载等不同文献的优劣，对文献作为研究材料的质量进行了详细的分析。他的《夷夏东西说》通过对大量古代文献如《诗·商颂》《论衡·吉验篇》《魏书·高句丽》甚至朝鲜《旧三国史·东明王本纪》等的分析，得出中国古代的政治格局不是后来经常出现的南北划分或对峙，而是东西划分或对峙，可算是采用文献分析法研究历史的典型成果。可以说，离开了文献分析法，历史研究要失去大部分成就。相当大一部分新闻史的研究项目，采用的也是文献分析法，即从各种历史文本中梳理出新闻发展的历史。

以"文献分析"为摘要关键词在中国知网对 CSSCI 来源期刊论文进行搜索，结果表明相当多学科的文章声明运用了文献分析法，使用该方法的论文数量也不少（表8-7）。在管理学、经济学、教育学、语言学、图书情报学、体育学等学科的期刊上，都有采用这种方法的文章。这里面，笔者尤其注意到《中国土地科学》刊登运用文献分析法的论文较多，每年都有两到三篇。该刊由中国科学技术协会、中国土地学会及中国土地勘测规划院共同主办，影响因子为4.49。鉴于文献分析法的运用并不多见，案例文章不易寻找，而该刊学术质量较高且刊发此类文章较多，因此本节后面将以该刊上的论文为主来讨论这一方法。

根据上述搜索结果，在传播研究中同样有文献分析法身影，比如相当多的新闻史或传播史研究都采用了文献分析法，只不过没有声明而已。除了历史研究，传播研究的其他领域也有采用文献分析法的情况，有的是与其他方法结合使用，有的是独立的使用。传播研究中，文献分析法的运用最早出现在 2008 年，到 2021 年一共出现了 38 篇此类文章，可谓运用得不多。在 100 篇案例论文中，有 5 篇声明运用了文献分析法。

表 8-7 以"文献分析"为摘要关键词的中国知网搜索结果

年份	2021	2020	2019	2018	2017	2016	2015	2014	2013	2012	2011	2010
篇数	201	215	225	235	239	209	232	193	209	170	133	136
年份	2009	2008	2007	2006	2005	2004	2003	2002	2001	2000	1999	1998
篇数	156	122	83	46	25	23	28	19	11	8	3	7

二、文献分析法设计

本书在讨论文献分析法的方法设计时，针对是两种情形，即以学术文献为资料的情形和以非学术文献为资料的情形。当然，在较多的情形下，一项研究中的学术文献与非学术文献并非截然分开，而是可能有少量的混合使用，但是为了方便讨论，本书均将其视为分开的情形。此外，由于不同的研究所搜集文献的种类不同，问题意识也不同，因此不便于用某一个案例来完成讨论，所以后面的讨论针对不同情形运用了不同的案例。

（一）研究资料的搜集

文献分析法所用来分析的文献通常不通过抽样产生，因为在对文献进行搜集之初，根本不知道会搜集到哪些类型的文献和多少文献。一般地，对文献分析法需要在文中声明，由于文献分析法是资料搜集方法，因此方法声明时主要是陈述研究中搜集了哪些类型的文献，各自如何搜集以及搜集了多少等。

如果以学术文献作为研究资料，其问题意识的类型一般是理论性研究或称规范性研究，比如前面所举廖金英的文章就是如此。这类文章不但要求有较为新颖的问题意识，而且学术文献的搜集和分析工作量都比较大，因为必须要做到权威的、有代表性的文献都要分析到，否则结论会缺乏说服力。就这一点而言，这类研究倒是和文献综述一致，只不过问题意识不同而已。

如果以非学术文献作为研究资料，搜集的要求则根据研究的类型不同而有所不同。在这类文献分析法下可以开展历史研究、实证研究和诠释研究3种研究。历史研究中的文献强调其可靠性，因此一般以原始历史文献为主要对象，比如经典书籍、书信、回忆录、报刊记载等都是比较好的文献资料。实证研究一般需事先确定研究什么样的量化关系，然后围绕量化关系所需要的数据去搜集文献，因此文献的类别一般是统计报告、行业报告、公司报表、各种公告等含有数据的文献资料。比如张清勇的《房价收入比与住房支付能力指数的比较》（《中国土地科学》2012年第1期，后文简称《房价收入比》），旨在分析在衡量居民住房支付能力时房价收入比和住房支付指数两个指标中何者为优的问题，需要搜集的就是与这两个指标计算有关的数据资料。研究者搜集了1999—2010年的相关数据，资料来源主要是《中国房地产统计年鉴》《中国统计年鉴》《中国统计月报》。诠释研究中所搜集资料的类型更加复杂多变，既不一定是历史资料性质的，也不一定是数据性质的，如果非要描述其特征，那么可以说对观点越具有阐释力的文献，越需要花力气去搜集。

文献分析法与后面讨论的文本分析法有明显区别，主要表现为搜集非特定文本与特定文本的差异，实际上也是搜集文本类型多少的区别，即前者的文本类型通常比后者多，而且一般在研究之前不清楚会搜集到哪些类型的资料。比如，用文献分析法做一项历史研究，事先可能不清楚会搜集到哪些类型的文献来支持。它可能由对某个历史观点的怀疑而产生问题意识，然后去寻找历史资料来进行研究，可能搜集到原始资料，如当时的典籍、地方志、文学作品、文人笔记等，但只有在搜集的过程中方才知道能搜集到什么类型的文献，以及它们能否支持自己的怀疑，如果不能支持则需要继续搜集资料或者改变研究方法，甚至最终放弃该研究项目。非历史研究中，文献分析法的资料搜集过程也大致是这个思路。当然，多数情况下，在研究之前还是需要对主要资料的类型有所预判，即快速地判断对主要资料类型的搜集和研究是否可行，如果可行才真正开展研究。

（二）研究资料的分析

文献分析法中对资料的分析也因研究的类型不同而有所差异，接下来将分历史研究、量化研究、质性研究 3 种情况分别进行讨论。当然，这样的划分并不严谨，因为历史研究也可能是量化的等，所以这仅仅是为了讨论方便而进行的非排斥性分类。下面 3 种情况中的研究案例也各不相同，因此都列出了文章结构以呈现其研究思路，并对研究方法的特征进行了讨论。

1. 历史研究路径

历史研究并非都会采用文献分析法，但文献分析法的确可以作为历史研究的一种方法，在传播研究中同样如此。张洋的《当代中国调查性报道的兴起：话语与实践的历史考察》（《新闻界》2019 年第 1 期，后文简称《调查性报道》）就是一篇偏于历史研究而且采用文献分析法的文章。作者虽未明确地声明运用了文献分析法，但实际上表达了这种意义。摘要的第一句就提出："本文采用知识社会学的研究路径，运用各类文献材料考察了起源于美国的调查性报道导入中国的历史过程，关注这一过程中观念、实践与话语的互动机制。"其中"运用各类文献材料"表明了对文献分析法的运用。而且，在文章的第一部分即"研究问题与方法"中，作者更是明确地指出了所分析的文献"包括新闻奖的评价体系、新闻学教材的相关论述、媒体机构的培训内容和宣传口号、记者本人的采访手记、读者来信等众多类别的文本材料"。从这里我们可以再次看到文献分析法论文与文献综述类文章以及论文中的文献述评部分的不同，即它所用来分析的文献远远超出了学术文献的范围，甚至根本就不是以学术文献为分析资料的。

《调查性报道》的结构并未采用通常的 5 部分模式，而是分为如下 6 个部分：①研究问题与方法；②从"investigative"到"调查"：新闻观念的跨语际实践；③漂浮的观念与自发的实践：中国调查性报道的早期探索；④话语与实践合流：中国调查性报道的成熟；⑤植根本土与走向公共：调查性报道知识的社会建构；⑥总结：调查性报道导入与中国新闻业变迁。文章的理论成果是描述了我国调查性报道不同发展阶段的特征。

那么，该文是如何分析文献资料的呢？文章在介绍了所搜集资料的类型之后，并没有声明对资料的分析方法。事实上，如前所说，历史研究中运用文献分析法是一种普遍的显然的方法，因此并无特意指出方法的必要。在此种情形下，对文献的分析其实是思辨性的，只不过这种思辨要按照时间的脉络推进。这是历史研究的一个共同特点。文章除第一部分的引言和第六部分的结论外，第二到第五部分是分析过程，其中第二部分是对核心概念的界定，第三和第四部分是历时性研究，第五部分是共时性研究。可见，该文其实是历时性和共时性并行的研究。在历时性研究的第三和第四部分就明显是按照时间脉络来推进的，前者是对 20 世纪 90 年代中期之前我国调查性报道的理论和实践状况的描述，后者是对 20 世纪 90 年代中期之后理论和实践但主要是实践状况的描述，并将前者称为"早期"，将后者称为"成熟"期。

2. 实证主义研究路径

在多数情况下，文献分析法是诠释研究范式，这也是本书将其放在此部分讨论的原因。但是，在少数研究项目中，文献分析法也可以是实证主义范式，即采用量化方式来分析数据。前面提到的《房价收入比》就属于量化的文献分析法。

该文的结构是：①引言；②计算方法的比较；③ 1999-2010 年的中国数据应用；④结语。第一部分是提出问题，即两种常用的衡量住房支付能力的指标各有何优点与缺点。第二部分介绍了两种指标的概念和计算方法等。第三部分是把从 1999—2010 年的我国数据带入两个指标计算公式分别进行计算并进行了比较分析。第四部分是结论，指出两个指标反映的大趋势是一致的，但是房价收入比相对简单，容易理解和计算，而住房支付能力则相对复杂，考虑了更多因素；同时讨论了在不同情况下运用何种指标为佳的问题。

该文对经验资料的分析方法体现在第二和第三部分。尽管前者似乎并不涉及对数据的处理，然而该部分明确了对两个指标的计算方法，实际上是为数据分析奠定了基础，因此它是数据分析的一个环节。第三部分则是对数据的直接处理阶段，即把从文献中搜集到的相关数据代入公式，分别计算出数值，然后进行讨论。可以看到，实证研究中文献分析法的资料分析其实是由数学模型驱动的，也就是先根据研究问题建立数学模型，然后把数据带入模型进行计算，再对结果进行分析讨论。这与一般的量化研究范式的流程和分析方式并无太大区别。

3. 诠释主义研究路径

运用文献分析法的历史研究和实证研究是相对少数，更多的是诠释研究。这类研究在分析材料时，方法相当灵活，可能不同的研究项目和不同的研究者会采取不同的分析方法，因此很难总结出一个通用的规则，也难以举出合适的案例文章。这种方法下的资料分析方式是：将文献按不同特征进行归类，然后对各个类别的文献提炼观点，并进行阐述分析。这些观点，也就成为了文章的研究结论。

整体上，文献分析法在人文社会科学研究中还不是一种成熟的方法。这既体现在它的应用不多甚至被很多人否定上，也体现在使用的不规范和不严谨上。因为它不大被承认，所以又在很大程度上影响了研究者的使用兴趣。因此，要使这一方法逐步走向成熟，承认其作为研究方法的合法性是前提条件。否则，如果研究者明明运用了文献分析法，但是审稿人却不承认，而认为其没有运用研究方法，则会给研究者带来很大的风险。学术研究要提倡创新，宽容的氛围是必需的，对方法的宽容也应在其中。在此基础上，需要将这一方法发展得更加完善，在具体的研究项目中则是将方法设计得更加完善。

第九节　文本分析法

文本分析法似乎很少被视作一种研究方法，但它的应用实际上颇为广泛。文本分析法作为诠释性方法，是就其资料搜集方式而言的。文本分析法中的资料分析既可以采用诠释分析方式，也可以采用实证分析方式，但以前者为常见。设计合理的资料分析方式，对文本分析法的成功非常关键。

一、概念与历史

所谓文本分析法（text analysis method），指通过对特定文本的意义进行分析从而挖掘出理论意义的研究方法。这里的"文本"有狭义和广义之分。狭义的文本仅指书面文字记录；广义的文本则包括图画、视频等，即一切被记录下来的有意义的符号。文本分析法中的"文本"可以是广义的，但以狭义的居多，如政策、规制、报告、评论、献词等文本以及网络文字文本等。

要注意定义中"特定文本"这一限定性描述，这是文本分析法与其他以文本为分析对象的方法的区别所在。所谓特定文本，指在研究之前就可以确定类型和范围的文本，一般是在某个方面特征相同的文本。比如，以改革开放以来党和国家发布的关于互联网管理和网络媒体管理的法规来研究网络媒体管理体制的特点，可以称为运用了文本分析法，所用来作为研究资料的法规就属于"特定文本"。因为是"特定文本"，所以其数量一般都不大。

需要注意文本分析法与下面几种研究方法的区别。

首先是与话语分析法的区别。文本分析法与话语分析法看似比较接近，因为话语分析中包含了文本分析阶段，其实两者有很大的不同，尽管话语分析的资料一般也是特定的。两者的区别主要在于分析资料的方法方面，即文本分析法一般是从文本中深读其意义，或者是通过把系列文本联系起来发现意义；话语分析中的文本分析阶段则主要借鉴了语言学理论进行语篇结构分析，并在结构分析的基础上进行产制分析或理解分析等，其视野要比文本分析的视野广阔得多。

其次是与内容分析法的区别。因为文本或话语都是"内容"，因此不少人把这文本分析法和话语分析法等同于内容分析法，即在进行文本分析或话语分析时声称采用了"内容分析法"。其实，内容分析法与"以内容为分析资料的方法"有根本的区别，后者是某一类研究方法，前者是具体的研究方法。内容分析法与文本分析法和话语分析法之间最明显的差异在于：

文本分析法和话语分析法属于诠释研究，内容分析法则属于实证研究；文本分析法和话语分析法不需要编码过程，而内容分析法需要编码过程。

三是与文献分析法的区别。文献分析法中的"文献"是各种各样的文本，按照《辞海》的解释是"记录知识的各种载体的统称，即以文字、图像、符号、声频、视频等手段记录人类知识的各种载体（如竹帛、纸张、胶片、磁带、光盘等）"，在研究之前往往并不知道会搜集到什么类别、范围与数量的资料。文本分析法中"文本"，其概念的外延比"文献"要小，《辞海》对其解释是"文件或文献的某种本子"①。多数情况下，文本分析法中的"文本"指的是某类"文件"的本子，因此研究之前至少对其类别、范围是清楚的。比如前面的例子，用相关法规来研究网络媒体管理体制的特点，因为法规是特定类别和范围的文本，因此该方法就属于文本分析法；但是，如果要研究我国网络媒体管理体制的发展历史，则需要的资料的类别就丰富得多，数量也大得多，除了相关法规资料外，还包括有关讲话、新闻报道、回忆录甚至国外文献等，这时候所运用的方法就属于文献分析法了。随着大量互联网语料的出现，文本的概念有所扩展，比如一些研究项目中以网络评论为研究文本，也可归于文本分析法，而非文献分析法，因为这些语料还称不上"文献"。

四是与计算机文本情感分析法的区别。后面会专门讨论计算机文本情感分析法。相较而言，文本分析法的文本资料往往是传统的文本语篇，而非网络形式的文本语篇；计算机文本情感分析的文本则来源于互联网，一般是评论性的网络文本，比如淘宝用户的评论文本等。文本分析法的目标不局限于分析文本情感，而计算机文本情感分析则需要分析文本的情感（一般指正面、中性、负面的情感态度），然后通过对这些文本情感的讨论来回答提出的问题。

中外关于传播研究方法的文献，未见有将文本分析法作为一种独立方法进行介绍的。国内的著作中，李琨的《传播学定性研究方法》（第二版）

---

① 辞海：缩印本（第6版）[M].上海：上海辞书出版社，2010：1974.

中提到了文本分析，但仅仅是将其作为一种资料搜集的手段而非一种独立的研究方法。伯格的《媒介与传播研究方法：质化与量化研究导论》（第四版）中则是把"文本分析方法"作为一个庞大的方法类别，包括了符号分析、修辞分析、意识形态批判、精神分析批判、话语分析几种研究取径，这实际上是"以文本为分析资料的方法"，而非具体的文本分析法。把文本分析法作为一种独立的研究方法，不但是一种现实的状况——因为事实上这种方法已经被运用，而且有利于清晰地梳理这种方法的特点以便更好地运用它，从而丰富传播研究的方法。传播研究面临的困境，不但有问题意识的狭隘，也有研究方法偏于窄化和单调的问题，因此，提出将文本分析法作为一种独立的方法，对于突破方法选择方面的思维局限是有所助益的。

可以说，文本分析法是一种历史悠久的研究方法。它的研究路径之一是文本意义挖掘，因此可被归结到古典诠释学的研究传统。从古希腊人解释荷马的史诗和其他诗作开始，欧洲的古典学者就有注释古代文献的传统。中国古代也有注释经典的传统，近代《红楼梦》研究中"索引派"的方法实际上就有文本分析的成分。不过，这些都不是我们正在讨论的文本分析法，因为现代学术研究中文本分析法的问题意识远远超越了对文本意义的讨论，而是向多个学科延伸并成为研究方法。文本无所不在的广泛性，决定了文本分析法的普遍性。在政治学、法学、管理学、经济学等领域，文本分析法都有不少应用。

以"文本分析"为摘要关键词在中国知网对 CSSCI 来源期刊论文进行搜索，结果显示文本分析法在人文社会科学领域的使用相当广泛，不但涉及较为广泛的学科，而且论文数量也呈现出逐年较快增加的趋势（表8-8）。从上述搜索结果来看，在传播研究中运用文本分析法的论文最早出现在 1999 年，到 2021 年一共出现在 153 篇论文中。在 100 篇案例论文中，提到文本分析法的也有 6 篇。

表 8-8　以"文本分析"为摘要关键词的中国知网搜索结果

年份	2021	2020	2019	2018	2017	2016	2015	2014	2013	2012	2011	2010
篇数	382	333	298	259	221	206	166	150	128	120	100	89
年份	2009	2008	2007	2006	2005	2004	2003	2002	2001	2000	1999	1998
篇数	75	65	45	29	34	30	16	5	8	5	9	8

二、文本分析法设计

整体上，文本分析法可以归纳为两个类别的问题意识，其一是对文本意义的解读，其二是溢出对文本意义的解读。前者属于传统的文本分析方法，如上面提到的经典注释等，适用于文本的意义幽微难懂的情形。现代学术研究中的文本分析法主要基于后一类问题意识，即以文本为分析资料但并不以解读其意义为目的，而是以对其他问题的探究为目的。正是这种问题意识的取径，使文本分析法具备了成为多个学科的研究方法的可能，包括成为传播学的研究方法。因此，本节讨论的文本分析法主要是非文本意义解读类的研究方法。

文本分析法既可以独立使用，也可以与其他方法联合使用。比如与实证方法联合使用，则在运用数学模型获得研究结果后，还可以运用文本分析法对相应的结果进行阐释，以求得更加深刻的理论意义。在独立使用此方法时，既要注意避免概念的泛化，把"以内容为分析资料的方法"当成文本分析法；也要注意避免没有问题意识的领契，而仅仅是对文本进行泛泛评论，或者是只鳞片爪地运用文本资料进行议论。上述情形都谈不上是对文本分析法的正确运用。

本节将主要以前面提到过的胡杨和王啸的《作为报道工具的新闻摄影：从荷赛数字叙事竞赛（2011—2018）看新闻摄影的变革》（《新闻界》2020 年第 1 期，后文简称《摄影》）作为案例。在数字时代新闻业不断调整自身定位，作为新闻业的一部分的新闻摄影同样如此。那么，在这个过程中，新闻摄影的专业规范有哪些变化呢？这就是《摄影》一文要探讨的问题。文章除前面的引言外的结构是：①新闻摄影与数字叙事；②探寻数字叙事的边界；③新闻摄影的变与不变；④讨论与结语。文章的结论：内容形态的跨媒介表达和团队职能的多重分工是评审端和表达端站在各自的功能主义立场对"数字叙事"这一概念做出的解读；清晰而有节奏感的故事脉络与各类媒介元素的有机结合已成为优秀数字叙事作品的必要条件；技术、创意与成本投入等方面的变化并不能掩盖视觉故事与静态影像的恒久价值。文章对研究方法的阐述主要出现在引言和第一部分中。

（一）研究资料的搜集

文本分析法以特定的文本为分析资料，因此其资料搜集一般不需要采取抽样方式，而是把所有文本纳入分析范围——该方法下文本的数量通常并不大。在《摄影》这个案例中，作者提出文本的范围是：

> 本文以"世界新闻摄影大赛"（The World Press Photo Contest, WPP）数字叙事类竞赛为研究对象，对2011年到2018年八届比赛中72件获奖作品以及WPP基金会、赛事评委和媒体对于获奖作品和比赛旨趣的阐释进行分析，透过这一赛事所建构出的专业话语，探究新闻摄影在数字化新闻生产过程中的变与不变。

在第一部分中，作者在描述荷赛数字叙事竞赛奖项设置演变历程的同时，实际上也呈现出了文本的搜集情况，并采用列表方式呈现出了2011—2018年该奖项的参赛作品数量与获奖作品数量，72件获奖作品的年度分布和奖项分布一目了然。

从这个案例中可以看到，以特定文本作为研究资料的文本分析法，并非以解读文本意义为目标，因为这些特定文本并非深奥难懂的文本，但是把某方面的文本体系化之后，就可能发现一些规律，从而形成理论创新。文本分析法遵循的就是这样的方法取向和问题意识。在此列举一些其他学科中运用文本分析法的例子，以启发和丰富研究者运用这种方法的思维。

在教育学研究方面，廖湘洋与王战军的《改革开放以来我国研究生教

育政策的文本分析》（《高等教育研究》2004 年第 6 期，后文简称《研究
生教育政策》）就是以改革开放以后研究生教育的政策作为研究文本，分
析研究生教育制度的变迁情况。

在公共管理研究方面，陈翔与陈国权的《我国地方政府问责制的文本
分析》（《浙江社会科学》2007 年第 1 期）通过对地方问责制度文本的分
析，比较了不同地方问责制度文本的异同之处，旨在揭示文本规定存在的
问题，为地方政府问责办法的制定提供参考，促进地方政府问责制度的完
善。吴建南与马亮等的《中国地方政府创新的动因、特征与绩效——基于
"中国地方政府创新奖"的多案例文本分析》（《管理世界》2007 年第 8 期，
后文简称《地方政府创新》）以 2005 年申报第三届"中国地方政府创新奖"
的 133 个政府创新项目文本为研究资料，分析地方政府创新的动因等，也
属于采用文本分析法的公共管理研究。

在"三农"研究方面，张毅与张红等的《农地的"三权分置"及改革
问题：政策轨迹、文本分析与产权重构》（《中国软科学》2016 年第 3 期，
后文简称《农地的"三权分置"》）是以文本尤其是法律文本为分析资
料的研究，旨在辨析"三权分置"中承包权与经营权的法律属性，指出在
"三权分置"和农地流转的条件下，承包权仍属于物权，并且与农地未流
转条件下的原土地承包经营权一样，是集体成员基于其特定身份而享有的
权利等。

由于互联网已经非常普及，大量的观点表达发生在网络上，因此网络
文本也进入了文本分析法的视野。比如朱峰与吕镇的《国内游客对饭店服
务质量评论的文本分析——以 e 龙网的网友评论为例》（《旅游学刊》2006
年第 5 期，后文简称《饭店服务质量》）以网友评论为文本分析资料，研
究提高饭店业服务质量的对策，就是以社交媒体评论为研究文本的案例。

（二）研究资料的分析

文本分析法主要是搜集资料的方法，因此还需要有相应的文本分析方
法。与比较相近的话语分析法比较起来，文本分析法的资料分析方法似乎
更不确定，因为话语分析法至少还可以依照一个分析的理论框架，而文本

分析法则连这个框架都没有。当然，这一情形也有一个好处，就是可以有多元化的分析框架供选择。

一般地，文本分析法是诠释研究方法，但也有采用实证方式分析资料的，前面提到的《饭店服务质量》就是这种情况。该研究对搜集到的所有评论逐条进行了李克特量表评分，再计算游客对饭店服务业不同服务项目的评价情况，从而分析游客对饭店的哪些服务最为重视。前述《地方政府创新》也是量化研究的类型。

文本分析法的资料分析更多的是运用诠释方式，《摄影》就是如此。论文第一部分对荷赛的介绍和对奖项的介绍，是研究的必要前提和背景；第二和第三部分是分析部分，前者是对评审端与制作端对数字叙事边界划定的梳理，后者是对数字叙事与传统新闻摄影的比较，分析哪些方面的专业规范发生了变化，哪些方面没有改变；第四部分是结论。可以看到这样安排的逻辑结构是清晰的，具体到每个部分内部的论述也相当严谨和流畅。

也有运用文本分析法进行历时性研究的，前面提到的《研究生教育政策》就属于这种情况。该文对改革开放以来颁布的相关政策文本进行了分析，将我国研究生教育政策变迁划分为四个阶段并描述了不同阶段的特点。一般地，历史研究会使用多种类型的文本尤其是历史文本，因此多运用文献分析法，而单以政策文本作为历史研究的资料的情形并不多见。但是，这也说明了文本分析法具有较好的适应性。在这项研究中，因为选择的政策文件比较全面和系统，因此用来分析研究生教育的发展有一定的合理性。

以思辨方式分析资料有利于发挥其思想穿透力的优势，但也可能导致过分解读或随意解读资料的弊端。为了避免研究的随意性，需要在多方面注意。首先，要注意文本的质量，即文本是否可以胜任研究的需要，主要包括文本的相关性和系统性两方面。这里以《农地的"三权分置"》为例简要解释这两个方面。所谓文本的相关性，即文本适合用来研究所提出的问题。这篇文章以中央和地方相关的权威文件作为研究文本，因此是很具有说服力的。文本的系统性指文本搜集中的取舍要有体系，一般而言不采取抽样方式而是将全部文本纳入研究。比如这篇文章就把所能搜集到的文本全部作为研究资料。其次，要注意分析的系统性，即分析时要有清晰的思维逻辑、概念体系和结构框架，而不能随心所欲地议论一通。比如这篇文章，第一部分引言提出问题；第二部分是对政策文献的梳理，实际上也同时梳理了"三权分置"形成的历史轨迹，为后面的分析打下了基础；第三部分是对政策文本进行分析，提出"三权分置"的特征；第四部分梳理了学术界关于"三权分置"后承包权与经营权法律地位的分歧，并提出了自己的观点；第五部分提出土地产权重构的建议。可以看到，尽管是思辨方式的分析路径，但是研究者逻辑严谨，逐层深入，形成了一个合理的分析体系。

文本分析法总体上偏于应用研究，因为文本大多带有实践性的特征。这倒很适合于传播研究尤其是新闻学研究。这里提出几种新闻文本研究的路径——主要是按文本类别进行区分的路径，供研究者参考。

一是政策文本分析。在文本分析法中，对政策文本的分析是比较常见的类别。有人认为，政策文本分析作为一种研究范式，有自己的分析技术和研究策略，可以采用定量分析、定性分析或定量与定性相结合的分析 3 种分析方式。[1]上面提到的《研究生教育政策》《农地的"三权分置"》都是政策文本分析。本书所说的政策文本包括文件、法规、制度甚至新闻机构内部的规章制度等，都可以作为研究的文本资料。政策文本之所以可以作为相关问题的研究资料，是因为其具有严谨性和权威性，而且数量不大，便于系统地搜集等。在新闻业内，无论是传统媒体还是新媒体，都有相当多的各种各样的政策文本，它们既可以作为历时性研究的文本资料，也可以作为共时性研究的文本资料。可以说，这里面有相当大的研究空间，目前还几乎是一片空白。多数的所谓对策性研究或应用性研究都是空泛的议论，缺乏经验性材料的支撑，也缺乏问题意识的牵引，如果能运用系统的文本分析做支撑，情况可能就不一样了。

---

① 涂端午. 教育政策文本分析及其应用 [J]. 上海：复旦教育论坛，2009（05）：22.

　　二是职业文本分析。新闻业的职业群体较为庞大，他们不但生产新闻作品，有的也生产职业文本。那么这些职业文本蕴涵了什么意义呢？这也是值得研究的方面，而且可以成为职业研究的一个可靠取径。进行职业研究，并非都要去做参与式观察，去做深度访谈，或者去做问卷调查等，其实对职业文本的分析也是不错的路径。比如，运用职业文本来研究传统新闻业向数字化发展过程中的职业规范变迁、职业心态变迁、新闻生产制度变迁，甚至对新闻真实性等经典概念界定的变化等，都未尝不可。这些方向里面，都包含了很多有价值的问题意识。李红涛和黄顺铭的《传统再造与模范重塑——记者节话语中的历史书写与集体记忆》（《国际新闻界》2015 年第 12 期）选择了从 2000 年到 2014 年间 12 份报纸的 128 篇记者节文章作为分析文本，就属于职业文本分析类的研究。

　　三是行业文本分析。相对于职业文本而言，行业文本的资源更加丰富，也更加便于搜集，因为它们大多是公开的，比如行业报告、报业白皮书、行业数据、行业上市公司资料、行业会议资料、行业发展规划、媒体机构领导人的讲话等。对这些丰富的文本资源，如果运用理论的眼光去观察，可能会生成很多理论性的问题意识。运用行业文本可研究的问题也很多，比如行业发展的趋势、行业管理中的问题、行业转型中的问题、传媒产业发展的新特征、媒体融合发展中的困难等。这些研究问题里面又包含了很多更具体的研究问题，研究者选择其中的具体问题作为研究目标，通过文本搜集和分析进行回应，是可以获得理论成果的。余文斌和童岩的《危机中的价值重审：转型语境下的新闻职业话语——对 47 篇休刊词的研究》（《新闻界》2020 年第 5 期），既可以说是职业文本分析类的研究，也可以说是行业文本分析类的研究。

　　四是新闻文本分析。新闻文本本身也可以成为研究的资料。这里的新闻文本，不仅指新闻报道文本，还包括新闻评论以及摄影等，也包括以视频或音频方式发布的新闻内容。对新闻文本的分析并非讨论文本本身——那样的话就可能成为新闻业务分析而非学术研究，而是通过文本讨论新闻学或者其他社会学领域的问题。因此可以看到，与前面的政策文本分析、职业文本分析和行业文本分析相比较，新闻文本分析可能更偏向于理论性而非应用性，因为它可以走向社会分析的路径，这与话语分析颇有相通之处。这方面的研究似乎以历时性居多，即运用某一类新闻文本的历史资料来分析某一问题，比如运用重要报纸的新年献词或重要时间节点的评论等。史冬冬的《〈南方周末〉新年献词的国际叙事研究》（《国际新闻界》2012 年第 7 期），陈阳等人的《我国报纸新闻中的情感性因素研究——以中国新闻奖一等奖为例（1993—2018）》（《新闻与传播研究》2020 年第 11 期），都属于以新闻文本为研究资料的文章。

第十节 话语分析法

传播话语分析发端于 19 世纪 80 年代中后期，是在语言学和批判语言学的基础上发展出的话语分析被应用到传播领域而形成的研究方法。但是，迄今为止，这种方法的应用还处在非常初步的阶段，不少声明运用"话语分析"的文章都可能对该方法有所误解。

一、概念与历史

传播话语分析（discourse analysis），即运用话语理论分析传播内容、现象、事件等，力图阐释传播话语是如何被建构以及如何被理解的，还可以进而揭示出传播与社会之间的关联。因此，传播话语分析的问题意识不是针对文本本身，而是针对文本与社会之间的互动关系。否则的话，它就变成了文本分析或者语言学分析。

在话语分析中，对"话语"的理解极为关键，这可以说是正确进行话语分析的前提。不少进行传播话语分析的稿件，甚至不少刊登出来的文章，都没有正确地理解"话语"的含义，以至于与真正的话语分析的问题意识尤其研究方法相去甚远。话语分析的领军人物梵·迪克（Teun A. Van Dijk）、费尔克拉夫（Norman Fairclough）、沃妲克（Ruth Wodak）等人对"话语"的解释各不相同——因为他们各自的视角不同，但他们对话语的概念界定并没有实质性的分歧。这里提供两个有助于清晰理解"话语"概念的角度。

第一，话语是大于句子的语言单位。这就把话语分析与语言学分析区别开来了。传统语言学是以句子为主要研究对象的，即主要分析句子的结构和意义等。但是，随着语言学的发展，仅仅分析句子显然满足不了理论阐释的需求，因此大于句子的分析单位就被提出来了。那么，大于句子的语言单位是多大呢？并没有固定的说法，可以是一段话、几段话，也可以是一篇文章，通常而言以文章为分析单位的比较多，因此"话语"也经常被称为"语篇"，"话语分析"也就可以被称为"语篇分析"。1952年，美国结构主义语言学家哈里斯① 在 *Language* 杂志上发表题为 Discourse Analysis 的论文，提出了对大于句子的语言单位进行研究的设想，并将该语言单位称为"话语"（discourse）。后来的话语分析学者无论从哪个角度去解释话语的概念，都是包括了哈里斯所提话语的概念的。

第二，话语是超过文本的社会实践。这就把话语分析与一般的文本分析区别开来了。费尔克拉夫② 提出，话语指说话或书写行为的实践本身。这既是理解话语的关键，也是最容易忽略之处。所谓话语是一种社会实践，意即话语是动态的行动，而不仅仅是一种静态的文本符号体系。因此话语分析仅仅分析文本是不够的，还要通过分析语境来分析文本，这是话语分析区别于文本分析的重要特征。比如对于新闻话语而言，文本仅仅是话语实践的结果，因此完整的话语分析不但要分析作为结果的文本，更要分析生产这种文本的过程等。尽管话语分析都要以文本分析为起点，但是它的真正目标却是文本如何被生产和被理解这种动态的实践分析。

在哈里斯提出话语的概念后，话语分析在 20 世纪 60 年代逐渐兴起，在 20 世纪 70 年代进入快速发展时期，它"在成为一门独立新学科的同时，

① Harris Z.Discourse Analysis[J].*Language*，1952（28）：1-30.

② Fairclough N, Wodak R.Critical discourse analysis：An Overview[C]. Van Dijk. *Discourse studies*：*A multidisciplinary introduction*（vol.2）.London：Sage，1997：67-97.

也成为社会语言学、语用学、人类文化学、语言哲学、心理语言学和计算语言学等共同关注的一个跨学科性研究领域"[①]。到了 20 世纪 80 年代，话语分析更加兴盛，研究队伍空前壮大，人员分布也从原来的欧美扩展到亚洲和大洋洲；话语分析的专著和论文层出不穷；创办了话语分析专业学术期刊 *TEXT* 等[②]。梵·迪克[③]认为，到 20 世纪 90 年代话语分析作为一门新兴的学科已经成熟，并奠定了其自主的学科地位。

20 世纪 80 年代末到 20 世纪 90 年代初，话语分析的一大成就是批判话语分析的创立和快速发展。它有两个直接的源起，一是话语分析理论的兴起，二是批判语言学为批判话语分析提供了理论资源。批判话语分析与传统话语分析相比，后者尽管把话语分析与社会文化联系起来，但并未把话语分析与社会权力或意识形态联系起来，其问题意识整体上仍然是以文本为中心的，即主要分析文本的产制与理解，只不过增加了社会分析的视角；前者同样包含了社会视角，但最主要的特征是其问题意识不是以文本为中心，而是以阐释社会权力结构或意识形态争夺为目标。这种转变强化了批判话语分析的深刻性，使之大有后来居上成为话语分析主流取向之势。话语分析的知名学者，后来大多将主要兴趣放在了批判分析上。比如梵·迪克 1984 年出版的《偏见与话语》、1990 年创办的学术期刊《话语与社会》，费尔克拉夫 1989 年出版的《语言与权力》，沃妲克 1989 年出版的《语言、权力与意识形态》等，均为批判话语分析中的经典之作。

话语分析能够兴起，与多方面的因素有关。首先，话语分析仍属广义的语言学分析范畴，而语言学无疑是目前人文社会科学中相当主流的研究取径，罗兰·巴特甚至提出"文本之外，别无他物"[④]，因此话语分析称得上顺应了学术大势。其次，话语分析具有较为广阔的适应性，它不仅适

---

① 范宏雅.近三十年话语分析研究述评[J].山西大学学报(哲学社会科学版),2003(06):97-100.

② 朱永生.话语分析五十年：回顾与展望 [J].外国语，2003（03）：43-50.

③ Van Dijk T A.Discourse studies：A new multidisciplinary journal for the study of text and talk[J].*Discourse Studies*. 1999，（01）：5-6.

④ Barthes R.*The elements of semiology*[M].New York：Hill&Wang，1967.

合于语言学本身，也能作为对其他学科或领域的问题进行探究的方法，因此可以成为社会语言学、语用学、人类文化学、语言哲学、心理语言学和计算语言学等领域的研究方法。此外，话语分析不同于流行的实证主义研究，它更便于体现出人文关怀与深刻的思辨性，从而弥补实证主义研究的不足。这一点，尤其在批判话语分析上表现得明显，这也正好可以解释批判话语分析迅速受到研究者青睐的原因。进入 21 世纪以来，话语分析法依然持续地受到欢迎，根据 ScienceDirect 的搜索结果，2020 年人文艺术和社会科学领域采用话语分析法的研究性论文比 2001 年增长了大约 4 倍。

话语分析与传播研究有着非常密切的联系，可以说媒介话语分析是话语分析和批判话语分析中最重要的领域。这当然首先得益于传播的属性。无论是传统媒体还是网络媒体，无论是平面媒体还是音视频媒体，无论是大众媒体传播还是人际等传播，意义的传播都无法离开话语而进行。但这种情形的实现，则直接依赖于话语分析开创者对媒介话语分析的重视。1980 年代之后，话语分析进入兴盛阶段时，涌现出一批领军人物，比如梵·迪克、费尔克拉夫、沃妲克、科瑞斯、范·李文等，他们中相当多的人涉足媒介话语分析，尤其梵·迪克后来基本上以媒介话语分析作为自己专门的研究领域。可以说，著名的话语分析学者中没有涉足媒介话语分析的极其少见。典型的成果有梵·迪克出版的《作为话语的新闻》（*News as Discourse*）\《新闻分析》（*News Analysis*）\《话语与传播》（*Discourse and Communication*）\还有费尔克拉夫的《媒介话语》（*Media Discourse*），艾伦·贝尔的《新闻媒体的语言》（*The Language of News Media*），斯图尔特·艾伦参与主编的《新闻、性别与权力》（*News, Gender and Power*），戴维·格雷特巴奇与人合著的《政治新闻访谈：一种社会形式的历史与动力》（*The Political News interview：The History and Dynamics of a Social Forms*）等，媒介似乎从来没有受到其他学科学者如此程度的关注。

1983 年，廖秋中发表了国内第一篇用话语理论来研究现代汉语的论文。① 不过，20世纪90年代，我国的话语分析还局限于语言学单个学科领域，20世纪90年代以后，跨学科研究的步伐才加快。② 梵·迪克主编的学术期刊《语篇》在1997年第17卷第4期推出"汉语话语分析"专号，由中国学者陈平等担任专号主编，刊登了6篇用英文撰写的汉语话语分析文章，足见国内话语研究的热情颇高。

以"话语分析"为摘要关键词在中国知网对CSSCI来源期刊论文进行搜索，结果显示我国人文社会科学领域运用话语分析法的论文呈现增长趋势，但数量不算多（表8-9）。从上述搜索结果来看，从2003年到2021年底，国内的传播话语分析文章共计57篇。在100篇案例论文中，运用话语分析法的仅有1篇。

表8-9 以"话语分析"为摘要关键词的中国知网搜索结果

年份	2021	2020	2019	2018	2017	2016	2015	2014	2013	2012	2011	2010	2009
篇数	133	129	110	119	130	103	101	76	83	82	79	62	55
年份	2008	2007	2006	2005	2004	2003	2002	2001	2000	1999	1998		
篇数	60	36	21	11	16	8	5	10	6	6	8		

二、话语分析法设计

这里主要以梵·迪克《新闻分析》中的一项研究为例来说明。梵·迪克是荷兰阿姆斯特丹大学的教授，从20世纪70年代初就开始专注于话语分析的研究，早期主要从事话语语法的研究，其成果有《话语语法要略》（*Some Aspects of Text Grammars*）和《话语与语境》（*Text and Context*）等；1978年到1983年间主要与心理学家金什共同创立了话语认知理论；1984年之后，他的主要研究精力花在话语分析理论的应用方面，尤其在新闻话语分析领域深耕勤作，发表了一系列具有深远影响的成果，除了前面提到的《作为话语的新闻》和《新闻分析》外，还有《话语与传播》（*Discourse*

---

① 徐赳赳.话语分析在中国 [J]. 外语教学与研究，1997（04）：20-24.
② 刘立华.传播学的话语分析视野 [J]. 国际新闻界，2011（02）：31-36.

and Communication）、《种族主义与新闻》（*Racism and the Press*）等。因此，他被认为是"所有批判话语分析学者中，最关切媒体话语的学者"[①]。

梵·迪克从理论和案例操作两个方面建设了新闻话语分析的方法。他的《作为话语的新闻》建立了新闻话语分析的理论框架，是新闻话语分析的奠基性著作；为了直观地反映新闻话语分析的理论与方法，他发表的《新闻分析》（*News Analysis*）作为新闻话语分析案例集，具体演示了新闻话语分析的方法。《新闻分析》除附录外共有 6 章，第一章为新闻话语分析的理论，第六章为结论，中间的四章为 4 个研究案例。接下来以第四个案例为例，分析话语分析方法的设计。

第四个案例是对寮居者报道的分析。案例论文的标题是《新闻中的寮居者》（Squatters in The Press）（后文简称《寮居者》）。19 世纪 70 年代，西欧各国大城市中的住房问题非常严重，一些无房的人们纷纷占据城市里面的空房作为住所，从而形成寮居群体，导致了房主与寮居者之间、城市当局与寮居者之间的矛盾。这项研究就是关注报纸是如何报道寮居现象的。

我们依然先看论文结构：①引言；②背景介绍；③事件介绍；④新闻角色研究的文献回顾；⑤案例分析方法介绍及量化研究结论；⑥主题结构分析；⑦图式结构分析；⑧微观语义分析；⑨话语类型；⑩话语修辞；⑪对其他媒体和信息的研究；⑫结论。

从原文的这种结构不大容易看出研究者的思路，因此我把它稍微整合一下，即第一到第三部分是提出研究问题，第四部分是文献回顾，第五部分是介绍研究方法，第六到第十一部分是具体的分析过程，第十二部分是研究结论。这个结构和经验研究论文的常规结构基本一致。在讨论研究方法这个核心问题之前，先看看该文是如何提出问题和如何梳理文献的。

与提出问题相关的内容包括论文的前三个部分，英文的原文标题分别是"Introduction" "Backgrounds: Housing and Squatting in Amsterdam" "The Events of October 8, 1981"。这三部分的内容综合起来，比较详细

---

① 林东泰. 批判话语分析总论：理论架构、研究设计与实例解析 [M]. 高雄：巨流图书公司，2019：41.

地阐述了所研究问题的意义。第二次世界大战以后，因为出生人口激增、更多的年轻人自立门户等原因，西欧国家大城市的住房供应远远无法满足住房需求，加之投机商的市场操纵行为使供需不平衡状况进一步恶化，西欧普遍出现了寮居现象。位于阿姆斯特丹市中心的一栋大楼也被人占据，法院判决寮居者必须搬离。1980 年 12 月，警方曾强制要求寮居者搬离但以失败而告终。1981 年 10 月 8 日，更大力度的警方行动实施，这次行动甚至出动了防暴警察和重型装备，但被驱离者进行了非暴力抵抗。警方突入了大楼，把寮居者带出来后释放了他们。戏剧性的是，驱离事件后不久，被驱离者尤其年轻人就在附近和警方爆发了冲突，他们还砸烂了银行窗户等，骚乱一直持续到午夜。这次驱离行动还激发了该市其他被占据大楼中寮居者和警方的冲突。论文详细地描述了出现寮居者的社会经济原因，简要介绍了事件的来龙去脉，为研究提供了现实的广阔背景，彰显了讨论这一问题的意义。在此基础上，作者提出研究的问题是：

> 首先，我们想了解新闻媒体如何对待这种相对较新的社会行动形式。其次，寮居者主要是年轻人，我们想知道媒体是如何将占据行为与青年抵抗者其他方面联系起来的。第三，警察的暴力行动提出了一个问题，即媒体如何对待以法律和秩序为名的非法行为。第四，示威和骚乱是新闻媒体的首选话题，我们希望媒体对这类社会动荡事件的关注有更多的定性分析。最后，即使在阿姆斯特丹，占据行为也有一定的争议性，因此我们可以预期，对同一事件可能会从不同的角度进行描述，运用不同的显性或隐性价值观来评价。

论文第四部分属于对研究文献的回顾，其小标题是"The Role of The Press: Earlier Studies"，意在梳理出对寮居者群体报道的研究情况，以发现媒体在这类事件建构中的态度。梳理结果表明，媒体总是对大规模的出警、群众抵抗运动等更感兴趣，而且总是对其中的暴力行动更感兴趣。在对这些事件的报道中，通常把警方等视为正面的行动者，而把社会抵抗者视为负面的角色。作者提出，这个研究的目的就是要呈现在 1981 年 10 月 8 日的驱离事件中，媒体是如何通过对事件的定义而对公众的态度转变起到关键作用。

现在，我们具体分析话语分析的方法设计。话语分析作为一种诠释方法，并没有严格的程序或结构化的方法模块，但仍大致遵循了资料搜集和资料分析两个阶段的程式。

（一）研究资料的搜集

话语理论发展起来后，被纳入研究的话语的种类也大大拓展，林东泰 [①] 认为其包括：①语文（书写的或口头的等）；②非语文（表情、姿态、音乐、表演等）；③视觉影像（如电影等）；④广告文案等；⑤其他图式等。对于新闻话语研究而言，其语料来自新闻媒体，即通常要从媒体上收集文本作为分析的资料。

《寮居者》第五部分的标题是"Setup of the Case Study and Some Quantitative Results"，即案例研究方法介绍。新闻话语分析的资料是新闻文本，因此研究方法部分首先需要介绍文本是如何搜集的。事件发生在 10 月 8 日，研究选取了 10 月 9 日的报纸，包括 10 种全国性报纸、27 种地方性报纸和 3 种国际性报纸。作者认为一些补充性的资料也是很重要的，因此补充搜集了如下 12 种资料：① 10 种外国报纸，其中 3 种刊登了一则新闻；②没有报道此事的周刊；③广播和电视节目公告和其他节目；④国家通讯社的报道；⑤国际新闻机构尤其是美联社的报道；⑥寮居者媒体的报道；⑦小册子等街头媒体；⑧民意调查机构发布的新闻；⑨市政当局发布的新闻；⑩对寮居者采访的新闻；⑪关于以前驱离事件的新闻；⑫关于寮居者和驱离行动的研究或报告。可以看到，作者对资料的搜集是颇费苦心的。

研究者把方法介绍与量化研究的结果都放在了这个部分，有些不同于常规，这也体现出早期话语分析的随意性。该论文的量化研究部分主要是对样本报纸进行了描述性分析，相当于目前实证主义研究中对样本的描

---

① 林东泰.批判话语分析总论：理论架构、研究设计与实例解析 [M]. 高雄：巨流图书公司，2019：7.

述性分析，包括对不同报纸对该事件报道的频次、占据版面的面积、标题的措辞、新闻来源等情况的统计。此外，从所有对该事件进行报道的文本中，细分出 7 类场景和 77 件事项，77 件事项中被超过 10 种媒体报道的事项有 9 件，分别为"游行示威人群穿城而过""起重机被用于驱离行动""装甲车打开了大楼正门"等。质化研究的结论是，寮居者反抗警方的行动首先就被新闻定义为暴力和对抗，而对于警方则一方面报道其使用重型设备另一方面又表明其和平解决意图。媒体对深层次的原因比如住房短缺、过度投机、政策不力等并不关心，而对破坏性的场面如破碎的窗户、损坏的汽车等进行突出和夸张处理。可以看到，研究者已经初步描绘了一张媒体报道偏见的草图。

（二）研究资料的分析

话语分析属于诠释性的研究方法，因此其分析方法也没有标准化的程序，而是按照话语分析的理论框架进行。这个理论框架主要见于梵·迪克《作为话语的新闻》一书中，该书实际上提供了一个新闻话语分析应该从哪些方面或哪些维度进行的思维框架。

《寮居者》第六到第十一部分是资料分析过程，其标题依次是"Thematics Structures""Schematic Structures""Local Semantics""Style""Rhetoric""Other Media and Messages"。这部分真正体现了话语分析方法的特征，因为其中运用到了一些语言学的分析方法——前面的量化分析并不能代表话语分析的特征，因为它不过是对报道频次、版面大小等的统计，在很多研究方法中都可以用到。

在讨论《寮居者》如何进行新闻话语分析之前，我们先看一下话语分析方法的整体思路。在《作为话语的新闻》中，梵·迪克提出的话语分析方法的理论框架包括结构分析、产制分析和理解分析三部分。

第一个维度是新闻话语的结构分析。在梵·迪克的新闻话语分析理论中，结构分析部分是发展得比较完善的，因此其应用也比较方便和普遍。在他自己的《新闻分析》中，也主要是采用的结构分析方法，产制分析和理解分析的应用都在次要地位。

所谓新闻话语结构分析，指的是把新闻作为一种话语，借鉴语言学的理论对其文本和意义结构等所进行的分析，目的在于发现新闻的意义是如何在社会语境中建立的。新闻话语结构分析是一个分析体系，包括对主题结构（Thematic Structures）、图式结构（Schematic Structures）、微观语义（Local Semantics）、话语风格（Discourse Style）、话语修辞（Rhetoric）等方面的分析。需要注意两个方面：其一，结构分析运用的是话语分析方法，如果追根溯源的话，运用的是语言学方法，比如对主题结构的分析，运用的就是语义学理论，这是话语分析的特征所在；其二，结构分析不能局限于语言学分析，而要与丰富的语境结合起来，才能彰显出话语分析的理论魅力，否则它就退化成单纯的语言学分析了。什么叫语境？语境（context）是话语分析中非常重要的概念和观念，即话语只有在语境中才能被正确地阐释——无论是对其产制的阐释还是对其理解的阐释。梵·迪克[①]认为语境是社会情境和沟通情境，费尔克拉夫[②]则认为语境是历史和社会文化脉络，综合起来可以说语境就是话语的社会背景、沟通场景和上下文关系。在《新闻分析》中，梵·迪克对结构分析的运用有相当充分的演示，因此在后文将详细地讨论如何具体地设计结构分析方法。

第二个维度是对新闻话语的产制分析。梵·迪克批评多数新闻生产研究理论"都未能透彻分析新闻制作的全部内容，即新闻文本本身的制作和写作过程"[③]。这个批评有一定道理。与其他取径的新闻产制研究比较起来，话语分析法确实有自己的特点，即更加关注意义是如何通过文本被社会建构的，其他不少理论要么忽略了文本生产，要么忽略了文本生产与社会建构之间的联系。

梵·迪克也提出了新闻话语产制分析的体系，即解码、解释、建构、

---

① Van Dijk.Discourse and context：A sociocognitive approach[M].Cambridge：Cambridge University Press，1988.

② Fairclough N.Wodak R.Critical discourse analysis：An overview//Van Dijk.*Discourse studies：A multidisciplinary introduction*（vol.2）[M].London：Sage，1997：67~97.

③ 梵·迪克. 作为话语的新闻 [M]. 曾庆香，译. 北京：华夏出版社，2003：99.

循环处理、宏观结构组成、超结构组成、情节记忆的再现等。这个框架整体上不如结构分析的体系严谨，换言之即可应用性较差。如果研究者对新闻话语产制分析感兴趣，那么就需要在这个整体思想下构建更完善的方法。梵·迪克自己也很少用到产制分析框架。

第三个维度是对新闻话语的理解分析。对新闻话语的理解，指读者如何再现和理解新闻。梵·迪克同样批评了传统的新闻效果研究，认为对阅读过程、在记忆中再现、新闻信息检索方面的研究忽略了在大众媒体与公众行为之间存在的认知影响因素。因此，与新闻话语产制一样，在新闻的理解中社会认知心理学具有非常突出的地位。因为新闻的阅读和理解是在社会情境中进行的，所以会打上社会共享的规范、价值观、目标和利益的烙印。他的话语分析强调社会认知理论，很可能与他曾经有过心理学研究背景有关。

梵·迪克[①]同样提出了新闻话语理解分析的体系。与结构分析和产制分析不同，理解分析是程序性的，主要的步骤是：①感知与注意；②阅读；③解码和解释；④新闻事件的记忆再现；⑤情景模式的形成、使用和更新；⑥对社会知识和信仰（框架、草案、态度和意识形态）的使用和改变。同样，这个框架主要是理论性的，即严谨性和可操作性都较弱。梵·迪克自己同样很少进行这方面的分析。

显然，在梵·迪克的新闻话语分析方法中，结构分析体系是发展得比较完善的，所以运用得较多。在《新闻分析》一书的 4 个案例中，他就主要运用了结构分析方法。国内投稿中也主要是运用结构分析，产制分析和理解分析几乎没有见到。

回到《寮居者》案例，从第六到第十部分都是话语结构分析，第十一部分是对补充资料的分析，因此可以说整篇论文都是话语结构分析。如前所述，话语结构分析包括主题结构分析、图式结构分析、微观语义分析、话语风格分析、话语修辞分析等。《寮居者》的结构分析正好是按照这个

---

① 梵·迪克. 作为话语的新闻 [M]. 曾庆香，译. 北京：华夏出版社，2003：144.

框架和顺序进行的。

1. 主题结构分析

梵·迪克认为，主题在新闻话语中扮演着非常关键的角色，因此对新闻文本的系统分析就须从主题结构分析开始。所谓话语中的主题，他用 theme 或 topic 来表示，指的是话语所谈论的是什么，即"最重要、核心或支配性的概念"[①]。新闻话语的主题常常在标题中体现出来；此外，主题还常常是结构性的，即一个大的主题由若干小的主题组成。在《寮居者》中，他把整篇的新闻话语分成若干小的话语单位，然后列出后者包含的主题，即获得了一个主题的体系。前面提到的从所有样本报纸中分析出来的 77 个事项，其实就是 77 个次级主题。《寮居者》分析了大多数全国性报纸和 6 种地方性报纸，发现多数报道包含了如下 8 个主题：

（a）阿姆斯特丹发生了骚乱。

（b）占据 Grote Wetering 大楼的居民被警察驱离。

（c）占据 Huize Lydia 大楼的居民被警察驱离并逮捕。

（d）大量财物被示威游行人群损坏。

（e）一些商店被示威游行人群抢劫。

（f）后半夜爆发了示威游行。

（g）驱离行动过程中当局发布了新的和平解决方案。

（h）占据者 / 游行者具有攻击性。

《寮居者》然后对不同报纸对这些主题的呈现情况进行了比较分析，试图得出一些规律性的结论。得到结论如下：不同的报纸对事件采用了不同的词语定性，比如暴乱、骚乱、示威等；一些主题被普遍报道而另一些主题鲜被提及；不同主题的呈现顺序不同，比如有的报道，一开始就是暴乱场景的呈现等。《寮居者》的主题结构分析还包括了对标题和导语的分

---

① Van Dijk.*News as discourse*[M].Mahwah：Lawrence Erlbaum Associates Inc，1988：30-31.

析。对标题的语义分析表明，在 34 家报纸中有 30 家报纸的标题对寮居者表现出负面态度。对导语的分析也得出类似的结论。因此，研究认为报纸新闻在对待寮居者时的整体视角、选择标准、主题层级均偏于负面；媒体最感兴趣的主题是暴力和破坏，以及驱逐产生的负面影响，而不是它的正面效果。

2. 图式结构分析

在梵·迪克的新闻话语结构分析中，图式结构分析是另一项重要内容，它与前面的主题结构分析一起构成话语的宏观分析，即对整个新闻语篇的分析。图式结构分析和主题结构分析之间的联系非常紧密，主题结构分析旨在揭示出新闻话语中报道了哪些话题，而图式结构分析则旨在揭示这些话题是如何排列组合的，即"话题在实际文本中可能的插入或排序形式"①。根据这个思想，梵·迪克发展出了新闻话语的图式，即新闻报道中一般应该包含的主题以及它们的排序（图 8-1）。

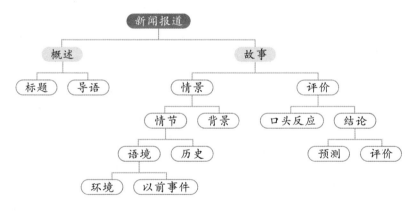

图 8-1　新闻图式结构

《寮居者》对图式结构的分析比较简略，只有两段文字，相比前面主题结构分析的篇幅而言要小得多。分析的结论基本上与主题结构分析的结论相同，包括报纸新闻把暴乱和后果放在突出位置，忽视了背景交代等。

---

① Van Dijk.*News as discourse*[M].Mahwah：Lawrence Erlbaum Associates Inc，1988：49.

3. 微观语义分析

所谓微观语义分析，即对"细节描写"①的分析。梵·迪克在《作为话语的新闻》中，提出了微观语义分析的两个方面，即微观语义的相关性分析和新闻话语隐含意义的分析。但他对这两个方面讲述多是原则层面的，缺乏系统性和可操作的框架。倒是从他的《新闻分析》一书中，可以看到他对微观语义分析的一些操作性思路。我们仍以《寮居者》作为案例来说明。

《寮居者》的微观语义分析包括了客观性、必要性、负面性、视角、信息源、局部连贯性6个方面，是既有语言学特点也有新闻学特点的。关于微观语义分析的目的，研究者表明旨在解释"新闻话语如何通过词语或句子意义构建起偏见的"。也就是说，微观语义分析是从话语的微观角度对研究问题进行的分析。

①客观性（Objectivity）。研究者通过对局部语义的分析来评价新闻报道的客观性。研究者列举了一家报纸的标题中耸人听闻地突出"抢劫"，却既没有交代信息来源，也没有确凿的证据，事实上并没有发生抢劫，而是接受采访的店主说"害怕被抢劫"。研究者通过对这一微观话语语义的分析，认为报纸新闻对驱离事件的报道在整体上没有做到客观性。

②必要性（Necessity）。这里的必要性，指采取某种行动的必要性。研究者认为，一些报纸在报道驱离事件时隐含了警察行动的必要性，比如表达为"不得不"使用催泪瓦斯等，从而减轻了使用暴力手段者的责任。

③否定语（Negation）。研究者认为，对否定语的使用中包含着某种预设。报纸新闻在报道"警察伤势并不严重"时，暗含着警察在该情境中可能受到严重伤害；报道"占据者没有抵抗而离开"时，暗含着他们通常会抵抗。这些都隐含着报道者的情感偏向。

④视角（Perspective）。这方面的分析旨在揭示出新闻报道是以谁的视角来叙述事件的。研究结论是，新闻对驱离事件的报道基本上是站在警方

---

① Van Dijk.News Analysis[M].New Jersey：Hillsdale，1988：270.

的视角叙事的，因为来自警方的声明被大量采用，而来自寮居者的声明基本上被弃之不用。

⑤施动者（Agency）。施动者即造成后果的行动的施加者。研究者认为，在新闻报道中使用被动语态等表达方式隐匿行动的施加者，表明新闻报道者对施动者不同的偏向。当警方的行动后果是负面的时，新闻报道就倾向于隐匿施动者，比如"很多示威者受了伤"就隐匿了"是谁"造成了伤害。反之，像"银行窗户被破坏"这样的句子尽管也隐匿了施动者，但因为破坏发生在示威期间，则破坏者是谁是很明显的，因此这样的表述就强调了行动本身，即强调了破坏性与游行示威之间的联系。

⑥局部连贯性（Local Coherence）。研究者认为，新闻叙事话语既有时间的顺序又有逻辑的顺序，这给了新闻报道任意组合的机会，以此来达到隐匿施动者和突出某些主题的目的。这方面的分析实际上与前面的施动者分析有一定的重合。

4. 话语风格分析

梵·迪克把话语风格定义为"话语者社会属性或社会文化的标示"①。年龄、性别、地位、阶层或者民族背景等都会影响到话语风格，因此可以从不同维度评价话语风格。比如，法院的话语比较正式，书面语比口语正式等。他提出了新闻话语风格的几个特征，比如作为书面话语必须满足单一的、书面的或印刷文本方面的限制，作为交流对象的读者在新闻语篇中只能间接和含蓄地存在等。

在《寮居者》中，研究者把话语风格设定在表达的情感态度上，即话语中对不同的施动者有不同的情感态度，包括正面、中性、负面三种。研究发现：驱离事件报道总体上不但把寮居者和示威者置于暴力和非法行动的语境下，还经常把他们与负面词汇关联起来，反映了报道者明显的态度倾向。

---

① Van Dijk.*News as discourse*[M].Mahwah：Lawrence Erlbaum Associates Inc，1988：72.

5. 话语修辞分析

修辞是一个我们并不陌生的词语。在《作为话语的新闻》中，梵·迪克提出了新闻话语的 3 类修辞特征。

第一类：为了强调新闻真实性的修辞。①直接描写事件进程；②运用现场目击者的证据；③运用可靠信源；④运用精准的数据来表示人数、时间等；⑤运用消息源的直接引语，尤其是意见表达类。

第二类：为建立新闻事实之间联系的修辞。梵·迪克所谓的这类修辞，实际上指的是如何组织新闻叙事，即话语结构方面的修辞。①提出以前发生的事件作为条件或原因，然后描述或推测可能或真实的结果；②把新鲜的新闻事件插入到司空见惯的情境中，使之变得易于接受；③使用该领域广为人知的说法或概念；④尽量把新闻事实组织到大家熟悉的某类结构中。

第三类：提供观点或态度方面的信息。①新闻报道如果能涉及或激发强烈的情感，就更容易被读者理解与记忆（但如果过于强烈也会弄巧成拙，引起对报道的漠视、抵制而导致不信任）；②引用不同背景和意识形态的人对新闻事件的意见会提高新闻报道的可信度，但通常与报道者意识形态相近者的意见最可能被引用。

在《寮居者》中，研究者进行了四个方面的修辞分析：夸张、对比、数字运用、战争隐喻。

①夸张。研究者认为报纸对驱离事件的报道中有一些夸张表达的情况，比如描述损坏时用"大规模破坏"，描述清理骚乱后的垃圾时用"满负荷工作"等。只有一家报纸对警察持批评态度，描述驱离行动后房间内"呈现出可怕的景象"，并将驱离行动形容为"晴天霹雳"。

②对比。研究者认为，在描述当局与抗议者之间的冲突时存在对比的修辞手法，寮居者和示威者被描绘成暴力性的，而警察则被描绘成非暴力性的。警察使用催泪瓦斯、警犬和枪支，被描述成不得不采取的行为。

③数字运用。梵·迪克反复强调，对确凿数字的运用是增强新闻客观性的核心修辞手段。《寮居者》却表明，不同报纸在对驱离事件的报道中，

关于警察人数、游行示威人数、损坏情况或其他情况的数据却大相径庭，甚至不同报纸出自同样消息来源的数字都差异很大。比如报道中关于警察人数有从 200 人到 600 人的不同说法，示威游行人数有从几十人到 2500 人的不同说法等。

④战争隐喻。研究发现，在对驱离事件的报道中，采用了相当多的战争隐喻的表达，比如"小型战争""占领堡垒""爆炸""武装"等，这就可能把市民冲突和民众抵抗行动建构为武装军事反抗的意义。

第
九
章

哲 学 思 辨 范 式

哲学思辨（philosophical speculation）范式是最古老的研究范式，在现代学术中依然有其存在的价值。在经验研究难以奏效的价值研究、传播本体论、学科哲学和一些探索性研究等领域，思辨研究几乎是唯一的方法和途径。哲学思辨范式并非完全主观的发挥，它的知识客观性建立在逻辑规律——主要是演绎逻辑规律——的基础上。

第一节 概 论

一、哲学思辨范式的历史

哲学思辨范式指运用概念、判断、推理的逻辑思维方式对形而上学问题进行研究的范式。它与经验研究的根本区别在于从先验性或自明性的概念或原理出发，而非从经验出发。所谓先验性或自明性的概念或原理，即不需要论证其正确性的概念或原理，往往是已经确认的概念或知识。比如，新闻业应该追求报道的真实性，那么这个观点就可以作为先验性的知识。不少人疑惑于思辨研究与一般性议论之间的区别，其实主要在于以什么样的先验性概念或知识为前提进行讨论，前者以传播学的概念或知识为前提，后者以实务性概念或知识为前提。当然这仅仅是条件之一。

在经验知识与规范知识中，哲学思辨范式适合于对规范知识的研究，但这两者之间不能简单地划等号，因为有少部分关于经验知识的研究也可能运用思辨方法。最简单的例子是，对经验知识概念的辨析就只能是思辨性的。不过，哲学思辨范式适用于规范知识研究，实证主义范式和诠释主义范式适用于经验知识研究，这种对应关系基本上是成立的。

哲学思辨是人类最早的方法论和方法。西方开始真正意义上寻求可靠知识的历史，一般可追溯到古希腊的泰勒斯时代，即哲学起源的时代。公元前 7 世纪，以泰勒斯为代表的早期希腊哲学家开始有意识地系统地研究哲学，而当时的哲学实际上包括了后来的所有科学（自然科学与社会科学），因此那时的人们就已经涉及方法论了。从古希腊直到近代科学兴起之前，在这漫长的两千多年中，人们主要依赖于头脑中的思考，即凭借自我内省的方式来获得知识。在此期间，不要说社会科学，即使是自然科学也主要依赖这种方式。之所以如此，既与人们的认识论局限有关，也与当时的知识非常有限有关，还与当时的研究条件局限有关。迪尔凯姆[1]论述了思维本身早于现代科学研究方法的事实：

> 人类的思考总是先于科学而存在的，科学只是证实这些思考的方法。人类生活在大地上，对周围的事物肯定要加以思考，否则就无法支配自己的行动。由于用观念来想象事物，总比实际考察事物来得方便快捷，因此人们往往用观念来代替实际事物，有时甚至把自己的想象当作事物的实质。一件事，需待观察、描述和比较后才能了解的，人们往往只进行意识形态的分析。

因此，人类早期获得知识主要依靠"意识形态分析"，而不是后来的

---

① 迪尔凯姆. 社会学研究方法论 [M]. 胡伟，译. 北京：华夏出版社，1988：13.

实验和调查等科学方法。这并非说早期的哲学家们完全不进行经验研究，而是说"这种方法往往思想在先，事实在后，引证事实只不过是为了证明人们预先得到的观念或者结论，并非想把事实放在首位来研究"①。这种方式，其实很类似于我们现在经常批评的"观点先行"和"裁剪事实"类文章，但这种批评是针对现代学术中经验研究与规范研究分野之后的学术生态而言的。

"意识形态分析"作为学术研究方法并非没有原则，它的原则就是逻辑理性，也就是说哲学思辨范式作为客观方法的正当性就在于其包含的逻辑理性，具体地说就是从亚里士多德起源的逻辑学等，因此该范式也可以被称为逻辑思辨范式。巴伯就指出，人类的"理性思维"简单地说是"任何与亚里士多德逻辑原则、或在某种情况下与现代的非亚里士多德逻辑原则相容的思维……就是对事物之间的联系进行演绎推理的过程"②。在这种范式下，知识的生产主要依靠逻辑推理，而人们评价一种观点是否足以被称为知识的依据也是其在逻辑上是否严谨与自洽。

尽管迪尔凯姆认为"各门科学都经历过主观意识阶段"③，但可以合理地想象到，人文社会科学比自然科学更多地运用哲学思辨范式，因为它比自然科学更难于接受经验的验证。比如在人类社会的早期，自然科学尚可以通过少量的事实来进行验证，而社会科学则几乎没有这方面的可能，因此人文社会科学是哲学思辨范式更加彻底的拥趸。迪尔凯姆④深刻地指出了这一点：

> 观念对于自然科学是如此，对于社会科学则影响更大。人们在还没有听说社会学的时候，脑子里早已有了关于法律、道德、家庭、国家、社会等想法或者念头。

① 迪尔凯姆. 社会学研究方法论 [M]. 胡伟，译. 北京：华夏出版社，1988：13-14.
② 巴伯. 科学与社会秩序 [M]. 顾昕，等，译. 北京：三联书店，1991：7.
③ 迪尔凯姆. 社会学研究方法论 [M]. 胡伟，译. 北京：华夏出版社，1988：13.
④ 迪尔凯姆. 社会学研究方法论 [M]. 胡伟，译. 北京：华夏出版社，1988：15.

现代科学兴起之后，哲学思辨范式的应用领地被一再蚕食。第一次变化发生于近代实验科学兴起之后，经验主义方法论因其可验证性而占据了科学研究的市场，自然科学领域的研究弃哲学思辨范式而去，哲学思辨范式被保留在人文社会科学研究领域。目前的物理、化学、生物等自然科学的实验研究方法，就是这次认识论变革的结果。第二次变化发生在孔德对社会学方法论的改造之后，他为了使社会学成为"科学"而提倡采用自然科学的研究方法，导致在人文社会科学中哲学思辨范式的应用领地也被实证主义占走一部分。第三次变化发生在狄尔泰提出诠释学理论之后，尽管狄尔泰和韦伯等人不赞成孔德的实证主义，但他们坚持了经验研究路径，这使得哲学思辨范式的领地再一次被诠释主义挤占。目前，经验研究占据了社会科学研究的绝大多数领地，哲学思辨范式仅被保留在价值讨论等较少领域。

哲学思辨范式的适用范围越来越窄，这是现代科学即自然科学与社会科学兴起的必然结果。但是，即使在自然科学高度发达的今天，哲学思辨依然有自己的一席之地，因为科学和经验主义并不能解决人类的所有认知问题，比如信仰、价值观、道德伦理等方面的疑问。我国在论及传播学派的划分时，大致都认同经验学派、媒介生态学派、批判学派这样的三分法，只是在概念表述上有所不同。其中媒介生态学派和批判学派就更多地采用了哲学思辨范式，比如陈力丹指出它们的研究方法分别是"文献与思辨"和"哲学思辨"①。

不过，我们不能说思辨研究与经验事实"绝缘"，而是说它们不要求系统的资料搜集与分析过程，或者说不要求研究者在论文中呈现资料的搜集与分析过程。事实上，思辨研究中可能运用到经验资料作为论据，而非仅仅运用概念来进行论证，只不过这时候对经验事实的运用往往是零散的和分散的，缺乏用来搜集和分析它们的整体性方法。

---

① 陈力丹. 试论传播学方法论的三个学派 [J]. 新闻与传播研究，2005（12）：40-47.

二、知识合法性建构

哲学思辨范式同样是客观的研究范式，它的客观性由逻辑原则保证，即形成所谓"逻辑客观性"。逻辑原则虽然不是经验世界，但它是一种客观规范，是不以个人主观意志为转移的外在知识，因此依赖于它建构起来的知识具有客观性。读者在评价一篇哲学思辨范式的论文时，主要依据是逻辑演绎的慎密与否，这也表明了这种知识具有客观性。

哲学思辨范式的客观性的建立依赖于两个途径：一是先验性的概念或理论，以确保其理论视野；二是逻辑演绎的方法，以确保其推导有效。缺少这二者中的任何一个，或者任何一个有所不足，均可能导致思辨研究无法成立。

先验性的概念或理论是思辨研究的起点，因此，如果先验性的概念缺乏或不当，就相当于演绎推理的前提缺乏或为假，就无法推导出可靠的观点。经验研究的过程是对经验资料进行分析，分析的方法可以是实证主义的也可以是诠释主义的，而思辨研究的过程是运用逻辑方法对概念进行演绎，演绎的结果即为知识。因此，哲学思辨方法的核心就是逻辑演绎。

演绎推理是一门古老的学问，亚里士多德首次对其进行了系统的研究，而且在其著作中有专门的逻辑学著作论述它。他提出的"三段论"演绎推理原则至今依然是传统逻辑学和现代逻辑学中的重要组成部分。目前，哲学思辨的方法除了演绎推理外，还包括近代哲学中的辩证方法等。

从投稿文章来看，相当多的哲学思辨范式的文章存在逻辑混乱的情形，既有文章结构方面的逻辑混乱，也有推理方面的逻辑混乱。因此，进行思辨研究甚至是写任何文章，都应该掌握逻辑方面的基本常识。逻辑学的知识自成体系，读者可参阅专门著作。这里简要介绍一下与哲学思辨范式研究和论文写作有关的最基本的知识，主要是文章逻辑结构和演绎推理两个方面的知识。

（一）文章逻辑结构知识

所谓文章结构的逻辑，指文章各结构部分之间的逻辑关系。论文具有结构性，即由不同的部分组成，不同的部分又由不同的更小部分组成，以此类推可以直到段落甚至句子之间的关系。文章各部分之间不是孤立的而是有机联系的，这种联系从思维方面而言就是逻辑规律。一般地，若干部分之间可形成并列的、递进的、混合的三种逻辑关系。比如，假设某文章的两个部分分别分析男生的学习情况和女生的学习情况，这就属于并列的逻辑关系；假设其中一部分分析男生的学习情况，另一部分分析形成这种学习情况的原因，就属于递进的逻辑关系；假设第一部分分为两个部分，分别分析男生与女生的学习情况（并列），第二部分分析形成这两种学习情况的原因（递进），全文就属于混合的逻辑关系。研究者在安排论文的结构时，一定要分析各部分的逻辑关系，否则就会给人以思维混乱的感觉。

比如，有一篇题为《中国共产党党校新闻教育的历史流变》的文章，旨在讨论党校新闻教育的历史。其结构除引言外分为6个部分，小标题依次是：①湖南自修大学新闻学科：中国共产党党校新闻教育的开端；②抗日战争和解放战争时期中国共产党的党校新闻教育；③新中国成立前夕中国共产党的党校新闻教育；④中共中央党校的新闻教育：培养高级新闻人才；⑤改革开放后中国共产党的党校新闻教育；⑥宣传部门对党校新闻教育的直接领导与部校共建。

这个逻辑结构就很值得商榷。首先，文章既然以历史为线索，为什么在时间上并不连贯？比如没有第一次、第二次国内革命战争时期和新中国成立后到改革开放前的时期，即使这些时期没有党校新闻教育，也应该加以说明，而不是出现时间断裂。例如，可以把第一部分变成对第一次、第二次国内革命战争时期的分析，就解决了该部分时间断裂的问题。其次，突然加入的第四部分是对中央党校新闻教育的叙述，在时间上是从1933年中央苏区马克思共产主义党校成立之时至今，与全文的历史时期重合，使全文的逻辑显得不大合理。最后，第六部分既非历史性的也非递进性的，看不出与其他部分之间的逻辑关系。事实上，假设这个研究问题成立，可以将文章的结构改成五个部分：第一次和第二次国内革命战争时期、抗日战争和解放战争时期、新中国成立后到改革开放前、改革开放后、党校新闻教育在我国新闻教育中的特点和意义。其中前面四个部分形成并列的逻辑关系，最后一个部分与前面四个部分形成递进的逻辑关系，全文形成混合的逻辑关系。

以上仅仅是逻辑结构不当的一种情形，即比较宏观的情形。还有其他的常见情形，比如各部分内部的逻辑结构不当，或者表达的逻辑层次结构不当等。逻辑结构不当不但使得论述不严谨，而且使得读者阅读起来很费劲，甚至导致难解其意。因此，研究者在安排文章结构时首先要注意逻辑合理、层次清晰。如果是进行经验研究，则论文结构可以参考"五部分模板"；如果是进行规范研究，则因为没有论文结构模板可资参照，结构安排的难度较大，更容易出现逻辑结构不合理的情形，这一点尤其需要研究者注意。

（二）演绎推理知识

除了结构方面的逻辑，哲学思辨范式的文章的具体内容都依赖逻辑推进，因此逻辑的流畅和自洽是思辨研究的基本功。在思辨研究甚至日常思维中，经常用到的是演绎推理的三段论推理形式和四个基本原则。

1. 三段论推理形式

演绎推理指依靠有效的推理形式，从已经接受为真的命题出发，推出一个或一些新的真命题的过程或形式。其中"已经接受为真的命题"即前提，"新的真命题"即结论。当原命题包含大小前提时，演绎推理就变成著名的"三段论"推理形式。比如：所有的天鹅都是白色的（大前提），湖边有一只天鹅（小前提），则湖边的天鹅是白色的（结论）。

演绎推理的前提与结论都属于判断句，每一个判断又由概念组成，因此推理的过程实际上还涉及概念和判断。演绎推理确保结论为真命题的条件是：①推理的形式正确；②前提必须为真命题；③确保概念准确清晰。假设在文献回顾后出现如下一段文字：

综上，目前的研究以轻盈的体量对外卖小哥进行了多维度审视，其中多篇研究讨论了零工经济中的权力关系问题，有的关注平台中介化在塑造雇主和员工沟通中的作用，有的侧重外卖小哥行为对数字化服务工作中社交空间的影响；抑或通过外卖小哥对手机的使用与传播情况，进而试图理解这个群体的生存境遇与新媒体发展的关系。尽管研究各有其焦点与洞见，但多服务于数字劳动本身的解释，尚未有透过媒介延展到整个生产与生活层面的成果。研究方法上，大多采用深度访谈法，获取外卖小哥与平台方的口述文本论证研究问题，个别探究数字实践的成果涉及平台的企业话语及外卖小哥论坛，并对其进行文本与内容分析。无疑这些都是妥当且能说明一定问题的方法。然而，未经深度观察的想象性阐释，忽略了外卖小哥实际操作中活生生的部分细节也是现有研究的缺憾之一。

接下来，我们以该段落为例，分析如何做到逻辑清晰、严谨。

（1）推理的形式正确

无论多么复杂的论述，最终还是由一个个推理构成的，只不过推理中的命题灵活多变，使得呈现出来的表达既变化万千又细致绵密。合格的学术论文，应能使读者清晰地看出作者的思维逻辑。如果运用演绎逻辑来分析，上述一段话隐含了一个大前提，即这类研究应该"透过媒介延展到整个生产与生活层面""经过深度观察"和"重视外卖小哥实际操作中活生生的部分细节"等；该段落中除最后一句外都是小前提，即认为现有的研究"尚未有透过媒介延展到整个生产与生活层面的成果""未经深度观察"和"忽略了外卖小哥实际操作中活生生的部分细节"；结论就是现有的研究是有"缺憾"的。这段论述单纯从形式上看似乎并无太大的问题，它的小前提是由两个并列部分组成，即前面两句指出研究问题方面的"不足"，后面两句指出研究方法方面的"不足"。但是，这段论述读起来并不顺畅，其原因除了大量用词不严谨外，在形式逻辑上也有不足。前面说过，这段话是省略了大前提的。在这样一个篇幅较长而且表达晦涩的演绎形式中，大前提的省略难免会使其对阅读起来更加费解，因为读者必须仔细地分析然后补充上大前提。假设研究的问题是成立的，那么研究者在对作为小前提的研究现状的描述结束之后，若能补充阐述一下大前提及其理由，结论的得出就会更水到渠成一些，读起来也就没有那么费劲了。

（2）前提须为真命题

在演绎推理中，如果大前提或小前提不是真命题，就会导致结论无效。比如大前提"所有的天鹅都是白色的"，小前提"湖边有一只天鹅"，结论"湖边的天鹅是白色的"，这个推理实际上是无效的，因为它的大前提不是真命题——在澳大利亚已经发现了灰天鹅。

回到对上面一段文字的分析。前面说过，它的小前提由并列的两个部分组成，其中每个部分又独立形成一个演绎推理。我们看看它的第一部分的两个句子：

> 目前的研究以轻盈的体量对外卖小哥进行了多维度审视，其中多篇研究讨论了零工经济中的权力关系问题，有的关注平台中介化在塑造雇主和员工沟通中的作用，有的侧重外卖小哥行为对数字化服务工作中社交空间的影响；抑或通过外卖小哥对手机的使用与传播情况，进而试图理解这个群体的生存境遇与新媒体发展的关系。尽管研究各有其焦点与洞见，但多服务于数字劳动本身的解释，尚未有透过媒介延展到整个生产与生活层面的成果。

如果运用演绎逻辑来分析，这段文字的大前提就是第一个长句子；小前提被省略了，补充出来就是现有"讨论零工经济中的权力关系""关注平台中介化在塑造雇主和员工沟通中的作用"等方面的研究都不是"透过媒介延展到整个生产与生活层面的成果"；结论是"尚未有透过媒介延展到整个生产与生活层面的成果"。言外之意，研究者就是要弥补这方面的知识空白。那么问题是，这里的大前提也罢，补充出来的小前提也好，能够成立吗？很难。比如"其中多篇研究讨论了零工经济中的权力关系问题"一句，涉及的主要文献是什么，这些文献的观点是什么，都没有确切地列出来，因此这个三段论推理的结论"尚未透过媒介延展到整个生产与生活层面的成果"不一定成立。

（3）确保概念准确清晰

推理由判断构成，判断由概念构成，因此概念是理论研究基础中的基础。如果概念的含义不清晰，判断的含义就不会确切，那么推理实际上难以进行。比如"所有的天鹅都是白色的"中，如果"天鹅""白色"这些关键概念的含义都不准确清晰，比如偏要费事地把"天鹅"表达成"高飞的白色鸟类"，那么推理就进行不下去。上面提到所举案例的大前提或小前提含义不清晰，一方面是逻辑原因，另一个很重要的方面就是概念的含义不清晰。比如其中的"轻盈""体量""多维度""社交空间""使用于传播情况""生存境遇"等用语缺乏学术的确切含义。这类含义似是而非的提法大量存在，影响到句子含义的确定性，再进一步影响到推理的有效性。

2. 逻辑的基本规律

逻辑学中有4个基本规律，即同一律、矛盾律、排中律和充足理由律，它们是表达中非常重要的基本常识。在这四个规律中，在论文写作中最容易违反的是同一律和矛盾律，因此下面对此二者作简要介绍和分析。

（1）同一律

所谓同一律，指在同一思维过程中，一切思想（包括概念和命题）都必须与自身保持同一。回到传播研究的语境中，则至少在同一研究项目或在同一论文中，同一个命题或概念的含义应该保持一致性，即概念内涵和外延应该一致。这其实有两个要求：第一是概念必须清晰，如果不清晰就无法界定概念的内涵和外延，自然无从考察其是否保持了同一；第二才是保持概念含义前后的一致性。前面讨论过的概念不清晰的情形，其实也是违背同一律的一种情形。概念含义前后不一致的情形，也不时出现在论文中。比如某文章标题中表明研究的是"文学新闻"，但是文中大量分析的是"非虚构写作"，两者并非相同的概念，这就违反了思维的同一律。

（2）矛盾律

所谓矛盾律，就是不矛盾律，或称禁止矛盾律，即两个互相矛盾的命题不可能同时为真或同时为假。在投稿中，明显的自相矛盾不算常见，但是隐含着的自相矛盾并不鲜见。比如在前述关于外卖小哥的文章中，对研究现状的描述其实就隐含了自相矛盾，因为大前提中描述的"雇主和员工沟通""数字化服务工作中社交空间""生存境遇"等难道与"整个生产和生活层面"没有交叉关系么？更具体地说，"雇主与员工"沟通难道不是"生产"场景么？"生存境遇"难道不是"生活"场景么？如果的确不是，那么就需要清晰地说明，将这两种行为与"生产"或"生活"可能存在的概念交叉关系厘定清楚。没有这个论述过程，就出现了前后矛盾的情况，即实际上相同的概念或命题，研究者却肯定了前者而否定了后者。

哲学思辨范式与其他两种范式相比较，它的客观性是最弱的，因为以逻辑作为知识客观性的依据，当然不如以自然现象或社会现象作为依据那样便于判断和检验。自然现象是稳定而且外在的，因此知识是否正确地反映了现象非常容易判断与检验；社会现象是变化的但也是外在的，因此知识是否正确地反映了社会现象也比较容易判断；逻辑思维方式是一种抽象知识而非外在经验，因此判断知识是否遵循了逻辑思维规律同样是一个抽象思维过程。同时，经验研究的方法具有自明性，即它必须被报告在论文中，而逻辑思维方式却是内在于研究者的头脑之中的，是不需要也无法在论文中报告的，这也削弱了哲学思辨范式的客观性。总之，即使思辨研究具备了理论前提和严谨的推导过程，也几乎不可能得出纯粹客观的知识，因为从同样的前提出发并且经过严谨的逻辑推理过程，仍然可以得出众多不同的结论，研究者在这个过程中拥有相当大的自由裁量权。不过，我们绝不能因此否认哲学思辨范式的合理性，这不仅是因为它对于规范知识研究的必要性，而且是因为它对思维逻辑原则的遵循使之具有了作为合法知识的客观理由。

第二节　哲学思辨的几类问题

由于思维活动是在个人的大脑内进行的，是无形的，因此哲学思辨范式的所谓"方法"是没法具象化的，更没有标准结构和程序。鉴于这种困难，本书无法给出哲学思辨范式的"方法设计"，只能提出两个原则，即理性的起点和严谨的逻辑演绎过程。前面已经对这两个方面进行了讨论。为了更深入地了解哲学思辨范式，这里再讨论一下它在传播研究中的运用领域。

在科学主义和经验主义大行其道的当下，传播研究中留给思辨研究的空间似乎并不大，但事实并非如此。传播研究中相当多的问题、领域、取向等，都有着思辨研究的传统或习惯，可以说规范知识仍然构成了传播学中非常重要的部分。本节随后将讨论的对传播学本体论、学科哲学、媒介环境学、媒介学、文化批判、政治经济批判和探索性等问题的研究，就常常采取哲学思辨的范式。哲学思辨范式在传播研究中的广泛使用，不仅有助于我们扩大方法意识视野，而且有助于我们丰富问题意识。

需要说明的是，不能说对下列问题的研究只能采用哲学思辨范式，而只能说可以采用哲学思辨范式。其中，本体论研究和学科哲学研究的确只能采用哲学思辨范式，而另一些研究类型比如文化批判或政治经济批判等常常也可以采用经验研究范式。此外，不能说哲学思辨范式就不能运用经验材料，而只能说它运用经验材料是论证式的而非研究性的。论证式的经验材料运用，指把经验材料作为论据；研究式的经验材料运用，则有系统的材料搜集和分析方法设计，而且要在论文中报告这种设计。

一、本体论研究

所谓本体，即事物的本质，在形而上学中又被称为"存在"。可以说，任何学科的研究起点都应该是本体论，因为如果不以本体论作为前提，那么学科的问题边界都无法确定，也就无法开展其他研究。对于传播学而言，本体论以及由本体论延伸出来的问题，依然是整个理论体系建构中的重要问题。

本体论类的问题既宏大且抽象，因此难以运用经验研究范式展开研究。杨保军即认为新闻的本体论在"本质上是关于新闻的一种哲学思考"①，换言之它是一种抽象思维的活动。新闻的本体论通常涉及这样一些问题：最典型的是新闻的概念、传播的概念等；其次是由这些概念衍生出来的次一级的本体论概念，比如从新闻的概念衍生出的新闻事业的概念、新闻的作用、新闻的特征等，从传播的概念衍生出的信息的概念、信息的特征等；此外还有由前两者延伸出来的伦理性问题，比如新闻的客观性、真实性，新闻的社会责任等。这些问题都是难于采用经验范式进行研究的。比如新闻"是什么"和"应该怎样"之类的问题，如何进行经验研究呢？显然是不可能的。

新闻的本体论是新闻学的首要问题，却又不可能有终极答案，因此吸引了研究者对其展开持续不断的研究。比如"从 19 世纪以来，国内外学者给出的新闻定义不下 100 种"②；以期刊论文而言，宁树藩③、芮必峰④、黄旦⑤等众多学者都著文讨论了新闻本体论的核心即其定义；杨保军更是以专著研究新闻本体论。在本体论的基础上，众多新闻学分支概念的出现，又推动了新闻本体论新的研究领域产生。比如近两年兴起的建设性新闻研究，相当多刊登出来的论文都是针对其本体论的研究。

新闻本体不但因为研究者的视角和阐释不同而不同，而且因为社会的文化与技术变迁而可能产生概念变迁。单波⑥的《20 世纪中国新闻学与传播学：应用新闻学卷》，是对中国新闻观念历史脉络的描绘，换句话说它可以被看成是中国新闻学本体论发展的历史。该书以不同时期具有代表性的新闻人物的新闻观念为依据，论述了相应时期新闻观念的主要特征：

① 杨保军 . 新闻本体论 [M]. 北京：中国人民大学出版社，2008：序言 6.

② 胡钰 . 新闻定义：历史评析与科学重建 [J]. 清华大学学报（哲学社会科学版），1999（01）：88-95.

③ 宁树藩 . 新闻定义新探 [J]. 复旦学报（社会科学版），1987（05）：85-88.

④ 芮必峰 . 新闻本体论纲 [J]. 新闻与传播研究 .1997（04）：52-64，92.

⑤ 黄旦 . 中国新闻传播的历史建构——对三个新闻定义的解读 [J]. 新闻与传播研究，2003（01）：24-37，93.

⑥ 单波 .20 世纪中国新闻学与传播学：应用新闻学卷 [M]. 上海：复旦大学出版社，2001：2.

　　我们所要呈现的是，那些以新闻为业的人们在过去的一百年里曾经做过什么，又曾经如何思考新闻的制作？他们为什么这样思考？其意义和价值何在？而这样呈现的目的无非是想弄清楚：中国的新闻业该怎样存在？以新闻为业的人们该怎样思考新闻的制作？

　　这种纵贯百年并由实然到应然的历史叙事，也只有哲学思辨范式可以胜任。类似地，张振亭[①]在对中国改革开放以来新闻传播学术史进行研究时，梳理出了三个阶段的学术论争。第一个阶段是 20 世纪 80 年代，论争的内容包括新闻的定义、新闻的价值、新闻真实性、新闻与宣传、党性与人民性等；第二个阶段是 1993 年以后，论争的内容涉及新闻商品性、新闻策划等；第三个阶段始于 20 世纪 90 年代中期，论争的内容涉及新闻学与传播学的关系、传播学本土化、新闻传播学术研究的规范与方法等。可以看到，按照这种划分，在前两个阶段，除了新闻策划外，所讨论的都是新闻学本体论方面的问题。

　　到了互联网时代，新闻业的生态发生了很大的变化，新闻和新闻学的概念都不得不被重新评估，大量关于新闻本体论的研究涌现出来。比如，对于新闻真实问题，就有相当多基于互联网环境的研究，如杨保军[②]，李泓江和刘佳[③]，王辰瑶[④]，杨奇光和周楚珺[⑤]等都对此有过讨论。如果算上对新闻本体论和由本体论衍生出来的其他方面的研究，可以看出以互联网为背景的新闻本体论类问题的研究呈现出十分兴旺的景象。这其实从另一个角度表明互联网颠覆了传统的新闻学或传播学理论基础，迫切需要对其进行

① 张振亭.中国新时期新闻传播学术史研究 [M].南昌：江西人民出版社，2009：74.
② 杨保军.新媒介环境下新闻真实论视野中的几个新问题 [J].新闻记者，2014（10）：33-41.
③ 李泓江，刘佳.技术、表征与真实：5G 技术对新闻真实的可能影响 [J].宁夏社会科学，2019（06）：211-216.
④ 王辰瑶."新闻真实"为什么重要？——重思数字新闻学研究中"古老的新问题"[J].新闻界，2021（07）：4-11，20.
⑤ 杨奇光，周楚珺.数字时代"新闻真实"的理念流变、阐释语簇与实践进路 [M].新闻界，2021（07）：12-20.

理论大厦的重构。在这个重构过程中，思辨研究发挥着重要的作用。在 100 篇案例论文中，也有研究新闻本体论类问题的论文，华维慧的《从诠释到具身：虚拟现实技术对新闻真实的再生产》（《新闻界》2020 年第 11 期）即为一例。

二、学科哲学研究

所谓学科哲学研究，指对学科本体论、认识论和方法论等方面的研究。前面所说的关于传播学本体论的研究，其实也属于传播学学科哲学研究。因此，学科哲学的概念超出了本体论的范畴，既包括本体论、认识论和方法论这些理论取向的思辨，还包括对学科定位、学科特性、学科地位、学科的发展思想等应用方面的讨论。

自传播学诞生以来，对其学科哲学的讨论一直延续不断。这里面既有所有学科的共性，即对本学科属性的讨论是伴随着学科发展始终的；也有传播学自身的特性，即它作为一门年轻学科所面临的困惑。比如对传播学学科性质、研究对象、学科地位等方面的讨论，以及对传播学分支学科的讨论等，就属于对传播学自身特性的讨论。这些方面的问题大多只能以哲学思辨的方式进行讨论，因为它们是无法进行经验验证的。比如张振亭在《中国新时期新闻传播学术史研究》中讨论的"新闻学与传播学的关系、传播学本土化、新闻传播学术研究的规范与方法"之类的问题，显然无法运用经验方法而只能进行哲学思辨研究。

学科哲学研究首先要讨论整个学科的主体性问题。这里面既包括对学科性质的讨论，也包括对学科地位的讨论。我国的新闻学起步较早，如果从 1918 年北京大学新闻学研究会成立算起，那么已经有 100 余年历史了。传播学则是在改革开放以后才被引入国内，1983 年厦门大学广告专业改为传播系，被认为是我国传播学专业教育的开端。1997 年，新闻传播学成为一级学科，下辖两个二级学科，即新闻学与传播学。在这个过程中，无论是原来的新闻学，还是后来的新闻传播学，乃至作为二级学科的新闻学与传播学，它们的发展一直伴随着学科主体性方面的讨论乃至争议。互联网

兴起并极大地改变传播生态以后，新闻业和传播业的边界日益模糊，这给
传播学科主体性的讨论又提供了大量新的话题。这些方面的研究非常多，
童兵[①]、芮必峰[②]、黄旦[③]、吴飞[④]、张国良[⑤]、杨保军[⑥]等学者都先后对涉及
学科的不同问题进行过讨论。传播学的学科哲学研究还涉及所谓"学科焦
虑"的讨论，比如新闻到底有"学"还是"无学"，传播学是学科还是领
域，新闻学与传播学的关系，传播学的学科特性等。胡翼青[⑦]认为，传播学
中关于媒介的概念既可以理解为一种显现的实体，也可以理解为一种意义
空间，而理解为前者则导致了经常研究非传播问题，并且对真正的传播问
题视而不见，这是产生学科身份危机的原因之一。这就是对"学科焦虑"
进行讨论的一个例子。这些讨论也只能以思辨的方式进行。

学科哲学研究还会涉及对各个研究方向的问题的讨论。传播学发展到
今天，已经派生出众多研究方向，比如按研究方法可划分为理论传播学、
应用传播学、传播史学，按研究对象可划分为健康传播、老年传播、科学
传播、风险传播、公共传播等。这些方向的研究在整体上偏于经验研究，
但是也有少量对于这些方向的基本问题的研究，包括对其研究问题、意义
等的讨论，也可归于学科哲学的范畴，并且一般只适合运用哲学思辨范式
进行研究。比如胡百精和杨奕[⑧]的《公共传播研究的基本问题与传播学范式
创新》（《国际新闻界》2016 年第 3 期），讨论了公共传播的定义、主体
与内容等，即为对公共传播研究方向本体论问题的思辨性讨论。

---

① 童兵.中国共产党和中国的新闻学研究 [J].新闻与传播研究，2001（03）：9–16.

② 芮必峰.新闻学研究的不同视域 [J].现代传播，2004（01）：26–28.

③ 黄旦.重造新闻学——网络化关系的视角 [J].国际新闻界，2015（01）：75–88.

④ 吴飞.重新出发：新闻学研究的反思 [J].新闻记者，2015（12）：4–13.

⑤ 张国良.传播学的特点及其对中国的贡献 [J].国际新闻界，2018（02）：118–122.

⑥ 杨保军.理论视野中当代中国新闻学的重大问题 [J].国际新闻界，2020（10）：18–30.

⑦ 胡翼青.显现的实体抑或意义的空间：反思传播学的媒介观 [J].国际新闻界，2018
（02）：30–36.

⑧ 胡百精，杨奕.公共传播研究的基本问题与传播学范式创新 [J].国际新闻界，2016
（03）：61–80.

在 100 篇案例论文中，杨石华的《中国新闻传播学的国际话语体系建构：基于全球的学术变迁理论》（《新闻界》2019 年第 11 期）即为学科哲学研究的一例。作者要讨论的是在全球新闻传播的学术版图中，如何建构中国自身的话语体系，如何从"学徒"状态转变到引领状态。这种宏大而抽象的问题，显然也是偏于思辨性的问题。

三、媒介环境学研究

媒介环境学兴起于 20 世纪 50 年代，按照波兹曼的解释，它的目标是"研究媒介传播如何影响人类的感知、理解、情感和价值，以及人类与媒介之间的互动如何增进或阻碍我们生存的机会"[①]。媒介环境学的开创性人物是加拿大学者英尼斯，他的代表性著作即《帝国与传播》《传播的偏向》等。其后，麦克卢汉、波兹曼、梅洛维茨、莱文森等均成为该学派的代表人物，推动媒介环境学研究成为影响力颇为可观的研究路径。

传播学中实证主义的经验研究主要关心的是传播效果，媒介一般被视为传播行为的机构或主体，传播效果的达成则依赖于内容和信息等意义的流动。媒介环境学与这种研究旨趣不同，它首先不以效果研究为主要目标，而是关注媒介形态如何影响人的生活以及社会的变迁，即陈力丹所谓"启发了一批又一批人文—社会科学学者关注媒介（机器）本身如何影响社会和人的发展"[②]，因此具有明显的人文关怀的倾向；其次，它不以内容、信息、意义的流动为主要研究对象，而主要以媒介整体作为考察对象，分析技术变化是如何推动媒介形态演变，然后是如何影响人的生活或社会生活的。比如英尼斯的"一种新的媒介的优势，会导致新的文明的产生"的观点，麦克卢汉著名的"媒介是人的延伸"和"媒介即讯息"的观点，都典型地反映了媒介环境学的研究特征和旨趣。这种对宏大问题的讨论，以及对偏于媒介与社会之间关系的分析，同样是思辨研究更为擅长的。

---

① 徐桂权，雷丽竹.理解"泛媒介"时代：媒介环境学、媒介学与媒介化研究的三重视角 [J].现代传播，2019（04）：55-60.

② 陈力丹.试论传播学方法论的三个学派 [J].新闻与传播研究，2005（12）：40-47.

需要注意的是，媒介环境学与国内所说的媒介生态学研究是不同的概念。何道宽在译介媒介环境学到国内时，国内已经有一种把媒介发展和生存的生态（包括政治、经济和社会等元素）作为研究对象的习惯，研究者将其称为媒介生态学或媒体生态学。这与媒介环境学所研究的问题正好相反，因为媒介环境学是以媒介作为环境来研究人与社会发展的。为了区别于国内已有的媒体生态学，何道宽[①]最终将 media ecology 翻译为媒介环境学。

学术期刊上关于媒介环境学的文章并不少，但是原创性的研究不多，主要是对该学派理论的解释、理解和评论等，比如陈长松和蔡月亮的《技术"遮蔽"的空间：媒介环境学派"空间观"初探》（《国际新闻界》2021年第7期）即为一例。研究者认为，媒介环境学派不仅存在一个空间话语的表达"传统"，而且呈现出由物理空间向感觉空间再向物理空间的螺旋式回归的态势；然而，由于该学派对媒介技术的强调，使空间成为服务其媒介技术与社会发展研究的手段，因此其空间概念虽有一定的理论生成力，但缺少应有的主体性，成为被技术遮蔽的空间。

在100篇案例文章中，高存玲的《作为物种的媒介：Media Ecology 被湮没的一个维度》（《新闻界》2018年第5期）就属于媒介环境学研究。自媒介环境学诞生以来，波兹曼"作为环境的媒介的研究"成为对 Media Ecology 的经典概括，然而近年来北美媒介环境学研究开始突破"环境"这一概念的藩篱，即不但把媒介看成"环境"，而且把媒介本身也视为环境中的"物种"。作者认为，媒介环境学的概念是一种隐喻，而只有把作为"环境"的媒介与作为"物种"的媒介结合起来，才能完整地实现概念的隐喻意义。文章采用的研究方法，正是哲学思辨方法。

四、媒介学研究

媒介学由法国学者德布雷创立，他在1979年出版的《法国的知识与权

---

① 何道宽. 异军突起的第三学派——媒介环境学评论之一 [J]. 深圳大学学报（人文社会科学版），2006（06）：104–108.

力》中第一次提出了该概念。在《普通媒介学教程》中，德布雷从多方面对媒介学的概念进行了阐述。按照德布雷的说法，媒介学中的"媒介"概念大于大众传播学中的"媒介"概念，即不仅包括"印刷和电子媒介（报刊、广播、电视、电影、广告等）"，还包括那些"感觉的介质和社交性的模具"。德布雷[①]论述说：

> 一张餐桌、一个教育系统、一杯咖啡、一个教堂里的讲道台、一个图书馆的阅览室、一个油墨盒、一台打字机、一套集成电路、一间歌舞剧场、一个议会都不是为"散播信息"而造的。它们不是"媒体"，但是它们作为散播的场地和关键因素，作为感觉的介质和社交性的模具而进入媒介学的领域。没有这些各种各样的渠道，各种各样的"意识形态"就可能不会有我们所了解的社会存在。

因此，媒介学中对媒介的定义远比大众传播学中对媒介的定义宽泛，相应地，媒介学的研究问题范围也超过了大众传播学的研究问题范围。德布雷曾在一次学术对谈中解释道："我所谈论的媒介学，不是大众媒介社会学，而是一种对文化领域和技术领域的互动研究。"[②] 其中"文化领域和技术领域的互动"是理解媒介学的关键，因为这种互动必须通过"媒介"进行，这个"媒介"的形成、运行以及影响机制恰恰就是媒介学所关注的问题。德布雷更具体地指出媒介学想研究的问题是"一个观念通过哪些媒介化成为一种力量？一个话语如何能造成事件？一个精神如何能获得实体？"[③]

媒介学强调媒介技术与社会文化之间的互动，这种在宏大视野下对复

---

① 德布雷.普通媒介学教程[M].陈卫星，王杨，译.北京：清华大学出版社，2014：4.
② 陈卫星，德布雷.媒介学：观念与命题——关于媒介学的学术对谈[J].南京社会科学，2015（04）：101-106+139.
③ 德布雷.普通媒介学教程[M].陈卫星，王杨，译.北京：清华大学出版社，2014：96.

杂关系的研究一般也只有思辨方法能够胜任。而且，媒介学关心的不是媒介的静态效果，而是观念或文化如何通过媒介获得力量的动态效果，这种研究有着强烈的历史意识，正如德布雷所说："媒介学研究总是把包含技术史的文化史和文明史联系起来，以此作为这种研究的依托。"[1] 这种文化史的研究，也显然只有以思辨方式进行才较为适合。德布雷[2]在《普通媒介学教程》中论及了媒介学的研究方法，可以看到它是一个"思考"过程而非实证的过程：

> 在观念 – 力量这个组合中，连接符代表什么意思？一个物理量如何能够同一个非物质存在结盟？一个"世界观"如何能够作用于或追溯一种世界状态？对这些事物的重新思考，产生思想的震动和理解的拒绝，即人们简单而自然地认为那些无力的印记、声音的振动或者印刷纸张构成的小长方体就是群体活动、人口减少、殖民、革命、解体或吞并、内战或灭绝的"根源"。

五、文化批判研究

一般认为，传播研究分为行政学派与批判学派，而批判学派中主要有文化批判学派与政治经济批判学派。传播文化批判的理论资源主要来源于两条路径，即霍克海默等人领衔的法兰克福学派和威廉斯等人领衔的伯明翰学派，其共同渊源可上溯到卢卡奇开创的西方马克思主义，进一步追根溯源则到达马克思主义的批判理论资源。

法兰克福学派于20世纪30年代，依托于德国法兰克福大学的法兰克福社会研究所。该所创建于1923年，1930—1958年，霍克海默担任所长。法兰克福学派的代表人物除了霍克海默，还有阿多诺、马尔库塞、哈贝马

---

[1] 德布雷.普通媒介学教程[M].陈卫星，王杨，译.北京：清华大学出版社，2014：8.
[2] 德布雷.普通媒介学教程[M].陈卫星，王杨，译.北京：清华大学出版社，2014：12–13.

斯等人。一方面，法兰克福学派继承了马克思主义的批判性，认为批判理论超越一切哲学，并与每一种哲学对立；这种批判否定一切事物，同时又把关于一切事物的真理包含在自身之中。另一方面，他们反思了马克思主义，放弃了无产阶级具有强大革命潜力的信念，转而分析无产阶级意识形态中的消极作用。法兰克福学派历时较久，大师云集，构建了庞大思想体系，但一般可以认为其理论的立足点是对文化行业"工业化"的批判。该学派有大量关于媒介的研究，基本上都是沿着这种批判思想的路径。

1964 年，英国伯明翰大学成立当代文化研究中心，先后由霍加特、斯图亚特·霍尔、理查德·约翰逊等人担任主任。与法兰克福学派聚焦于"文化工业"不同，伯明翰学派聚焦于对"大众文化"的研究，涉及大众文化以及与之相关的大众的日常生活，研究的对象包括电视、电影、报刊、广告、畅销书、儿童漫画、流行歌曲等广泛的大众媒介和文化内容。伯明翰学派并不像法兰克福学派那样悲观，不认为大众文化会让大众失去反抗的精神，而是认为在大众文化中潜藏着反抗和颠覆资本的有力武器，因为大众内部并非铁板一块，受众也并非简单地接受信息。因此，伯明翰学派积极地评价大众文化，主要从文化的意义以及与社会的互动中展开研究，开辟出新的批判路径。

法兰克福学派与伯明翰学派不但为大众传播研究提供了新的理论资源，打破了实证主义和经验主义的范式霸权，而且都十分重视对媒体的研究，均有相当多对大众传播的研究成果，因为他们认为媒介不但是传播大众文化的工具，而且本身就是大众文化的重要组成部分。小约翰曾指出法兰克福学派对传播研究的重视："他们对资本主义社会中作为压迫性结构的大众传播与媒体产生了极浓的兴趣"，所以"传播在这一理论运动中占据核心地位，而且对大众传播的研究一直是特别重要的部分"[①]。在理论资源方面，马尔库塞的《单向度的人》的影响非常大，被传播学研究广泛引用。在研究实践方面，第二次世界大战爆发后，由于德国纳粹势力对犹太

---

① 小约翰. 传播理论 [M]. 北京：中国社会科学出版社，1999：413.

人的迫害，法兰克福学派的重要成员避居美国，该学派的研究大本营从欧洲迁移到美洲，研究主题由犹太人问题、阶级革命问题等转向大众文化与大众传播。霍克海默、马尔库塞、阿多诺、洛文塔尔等均对媒介进行了直接的研究，其中尤以洛文塔尔为突出。他被认为是法兰克福学派在美国传播学研究中最著名的代表，对传播研究的贡献要远远大于他的同事①。

伯明翰学派同样十分重视大众传播研究，他们的研究范围广及电视、电影、广播、报刊、广告、漫画、音乐等，其中以对电视的研究最为突出。霍尔在当代文化研究中心成立了专门的媒体研究小组，并亲自参与到对媒介的研究中，伯明翰学派电视研究的典型文献《时事电视的"团结"》就是由他领衔完成的。他在《电视话语中的编码与解码》中，把观众对电视的解码划分为主导、协调与对抗三种方式，更是为传播研究提供了重要的理论资源。后来，莫利在《〈全国新闻〉：电视与受众研究》中验证了霍尔的编码解码理论，并且认为霍尔的三种解码方式过于简化而"无法揭示文本、读者和主体之间的交叉关系"②，他因此将观众对电视的解码区分为对优势符码的接受、协商和对立三种方式。不过，与法兰克福学派认为大众只能被动地接受文化工业的意识形态灌输不同，伯明翰学派认为受众可以主动地选择和解读传播信息，因此媒介使用中可能包含反抗行为，可以是一种革命性的力量。

在方法论方面，文化批判研究不认同实证研究的范式，因为他们认为后者只不过是在预设资本主义合理性前提下对其完善进行的技术性努力。文化批判学派要通过文化研究，更具体地说是通过对文化被作为意识形态"麻醉剂"的研究，来揭开文化背后权力控制的真相。这样宏大的讨论，是难以采用经验主义路径的。同时，文化批判不认同研究的价值中立，而是提出对西方社会学进行价值重估。总之，法兰克福学派和伯明翰学派都是传播批判学派对经验学派的反拨，使人们从实证研究的泥淖中脱离出来，

① 甘锋.批判传播理论：洛文塔尔文艺研究的传播学视角和方法 [J].西北师大学报（社会科学版），2009（09）：7-12.

② 李庆本.伯明翰学派文化研究的发展历程 [J].东岳论丛，2010（01）：86-94.

主要以思辨性方法考察媒介文化现象，侧重从媒介与社会、媒介与文化的角度重新思考媒介文化的地位与作用①。

　　近年来传播领域的文化批判研究并不多见，黄典林的《从边界危机到霸权重构：科恩与霍尔的道德恐慌与媒体研究范式转换》（《新闻与传播研究》2020年第6期）是与文化批判理论有关的一项研究。"道德恐慌"是一个社会学概念，可以理解为某一类行为或现象突破了社会的道德规定，从而导致社会对其做出反应甚至建立或修订政策，但这种反应往往是过度的，因此含有一定的"恐慌"成分。作者对比了科恩与霍尔对道德恐慌的研究，认为后者对前者有"借鉴、发展和转化关系，同时又因为不同的理论取向和学科背景而形成了不同的问题意识和鲜明的范式差异"。这种差异即所谓范式转型。具体体现为"霍尔等人研究的最终落脚点不是要像科恩那样从互动论的视角发展出一种关于道德恐慌现象机制的社会学解释，而是要通过对道德恐慌的剖析来追问这一现象的观念和政治社会根源及其在特定历史情势中的政治和意识形态功能，其最终旨趣是要从阶级和种族关系的视角出发对当时英国的政治合法性危机及其意识形态修补机制进行文化政治批判"。

　　近年来，一种新的传播文化研究类型较为常见。这种文化研究受到传统的文化研究影响，但是批判的意识已经不那么强烈；同时，它也受到新媒体兴起的深刻影响，因此研究的问题也与传统的文化研究有明显的不同。因为这个原因，笔者将其称为传播的新文化研究，以示其与传统的文化研究的区别。新文化研究主要表现在传播仪式观与奇观文化研究等方面。

　　传播仪式观这一概念由美国传播学者凯瑞提出，他深受英国文化研究学派的影响，尤其吸收了霍尔和威廉斯等人的思想。1989年，凯瑞出版了《作为文化的传播："媒介与社会"论文集》，在该书第一章"传播文化的研究取向"中明确地将传播的概念区分为传递观和仪式观两种含义。传播的传递观强调的是信息的空间位移，而传播的仪式观强调的是社会成员

---

① 孔令华.论媒介文化研究的两条路径——法兰克福学派和英国文化研究学派媒介文化观差异之比较[J].新闻与传播研究，2005（01）：43-48.

对意义的共享机制。因此，前者正是经验主义范式下的传播观，后者则是文化分析意义上的传播观，由此也可以看到仪式观这一概念是对当时盛行的传播经验主义范式的逆反。此外，美国的传播文化研究还有凯尔纳提出的媒体奇观理论，他在《媒体奇观：当代美国社会文化透视》中把被媒体放大的事件称为"媒体奇观"，认为媒体奇观已经成为当代政治、经济和社会中的重要原则，资本主义的控制也正在通过媒体奇观获得更持久和更深刻的震荡效应。樊水科的《从"传播的仪式观"到"仪式传播"：詹姆斯·凯瑞如何被误读》（《国际新闻界》2011 年第 11 期），刘建明的《"传播的仪式观"的理论突破与启示》[《湖北大学学报》（哲学社会科学版）2017 年第 3 期] 等，都是对传播仪式观的介绍或辨析。曾一果的《重建批判的媒介文化研究——道格拉斯·凯尔纳的"媒介文化研究"》（《国际新闻界》2010 年第 3 期）则是对媒体奇观理论的介绍。

六、政治经济批判研究

传播批判研究的另一重要取径是政治经济学研究，它发端于 20 世纪 40 年代，是马克思政治经济学与传播研究结合的产物。1948 年，斯迈兹到伊利诺伊大学传播研究所任职，开设了美国最早的传播政治经济学课程，当时名为"传播经济学"；1957 年，他提出"受众商品论"观点，传播政治经济学渐趋成形，他因而被公认为传播政治经济学的奠基人。1969 年，席勒出版了著名的《大众传播与美帝国》一书，引起了广泛的关注，当然也引来不少的批评。在斯迈兹、席勒的带领下，北美的传播政治经济学慢慢发展起来，并逐渐延伸到欧洲①。20 世纪 70 年代末，欧洲的默多克和戈尔丁开始采用传播政治经济学的分析路径。其他地区包括在印度等发展中国家也出现了传播政治经济学研究者。中国学者在 21 世纪初开始关注这种研

① 莫斯可.传播政治经济学 [M].胡春阳，黄红宇，姚建华，译.上海：上海译文出版社，2013：120.

究取径，2001 年，郭镇之发表文章介绍斯迈兹和传播政治经济学①。这是笔者在学术期刊上见到的最早的此学派文献。

传播政治经济学与传统的行政研究取径不同，它认为后者把社会的合理性尤其政治合理性作为当然前提，实际上资本主义的政治结构仍然包含着不平等的和剥削性的因素。在传播政治经济学看来，传播形塑着社会权力，而社会权力又深刻地影响和支配着传播，因此脱离社会权力来考察传播是远远不够的，不过是为政府、媒体和大企业或者他们的同盟效力而已。因此，在传播政治经济学的主张里，传播仅仅是一个观察的窗口，要通过对传播的研究来发现社会权力的问题并推动变革。这样，传播政治经济学从传播研究出发，指向的目标是推动社会结构主要是政治结构的改变。可以看到，相对于行政研究而言，传播政治经济学也是偏向宏观的范式——与文化批评类似。

传播政治经济学与文化批判学派也有所不同。尽管在传播政治经济学的早期，两者一度形成默契而共同批判行政学派，但两者在研究旨趣方面差异明显。尽管文化批判学派也把传播与社会权力联系起来，但他们不认可经济分析和阶级分析的路径，而是采取社会文化分析的路径，尤其是意识形态霸权分析等来实现批判目标。他们批评政治经济学是一种经济决定论和简约化的理论，因此主要关注性别、种族等社会文化结构中的传播研究。也可以看到，相对于传播政治经济学而言，文化批判是偏于中观的范畴。

传播政治经济学虽然已经历经大约 80 年，但其研究的进路相当稳定，即商品化、空间化和结构化。也就是说，所有传播政治经济学取向的研究，几乎都在这三种具体的研究路径之中。

所谓商品化，即研究传播内容、劳动和受众是如何被转变成商品的。1977 年，斯迈兹发表《传播：西方马克思主义的盲点》（*Communications: Blindspot of Western Marxism*）一文，宣告受众商品理论的诞生。他的研究

① 郭镇之.传播政治经济学理论泰斗达拉斯·斯迈斯[J].国际新闻界，2001（3）：58-63.

认为，大众媒体出售的主要商品不是内容信息或广告而是受众，媒体通过内容吸引受众，再把受众打包销售给广告商，从而实现了将受众商品化的过程。在这一过程中，受众看起来是在闲暇时间里娱乐等，但实际上他们是在劳动并创造了价值，同时因为没有获得相应的报酬而为资本创造了剩余价值。这种理论招致了不少的批评，主要集中在指责其将意识形态降到经济基础层面，将积极的受众降为被动接受信息的机器等。

所谓空间化，即研究传播企业是如何通过资本、信息技术等优势跨国或跨地区扩张，实现"以时间消灭空间"的。席勒的《大众传播与美利坚帝国》一书，开辟了传播政治经济学的空间化研究一途。席勒考察了美国电子传播行业的情况，认为政府、军事部门和媒体部门一起形成联合体，不但使媒体获得了强大的全球扩张能力，构建了全球的商业化体系，而且对发展中国家的传播业形成"包围"，民族的、本土的、部落的文化面临被"灭绝的威胁"。他因此对第三世界的传播提出了民族自卫的建议，并呼吁改变美国的文化帝国主义倾向，实现全球传播秩序的民主化重建[①]。

所谓结构化，即研究社会不同结构在传播中的地位，从而揭示传播在不同阶级之间不平等的现实。传播政治经济学的研究认为，在传播领域存在持续的阶级不平等，尤其是利用传播手段的地位的不平等，以及这种不平等在社会结构中的再生产。在经典马克思主义理论中，阶级分析在劳动分析中运用得非常普遍，因此传播政治经济学也在劳动中分析结构化的不平等状况。不过，传播政治经济学研究中已经不再简单地以阶级来划分社会结构，而是包含了性别、种族等维度，甚至扩张到"包罗万象的社会运动"[②]。这种研究进路的调整，实际上是对传播政治经济学被质疑为简单阶级决定论的回应，但也使得它呈现出与文化批判研究在问题意识方面一定程度上合流的特征。

[①] 席勒.大众传播与美利坚帝国[M].刘晓红，译.上海：上海世纪出版集团，2006：104.

[②] 莫斯可.传播政治经济学[M].胡春阳，黄红宇，姚建华，译.上海：上海译文出版社，2013：22.

　　传播政治经济学的传统是思辨范式研究，在斯迈兹、席勒、莫斯可等人的著作中可以明显地看到这一特征。这一方面与其关注问题的宏大性有关，此类问题一般难于转化为微观的经验研究；另一方面，传播政治经济学研究具有较强的价值关怀，也就是具有学术的立场性，也与经验研究追求的客观性大异其趣；再一方面，传播政治经济学研究强调理论干预实践，而非像经验研究那样止步于理论的完成。政治经济研究的这些特点，都导致了运用经验研究的困难。此外，传播政治经济学研究作为批判性研究，思辨范式可以满足其对深刻性的要求，而经验研究通常无法实现这一目标。

　　国内的传播政治经济学研究也遵循商品化、空间化和结构化的具体进路。近年来，由于大众传播向互联网甚至移动互联网生态迁移，相当多基于新传播环境的传播政治经济学研究成果呈现出来，尤其是针对数字劳动领域。比如韩文龙等的《数字劳动过程及其四种表现形式》（《财经科学》2020 年第 1 期）把数字劳动过程划分为传统雇佣经济领域下的数字劳动过程、互联网平台零工经济中的数字劳动过程、数字资本公司技术工人的数字劳动过程和非雇佣形式的产销者的数字劳动过程四种类型，并分析了这四种类型各自的价值形成途径等。姚建华和徐思骕翻译的曼泽罗尔的文章《移动的受众商品：无线世界的数字劳动》（《开放时代》2017 年第 3 期），认为互联网驱动的移动设备（Internet-enabled Mobile Devices，IMDs）的广泛使用扩张了数字有偿劳动和无酬劳动，促进了传播的总体动员、认知和协作能力。这样的分析思路，遵循的就是传播行为的商品化路径。这是国内传播政治经济学研究最常见的路径。

　　在 100 篇案例论文中，共计有 6 篇传播政治经济学研究，这个比例比较高。不过，6 篇论文并非完全是基于在地经验的原创性研究，大多数是概念辨析以及理论阐释等。蔡润芳的《平台资本主义的垄断与剥削逻辑——论游戏产业的"平台化"与玩工的"劳动化"》（《新闻界》2018 年第 2 期）属于经验性研究。在互联网时代，信息资源等呈现出更加集中的趋势，因此产生了数字垄断资本主义或平台垄断资本主义，那么平台垄断资本主义是如何实现剥削的呢？作者以游戏平台为分析对象，研究认为平台媒介对信息数据和社交关系等新兴资源形成垄断，并进而通过使游戏活动劳动化来获取巨大的数字劳动剩余价值，形成了以数据为资源，以"数字劳动"为生产力，以互联网"价值网"为结构的新的利益循环网络模式。这也是商品化的研究路径。

七、探索性研究

某些探索性研究也比较适合于以思辨方式进行。这里所说的探索性研究，不是指一篇论文中作为研究方法组成部分的探索性研究即为了设计的严谨研究方法而进行的前置性研究。比如采用问卷调查法的研究为了使问卷设计更合理，可以先行设计出一些问题来进行小范围调查，以其检验问卷的效度，就是这种探索性研究的一种类型。这种探索性研究往往是实证研究方法中的一个环节。这里所说的探索性研究，指的是对于新领域的尝试性研究。

通常，在某些新技术或新趋势刚刚兴起的时候，既可以进行经验性的探索性研究，也可以进行思辨性的探索性研究。有时由于经验材料非常有限，因此只能采用思辨范式进行一些前瞻性的探索性研究。比如喻国明等在《未来传播学科的发展范式：基于技术"微革命"的思考》（《新闻界》2019 年第 6 期）中，对未来 5G 时代传播范式可能出现的变革进行了研究。由于 5G 技术在传播中的运用还不多，可供研究的经验材料非常少甚至没有，但是进行前瞻性的探索性讨论显然是非常必要的，因此比较适合运用思辨研究。再如朱春阳的《县级融媒体中心建设：经验坐标、发展机遇与路径创新》（《新闻界》2018 年第 9 期），因为当时县级融媒体中心建设刚在国家最高层面提出，同样没有太多的经验材料可供进行经验研究，因此也是适合于进行思辨研究的。探索性研究往往有面向未来的特征，因此这类研究能够体现出理论研究并非只是对过去或当下的描述，而是对未来同样有所关注的旨趣。这是理论研究应有的进取精神。尽管探索性研究并非精确的预测，但是对未来的思辨也应该被视为一种预测。

第十章　计算机方法

随着计算机技术和网络技术的兴起，科研领域广泛运用新技术新手段，大大地提高了工作效率。依托于新技术而发展起来的新的研究方法相当多，本章将介绍在传播研究中较为常见的两种方法，即社会网络分析法和文本情感分析法。

第一节　社会网络分析法

近年来，得益于计算机技术的迅速发展，社会网络分析作为一种分析理论和研究方法得到社会学领域的日益重视。在传播研究中，也有较多的学者关注到这一方法并进行了尝试。

一、概念和历史

社会网络分析理论认为，社会由各种各样的行动者组成，比如个人、社会组织甚至社会事件等都是行动者，而且它们并非孤立地存在着，而是通过不同的关系联结形成网络。"一个社会网络是由有限的一组或几组行动者及限定他们的关系所组成的。"①社会网络分析法就是通过分析这种网络结构来进一步揭示社会关系的一种方法。

社会网络分析的思想最早可以追溯到迪尔凯姆等人的社会结构观，而把社会结构作为关系来研究的则是德国社会学家齐美尔，他把社会视为相互交织的网络关系。20 世纪二三十年代计量社会学的出现，以及社群图（Sociogram）的提出，为社会网络分析提供了技术工具。尤其社群图也就是社会网络关系图，后来成为传播研究中经常用到的图式。所谓社群图是由莫雷诺提出的，他用"点"来代表行动者，用"线"来代表行动者之间的社会关系，这样就形成一个直观的社会关系网络图。

社会网络分析法成熟于"新哈佛学派"，其中有两个重要事件：一是1977 年"国际社会网络分析网"（INSNA）成立，全球社会网络学者有了交流平台；二是 INSNA 于 1977 年创办《联络》（Connection）作为会刊，1978 年弗里曼创办《社会网络》（Social Network），2000 电子期刊《社会结构学刊》（Journal of Social Structure）创刊。借由这些努力，社会网络分析法的交流和学术平台完善起来，大大地推动了理论和方法研究的进展。

"新哈佛学派"中的怀特对社会网络分析法的发展做出了重要贡献。有人认为，如果没有他的贡献，"当代的社会网络分析就永远不可能出现"②。怀特的突出贡献在于与学生一道"发表了一些用数学方法研究社会结构与社会关系的成果，从而使社会网络分析方法在技术上成熟起来"③。另一位做出重要贡献的学者是格拉诺维特，他提出了强关系和弱关系理论，认为可从四个维度测度关系强弱，即互动频率、情感强度、亲密程度、互惠交换，而强关系主要维系着群体、组织内部的联系，弱关系则主

---

① WASSERMAN，FAUST. *Social Network Analysis*：*Methods and Applications*[M]. Cambridge：Cambridge University Press，1994：20.

② FREEMAN.*The Development of Social Network Analysis*：*A Study in the Sociology of Sciece*[M].Vancouver：Empirical Press，2004：39.

③ 林聚任.社会网络分析：理论、方法与应用 [M]. 北京：北京师范大学出版社，2009：13.

要维系群体之间和组织之间的联系。强关系和弱关系理论后来成为社会学研究中经常运用到的概念。

20 世纪 90 年代以来，社会网络分析得到进一步发展，西方学者提出了更多具体的理论和概念，其中比较著名的有结构洞理论和社会资本理论。1992 年，美国社会学者伯特在《结构洞：竞争的社会结构》中提出结构洞理论，将社会网络中没有直接联系的节点之间的关系称为"结构洞"，那些离这些结构洞较近的节点则拥有更多的社会资本，从而占据竞争优势。

社会网络分析的应用较为广泛。根据由美国《社会学摘要》1974—1999 年间所收录的社会网络分析论文摘要整理得到的统计图，20 世纪 90 年代后社会网络分析类论文数量迅速增加；同时，社会网络分析跨越了传统的学科界限，其应用已不限于社会学、人类学等少数领域，而是扩展到几乎所有的人文社会科学领域及科学技术领域[①]。可以说，社会网络分析已经成为一种相当成熟的理论和方法。

以"社会网络"为摘要关键词在中国知网进行搜索，结果显示在 CSSCI 来源期刊中，最早运用社会网络分析的文献出现于 1998 年，当年出现 6 篇，到 2019 年已经有 654 篇，反映出这一方法的运用呈现出快速增长的趋势。早期的社会网络分析主要在经济和管理领域，近年来则较多地用于图书情报领域。

从上述搜索结果来看，我国传播学领域开始运用社会网络分析大约在 2007 年前后。2007 年，彭兰在《WEB2.0 在中国的发展及其社会意义》（《国际新闻界》2007 年第 10 期）中提出了社会网络的概念。2008 年罗建辉的《社会资本理论视角下的传媒角色解读与利益补偿分析》（《国际新闻界》2008 年第 5 期）是较早运用社会网络理论进行分析的文章。2009 年薛可等人的《基于社会网络的品牌危机传播"意见领袖"研究》（《新闻界》2009 年 8 月）中也运用了社会网络分析法。2019 年，新闻传播类核心期刊文章摘要中含有"社会网络分析"的论文共计 10 篇，表明本学科对这一方法的运用在逐

---

① 林聚任.社会网络分析：理论、方法与应用 [M].北京：北京师范大学出版社，2009：18，28.

渐增多。在 100 篇案例论文中，运用了社会网络分析法的有 2 篇，其中单独运用这一方法的是王炎龙与刘叶子的《基于社会网络分析的公益微博信息传播网络研究》（《新闻界》2019 年第 8 期）。该文以公益微博之间的相互关注关系构建社会网络，旨在分析公益信息传播网络的结构和特征。

二、社会网络分析法设计

社会网络分析的理论和方法虽然早在 20 世纪 70 年代就已经成熟，但真正广泛使用却是在计算机技术发展起来以后，因为其中涉及大量繁琐的数学计算，如果没有计算机算法的支持是很难完成的。因此，有人评价社会网络分析法"极大地得益于计算机技术和专门统计软件的广泛应用……没有计算机就没有这个领域的发展"[1]。很早的时候，研究者就试图运用计算机手段来进行社会网络分析。20 世纪 50 年代，科尔曼等人就进行了尝试；后来，雷恩哈德开发了 SOCPAC I 程序；稍后，怀特等人开发了 BLOCKER 程序等。目前，运用于社会网络分析的软件主要有 NetMiner、UCINET、ORA Pro 等，这些软件的应用大大减少了研究者的工作量，也大大促进了社会网络分析法的广泛使用。

社会网络分析法虽然主要采用计算机技术，但在方法的基本原理和步骤方面与传统的方法并无二致，同样分为数据搜集和数据分析两个阶段。文章的结构也与通常的结构较为一致，也体现为 5 个部分：提出问题—文献梳理—研究方法—研究发现—结论与讨论。

现主要以韦路等人的一项研究为例加以说明。韦路和丁方舟的《社会化媒体时代的全球传播图景：基于 Twitter 媒介机构账号的社会网络分析》[《浙江大学学报》（人文社会科学版）2015 年第 6 期，后文简称《图景》]运用社会网络分析法，对全球媒体在 Twitter 上开设的 187 个英文认证账号形成的社会网络进行分析，意在描述社会化媒体时代全球传播的关系链条与影响力结构。该文的结构为：①引言；②国际化、全球化与跨国化；

---

① 林聚任.社会网络分析：理论、方法与应用 [M].北京：北京师范大学出版社，2009：18，27.

③社会网络分析视角下的国际传播研究；④研究方法；⑤研究发现；⑥结论与讨论。可以看到，运用社会网络分析法的论文的结构与经验研究论文的结构大致一致。

（一）社会网络数据的搜集

社会网络分析法同样首先面临如何搜集数据的问题。需要注意的是，在社会网络分析中所要搜集的数据，不是关于行动者本身的数据，而是行动者之间的关系数据，也就是社群图中由"线"所代表的数据。

1. 社会网络分析中的抽样

在进行社会网络分析时，如果群体的规模不大而且相对封闭，则可以将整个群体作为研究对象。比如赵红艳在《中心性与权力体现：基于社会网络分析法的网络媒介权力生成路径研究》（《新闻与传播研究》2013 年第 3 期，后文简称《中心性与权力体现》）中，以"7·23"甬温线特大铁路交通事故发生后天涯社区"天涯杂谈"的一个帖子为样本，对参与讨论的各主体的中心性指标进行分析，意在研究网络媒体中的权力分布特征。由于这一个帖子下参与讨论的节点数为 56 个，也就是有 56 个人参与了讨论，参与人数并不算很多，因此研究者将整个群体作为研究对象。

但是，社会网络分析在多数情形下都要进行抽样，因为群体的规模较大或者界限不明确，无法对整个群体进行研究。《图景》一文描述了自己的抽样过程以及样本清洗方法：

> 我们首先运用目的性抽样方法，在 wordpress.org 网站提供的全球媒介机构列表基础上，逐一搜索这些机构在 Twitter 上开设的英文认证账号，并运用 Twitter 的同类账号推荐功能来完善抽样样本，由此形成包含 187 个全球媒介机构在内的社会网络样本。对于开设多个 Twitter 账号的媒介机构，我们只选择其被关注数最高的一个账号，但该媒介机构在他国（地区）开设的分支机构账号仍一并包括在内，因为这将有助于考察该媒介机构的跨国化程度。

2. 社会网络数据的测量

在确定研究对象之后，便要从其中获得数据。从理论上讲，社会网络分析法获得数据的方式，与其他研究方法获得数据的方式相同，即可以采用问卷调查法、实验法、观察法等。在小型网络的分析中，运用传统的方法即人工方法搜集数据是可能的，比如运用问卷调查法。但是，在对稍微大一点的网络进行分析时，人工方法就难以胜任了。比如，即使是仅有几十个节点的网络，代表节点之间关系的线条数也将是一个庞大的数字，这时就需要借助电脑才能完成如此复杂的计算。这也是计算机技术兴起后社会网络分析法才真正受到重视的原因。基本上，社会网络分析的数据获得都是依靠计算机技术，《图景》一文也运用了计算机技术抓取关系数据：

> 我们利用 NodeXL 软件对该网络的全部链接关系、节点属性等进行了数据抓取，抓取时间为 2015 年 1 月 20 日。再运用 NodeXL 的可视化功能，对这一社会网络的规模、链接关系、中心点等进行了可视化呈现。

（二）社会网络数据的分析

与其他研究方法一样，社会网络分析方法设计的第二步是确定如何分析数据。社会网络数据分析采用的分析工具一般有两种，即图式形式和矩阵形式，又称图式表达式和矩阵表达式。所谓图式形式，前面已经提到过，就是用"点"和"线"构成的网络图；所谓矩阵形式，就是用一个对称矩阵来描述行动者之间相互关系的社会网络表示形式。在列出表达式的基础上，传播研究中一般通过对社会网络中心度指标等方面的讨论来进行传播结构分析、社会资本分析、社会支持分析等。至于如何进行图式分析或矩阵分析，可参考相关的高等数学书籍。

可以看出，社会网络数据分析实际上有两个环节。第一个环节，需要对网络特征进行描述，也就是计算出网络中心度等方面的指标，指出该网络本身的特点，比如哪些节点的中心度高等。第二个环节，需要在第一个环节的基础上分析出这样的网络特点的传播学意义，比如为什么会形成那样的高中心度的节点，表征着传播结构或权力等方面的何种意义等等。大多数社会网络分析论文过于偏重对第一环节的刻画，而对第二环节的阐释显得比较薄弱，难免有舍本逐末之感。究其原因，对社会网络特征的刻画可以依赖于计算机较为轻松地完成，而意义分析则需要相当深厚的理论功底。但是，社会网络分析如果仅仅是罗列出洋洋洒洒的网络特征，那么它就只不过是计算机输出的成果，是一种简单的描述，而不是理论阐释性的。这样显然会削弱文章的理论贡献。

在社会网络分析中，经常分析网络的中心度、子群、位置与角色3个方面，因为这3个方面最能反映网络的特征。下面分别介绍对这三类特征的描述中可能蕴含的传播学意义。

1. 中心度分析

社会网络研究者最常用到的是网络中心度分析，它包括节点中心度、紧密中心度和间距中心度。它们从不同的角度刻画了网络节点的特征，其指标可以由计算机自动算出。

所谓节点中心度，指行动者在社会网络中的位置状况，也就是某一节点直接与其他节点联系的联结数的情况。可见，行动者的中心度高，则表明其在网络中占据较高的中心度位置，换言之就拥有较大的资源优势。某节点中心度的计算方式，就是计算出与该节点直接联系的其他节点的数量，在图式表示中即某节点与其他节点连接的"线"的条数。中心度最大的节点就是该网络的中心。

在传播研究中，中心度分析可以帮助研究者刻画出信息传播网络中不同媒体的影响力情况。比如以全国的媒体构成一个社会网络，那么根据常识可知《人民日报》、中央电视台等媒体的节点中心度会远远高于地方性媒体。《图景》的研究表明，在Twitter上最有影响力的15家全球媒介机构分别是BBC、美联社、《纽约时报》、路透社、《华盛顿邮报》、《华尔街日报》、CNN、《经济学人》、《卫报》、《时代周刊》、《赫芬顿邮报》、CBS、《新闻周刊》、Slate及半岛电视台。这就是运用网络中心度分析来判断媒体影响力的一个例子。

所谓紧密中心度，指某节点与其他所有节点的距离的总和。在一个社会网络中，紧密中心度越小的节点就越是网络的中心。紧密中心度不但可以反映传播网络的结构，而且可以反映整个网络内信息传播的密度情况。紧密中心度又可以分为行动者紧密中心度和群体紧密中心度两个维度。《图景》一文表明，按紧密中心度排序 Twitter 上处于中心位置前 15 位的全球媒介机构是 BBC、路透社、美联社、《卫报》、《金融时报》、《纽约每日新闻》、《华盛顿邮报》、《纽约时报》、澳大利亚第九新闻台、《印度快报》、CNN、《悉尼先驱晨报》、《华尔街日报》、《外交杂志》、《经济学人》。可见，在社会网络中节点中心度和紧密中心度排序并不完全一致，但也大致相同。就传播的意义而言，它表明在传播网络中直接影响的其他媒体越多，则越可能在传播网络中居于中心位置。

所谓间距中心度，指一个节点在多大程度上是网络中其他节点之间的"中介"，通过该节点连接起来的节点越多，则该节点的间距中心度就越高。间距中心度在传播网络中的意义在于，可以反映一个媒体对信息流动的控制情况，也就是说，一个媒体节点的间距中心度越高，说明它在传播中越是起着关键的纽带作用。《图景》中分析了间距中心度，结果表明发达大洲的媒介机构更有可能在 Twitter 上成为其他媒介机构之间的中介点。有的研究者也将这种分析称为社会网络的"结构洞"分析。

2. 子群分析

所谓子群，指社会网络中的子网络。同一子网络中行动者之间的相似度相对较高，不同子网络中行动者之间的相似度相对较低。按照社会网络理论，一个网络尤其较大和较复杂的网络内部并非均质的，而是可能形成若干个子群。子群又被称为凝聚子群，它指"这样一些行动者的子集，他们之间具有相对较强的、直接的、高度的、经常的或积极的联系"[①]。凝聚性子群分析有四个维度：①关系的互惠性；②子群内成员之间的接近性或

---

① WASSERMAN, FAUST. *Social Network Analysis*: *Methods and Applications*[M]. Cambridge: Cambridge University Press, 1994: 249.

可到达性；③子群内部成员之间的关系频次；④子群内部成员之间的关系密度相对于子群外部成员之间关系的密度。子群分析的作用主要在于对传播网络的更深入分析，也就是一个整体网络内部是如何构成的，这些构成具有什么样的特征以及如何影响到传播行为。可以这样理解，如果说对整个社会网络的分析属于宏观分析的话，那么对子群的分析可以被视为中观分析，而后面的对位置与角色的分析则可被视为微观分析。

比如，如果以全国的媒体组成社会网络，那么可能是中央媒体、省级媒体、市级媒体各自组成子群，也可能是不同的省（自治区、直辖市）内的媒体组成子群，这取决于研究的目的和指标类型的选择。《图景》一文运用 NodeXL 自带的 Clauset-Newman-Moore 指数对网络进行子群分类，根据这一指数计算出来的子群之间连线较少，但子群内部却联系紧密，最终获得了 6 个子群。在完成子群特征描述的基础上，研究者解释了其中的传播学意义：

> 这一结果表明，加拿大和大洋洲的媒介机构可谓自成一体，各自形成紧密连接的内部社会网络；亚洲和非洲的媒介机构由于在全球经济和传播格局中的相似地位而更易形成连线关系；美国和英国的媒介机构的全球化和跨国化程度较高，因而在多个子群中均有分布。

3. 位置与角色分析

在社会网络分析中，位置指的是那些同等地处于关系网络中的个体所形成的集合体；角色则指两个行动者或两个位置之间存在的关系模式。林聚任[1]提出，对社会网络中的位置和角色进行分析的目的在于：①分析作为行动者集合体的社会位置，这些行动者在与他人的关系方面是相似的；②对行动者或位置之间存在的作为关系系统的社会角色模型化。不过，比起中心度分析和子群分析，位置与角色分析要少得多，如何与传播研究结

---

[1] 林聚任. 社会网络分析：理论、方法与应用 [M]. 北京：北京师范大学出版社，2009：156.

合也有待更多的探索，因此这里不作讨论。

　　常见的传播社会网络分析正是以上述 3 种分析为主要内容，来讨论现实中的传播关系。这样的研究基本上局限于传播本身，即尚未将传播与社会关联起来。一些研究则更进了一步，从媒介与社会关联的视角来分析传播的社会网络，试图在更大的视野内解释传播现象，比如运用社会资本、社会支持、文化批判甚至政治经济学批判等理论路径。

　　刘于思和杨莉明的《记者微博使用与职业群体社会资本：社会网络分析的视角》（《新闻界》2013 年第 21 期）就属于社会资本方面的研究。作者通过对 295 名记者的微博链接形成的社会网络的分析，考察作为社会化媒体的微博对记者职业群体的社会资本支持情况。其结论是："从个体网层面来看，记者在职业群体微博链接网络中的强联系大多为紧密型社会资本，而弱联系大多为跨越型社会资本；将社会资本操作化为网络规模资本和中间位置资本后，经验数据的分析结果显示，以微博为代表的社会化媒体使用对记者在职业群体中建立社会网络、增加社会资本具有积极效果。"

　　陈韵博的《新一代农民工使用 QQ 建立的社会网络分析》（《国际新闻界》2010 年第 8 期）属于社会支持方面的研究。文章运用抽样方法获得研究对象——新一代农民工，并对他们进行了深度访谈和网络参与式观察，然后运用社会网络分析法得出结论，认为新一代农民工使用 QQ 可以实现一定程度的自我赋权，从而帮助他们在谋生中获得官方或非官方的支持。

　　社会网络分析还可以用来分析媒介权力，包括国际的和国内的。韦路和丁方舟的《图景》一文就涉及这方面的内容。该研究认为"中国在 Twitter 上的跨国化媒介机构账号数量已经位列全球第三，但在整体的社会资本上仍处于弱势地位"。前述《中心性与权力体现》则讨论了网络中社会资本对传播权力的影响，认为"网络媒介权力的生成主要源于网络媒介链式传播模式下主体间互动的顺畅进行"。

　　从大量文章来看，社会网络分析中常存在两个误区。第一个误区已在前面提到过，即过于偏重对网络特征的描述，缺乏对网络特征所包含的传播学意义的阐释。一些文章满篇都是关于网络特征的内容，比如中心度、子群等，运用了很多的社会网络概念来进行描述，但是描述结束文章也就结束了，看不到理论问题的驱动以及对理论问题的回应。一些文章在网络特征描述的基础上运用了可视化技术加以呈现，或者干脆把社会网络分析等同于制作词频词云图之类，看起来内容非常丰富，但最终完全是对文本特征的描述，同样属于缺乏问题意识。研究应该认识到，社会网络分析仅仅是一种方法，即一种桥梁性质的工具，传播研究应当从问题出发，经过社会网络分析后回到问题。

第二个误区是分析运用到的社会网络概念过多，反而显得阐释不深入。比如，一些文章既运用了中心度分析，也运用了子群分析等。在中心度分析中，又几乎运用了所有的概念，罗列出中心度、中心势、紧密度等，以为运用的概念越多就显得学术含量越高。其实，罗列一大堆的概念指标却没有目的性，就仅仅相当于运用社会网络分析法对现象进行了描述，是缺乏学术意义的。比较恰当的做法是针对所提出的研究问题，有目的地运用相关概念进行指标分析，重在分析的深度而非广度，这样才更容易获得理论新意。

第二节　文本情感分析法

文本情感分析是因为社交媒体的兴起而迅速发展起来的一种研究方法，在很多社会科学领域都有应用。传播研究中进行的文本情感分析，主要是对文本情感类别和情感立场的分析。

一、概念与历史

什么是文本情感分析？这里借用伊利诺伊大学芝加哥分校刘兵[①]的定义：

---

① 刘兵．情感分析：挖掘观点、情感和情绪 [M]．北京：机械工业出版社，2018：1.

情感分析，也称为观点挖掘。这一研究领域的目标是从文本中分析出人们对于实体及其属性所表达的观点、情感、评价、态度和情绪。这些实体可以是各种产品、服务、机构、个人、事件、问题或主题等。

文本情感分析中的"文本"指网络文本，而非印刷文本，因为正是在互联网兴起之后，海量的网络文本尤其是用户生成文本（UGC）才为文本情感分析提供了源源不断的素材。比如，在营销中对客户评价文本的情感分析，在政策制定中对社会反响文本的情感分析，在舆论评价中对网民意见文本的情感分析，等等。

从刘兵的定义中可见，文本情感分析中的"情感"与我们通常所说的"情感"有所不同，它是一个含义相当丰富的概念，既包括日常所说"情感"的含义（可称为狭义的情感分析），还包括文本中的观点。所谓观点，指的是中立的事实陈述，是一种判断；所谓情感，指的是表明或爱或憎或支持或反对的态度。比如"今天天气很热"就是一种观点，而"今天天气太热了"就是一种情感。

文本情感分析在现实中应用广泛，尤其是在商业营销中可用来判断消费者的评价等。以"情感分析"为摘要关键词在中国知网进行搜索，结果显示，在 CSSCI 来源期刊中，最早运用文本情感分析的文章是 2008 年的《网络环境下中文情感倾向的分类方法》（《语言文字应用》2008 年第 2 期）。早期的文本情感分析主要用于图书情报领域。2012 年新闻传播学中出现了文本情感分析类文章，即冯江平等人的《网络社会事件发展过程中的舆情心理分析——以"躲猫猫"事件为例》[《云南师范大学学报（哲学社会科学版）2012 年第 4 期]。不过，总体上我国传播研究中运用文本情感分析的文章并不多，2019 年在相关专业核心期刊上只有 1 篇，即陈安繁与金兼斌等人的《奖赏与惩罚：社交媒体中网络用户身份与情感表达的双重结构》（《新闻界》2019 年第 4 期，后文简称《奖赏》）。

二、文本情感分析法设计

文本情感分析类研究的结构和其他研究的结构相同，一般也可按"引言—文献梳理—研究方法—研究发现—结论与讨论"的结构来安排论文写作。同样，情感分析法也要解决数据搜集和数据分析两个环节的问题。

这里将以陈安繁与金兼斌等人的《奖赏》为例加以说明。在社交媒体时代，个体在网络上发言极其方便，但是由于个人心理、社会环境以及控制因素的存在，人们在网络上并非完全自由地表达情感。该文章聚焦于身份对发言文本情感的影响。所谓身份，作者将其区别为个体身份与机构身份，现实身份与网络身份。前一组身份比较好理解，而现实身份则指发言者在现实生活中的身份，网络身份则指发言者并非以现实身份发言。研究的结果是：①用户情感表达的"积极主导"，即社交媒体中网民的情感表达以正面为主；②双重效应，即网络用户的线下身份抑制情感表达、线上身份推动情感表达，网络用户的机构身份抑制情感表达、个人身份推动情感的表达；③线上身份的消极情感表达和线下身份的积极情感表达，即明确表露线下身份的网络用户表达更多的积极情感，而明确表露线上身份的网络用户则表达更多的消极情感；④舆论领袖（黄V）的负面情感和消极、夸张修辞偏好，其情感表达的强度大于机构用户（蓝V），在情感表达的修辞上其使用了更多的消极词语和程度副词；等等。文章的结论是，微博用户的线上身份鼓励而线下身份抑制情感的表达，个人身份释放而机构身份约束情感的表达，呈现出一种双重结构的状态。文章各部分分别是：①研究背景；②网络身份与情感表达；③研究设计；④研究发现；⑤结语。

（一）情感数据的搜集

在社会网络分析中所要搜集的数据是关系数据，而在文本情感分析中所要搜集的则是情感数据。前面说过，文本情感分析中的"情感"主要包含通常的"情感"含义和"观点"含义。不过，在传播研究中，对观点的挖掘比较少，主要研究文本的态度或立场倾向，也就是通常的"情感"含义。因此，一般地，传播研究的文本情感分析主要有两类任务：一类是情感类别分析，比如高兴、愤怒、悲伤等；一类是情感立场分析，比如支持、中立、反对。研究者的任务就是要从传播文本中观察和测量出某种或某几种情感的数据，作为进一步研究的基础。

1. 研究文本的范围

首先要确定研究文本的范围。文本情感分析面对的是大量甚至海量的网络文本，因此一般需要进行抽样，而非将符合条件的所有文本都纳入分析范围。抽样的方法同样可以运用随机抽样，也可以运用非随机抽样。

《奖赏》一文就采取了随机抽样方法。文章以话题文本作为情感分析的材料，选择了百度搜索公布的 2017 年度 18 个领域的 180 个热点话题，再加上新浪微博热搜平台当年的前 100 个热搜话题，形成了 280 个话题的抽样总体，然后从其中随机抽取 29 个热点话题作为研究的样本。

2. 建立文本情感词典

确定研究文本后，便要获取文本情感数据。如前所述，传播文本情感分析可以分为狭义的情感分析与立场分析两种研究任务，因此文本情感数据的获取也分为狭义的情感数据与立场数据获取两类。它们的基本原理都是运用计算机技术抓取文本中的关键词，然后通过对这些关键词进行情感判断、赋值和加总，获得文本的情感类别或立场。

那么，应该抓取哪些情感关键词呢？这就涉及文本情感分析中的情感词典建立问题。所谓文本情感词典，可以理解为情感分析中的赋值工具书。从文本中抓取哪些词语，抓取出来的词语如何赋值，程度词等如何赋值等，都需要一个标准，而情感词典就是这个标准。情感词典包括如下几种类型：

（1）本体词典

本体词典中的词语本身能反映情感的极性和强度。所谓情感极性，指褒义、中性还是贬义；所谓情感强度，指情感的程度情况。比如，同样是表明同意，用"赞赏"就比用"同意"的强度大。

（2）程度词典

在文本中，情感词语前面经常有程度副词，它们对情感的强度有直接的影响，因此计算在情感值时要进行加权。比如，可能将"极其""最""最大"等的权重设定为5，将"很""非常"等的权重设定为4，将"比较""更加"等的权重设定为3，等等。

（3）否定词典

文本中的否定副词起到表达相反情感的作用，因此对否定词语也要进行反向赋值，即赋值为"-1"。

（4）连接词典

在文本中，不同的连接词反映出不同的情感偏向或侧重。比如在总结性的句子中，总结分句的情感比较重要；而在转折性句子中，转折前后两个分句的情感可能相反。连接词典的作用就在于识别出有哪些连接词及其对情感产生何种影响，并在对情感赋值中体现出来。

可见，情感词典的建立在文本情感分析方法设计中发挥着核心作用，因为它关涉测量的对象与指标。也就是说，抓取哪些含有情感的词语以及如何对它们赋值，都是要依赖情感词典的。因此可以说，在文本情感分析中，情感词典的建立相当于其他类型研究方法中的概念操作化过程，需要通过这个过程才能将研究的问题转变为可测量的问题并测量所获得数据。

建立情感词典主要有3种途径：人工方法、基于情感词典的方法和基于语料库的方法。人工的方法需要大量的精力与时间，传播研究中几乎没有人采用。人们主要运用的还是基于情感词典的方法和基于语料库的方法。所谓基于情感词典的方法，指的是依据已有的情感词典来建立自己的情感词典。具体方法是，首先搜集一组已知褒义或贬义倾向的词语作为词典建构的种子词，然后在WordNet等在线词典中搜寻这些词的近义或反义词，扩充到种子词集合中，又以扩充了的种子词集合开始下一轮迭代，一直到找不到新的词语时才停止。所谓基于语料库的方法，主要运用于以通用的情感词典生成一个领域内情感词典的场景，比如运用通用的情感词典建立基于某个媒体语料库的情感词典就属于这种情况。一般地，即使采用基于情感词典或基于语料库的方法，也需要对建立起的情感词典进行人工检查，剔除掉其中的错误成分，从而提高研究的准确性。《奖赏》一文就是采用了基于情感词典的方法：

> 本研究采用的是基于词典的方法来进行微博文本的情感分析……首先，应用大连理工大学中文情感词汇本体库提出的七分类（高兴、喜欢、愤怒、哀伤、恐惧、厌恶和惊讶），再加上无情感这个类别，总共有八类。并结合中国知网构建的情感词典 Hownet、台湾大学 NTUSD 简体中文情感词典，将用于分类的情感词典进行拓展，这部分是基础情感词典；其次，部分包含情感的网络用语，并未被包括在基础词典中。例如"洗地"一词表达了"替坏人做坏事后的收尾工作"，一定程度上表达了愤怒和抗议，但是并未包含在基础情感词典中。为了适应微博情感表达的特征，本研究搜集了博客、论坛、微博等社交媒体中的情感词语并对其进行了标注，构建了网络情感词典。通过以上两个步骤构建的基础情感词典和网络情感词典共同组成本研究用于分类的情感词典。

3. 确定文本分析的粒度

在文本情感分析中，分析粒度指用于分析的文本的单元。无论什么样的网络文本甚至非网络文本，都可以划分为篇章、段落、句子和词语这四种类型，因此文本分析的粒度也有这四种类型。以篇章为分析粒度，就是分析整篇或篇章文章的文本情感，以段落、句子或词语为分析粒度与此类同。

不过，无论是采用哪种分析粒度，都是以词语情感分析为基础的，因为词语是构成句子和篇章的最基础单位，因此对词语情感的分析就成为所有文本情感分析方法的基础。因为词语往往表示对实体的属性的情感，因此词语粒度的分析也常被称为属性分析。

在具体研究中，一般以句子作为分析粒度。这就涉及句子划分的问题，一般以标点符号作为划分句子的标记。对于复杂的句子，如涉及情感转折之类，研究者也可以调整划分方式。《奖赏》一文是以微博为单位的分析，可以视为以篇章为粒度的情感分析，不过其实际上是对句子情感分析结果的加总：

> 首先对单条微博进行文本预处理，并以标点符号为分割标志，将单条微博分割为 n 个句子，提取每个句子中的情感词。以上两步的处理均以句子为处理单位；第二步在情感词表中寻找情感词，以每个情感词为基准，向前一次寻找程度副词、否定词，并作相应分值加权计算，随后对分句中所有情感词的得分加总；第三步判断该句是否为感叹词，是否为反问句，以及是否存在表情符号。如果是，则分句在原有分值的基础上加上或减去对应的权值；最后对所有分句的分值进行累加，获得该条微博的最终得分。在获取每条微博情感值以后，如果情感值大于 0 则将其情感极性判定为正面，等于 0 情感极性为中性，小于 0 则情感极性为负面。

到此，文本情感数据提取的任务就可以说完成了。可以看到，这一过程对计算机的依赖性很强。这是因为文本数量非常庞大，比如《奖赏》一文中抽样获取的 29 个热点话题下的微博就高达 20 余万条。同时，情感词典的建立、情感数据的抓取等，都必须依靠计算机强大的运算能力才能完成。

（二）情感数据的分析

比起情感数据搜集，情感数据的分析反而并不复杂，因为文本情感分析作为描述性研究，一般并不分析变量之间的关系，而是重在描述文本中情感的特征。文本情感分析往往描述两个方面的特征，也就是通常有两种分析路径，其一是情感的类别，其二是情感的立场。

1. 情感类别分析

文本情感类别分析就是辨别文本总体上属于哪一种情感。情感类别分析的粒度依然分为篇章、段落、句子或词语。一般地，情感分类采用情感词典方法，即将文本中出现的情感词的情感值加总，从而获得整个文本某类情感的数值。

2. 情感立场分析

文本情感立场分析可以看成是文本情感分析的一个子领域，即分析文本中赞成、中立或反对的立场，有的研究者也称之为情感极性。比如《奖赏》一文对微博的情感立场进行分析的结果是：

在研究搜集的有关 29 个热门话题的 223315 条微博中，表达了正面、中性情感的分别有 143336 条（占比 64.18%）和 74977 条（占比 33.58%），而表达了负面情感的只有 5000 条（占比 2.24%），正面情感和中性情感主导了微博用户在 29 个网络热门话题上的情感表达。

文本情感分析总体上偏于描述性，而描述性分析往往难以达到更大的理论深度，为了挖掘出文本情感特征背后的理论意义，需要研究者进行进一步的理论阐释，即从"是什么"进展到"为什么"。《奖赏》一文在两个层面体现出了理论特征：第一个层面，在文本情感特征与微博主之间建立了变量分析关系，因此分析出了不同微博主身份（普通、黄 V、蓝 V）所表现出来的不同文本情感特征；第二个层面，进一步对不同微博主为什么表现出该种情感特征进行了分析，比如为什么蓝 V 微博主正面情感比例最高。文章认为这些微博主具有强机构和强线下身份的特征，这些特征对负面的情感有一定的抑制作用，"因为他们受到更多现实规范的约束，因此在情感表达以及修辞方面更为中性和保守，从而避免引起争议"。这样一个分析思路，使文章脱离了简单的描述，能够提供一定的理论贡献。

实际上，文本情感分析是一种非常实用、应用也非常广泛的研究方法，尽管分析的技术还远远谈不上成熟，但它在相当多的领域都发挥出了重要的作用。大量的电商想知道顾客对于自己产品或服务的评价，政府想知道民众对于某项政策的看法等，都经常运用到文本情感分析。正因为如此，知名的科技公司如 Google、Microsoft、HP、Amazon、eBAY、Oracle、Adobe 和百度等都开发了自己的文本情感分析应用。但是，在传播领域采用这种研究方法的还比较少见。在传统的新闻报道中，因为强调报道的客观性，情感分析可能并无太大的意义。但是，在社交媒体时代，大量自媒体的内容，以及社交媒体上对各种媒体内容的评论都带有较为强烈的情感色彩，是进行文本情感分析的丰富资源。同时，对这些文本情感的分析对于揭示媒体内容的特征，甚至对于勾连媒体内容与社会运动之间的互动关系等都是很有价值的。

第十一章

方 法 设 计 常 见 不 足

尽管方法意识十分重要，但方法缺乏或方法设计不严谨仍是论文中非常普遍的现象。前面介绍了应该如何理解研究方法以及如何设计研究方法，本章将从另一个角度深化对这方面的讨论，即主要根据对 200 篇案例文章的分析来探讨如何避免方法设计时的一些误区。

第一节　方法不足概论

研究方法是学术研究中的核心问题，也是一个很困难的问题，因此方法不足在论文中表现得相当普遍，甚至一些被采用的稿件也存在研究方法方面的瑕疵。就大的方面而言，研究方法的不足表现为两种类型：其一是文章中缺乏研究方法；其二是研究方法设计不严谨。

文章中缺乏研究方法，很可能是因为对学术研究的误解，即把非学术性的文章当成了学术论文。这与问题意识部分提到的缺乏问题意识的第一个原因相同，即同样是没有分清学术论文与非学术文章之间的区别。非学术文章比如叙述性的、介绍性的文章等，因为不涉及真正的研究问题，自然不会有问题意识以及相应的研究方法，也就是这类文章中根本就没有介绍研究方法的内容。这类文章即使属于观点性的文章，也只不过是直观议论性的，即直接提出若干观点并进行论证，而非像规范的学术论文那样通过研究而后得出结论。这类文章即使运用了经验资料作为论据，也并非经验研究类型的论文，因为两者对经验资料的运用有本质的区别，前者的主观性和随意性都很大，后者却受到方法规范的严格束缚。

研究方法不足的另一种表现是，尽管运用了研究方法，但方法设计并不严谨。方法不严谨，得出的结论显然难以令人信任。不同的研究方法由不同的环节构成，各个环节有自身的要求或标准。尤其是实证研究的环节相当多，各个环节的要求较为标准化，如果某一个环节的设计有缺陷，就会影响到整个研究结论的可信度。研究方法不严谨的表现形式可谓五花八门，不同的研究方法表现出不同的情形，但整体上实证主义研究更容易出现漏洞，因为它属于结构性的研究方法，意味着流程与标准都是很明确的。

也有少数文章出现了研究方法喧宾夺主的情况。学术论文终究是以获得知识为目标的，研究方法只是实现目标的手段而已，因此方法始终应该为目标服务。一些投稿采用了过于复杂的方法，但是结论非常平淡无奇，甚至基本上与研究过程无关。有的投稿中研究方法占据了主要篇幅，结论部分草草收场，同样是主次颠倒的做法。近年来，随着计算机技术的兴起，一些新的"方法"也时常出现，即文章中大量罗列词云图或词频图，却并没有理论性的问题意识和创新性的结论。这些为使用"方法"而使用"方法"的情形，是不会产生实际理论贡献的。

强化方法意识一方面要求研究者认识到学术论文与议论文等观点性文章之间的根本区别，懂得需要通过系统的研究方法与研究过程才能产生学术结论；另一方面要求研究者加强对研究方法的学习，能够熟练地设计严谨的研究方法。后者是一个长期的过程，甚至会贯穿个人的整个学术研究生涯。

对于研究方法的学习而言，学习专门课程与阅读专门著作是必不可少的。从投稿的情况来看，部分作者并没有接受过系统的研究方法训练，也就是没有学习过这方面的专门课程与专门著作。课程方面，除了学校的课程外，还有不少的网络资源可资利用。专著方面，宜将导论性的专著与讲解专门方法的专著配合阅读，即先阅读导论性的专著以对方法全貌有所了解，再在此基础上选择自己感兴趣的专门方法专著进行阅读，以更加深入地掌握相关方法的设计细节。

还有相当一部分作者是从学术论文中学习研究方法，即通过阅读学术期刊上的文章，从中直观地感受学术论文中通常研究方法，然后"照葫芦画瓢"地运用到自己的文章中。从学术论文中学习研究方法当然是可行的，但是存在明显的局限，即学术论文中通常缺乏对所用方法的系统介绍，因此学习者即使知其然也难以知其所以然。而且，部分学术期刊刊登了不少体会与感想类文章，而非真正的学术论文，甚至一些较为权威的学术期刊上也有部分论文的方法设计不完善，因此从论文中学习研究方法同样需要善于甄别，否则反而会被误导。

因此，笔者不建议研究者直接从论文中学习研究方法，而最好先接受专门的方法课训练或阅读研究方法专著，在掌握一定理论知识的前提下，再通过阅读规范的学术论文观察别人如何设计研究方法。这时候，研究者已经具有系统的研究方法知识，便能够批判性地学习论文中研究方法的设计。

研究者在掌握了一定的研究方法理论知识后，便可以通过实际应用来训练自己运用研究方法的能力。研究者最好有清晰的目标，确定适合自己研究兴趣和研究问题的研究方法，比如喜欢实证主义范式的应该悉心研究实验法或内容分析法等，喜欢诠释主义范式的则需要悉心研究民族志法或深度访谈法等。精通一个或几个研究方法，对于学术研究生涯而言是必要的条件。

此外，建议研究者要有主动完善研究方法的意识，而不是止步于学习模仿。这一点对于人文社会科学研究尤其重要，因为人文社会科学研究方法还远远称不上完善。实证主义范式看起来比较规范，因为它有着严格的步骤规定和标准要求，但实际上依然有不少需要研究者主动思考和完善的地方。比如，实验法中如何控制干扰变量，就是一个非常困难的问题，但又对研究结果有关键性的影响。相较而言，各种诠释主义方法的规范性更弱，可以说大部分方法都不怎么具有操作性，因此需要研究者在方法原则的基础上主动完善而使之具有操作性，以有效保障结论的可靠性。比如扎根理论分析法与框架分析法看起来有编码过程，似乎是比较规范的，但其实编码环节的主观性非常大，如何控制这种主观性就对研究者提出了很大的挑战，否则最后的结论既难以具有理论意义，也时常流于常识性。其他诠释主义方法的主观性更大，如何控制住主观性而让结论具有客观知识的特征，同样是对研究者的挑战。从研究方法的理论学习，到研究方法的运用实践，再到创造性地完善研究方法，这应该是传播学研究者方法进步的三级台阶。如果达于最后的台阶，则可算是从"必然王国"进入了"自由王国"，即进入了不必谈论方法的阶段。

第二节　文章缺乏研究方法

笔者经过阅读与分析发现，200 篇案例文章的方法使用分为 3 种情况（表 11-1）：第一种情况是声明使用了研究方法的，计有 82 篇；第二种情况是不必声明研究方法的，包含法律研究、历史研究、哲学思辨、研究综述，计有 63 篇；第三种情况是没有声明研究方法，但又不属于法律研究等四类情形的，计有 55 篇。第二种情况与通常所说的传播研究方法有较大的差别，因此不对其进行讨论，现主要讨论第一和第三种情况。第一种情况可归于研究方法不严谨的类型，第三种情况可归于缺乏研究方法的情形。

表 11-1　200 篇案例文章中研究方法的使用情况

方法类别	实验法	调查统计法	内容分析法	扎根理论分析法	框架分析法	民族志法	深度访谈法	焦点小组访谈法
篇数	2	8	4	1	5	21	17	0
方法类别	案例分析法	文献分析法	文本分析法	话语分析法	社会网络分析法	文本情感分析法	定性集比较分析法	研究综述
篇数	7	2	10	4	5	1	4	4
方法类别	法律	历史	哲学思辨	理论视角	自命名	没有方法		
篇数	18	25	16	5	3	55		

在 200 篇案例文章中，多达 55 篇文章完全没有运用研究方法，即不但作者没有对研究方法做任何声明，笔者也没有分析出所运用的研究方法。这是一个非常高的比例。然而，很难把这种方法的缺失归结为写作的"疏忽"，而必须看到其背后学术基本功的缺失，因为这些文章同样是缺乏问题意识的，或者说它们根本就不是学术论文类文章。

缺乏研究方法的情况，与前面提到的缺乏问题意识的几种情形基本类似，即文章属于业务感想类、业务评论类、工作体会类、工作建议类、现象评论类等。其中前四类的特点相同，即基本不涉及理论概念等，最后一类即现象评论类常常被贴上理论"术语"而具有较强的迷惑性。下面将按这两种情形分别举例分析。

业务感想等类型的文章属于实务类文章，应该被刊登在实务类杂志而非学术期刊上；或者说，作者如果要发表在学术期刊上就不应写这类实务文章。两者并无优劣之分，只是不同的媒体定位不同。在 55 篇缺乏研究方法的案例文章中，这类纯粹的实务类文章倒不多。

比如《智能媒体新闻视觉化呈现的形式及问题》，各部分的小标题是：①智能媒体新闻视觉化呈现；②新闻内容与多元视觉应用场景；③被中介的视觉呈现：智能媒体视觉可视的渊薮；④新闻视觉化呈现的底层改变；⑤智能媒体新闻视觉化的生态构建；⑥结语。仅仅从这个结构就可以看到，文章明显是偏于业务介绍和评论性的。

针对第二种情形需要做较为详细的讨论，因为这类文章的数量多，大致占了 55 篇文章中的 80%。而且，这类文章的迷惑性很强，因为作者在对现象评论时贴上了一些理论或概念标签，使其看似具有学理性。事实上，真正的学术研究，即使提出了一个有意义的研究问题，也并非依靠"议论"就可以得到可靠结论，因为这种方式是对现象主观地赋予概念，而非通过研究从现象中获得理论概念。相当多的文章没有区分这一点，研究者对某一现象或事件感兴趣之后，不是深入分析到底可以提出什么研究问题，而是套用一些似是而非的理论或概念对其议论一番，或者是在介绍的基础上议论一番，也可能是夹叙夹议等。

比如《主流媒体在突发性事件中凝聚社会共识的作用机制研究》，文章各部分的小标题是：①社会共识理论；②突发性公共事件中主流媒体凝聚共识的作用机制；③社会共识达成的途径。这就是对研究问题套用理论概念进行议论的类型。可以看到，第一部分提出理论视角后，第二部分就直接提出若干观点，第三部分提出若干建议，文中是没有研究方法的。又如，第二部分包含 3 个小部分，分别认为应从信息公开、意见领袖、主流导向方面形成社会共识，明显地属于论证式而非研究式方法。其对信息公开部分的论述的第一段是：

> 社会共识达成的前提是公众获得充分的信息，他们才能对当前的社会发展状况和面临的问题有一个全面准确的认识，并对其他利益群体的基本情况和底线也有较为明确的认知，这样才能对社会面临的形势有一个正确的判断，避免因为信息不透明而发生误判并产生严重的分歧。信息的发布需要一个渠道和平台，这就要依靠媒体来传播信息和观点，使得社会个体为达成共识而采取一致的行动。这也是主流媒体凝聚共识的责任担当。

这就是比较常见的议论文写法，即先提出观点然后论证它。尽管它可能戴着一些理论或概念的帽子，但是其实质还是常识性论述。比如在这篇文章中，信息公开有助于达成共识当然不是新的学术观点。

还有一些文章则同时贴上多个不同理论的标签。比如《非遗传播：符号塑造、身体规训与记忆建构》，文章各部分的小标题是：①作为非遗传播起点的符号塑造；②作为非遗传播原点的身体规训；③作为非遗传播终点的记忆建构；④文化的商品化：互联网时代的非遗传播；⑤结语。从这个结构可以看到，文章中没有研究方法，从第一部分开始就是议论性的观点，3个主体部分分别从符号学、身体规训、集体记忆方面加以论述，显然不是聚焦于研究某个未知的理论问题。而且，观点的提出有较强的主观性，并未阐明三者为何分别是"起点""原点"和"终点"？

更有文章天马行空，想起哪里的概念就用哪里的概念，甚至在一个段落乃至一个句子中运用不同理论下的概念，大大增加了阅读难度。比如《主体间性：城市形象片的认同建构》，文章各部分的小标题是：①引言；②被"凝视"的认同：城市形象的描绘和被认知；③"聆听"的认同："听到"城市精神和情感共鸣；④主体间的认同：城市形象的意义交流和共享；⑤结论与讨论。从该文的结构来看，同样没有研究方法。而且，文章对"理论"或"概念"的运用可谓令人眼花缭乱，仅在标题和小标题中就出现了"主体间性""认同建构""凝视""情感共鸣"等众多缺乏内在关联的提法。文中一段如下：

> 作为城市"营销"的一种手段，城市形象片的内在话语逻辑受到目标受众需求的制约，在话语表达上呈现个体偏向。作为"非虚构化"的叙事方式，形象片的外部语境展现了日常生活的本来面貌，也暗合了受众理解世界的基本逻辑。这种媒介的双重特性决定了形象片传播存在三重主体：作为行动/意志主体的城市，作为传播主体的创作团队以及作为接受主体的目标受众，他们是最容易被邀约并参与城市形象塑造与传播的关系群体。主体间性是指两个或两个以上主体的关系。在胡塞尔看来，主体间性是"每个认识主体都充分发挥自我主体性"，他们围绕特定的客体，在社会等外力作用下，就某个客体的认

知趋于找寻并达成一致性，从而实现和完成主体间性的建构。在媒介场中，这种主体间性带来了关系的邀约，在城市形象的认同建构中，城市、创作团队和受众共同完成了从媒介提示的"拟态环境"到主体间的主观认同，从内容建设到意义共享的全过程。

这样的论述本质上是议论式的，只不过贴上了众多学术概念的标签。但是，因为作者对这些概念的真实意义缺乏理解，而且众多概念之间缺乏内在联系，这番议论相当难以理解。与之类似的文章不在少数，它们为简单的常识、事实、经验等贴上似是而非的"概念"标签，甚至还把一些日常用语加上引号，使得表达的意义更加晦暗不明。学术论文当然不可能因为概念的堆砌而确立价值，否则学术研究就非常简单了，买几本书抄一下概念就行了。学术研究如果不能通过研究而获得结论，而是依赖贴标签的方式包装常识或经验，走的就是南辕北辙的道路了。

第三节　研究方法设计不严谨

所谓方法设计不严谨，即文章中声明了研究方法，但方法设计存在疏漏，不能支持观点或结论的得出。除了本书中用作案例的 200 篇未采用文章外，本节还把笔者在《传播研究方法与论文写作》一书中用到的 80 篇未采用文章纳入观察范围，以扩大读者借鉴的视野。本节主要按照研究方法类别分类罗列出各种疏漏的情形，而并不作较多的讨论，因为相关理论解释可以参看前面的内容。

一、控制实验法

（1）一篇文章声称以本科生、教师和学生家长共 87 人为被试，这三类人群差异较大，是否会影响对变量的控制效果？文中缺乏对该方面的说明。实际上，该研究对变量控制均未重视，比如研究将 87 人分成了 42 人组和 45 人组，但缺乏对分组标准的必要说明，也就导致读者不清楚分组时是如何控制变量的。事实上，87 人的单数和两个小组人数不均等也是比较少见的情形。这样的实验设计反映出研究者没有理解实验法中的关键是变量控制。

（2）一篇文章缺乏核心的过程，即既没有变量操作化的过程，也没有量表的设计情况，后面直接进行所谓的信度和效度检验，并提出所谓的研究发现，显然出现了逻辑上的严重断裂。比如其假设 1 是"阅读融合报道对受众感知有显著影响"，因为该研究以融合报道阅读为刺激材料，那么就需要构建所谓"受众感知"的测量量表，换言之要对其进行变量操作化使之可以测量，然后构建量表开展测量。没有这样的过程，等同于连研究方法的基本流程都没有，自然无法保障结论的可靠性。另一篇文章存在类似情形，也就是提出了所谓的研究假设，但是没有将假设中的概念进行操作化的过程，也没有量表设计与检验的过程，方法的基本环节缺失。

（3）一篇文章声称采用在线方法进行实验法研究，但是没有对如何确保研究质量作任何介绍。实际上，实验法因为要进行变量控制，因此要求方法设计很严谨，在线方式的可信度比较令人怀疑。同时，该文章声明获得了线上 379 人参与，最后确定了 370 人作为被试，并把被试分为 141 人和 229 人两组，但没有对确定被试和分组的方法进行介绍，使人完全不知道该研究是如何控制变量的。

（4）实验法中术语的误用。一篇文章把被试称为"实验主体"，另一篇文章把被试称为"参与者"，均是不规范的。一些文章则把实验法中的术语用于其他方法，比如一篇文章采用了调查法，但把参与调查的人称为"被试"；另一文章采用了深度访谈法，却把访谈分为两个阶段，前一个阶段称为"前测"，后一个阶段称为"后测"。

二、统计调查法

（1）量表回答的标准难以把握。某项研究中测量农民工新媒介使用频率使用四级量表，即"1= 从不；2= 有时；3= 经常；4= 非常频繁"。但是，调查对象如何判断自己是"从不"还是"有时"等，却没有标准，这样则不同的人依据的标准差异很大，在一个人看来是"经常"，在另外一个人看来则可能是"有时"。这一类的量表设计方式经常见到，它其实会导致测量信度不高。研究者宜确定一个频次区间，调查对象回答出频次区间即可，研究者再把每个调查对象的回答频次依据一定的标准转化为"从不""经常"等。

（2）容易获得的调查对象没有必要采用滚雪球抽样方式，因为直接抽样的效果优于间接抽样。某项研究以农民工作为调查对象，采取了朋友圈抽样和滚雪球抽样方式，而且采取在线问卷调查方式。因为间接抽样的效果不便于保障，而农民工调查对象不难获得，故该研究应采用直接抽样方式为宜。滚雪球抽样以某些需要"内部人"介绍样本的情况为适用，比如对某些涉及个人隐私的调查对象的抽样。

（3）研究假设仍然是抽象的表达，难以进行直接测量。某项研究的假设之一是"权利'重构'对民众网络参与意愿产生正向的施力作用"，这样的表达不但是抽象的，而且语义较为晦涩，难以直接进行测量，因此没有起到研究假设的应有作用。根据该文的本意，如果改成"互联网使用提高了政治参与意愿"之类的表达，就变成较为清晰明确的研究假设了。

（4）简单套用其他研究的量表。相当多的研究借用别人研究中的量表，但是并没有考虑研究的问题与场景、对象等是否适合。某项研究讨论网络使用对网民政治参与意愿的影响，其中对网民政治参与意愿的测量采用了另一项研究中的量表，但是后者是一项居民参与社会治理的研究，两项研究之间明显存在多方面的差异，借鉴量表是无法保证研究效度的。不少研究套用其他人的量表，也反映出不严谨的学术作风。

（5）把简单调查等同于统计调查法。一些简单的调查，比如问几个问题等，与传播研究中严格量化研究的问卷统计调查法不同。某项研究列出了多达4种研究方法，包括"参与式观察""深度访谈""线上民族志""问卷调查"。一篇期刊论文中使用如此多的研究方法，系统性和规范性是难以保证的。其实，该文章中所谓的"问卷调查"并非真正的问卷统计调查法，而是"为何使用新媒体""使用新媒体的时间"这样简单而随意的问题，完全不具有量表的信度和效度控制效果，也难以承担对理论假设中变量进行测量的功能。

（6）问卷或量表设计简单随意，缺乏测量信度和效度。某项研究测量隐私披露行为时设计了3个问题，分别关于"朋友圈全部可见、半年可见与3天可见""发布在朋友圈的个人信息情况，比如手机、身份证号等""使用社交媒体而让渡的个人隐私"。这3个问题不但过于简单随意，而且第三个问题与前两个问题有交叉。同时，研究者也没有对量表进行信度和效度检验。总之，很难确认这样的问卷能够测量出可靠的社会意义来。

（7）数字表述不确切。比如一篇文章抽取微博内容进行文本分析，描述获得的文本条数是"8000多条"，显然应该给出确切的数字。学术研究应该避免模棱两可的计量描述，比如差不多、大约、估计等。

（8）抽样方法说明不充分。抽样方法是实证研究中常用的技术，也是对严谨性要求较高的技术。有9篇案例文章在抽样方法方面存在不足。有的是缺少对抽样方法的解释，比如有一篇采取了便利抽样法，另一篇采取了滚雪球抽样法，这些抽样方法不同于随机抽样，其效度容易受到质疑，则更需要对其加以解释。有一篇文章声称发放了××份问卷，但对调查对象通过何种渠道获得、是否通过抽样方法获得等均没有介绍。还有一篇文章声称从10个大学抽取了××人参加调查，但对如何抽样也没有说明。再有一篇文章对一个时间段的文本进行全部抽样，而对另一个时间段的文本进行随机抽样，这样的理由何在？也没有解释。这些问题都显示出研究者对抽样的严谨性缺乏意识。

（9）对二手数据的使用没做解释。目前，有少数文章用二手数据做研究材料，这未尝不可，但是需要必要的解释。有一篇研究网民公共卫生新闻接受习惯的文章，采用他人2016年的一项研究中的调查数据，这种使用行为是否获得授权，是否适合于本研究？这些都应有必要的解释，而不是直接说使用某某的数据就可以了。另外有一篇文章采用了中国综合社会调查（CGSS）2011年的数据，显然过于陈旧了，但是研究者没有做任何解释。

CGSS 不是学术测量，尽管它有时可用于学术研究中对简单变量的测试，但并不意味着任何研究项目都可以从中找几个数据来当"万金油"。

三、内容分析法

（1）对内容分析法概念的误解。内容分析法在传播研究中是一个特指的概念，即所谓"定量、系统、客观"的研究方法，这已经是被公认 80 多年的权威定义。但是，相当多的研究者把形形色色对文本的分析称为"内容分析法"，就是对这一方法概念的误解。如果按照这种误解，那么大部分的传播研究都可以称其运用了"内容分析法"，因为对传播文本的分析极为常见，由此可见这种误解的逻辑是不成立的。例如，有两项研究都仅仅是对文本的评论，却声明使用了"内容分析法"。另一项研究采用了框架分析法，却把进行框架分析时对文本的分析理解成了"内容分析法"。

（2）内容分析法没有编码过程。内容分析法的程序中需要编码，再根据编码对内容进行分类，再考察各类别之间的数量关系，因此没有编码是不规范的。有 3 篇文章声称运用了内容分析法，但是缺乏编码过程，表明研究者对该方法的特征和流程并不熟悉。

四、扎根理论分析法

（1）缺乏对文本获得方法以及文本分析单元的说明。扎根理论分析法要求文本的数量较大，并且需要说明获取方法，比如深度访谈如何选择对象，报刊文本如何抽样等；同时需要说明文本分析的单元，比如报纸文本是按篇还是按段落分析等。某项研究在这两个方面都缺乏相应说明。

（2）扎根理论程序颠倒。扎根理论的根本特点是从下到上，也就是从材料中循序地生成理论，否则就不是"扎根"研究。有一篇文章先给出若干概念，再对材料按照给定的概念进行分类，这样就恰恰与扎根理论要求的程序颠倒了。因为先给出概念再分类，就失去了由原始材料中发现概念和综合成理论的意义了，这反而类似于框架分析法的程序。另有一篇文章将扎根理论称为量化研究，其实它是编码类型的研究，概念之间的联系是逻辑性的，而不是量化方式的，所以不是量化研究。

（3）缺乏理论模型构建工作。扎根理论分析在 3 次编码的基础上，要形成理论模型，也即在选择性编码环节后，要在所得概念之间建立联系从而形成理论。一篇文章没有理论模型建构这个环节，在选择性编码环节后直接进行理论阐释，逻辑和结构上均有断裂，也不符合扎根理论的一般性流程。

（4）理论分析脱离模型。扎根理论的特点是由原始资料自下而上地形成理论模型，然后对这个理论模型进行阐释。某项研究提出了理论模型，但是在研究结论部分却抛开理论模型而另起一套阐释体系，那么就出现了研究逻辑的脱节，实际上前面的过程与后面的观点没有什么关联了。

五、框架理论分析法

（1）缺少对文本选择方法的说明。框架分析涉及文本选择，故需要说明其方法。某项研究声明以某媒体 2020 年 1-6 月对新冠疫情报道的文本作为研究对象，但是仅以"经人工筛选，获得有效样本 160 篇"作为说明，显然无法确保研究的可靠性，因为关于如何选择的，初始获得多少篇，以什么标准筛选等，均缺乏说明，会影响对研究信度和效度的判断。

（2）套用框架概念体系。框架理论很容易被套用，也就是选择一个框架概念体系，然后把文本往这个概念体系里装，并且总是可以似是而非地装进去。但是这种研究能有什么理论意义呢？显然没有。因为它最多表明该框架概念体系可以用来解释所选择的文本，而对理论与实践都没有贡献。某研究以《经济学人》的新冠疫情报道为研究对象，然后分析认为文本之中运用了归因－冲突框架、经济后果及人情味框架、价值导向框架，但这些框架的提出既缺乏信度与效度检验，同时并没有什么理论意义，因为即使存在这些框架，也最多是对框架理论进行了又一次验证，并没有理论创新价值。套用框架概念体系的模式很常见，这也是框架理论常被人诟病的重要原因。正确的思维应当是，在理论问题下发展出框架概念体系，然后通过框架分析回答理论问题。

（3）框架概念与高频词等同。框架的提取可以采用多种方式，但是不能简单地将其等同于词频统计。目前词频统计与词云图之类有滥用趋势，除了框架分析法，还有文本情感分析、扎根理论分析等都有较多用高频词或词云图作为类目编码等的情形。某项研究讨论中美媒体对新冠疫情报道的框架差异，就统计了媒体的高频词作为框架，但是提出的框架是事实陈述框架、国际交流合作框架、冲突框架、经济后果框架等，很明显词频统计是直接到达不了这些框架的，那么显然词频统计要么是无意义的，要么是缺失了研究环节交代。其实，如上所说，即使研究方法严谨，但是只是把文本往框架概念里套，得出了这个框架概念也是没有理论意义的。

（4）框架理论与方法混淆。框架理论既是理论也是方法，因此研究者对其要做清晰区分。某项研究在第二部分"理论框架"中既从认知心理学角度对其进行了介绍，又从方法的角度进行了介绍；在第三部分"研究问题与研究方法"中的"研究问题"部分提出要研究"受众框架""媒体框架"等，那么显然需要运用框架理论方法，但是在"研究方法"部分声明运用了"内容分析法""社会网络分析法""问卷调查法""深度访谈法"。可以看到，所声明的方法虽有 4 种之多，但没有提到框架分析法，那么如何研究"受众框架"与"媒体框架"？这样的思维明显存在诸多矛盾。

（5）框架分析中声称采用量表。框架分析中不需要量表，因为它就是研究者对文本内容进行编码的分析过程，而量表是调查法等量化研究中对被调查人员进行问卷调查时的测量工具。一篇文章声明运用框架分析，但是后面出现李克特量表设计等，实际上是在采用调查法。可见，研究者对框架分析和调查法的理解均有误。

六、民族志法（含虚拟民族志与参与式观察）

（1）对参与式观察的场所与方法等未做介绍。某项研究以新冠疫情期间的"团菜群"为研究对象，在引言中声明"对 9 个'团菜群'进行参与式观察，对 16 位群成员进行了深度访谈"。对研究方法的介绍仅此一句话而已，而对如何选择群、群的特征如何、如何进行参与式观察等，均缺乏必要的介绍，那么很难确定该方法适合于所研究的问题。另一项研究同样是仅在引言中声明"对网络社区进行了 10 个月的参与式观察"，就再也没有对方法的任何说明了。还有的研究甚至仅在摘要中以一句话介绍方法，而在正文中不着一字。

（2）民族志法是一种综合性的资料搜集方法，在田野工作中，会采取参与式观察的方式搜集资料，如观察、访谈、深度访谈、调查等。因此，如果在田野工作中进行了深度访谈等，并无必要将其声明为与民族志或参与式观察并列的独立研究方法。某项研究列出参与式观察、民族志、深度访谈、内容分析法四种研究方法，其中参与式观察与深度访谈都是在田野工作中进行的，并把对田野文本的质性分析理解成了内容分析法，因此该研究项目其实只需声明民族志方法，并在对搜集资料手段做介绍时说明参与式观察等即可。

（3）民族志场所的选择。尽管民族志场所的选择没有一个明确的标准，但是研究者至少应该对其进行说明，以表明所选场所适合于所研究的问题。某项研究以职业微信群的日常维护为研究问题，所选择的在线民族志场所是一家市级媒体广告部的工作微信群。这样的群从特征的突出性和普遍性两方面来看都并非典型，很难说明它适合于研究的问题。

（4）对虚拟民族志的场所不做介绍。某项研究以对 5 个微信群的虚拟民族志调查来研究科技传播的情况，但是没有对这 5 个群最基本的特征进行描述，更没有说明这些微信群是否适合该项研究。另有一项研究也以微信群作为虚拟民族志的场所，但是对微信群的人数没有介绍，其严谨性的缺乏可见一斑。

（5）解释研究方法的意义而不对设计和实施进行介绍。某项研究采用虚拟民族志对融合报道进行研究，花了很多篇幅论述民族志这种方法的意义，但是对于如何实施民族志，比如调查手段、对象、时间等均不着一笔。另一项研究在介绍研究方法时大量介绍采用民族志取得的研究成果，同样没有对本研究项目中所用方法做具体说明。这些都说明研究者对论文研究方法部分应该介绍什么不大清楚。

（6）在方法说明中进行自我评价。某项研究是对英国新闻业的新媒体生产进行民族志研究，作者在方法说明部分的主要内容是详细说明自己具有开展该项民族志研究的各种优势。这些内容并不那么重要，更不是必要的，可以呈现一点，但要简洁，重点应该是如何进行田野调查。

（7）参与式观察不宜写成"观察法"。在社会科学的研究方法中，"参与式观察"是一个专门的称呼，指民族志方法中的一种资料搜集方式，其特点是研究者成为社区中的一员。"观察法"则不一定需要研究者完全成为社区的一员，以旁观者的身份进行观察也是可以的。某项研究实际上采用了参与式观察法搜集资料，但是写成了"观察法"。

（8）将民族志等同于深度访谈。民族志需要综合运用多种资料搜集手段，包括深度访谈，因此仅以深度访谈内容表现民族志方法是不够的。某项研究声明运用了民族志方法，实际上仅是做了一定的访谈。这是较为常见的情形，可能是因为研究者对民族志存在误解，也可能是因为其在方法方面的敷衍态度。

（9）多点民族志的运用。某项研究运用民族志方法，将研究问题分为5个小问题，然后就每个小问题分别对一个田野地点进行调查。那么，为什么不是就每一个小问题都对5个田野地点做调查？即使是多点民族志——这当然是可以的，也是需要说明理由的。

（10）资料搜集对象的适当性。一项关于乡村公共卫生传播效果的研究采用民族志方法，但是参与式访谈的主要对象是乡村干部，而不是村民。通常来说，村民才是该问题中的主要受众群体。

（11）虚拟民族志场所的适合性存疑。某项研究以二次元文化为问题意识，选择以微信群作为虚拟民族志的场所，但是研究者声明大多数群友没有回应，那么这个群是否适合作为研究的田野场所？值得斟酌。

七、深度访谈法（含半结构访谈）

（1）没有说明访谈对象情况。深度访谈是常见的研究方法，需要对访谈对象做必要的说明，以表明对这些人的访谈可以作为研究资料。某项研究社交媒体倦怠的文章，只说明对多少人进行了访谈，但是关于访谈对象是如何确定的、他们有什么特征，均缺少说明。运用深度访谈法的研究没有对访谈对象进行说明，那么读者无法判断访谈对象的情况，也就无法判断访谈对象是否适合研究项目，进而无法判断研究本身的严谨性。

（2）缺乏资料分析方法。这一情形是指针对多人深度访谈而言的。深度访谈仅仅是资料搜集方法，而非资料分析方法。通常，多人深度访谈运用扎根理论分析资料较为常见。如果缺乏资料分析方法，那么分析中可能出现主观观点主导资料的情况，而非通过资料研究过程得出结论，使结论陷入不可靠的情形中。这也是深度访谈类研究中常常见到的情况，即文章声明运用了深度访谈方法，而且列举了若干深度访谈对象，但是分析时完全是根据观点需要引用访谈资料，就文章结构而言也是在对访谈对象介绍之后直接提出若干观点，这些做法都很难达到学术研究应有的可靠性。某项研究以网约车司机的数字劳动为研究问题，声明对"20多人"进行了深度访谈，文中能体现"深度访谈"的是5处对网约车司机的话语引用，那么如何可能反映出对"20多人"的访谈文本中真实的理论意义呢？

不过，并非所有深度访谈都需要明确的资料分析方法，它主要是针对多人访谈而言，比如那些十多人甚至二十多人的访谈。至于单人访谈或者少数人访谈，则重在强调访谈对象独具的深刻性，因此偏于思想性和思辨性，并不一定需要运用经验主义的资料分析方法。

（3）深度访谈并非"万金油"。深度访谈（含半结构访谈）与民族志（含虚拟民族志）一样，被不少研究者当成"万金油"方法了，其原因在于这些研究者对其严谨性缺乏理解，以为列出若干访谈者，然后进行一番主观议论，并在议论中引用若干访谈文本就成为"深度访谈"。抛开研究方法的严谨性不论，仅就研究方法的适用范围而言，这一点也值得讨论。通常，单人或少数人深度访谈偏于强调思想的深刻性，多人深度访谈则偏于强调对资料共性的提炼，因此前者常常用于对权威人士的访谈，后者常常用于常人访谈。某项研究以新型主流媒体传播效果为问题，采用对12位媒体从业者和大学教师进行访谈的方式来确定指标，这种方式就很值得斟酌。因为访谈者的"意见"何以成为"知识"呢？这里面有着相当大的断裂。相当多的所谓深度访谈研究项目针对的是经验性问题，经验性问题有很强的确定性，运用深度访谈法常常给人以隔靴搔痒、泛泛而论之感。某项研究以新冠疫情风险传播的影响机制为问题，文章中提出用深度访谈"挖掘公众的感知及其影响因素"，像这类本身的经验性很强，也有大量经验性研究基础的问题，采用深度访谈这种研究方法未必适合。

（4）缺少对半结构化访谈的理由的说明。一般地，采取半结构化访谈都有一些特殊的目的，即要把结构化的访谈和深度访谈结合起来实现某些研究目的，那么研究者最好予以说明，否则读者不清楚为什么要采用这种混合方法。

（5）深度访谈流于形式。某项研究网络新闻生产的文章，声明采用了深度访谈的方法，但是5点研究发现中仅有3点引用了访谈内容，且每点发现中引用一段，不但引用与阐释脱节，而且其他两段不涉及访谈内容，那么如何体现深度访谈的"深度"？另一项研究类似，对6个人的深度访谈，得出的每个观点中引用一个人的一段话。这样的"研究"是非常不严谨的。

（6）滚雪球抽样的适当性存疑。以滚雪球抽样获得研究对象，一般适用于需要内部人士介绍的情况，比如对罪犯或社会边缘群体的研究等。一般情况下，建议直接获得研究对象，这样有利于提高研究对象的适合度。某项研究以公园相亲角代替子女征婚的中老年人为研究对象，这样的研究对象显然是不难获得的，而且直接获得比间接获得效果好，但是该研究采用了滚雪球抽样，这种方式值得商榷。

八、案例分析法

（1）个案讨论缺乏理论目标。个案讨论如果缺乏理论目标，就成为对具体案例的评论或解释，显然是产生不了学术价值的。这种情况相当普遍，常见于那种在副标题中列出以个案为研究经验的情形。某项研究以《朗读者》为例研究电视文化节目的思想与情感，但是因为理论目标不清晰，最后得出的结论就是《朗读者》建构了"新情感结构""采取了一系列情感策略"这类对于节目的具体评价。不少对于个案的研究，最后都成为这种就事论事的讨论，无理论价值。

（2）案例研究法概念的扩大化。案例研究法的特点是对案例的深读，因此如果仅仅是从某个或某些事件中获得经验资料，一般并不将其视作案例研究方法。某项研究"以'广州小学生被体罚吐血'事件为例"讨论微博中的舆论反转特征，文中声明运用了案例分析法，但其实仅仅是采用了该事件的微博文本作为经验资料，真正运用的"方法"是词云图等。另一项研究以四个互联网平台作为经验资料的搜集场所，因此声称运用了"四个案例"，也是对案例研究法的误解。

（3）没有解释案例选择的理由。某项研究以美国的人工智能新闻业为例来研究受众对机器人新闻的接受程度，但是没有解释以美国为例的原因。尽管美国的人工智能可能是最发达的，但是仍有简要说明的必要，因为一方面读者可能主要是国内的人，另一方面理论研究的意义是不局限于美国的，那么就需要解释这种研究的结论可以在多大范围内推及。另一项研究选择某款游戏进行二次元文化研究，但是不解释这款游戏是否适合所研究的问题，比如这款游戏是否很流行、是否为二次元文化的典型等。这种情况是相当常见的，即选择一个案例来分析某个问题，但是不对为何选择该案例做任何解释。

九、文献分析法

运用文献分析法的研究最常见的方法缺陷是对样本的说明有瑕疵。某项研究采用对传媒上市公司报表数据进行分析的方式讨论风险承担对业绩的影响，其中风险承担以业绩波动指标来测量。该研究的问题是没有说明所选择样本中是否存在仅仅上市一年的情况，因为如果存在这种情况，就无法判断其业绩波动。当然，也可能根据报表中的历史数据测量年度波动值，但对这种情况也应当予以说明。

十、文本分析法

（1）文本分析法概念的扩大化。大多数所谓采用文本分析法的项目其实并非采用了这种方法，而是把"对文本的分析"当成了文本分析法。这种情况与对内容分析法的误解类似。某项研究通过对李子柒视频的抽样进行框架分析，但同时声明进行了"文本分析"，明显是把"对文本的分析"当成了文本分析法。

（2）文本分析法缺乏理论目标。有些文本研究局限于对文本本身的描述与评论，以至于最后没有理论成果出现。某项研究以《人民日报》（1979—2019）"五一"社论为研究文本，讨论对工人阶级的形象描述。这一选题不能说没有价值，但该研究的结论仅仅是工人阶级被描述成了"主人翁""主力军"等。这些观点是很常识性的，反映出研究者具体问题意识的缺乏。

十一、话语分析法

（1）把"话语"理解成某个词语或提法。话语分析理论是专门的系统的理论，但是不少声明进行"话语分析"的研究都片面地理解了"话语"这一概念，而想当然地把任何词语或提法都随意地称为"话语"，继而将对这些词语或提法的想象性的讨论都称为"话语分析"。某项对县级融媒体中心的研究采用了深度访谈的方法，认为深度访谈资料中含有"建设"含义，因此以"建设"为话语，并将研究方法称为"话语分析"。这就属于想当然理解话语分析法的类型。

（2）将话语分析与文本分析混淆。相当多的研究自称是话语分析，实际上是文本分析。某项研究媒体素养的文章声明使用话语分析法，但实际上是对内容的主题归类等，其实就是简单的文本分析。也有将话语分析与框架分析混同的。一项研究声明用了话语分析法，但是方法运用中出现了编码过程，这就属于与框架分析法混同的情况。还有一种情况，一篇文章对媒体的所谓"主流话语"做了议论，就声明运用了话语分析法，但其实

"主流话语"与"话语分析"中的"话语"是两个概念,前者是日常用语,后者是学术概念。这种将非学术性词语当成学术性概念的情况也不少。

十二、社会网络分析法

(1)将社会网络分析与语义网络分析混同。某项研究以微博文本为经验资料讨论"北京冬奥会"的议程设置,声明运用了社会网络分析、主题词分析和深度访谈三种方法,但是研究发现部分只有词云图、词频图和高频词语义网络之类,全然不见社会网络分析图。很明显该研究者把两者混同了。把社会网络与语义网络、词云图之类混同的情形并非偶见。需要注意的是后者往往只对文本特征进行了若干描述,并不具有理论的意义。

(2)缺乏对方法的介绍。某项研究声明的研究方法多达4种,包括内容分析法、社会网络分析法、问卷调查法、深度访谈法。其中一段话对社会网络分析法本身进行了介绍,而未说明如何设计方法,比如以何者为行动者节点,以何者为社会关系,在研究发现部分则也是列出了高频词云图。其实,像这类罗列多个研究方法的文章,对研究方法的了解往往是较为肤浅的。因为在期刊论文中很难消化那么多并列的方法,其直接结果就是对方法的介绍仅仅是蜻蜓点水。

十三、文本情感分析法

运用文本情感分析法的研究最常见的方法缺陷就是方法说明非常不严谨。某项研究以西方某方面论文对中国的情感为问题,声明运用了文本情感分析法,而且说明是对文章标题和摘要进行情感分析,那么就有一系列的疑问:标题与摘要是否足以代替全文的情感,标题与摘要不一致时如何处理,不同的情感强度如何处理,情感分类有哪些,等等。可见,这样的方法说明完全不足以保障结论的可靠性。另一项研究声明采用自然语言法进行文本情感分析,但没有告诉具体如何操作,比如如何选择文本、如何清洗样本、如何分析文本等,致使方法如同一个"黑箱",结果被直接"端"出来了。

十四、定性比较分析法（QCA）

运用定性比较分析法的研究最常见的方法缺陷是对方法本身的介绍喧宾夺主。研究论文的研究方法部分应该对如何设计方法进行说明，而不是对研究方法本身进行冗长的介绍。部分研究者会在研究方法部分对方法本身进行介绍，而又尤以定性比较分析法为甚，可能是因为这一方法比较少见，研究者生怕读者不了解。某项研究讨论新冠疫情中的假新闻传播路径，其研究方法部分全部是对定性比较分析法的介绍，包括逻辑原理、数学原理（即布尔代数）、定性比较分析的三种方法、应用的学术领域等，但是对研究项目自身如何设计方法却没有交代一字。这种情况就误解了研究方法部分的本来职责，研究本身也无法确立。

十五、其他情况

1. 研究方法概念泛化

有学者认为，一个学科确立的标志是研究问题与研究方法，其中的研究方法指的是学术研究方法，而非日常所说的概念。某项研究认为"大数据分析是近年来国内外兴起的热门研究方法"，就属于方法概念滥用的情形，因为大数据分析是一个很模糊的提法，"对大数据的分析"须在具体的方法下才有实施意义。类似地，方法概念泛化的情形还有"自然语言处理的方法""量化分析""对比分析""量化与可视化分析"等，都没有在严谨的学术语境下使用方法概念。

2. 把理论当成方法

不少文章沦为"贴上理论与概念标签的议论文"，可能与这种错误的思维有关。有的理论具有一定的方法论性质，但是绝大多数理论都仅仅提供研究视角而非研究方法，将理论当成方法的结果就是研究中实际上没有方法。这类理论有互动仪式链理论、行动者网络理论、复调理论、集体记忆理论等，不少时候符号学理论与话语分析理论也掉入了此种泥潭，也就是用这些理论中的概念对现象进行一番述评，就认为运用了研究方法。其实，这些理论更多的是提供一种分析视角或者说方法论，离开了具体的研究方法就成为空洞的议论。

3. 对时间段的选取原因不作说明

有一篇研究广告中的女性形象的文章，时间段选取 1980 年到 2016 年，但是为什么从 1980 年开始，又为什么到 2016 年截止？都没有说明理由。在论文中简要地交代时间段的选取原因会显得更严谨，也是有必要的。

4. 将方法称为"范式"

一篇文章将 ×× 研究方法称为 ×× 研究范式，这是不妥的，因为范式的概念比方法大得多，两者根本不是一回事。研究者要克服随心所欲使用术语的习惯。

5. 对研究方法部分的命名随意

有两篇文章列出单独一部分叫"研究过程"，细读之下发现其实是对研究方法的介绍。另一篇文章将研究方法部分的小标题称为"研究方法与资料搜集"，其实只需要"研究方法"即可，因为研究方法中包含了资料搜集，而且很多时候主要就是介绍资料搜集方法。

6. 套用 SWOT 分析法

SWOT 分析方法是管理学中的一个实践分析工具，根本不是理论研究的方法。任何问题都可以列出优势（Strengths）、劣势（Weaknesses）、机会（Opportunities）、威胁（Threats），因此这样的万能"方法"是没有意义的。这与所谓"波特五力分析法"一样的，有的研究者不明就里，以为运用了新颖的方法，其实那根本就不是学术方法。

7. 方法之间没有协同效果

一篇文章运用了焦点小组访谈和调查法，前者属于质性研究方法，后者属于量化研究方法，协同起来有一定难度。该研究者并没有将这两种方法协同起来，即都针对共同的问题进行研究，而是不同的方法针对不同的子问题进行分析，并且缺乏对子问题分析结果的综合，那么这样的两种方法就是割裂的。大多数运用了两种方法的文章都没有协同好，运用更多方法的文章则基本上都陷入了方法的混乱之中。

8. 突然出现的"研究方法"

规范的学术研究，在"研究方法"部分应该对所运用的所有方法都进行系统介绍。有一篇文章在前面声明采用的是内容分析法，大部分篇幅也在按照内容分析法进行研究，但在后面的研究发现中突然出现运用符号学概念的分析，让人颇觉得突兀。

9. 研究方法脱离研究过程

即作者提出了方法，但在研究过程中并没有真正运用，使方法成了一个"标签"。某项研究声明运用了深度访谈法，但全文没有看到一句来自访谈资料的话，甚至连间接的引用都看不出，完全是作者自己的主观议论。另一项研究声称运用了深度访谈法、焦点小组访谈法和案例法，但是全文也看不到运用访谈资料或案例来支撑观点的情况。这表明作者要么是没有实施真正的研究过程，要么是实施了但是不知道如何运用资料。

第四篇

论 文 写 作

　　论文是研究项目的最终成果之一，因此论文撰写是学术研究结束后非常重要的工作。本书强调首先要开展切实的研究，即提出有价值的问题与运用规范的方法进行研究。在此基础上，本章以结构安排为线索，讨论论文的结构组成以及各部分应该如何安排，因为这是论文写作中一个提纲挈领性的工作。

第十二章　论文主体部分

论文的结构可分为主体部分与非主体部分。主体部分即通常所说的"正文"部分，是论文的主要内容所在。论文作为一种应用性文体有结构方面的规律，尤其对于经验研究而言其模式性的特征较为明显。

第一节　论文主体的常规结构

论文的结构设计是论文写作中的一项基本功，对于逻辑清晰地报告研究过程与结果有重要意义。但是，相当一部分论文的结构逻辑不畅甚至混乱，既反映出研究者的文字表达能力需要提升，也反映出有必要对论文的结构做一些讨论。这里所说的结构，指的是正文部分的结构。

学术论文的结构，即论文包含哪些部分，以及各部分的先后顺序如何安排。传播研究分为经验研究与规范研究两种类型，其中规范研究论文的结构没有规律可循，经验研究论文的结构则可以发现一定的参照模式。这是比较易于理解的，因为规范研究采用逻辑思辨作为方法，所以研究过程不具有实体性特征，论文结构因不同研究者的思辨习惯不同而不同；经验研究的方法有实体性特征，有的研究方法甚至有结构性特征，也就是研究方法对先做什么后做什么均有一定的规定，那么论文作为对研究过程与结果的记录自然也具有一定的结构性特征。因此，本书所讨论论文的结构指的是经验研究论文的结构。

传播经验研究论文的结构，如前所述，它是由经验研究方法的结构性决定的。在经验知识研究中，又以实证主义论文的结构性特征最为显著，因为实证主义方法的结构性特征是最显著的，可以说包含了诠释主义方法的结构性的所有特征，因此在接下来的讨论中主要以实证主义论文为对象来分析论文的结构。

经验研究论文通常包括前后相继的 5 个基本部分：引言—文献梳理—研究方法—研究发现—结论与讨论。不同的研究方法和不同的研究项目可能有所差别，但大致都是在此论文模板基础上的微调。因此，本书把这个结构模板称为实证主义或经验研究论文的常规结构。

有人可能会对经验研究论文的结构模板颇有微词，指责其为学术"八股文"，其实这可能是偏见。学术研究是一个共同体，学术交流需要有较为统一的范式，这个范式既包括术语也包括交流模式。学术论文"模板"的存在，实际上会大大提高学术交流效率。比如作为期刊编辑，笔者会从投稿的特定部分去判断其应该完成的工作以及达到的标准，如果结构方面各行其是，就会大大增加工作量。更重要的是，这个结构模板的确较好地反映了实证主义研究的流程特征，能够清晰地报告研究的问题、过程与发现。何况，这并非一个强制性的标准，而是一个基于共同体实践而"约定俗成"的"惯例"，研究者完全可以对其灵活运用。但是，对于并不大熟悉学术研究的青年学者而言，参考该模板对于规范和清晰地报告学术研究成果有相当重要的意义。

在接下来对论文各结构部分的讨论中，将运用到的案例论文是在问卷调查法部分已经用作案例的《断交》一文。为了方便，这里再次叙述一下其结构。文章分为 5 个部分，各部分小标题依次是：①引言；②文献综述；③研究方法；④数据分析；⑤结论与建议。可以看到，这个结构与前面所说经验研究论文的模板基本一致，仅有第四部分被称为"数据分析"，实际上与通常所称"研究发现"部分的内容相同。下面按照论文各部分出现的先后顺序分别对其中包含的内容进行讨论。

一、引言部分

论文的第一部分是引言。有的论文将其称为"引论""问题的提出""研究的缘起""研究背景"之类，都属于这里所谓引言的范畴。还有的文章在引言前面另有一个开头，也可将其视为引言的一部分。为了简便，后文中所称"引言"，实际上指的是这一类别的内容，而并非单指小标题为"引言"者。引言部分的核心功能在于引出研究问题，有时候还提出所运用的理论视角。

（一）引出问题

所谓引出问题，指并不提出研究的具体问题，而是对研究问题的背景与意义等进行交代，一方面可以自然而然地引出研究问题而不至于突兀，另一方面可以对研究问题的价值进行烘托与铺垫。因此，有人将引言称为学术论文的"开场白"[①]。这与日常生活中的交流比较类似，人们要商谈一个事情，一般不会一开始就直奔主题，而是会有一个"引出"话题的前奏。比如两个机构商量共同举办一个学术活动，那么开场一般不会直接讨论这个学术活动如何举办，而是会从这个活动的意义开始铺垫，包括活动的议题在学术上如何重要、在国际上如何形成热点、双方如何具备优势等，之后才具体地商量如何共同举办活动。学术论文通过引言来提出问题，与商谈共同举办学术活动时开场讨论的意义类似。如果没有引言，直接进入研究的过程，则关于研究的背景、意义等都没有机会交代，文章也会显得比较突兀。

---

① 王小唯，吕学梅，杨波，等.学术论文引言的结构模型化研究[J].编辑学报，2003(08)：247-248.

要注意的是，后面会讨论到，文献梳理之后要"提出问题"，那么引言的"引出问题"与文献梳理之后的"提出问题"如何区别？区别在于："引出问题"并不直接指出研究的具体问题，而往往是指出一个方向或一个背景；"提出问题"则是表明研究的具体问题。换句话说，在"引出问题"后是没有办法立即进入研究的，因为研究的具体问题还不清晰，需要等到文献梳理后才能清晰。仍以前面商议共同举办学术活动为例，双方讨论活动的重要性之类的内容就相当于"引出问题"，而商量具体举办什么样的活动（比如论坛、论文工作坊、系列讲座等）则属于"提出问题"。

引言部分的任务仅仅是"引出问题"，也就是只要提出研究什么问题及其意义即可，并不需要阐释具体研究什么以及如何研究——具体研究什么问题将在文献综述结束时提出，而如何研究将在研究方法部分呈现，因此引言部分切入的起点往往较高较远，切入的视角也比较宏观，颇有些"务虚"之感。通常，引言部分可以从下面两个角度"引出"问题：一是从社会背景的角度，即勾勒社会现实对某方面的理论研究提出了要求，比如研究游戏传播，就可以从游戏在青少年中的普及程度来描述研究问题的意义；二是从学术动态的角度，即勾勒出学术研究的大背景，表明在某个方面研究的不足和重要意义，比如研究游戏传播中的情感问题，那么可以宏观描述游戏传播研究的概貌，从而指出其中情感研究的缺乏以及该问题的意义。这两个方面，可以从其中一个方面来引出问题，也可以两个方面结合，当然还可以运用其他维度的方法来使问题的引出更有说服力。

现在看看《断交》的引言如何"引出问题"的，该部分的核心表述如下：

> 友谊对于维系人们的社会网络，构建自我认同都至关重要，因此一直被认为是人际关系的核心类型之一[1]。过去许多研究探讨了面对面友谊的建立、维系与瓦解[2][3]。近十几年来，随着社交媒体的发展与普及，网络友谊，也即线上友谊（online friendship）开始引起学者的关注[4][5]。
>
> 有关线上友谊的研究，大多数集中在探讨网络友谊的构建与发

展，维系与持久，鲜有研究探究网络友谊的瓦解与终结。然而，友谊并非深根固柢的存在，而是充满了流动性与不确定性，因此，割袍断义即便在社交网站上也时常发生……

…………

皮尤研究中心（Pew Research Center）2012 年的一项调查显示，63% 的社交媒体用户曾将某人从自己的好友列表中删除，高于 2009 年的 56%……由此可见，断交在社交媒体上并不少见，尤其是在年轻人当中。

尽管断交在社交媒体上非常普遍，相关的研究却很有限。仅有的研究主要是通过大数据观测网络节点连接与断裂的动态变化，或者通过小规模的访谈展开定性分析，基于大规模的问卷调查研究寥寥无几，对比研究更是寡闻少见[2][3]。相关的大数据研究与定性分析对于探究由于某一突发事件导致的友谊终结很有价值。然而，这些以事件争端为导向的研究忽略了断交这一操作的日常性……因此，本研究更倾向于探索断交的日常性，关注影响这一决策过程的日常因素，而不是任何突发事件或冲突。换言之，本文关注的问题是在社交媒体上促使人们做出断交决策的因素有哪些？而阻止人们做出断交决策的日常因素又有哪些？

可以明显地看到，这篇文章是将社会背景和研究现状两个方面相结合来引出问题的。引用皮尤研究中心的数据等，表明了在网络生活中断交行为的普遍性，意在说明研究断交行为的现实意义。对研究现状的描述，意在表明关于断交行为的研究较为有限，对比研究更是"寡闻少见"，综合起来就表明了研究问题的意义。

需要注意的是，引言部分要言之有据，即使对社会背景的描述并不需要严格的文献，但也要与人们的常识判断符合；至于对研究动态的描述，则更要用词严谨和有所依据，不能随便判断或夸大其词。有的研究者并不掌握研究动态，就盲目而空泛地下结论"尚无此类研究"或"研究非常缺乏""本研究系首次"等，反而致使研究问题难以确立。另外，对背景等的描述要与研究的问题直接相关，比如有研究者凡是涉及互联网领域就要引用中国互联网络信息中心（CNNIC）发布的全国网民数，看起来言之有据，但有时候显得过于间接，不如引用直接的数据或背景更有说服力。比如研究游戏传播中的情感问题，引用 CNNIC 的网民人数数据就不如引用游戏方面的用户人数对研究更有说服力，在《断交》中如果引用 CNNIC 网民人数数据也不如引用皮尤中心关于删除社交媒体好友的用户比例的数据有说服力。

（二）理论视角

所谓理论视角，即论文将运用什么样的理论或概念来分析。理论视角一般在引言中提出，有的也在文献梳理时提出，但笔者认为以前者为佳，毕竟理论视角是统摄全文的，而且文献梳理往往也需要结合理论视角进行。

在具备理论视角的论文中，有的论文会明确提出理论视角，甚至有专门一部分内容对其进行介绍与阐述；有的论文则不明确地提出理论视角，当然也不会用专门的一部分来介绍，所运用的理论需要读者分析得出。《断交》一文提出理论视角就是隐含式的，其引言的最后一段写道：

> 为了回答上述问题，本研究试图通过问卷调查的方式，探究社交网络的同质性（homophily），面子顾虑（face concerns），以及隐私顾虑（privacy concerns）这些社会心理因素是否能够解释用户在日常生活中，而非在特定冲突事件下的断交决策。除此之外，本文也试图探究这些因素与"断交"行为之间的关系是否存在跨文化差异。

可以看到，研究者并未明确提到理论运用，更未用论文的专门部分来介绍理论工具，但我们能够读出其所运用的理论视角就是社会心理学，因此该文实际上是运用了理论视角的。

一般地，学术研究应该有理论视角，这种理论视角一方面可以理解为在一定的理论视野中讨论理论问题或应用问题，也可以理解为最后的目标是为了实现理论发展，两者应居其一。比如，在议程设置理论视角下考虑对其发展与完善，当然是具有理论视角的；在议程设置理论下研究如何提高传播效率，也是具有理论视角的；一些研究项目在开始时没有设定理论视角，但是最后发展出了原创性的理论成果，也可以被认为是具有理论视角的。其中第三种情形常见于原创性的理论研究，比如麦库姆斯和肖从原始的经验资料开始研究，并未设定理论视角，但是最后发展出了著名的议程设置理论，也是具有理论视角的。原创性的理论研究毕竟是少数，因此大多数经验研究和规范研究都会在研究开始时设定理论视角，否则就容易沦为日常性的感受与评论等。

不少论文运用理论视角不当，比如套用宏大而空泛的理论，动辄在"传播学理论视域下""传播政治经济学视域下""马克思主义新闻观视角下""文化研究理论视角下""人文主义视角下""媒介社会学视域下"等等。这些过于宏大的理论不但显得大而不当，而且容易使文章沦为空洞议论，因为这些"理论"无法真正提供分析经验材料的具体概念框架。又如，在投稿中不时会见到用所谓传播学"5W"模型来分析某某问题。拉斯韦尔 1948 年提出的"5W"仅仅是一个很初步的传播模型，也就是传播系统由哪些环节和元素构成，70 余年过去了，它早已是常识中的常识了，还用它来作为理论工具会有什么学术创新呢？

还有一些论文把研究的环境、背景、前提之类混同于理论，如冠以"新媒体视域下""文化自信视域下""社会主义核心价值观视域下""全媒体视域下""新冠疫情视角下""国家形象视域下""社会治理视角下""自媒体视角下"等。这些都不是理论分析的工具，大多数是分析某个问题的背景或环境等，并不会因为冠以"视域""视角"等就具有学术性了，反而使标题或问题显得不伦不类。

二、文献梳理部分

论文的第二部分是文献梳理。所谓文献梳理，指对与研究问题相关的文献进行搜集、整理、分析和评述，通过分析现有研究中存在的不足来提出研究问题的工作。有的论文也将文献梳理部分称为"文献综述""文献回顾"等。本书将它们统称为文献梳理。

文献梳理在论文中的作用非常重要，因为它具有"描述当前关于某一主题的知识现状、探讨开展新研究的必要性和重要性、解释研究发现以及描述已有研究的质量"[①]的作用。可见，尽管它不是直接对问题进行研究，但是研究问题的确立和价值都高度依赖于这部分内容。通常所强调的问题意识包含了提出有价值的问题与对问题进行充分的论证两个方面，而文献梳理就属于对问题进行论证的重要工作，没有这部分的工作则研究问题的价值就无法显现出来，也就意味着研究问题的合法性难以确立。

举个形象的例子，学术研究正如挖矿——挖掘的是知识之矿，而文献梳理过程就正如绘制一张矿产资源分布图，说明哪些地方被别人挖掘过，哪些地方还是空白，如此才能表明自己所选择的挖矿点是有价值的。很多论文的文献梳理犹如蜻蜓点水，停留在表层，或者单纯地将大量文献罗列在一起却缺乏明确的方向，实际上不算合格的文献梳理。那么怎样才算合格的文献梳理呢？

第一，针对性。文献梳理不能漫无边际，一定要针对所研究的问题进行，也就是以梳理与问题直接相关的文献为核心。比如《断交》一文旨在分析社会心理因素对大学生在社交媒体上"断交"行为的影响，那么文献梳理便是紧紧围绕这个问题进行的。论文的文献梳理分为4个部分：第一部分"社交网络上友谊的终结"，通过文献梳理提出了社交网络友谊"断交"的概念和3个社会心理影响因素，即同质性、面子顾虑、隐私顾虑；第二部分"社交网络的同质性"，针对同质性概念、同质性对线下社交的影响、同质性对社交媒体友谊的影响3方面进行文献梳理；第三部分"面子顾虑"，针对面子协商理论、面子与社会交往等方面进行文献梳理；第四部分"隐私顾虑"，针对隐私概念、隐私与社交媒体交往两方面进行文献梳理。可以看到，这样的文献梳理逻辑相当清晰，针对性也较强。我们

---

① 阿琳·芬克.如何做好文献综述[M].齐心，译.重庆：重庆大学出版社，2014：73.

可以看看对同质性概念进行文献梳理的 3 段文字：

　　早期的研究发现，在大学与社区中形成的社会团体，成员之间往往有很大程度的同质性[4]。后来，学者发现这种同质性原则并不局限于因物理接近性而形成的社会团体中，也同样适用于多种类型的社会关系网络，例如婚姻关系、友谊关系、合作伙伴关系、信息交换关系、社会支持关系等。

　　McPherson 等人认为同质性指的是相似的人之间的接触频率高于不同的人之间的接触频率。[5]专注于社交媒体关系研究的学者将同质性定义为个人倾向于与自己相似的人建立并维持关系。中国古语中的"物以类聚，人以群分"正是对同质性这一社会交往原则的总结。

　　Lazarsfeld 与 Merton 区分了两种类型的同质性。身份同质性，也称为背景同质性（background homophily），这里的相似性是基于非正式的、正式的或先赋的身份，包括主要的社会人口维度，例如社会地位、居住地区、财政状况等。价值同质性（value homophily），指的则是基本的价值观，人生态度与信念上的相似性[1]。从经验上讲，当个体对自己与他人的相似之处做出判断时，首先倾向于对身份背景的同质性进行判断，因为这是相对固定和与生俱来的。价值同质性通常是第二个维度，因为它往往是社会地位的衍生物。

　　第二，评价性。文献梳理并非仅仅是将文献罗列在一起，它的主要任务是进行分析、评论或评价，如此才能将之引向自己的研究问题。准确地说，文献梳理是一种典型的夹叙夹议的方式，而且以"议"为骨架，以"叙"为血肉。所谓"议"就是对研究状况、研究不足等的分析和评价，所谓"叙"就是以引用文献观点的方式来支持"议"的观点。如果没有分析、评论和观点之类，如果不能提出对研究状况的分析，那么再多的文献堆砌都是没用的。比如《断交》一文在对隐私顾虑的文献梳理中，涉及对隐私概念文献梳理的两段文字就既有文献叙述也有评论观点：

作为一个弹性概念，隐私的定义一直在不断变化发展中。Altman 和 Westin 提出的两种隐私理论，为理解隐私这一概念提供了基础[1][2]。Altman[3] 认为隐私是"对自我访问的选择性控制"，而 Westin[4] 则强调信息隐私（information privacy），认为隐私是"一种个人的权利主张，用以确定关于自己的哪些信息可以为他人所知"。之后层出不穷的隐私定义，基本都是在这两种理论的基础上，根据不同的社会环境和上下文情境延伸与发展而来。

为了使这一复杂概念更加清晰，一些学者试图对隐私进行维度划分。例如，Leino-Kilpia 等人[5] 认为隐私可以分为四个维度，即信息隐私（informational privacy）、社会隐私（social privacy）、心理隐私（psychological privacy）和物理隐私（physical privacy）。在社交媒体使用中，隐私不仅是自我与他人之间的一种"灵活的屏障（flexible barrier）"，更是人与信息之间的边界动态管理[6][7]。之前的研究也表明，大多数用户在使用博客和社交网站时，认为最容易受到威胁的是信息隐私[8]。因此，信息隐私这一维度是本文研究的重点。

第三，权威性。所谓"权威性"，指文献梳理中引用的文献要有一定的学术水准。因为学术研究是一项共同体的活动，新的研究总是根植于之前研究的基础上，如果引用的文献不够好，说明研究者对理论发展的脉络不清楚，可能导致研究问题的价值难以确立。那么，何谓"权威性"的文献？一般地，与自己研究问题相关的重要文献都要有所涉及。如果漏掉了这样的文献，研究的严谨程度会被质疑。一些研究者不太明白如何选择文献，比如有的以百度查询结果作为文献，有的以大量非学术期刊的体会性文章作为文献等。这些内容都不是学术文献的来源，它们最多可作为研究的资料。此外，即使从学术期刊选择文献也要注意，并非所有学术期刊的质量都可靠，甚至一些不错的学术期刊上也有质量较差的文献，这些都需要研究者善于甄别。

第四，目标性。所谓"目标性"，指文献梳理始终有着明确的目标，研究者在写作这部分时要有方向感。文献梳理部分最主要的目标是提出研究问题，因此要朝着这个方向行文。这就要求研究者非常清晰地按照这部分的目标去推进，而不能漫无目的地罗列完事。这和前面所说的"分析性"是一个问题的两个角度，"分析性"是就过程而言，"目标性"是就结果而言，做到分析性就是为了实现文献梳理的目的性。有的研究者只在形式上模仿学术论文，也就是形式上具备专门的"文献梳理"部分，但仅仅是罗列了若干文献，没有分析性和目的性，文献罗列结束时生硬地提出问题，问题的"价值"显得强加于人，研究问题当然确立不起来。

文献梳理工作在研究中非常重要，因为研究问题需要通过文献梳理才能提出并得到论证，因此如果没有这一工作过程，研究问题就无法确立，就好比挖矿不知从何处下手。同时，在文献梳理过程中还要将研究问题进行概念操作化，并在此基础上提出研究假设，从而使研究变得可行。实证研究的文献梳理部分往往需要同时完成这 3 项任务，而诠释研究则一般不需要进行概念的操作化和提出研究假设。

1. 研究问题的提出

如前所述，文献梳理部分的"提出问题"与引言部分的"引出问题"不同，它是指提出研究的具体问题。提出问题在文献梳理中有多重要？毫不夸张地说，把文献梳理部分的标题改作"提出问题"都是合理的，因为它是文献梳理的主要目的和主要任务。而且，提出问题也只能在文献梳理中实现，因为学术问题的提出需要建立在了解前人研究状况的基础上。没有文献梳理而提出问题，则完全可能是重复研究，即缺乏研究的价值。

比如《断交》一文中，文献梳理部分的"社交网络的同质性"部分一共有 6 个自然段，每一段的第一句大体上是对该段的总括，因此联结起来可以看到作者明显的分析性思维与评论性和目标性等，而非简单的文献堆砌罗列。而且，这部分整体上是按先提出同质性的概念（理论视角），然后提出同质性对社交友谊维系的重要意义（研究的价值），再分析现有研究中的不足（研究的价值）这样的思维过程确立起同质性研究视角合法性的。下面将前五段的第一句列出，第六自然段全部列出，因为第六段是文献梳理的分析结论部分：

早期的研究发现，在大学与社区中形成的社会团体，成员之间往往有很大程度的同质性[4]。……

McPherson 等人认为同质性指的是相似的人之间的接触频率高于不同的人之间的接触频率[5]。……

Lazarsfeld 与 Merton 区分了两种类型的同质性……

同质性在线下友谊的形成、发展、维系与瓦解中扮演着重要角色[2][3]。……

也有研究指出，同质性对于网络友谊的维系同样重要[7][8]。……

大量研究证实了同质性对于友谊建立与维系的促进作用，然而，鲜有研究探讨同质性与友谊终结之间的关系。在社交媒体上，人们仍然倾向于建立稳定且干净的关系网络，在那里，人们只想听到与自己相似的声音，而不想看到极端的，不符合自己价值观的观点[10]。要满足这种需求，就必须消除差异，将与自己"三观不合"的用户从好友列表中删除。有学者发现，在2014年以色列加沙冲突事件中，社交媒体用户会在发现其线上好友持有与自己不同观点，或者是过于偏激的观点后，选择与其断交，以此来维持自己社交网络的干净与和谐[11]。据此推断，倾向于在社交媒体上维持同质性关系网络的用户更有可能为了保持所处社交环境的安定与和谐而做出断交的决策。综上，我们提出以下假设：

假设一：越倾向于维持社交网络背景同质性的用户在社交网站上进行断交操作的频率更高。

假设二：越倾向于维持社交网络价值观同质性的用户在社交网站上进行断交操作的频率更高。

2. 研究假设的提出

所谓提出假设，指研究者在进行研究之前，对研究问题提出假设性的理论推断，然后运用从经验中获得的研究数据来对这个推断进行验证。提出假设是实证研究的一个鲜明特征，诠释性研究不需要研究假设，思辨研究更不需要假设。上面分析提出问题时已经提到研究假设，二者之间确实有紧密的联系，即提出研究问题后往往要提出研究假设。

那么，首先，研究假设从哪里来呢？可以来源于研究者的个人观察，但主要来源于既有的理论，也就是在现有理论的基础上提出。这就是为什么说文献梳理负有提出假设的任务，而且研究假设总是在文献梳理结束时提出的原因，因为它是把研究问题置于理论框架之下进行合理的逻辑推导的结果。

其次，研究假设具有什么特征？社会科学中的理论假设与自然科学中的假设不太一样。后者往往是公式形式的，而前者是陈述句形式的。更准确地说，社会科学中的研究假设是表示两个或多个变量之间关系的一个或一组陈述句[1]。如果是一个陈述句，也就是只有一个研究假设，这种情况几乎没有；更多的研究假设包含两个或几个陈述句，也就是有两个或多个研究假设。

最后，如何判断研究假设的有效性？之所以提出这个问题，是因为有的研究假设的质量不高，甚至导致研究没有意义。当然，研究假设质量不高可能不单纯是提出假设的问题，而可能是整个研究问题的价值都值得怀疑，但假设的提出本身仍有一定的影响。萨尔金德[2]提出衡量假设好坏的5个标准：①以陈述句而不是疑问句的方式表达；②说明变量之间的关系；③以某个理论为基础或以一系列的研究文献为基础；④简短精练；⑤可检验。一些不成功的研究假设，主要是偏于主观性或者常识性。所谓主观性，按照萨尔金德的说法则是没有以理论或文献作为基础，是自己根据想象提出来的。所谓常识性，即提出来的假设无论是证实还是证伪，都对理论没有改进意义，因为它本来就不必通过研究来解释。

---

① Mason, Bramble.*Understanding and Conducting Research*：*Applications in Education and the Behavioral Sciences*[M].New York：McGraw-Hill，1989.

② Salkind.*Exploring Research* [M].New Jersey：Prentice-Hall Inc，2000.

仍然以《断交》为例。这篇文章涉及 3 个社会心理学变量对社交媒体"断交"行为的影响，为了节约篇幅，只选择其中第一个即"同质性"来分析。所谓同质性，作者已经通过文献梳理进行了解释，即人们选择与自己具有一致性的人进行社会交往。作者分别就"同质性"包含的"背景同质性"和"价值同质性"提出了两个研究假设，这两个假设都是表明变量词关系的陈述句。仍以刚才提到的《断交》中的两个假设为例：

假设一：越倾向于维持社交网络背景同质性的用户在社交网站上进行断交操作的频率更高。

假设二：越倾向于维持社交网络价值观同质性的用户在社交网站上进行断交操作的频率更高。

3. 概念操作化

所谓概念操作化，即把所提出的问题转化成实际可以研究的问题的过程，更具体地说是把研究假设中的自变量和因变量等转换成可以观察和测量的概念的过程。为什么需要这个过程？因为所提出的研究问题往往是宏大的或抽象的，是难于甚至无法直接进行观察与测量的。比如《断交》一文考察社会心理因素对社交媒体断交的影响，因此其中社会心理因素是自变量，"断交"是因变量，但是"社会心理"和"断交"本身无法直接测量，必须将二者进行概念操作化后才能进行直接测量。

概念操作化并非一个明显的文章结构部分，即论文不会有"概念操作化"这么一部分。这个任务是隐性的，是伴随着其他任务同时进行的，这也正是它可能被研究者忽视的原因。有经验的研究者往往清楚这一过程，而初涉研究者则往往不知其存在。概念操作化的主要途径有两种：一种是将较宏大的概念转化为较小的概念，另一种是将抽象的概念转化为具体的概念。当然，在一项研究中这两者是可以同时进行的。

比如在《断交》中，在自变量方面，作者进行了一系列概念操作化的工作。首先，社会心理是一个宏大的概念，其中包括很多变量，作者通过文献梳理提出用"同质性""面子顾虑""隐私顾虑"3 个具体的心理因素作为自变量。其次，作者继续通过文献梳理，提出了 3 种社会心理各自的观察和测量方式，比如其中"同质性"又分为"背景同质性"和"价值同质性"，前者指与自己社会地位或财务状况等相似，后者指与自己的价值观念相似。很明显，无论是"背景同质性"还是"价值同质性"，都变成具体而便于测量的概念了。

在因变量方面，"断交"这个概念也是比较抽象的，不便于直接观察和测量。文章通过文献梳理并结合个人经验，将"断交"这一概念操作化为社交媒体"屏蔽"和"删除"两种行为，也使之成为便于观察与测量的概念了。

在通常情况下，除非个别特别简单的概念，否则概念操作化需要一定的理论依据，也就是要借助于之前的成果来完成，这就是为什么文献梳理与概念操作化联系紧密的原因。一些文章缺乏概念操作化的理论阐释过程，直接提出以若干指标来对所研究的问题概念进行测量，不但显得文章的逻辑不衔接，更重要的是无法表明这些指标的理论依据，就出现了信度和效度不高的情形。当然，信度与效度不能仅仅依靠文献支持，开发测量工具时就应该考虑其可靠性。

三、研究方法部分

论文的第三部分是研究方法。不同的作者和不同论文对该部分的称呼可能不同，比如有的研究者称之为"实验设计"（实验法中），有的研究者称之为"方法设计"，都可以"研究方法"统称之。

研究方法是科研活动和研究论文的核心环节，因为它告诉读者该项研究通过什么方式得出结论，关乎研究结论是否可靠。研究方法设计涉及数据的搜集方法和数据的分析方法两个方面，大多数传播研究方法属于数据搜集方法，这往往导致了数据分析时主观性较强。相对而言，诠释性研究的方法设计简单一些，实证研究的方法设计更为复杂，因为后者往往涉及信度与效度检验等。

（一）研究数据的搜集

所谓数据的搜集，即从研究对象获得数据的过程，可见这一工作是以获得研究对象为前提的。因此，数据获得的过程实际上有两项工作，其一是研究对象的获取，其二才是从研究对象处获取研究数据。

1.研究对象的获取

任何研究都要先获得研究对象，这里的"研究对象"不是指研究的问题，而是指通过什么样的外在物来获得研究数据。传播研究中常见的研究对象是读者、受众、媒介、文本等。无论是以什么作为研究对象，都面临如何从大量对象中选择一部分作为最终对象的问题，这就涉及抽样技术。

学术研究常常需要用到抽样技术，即从总体中抽取样本进行研究。之所以如此，是因为如果对总体进行研究，在很多情况下无论经费还是时间等成本都无法承受。当然，也有以总体作为研究对象的，这可以被视为抽样的一种极端情况，有的研究者称之为"全样本研究"，它在研究对象规模不大的情况下较为适用。抽样技术中要考虑的主要是抽样方法的选择和样本容量的计算这两项工作。

（1）抽样方法的选择

抽样方法可以分为随机抽样和非随机抽样两类，或称之为随机抽样和非随机抽样两类。随机抽样的意义，在于确保总体中的每一个体都有同样的概率被抽到。在实证主义研究范式中，随机抽样是主流方式，也是比较科学的方式，因为它能够使研究结论由样本推及整体，使结论更具理论普适性。在诠释性研究中，使用较多的则是非随机抽样。

①随机抽样。

A. 简单随机抽样法：

指从总体中任意抽取若干个体作为样本的抽样方法。既可以直接从总体中进行抽样，也可以通过抽签法、随机数表法进行抽样。简单随机抽样适用于总体的数量有限，而且个体比较均质的情况。简单随机抽样又分为不放回简单随机抽样（SRS）和放回简单随机抽样（VSRS）。一般地，在样本量比较大的情形下，可采用不放回简单随机抽样以简化工作。

B. 系统抽样法：也叫等距离抽样或机械抽样，即将总体按照一定顺序排列，然后根据样本数量计算出抽样间隔，接着随机确定抽样起点，再每隔一个间隔抽出一个样本的抽样方法。这种抽样方法适合于总体数量较大，个体之间差异不大的情况。

C. 分层抽样法：如果总体中呈现出不同的子群体，而且各子群体有自己的特征，即各子群之间差异较大，而子群内个体之间的差异较小，那么比较适合采用分层抽样法。比如研究媒体对突发性事件报道的应急机制，全国的媒体差异很大，中央级、省级、市级等媒体的实力和管理能力不同，那么可以按照中央媒体、省级媒体、市级媒体、县级媒体进行分层抽样。分层抽样时仍然采用随机抽样，即在每一个层内采用随机抽样方式，相当于对每个层进行了一次简单随机抽样或系统抽样。

D. 整群抽样法：也就是将整体划分为若干个群，然后随机抽取其中某一个或若干个群，将所抽取群中的全部个体作为研究对象。这种方法适合于群与群之间的差异较小，而群内个体之间差异较大的情况。比如在对媒体应急机制的研究中，可以将每个省（自治区、直辖市）作为一个群，那么随机抽取若干个群也就是将若干个省级区域内的媒体作为研究对象。

E. 多阶段抽样法：也被称为多级抽样，即先从总体中抽取若干较大的单元（称为初级单元或一级单元），再从被抽取的单元中抽取若干较小的单元（称为二级单元），以此类推下去，直到取得作为研究对象的最小单元为止。比如研究县级媒体的应急机制，可以随机抽取全国 3 个省级行政区，再从这 3 个省级行政区中抽取 30 个市级行政区，再从这 30 个市级行政区中抽取 150 个县级行政区，以这 150 个县级行政区内的媒体作为研究对象。这就是一个三阶段抽样的案例。

F. 配额抽样法：这种抽样方法可以看成是两阶段或多阶段抽样的变化形式，即先把总体按照某些特征划分类别，然后给不同的类别分配一定的样本配额，再在不同的类型里面采用随机抽样等方式抽取样本。比如，在新冠疫情媒体应急机制研究中，如果要对媒体从业人员进行调查，那么可以按照中央、省级、市级、县级媒体人员分类，还可以按照男女性别分类。假设以前的资料表明中央、省级、市级、县级媒体从业人员的比例是1∶2∶3∶4，男女比例是4∶6，而选取调查的人数是1000人，那么配额的结果是中央媒体100人，省级媒体200人，市级媒体300人，县级媒体400人；男性400人，女性600人。按照这个配额安排抽样，即可以得到用于调查的样本框。

有时候需要对随机抽样的结果进行整理，因为有的抽样结果可能不符合要求，这个过程被称为"样本清洗"。比如以关键词搜索方式在数据库里检索报纸的报道文本，搜索到的结果里面可能包括广告、图片等，它们可能是不符合研究要求的，就需要用人工将其"清洗"掉，而且如果样本数量不够则需要进行补充抽样。

②非随机抽样。

A. 方便抽样法：所谓方便抽样，指研究者能够很方便地接近被调查或被研究对象的抽样方式。比如利用同班同学作为调查对象，运用街头拦截路人的方式获得调查对象，运用网站发布问卷等。方便抽样的优点是非常节省资源，但是非常大的局限是难以确保结论能够推及总体，也就是研究的信度和效度不足，因此单独作为实证研究抽样方法的并不多，多用于正式研究之前的探索性研究，比如调查研究之前的问卷设计可以通过方便抽样来使之完善。

B. 目标抽样法：即研究者根据自己的判断，选择那些最能代表总体的个体作为调查对象，因此也被称为判断抽样。比如进行新冠疫情中媒体应急机制的研究，进行随机抽样也有局限，因为不同的媒体影响力相差太大，如果把中央媒体和县级媒体作为同样的样本会掩盖差异。因此，实际的研究可能选择部分中央媒体和省市级媒体，这就是目标抽样或判断抽样。目标抽样的关键在于样本要最能体现总体的特征，并且一般需要加以解释说明。

C. 滚雪球抽样法：即研究者先选取少量的符合要求的调查对象，再由这些调查对象推荐新的调查对象，以此类推，直到积累到足够数量的调查对象的抽样方法。滚雪球抽样法适用于研究者不太了解总体中个体的信息，或者不便于接近总体中的个体的情况。比如研究某个二次元文化，但是研究者并非该文化的爱好者，也不熟悉其群体时，就可以通过认识的少量玩家采用滚雪球的方式获得足够的调查对象。笔者遇到一篇文章声称运用了滚雪球抽样法，但是研究的问题是关于在社交媒体上转发谣言，疑问在于作者如何找到第一个转发谣言的人，然后通过转发谣言的人去一个接一个地找到另外的转发谣言的人呢？因为根据常识，多数人不会认为或承认自己转发了谣言。因此，学术研究中不能贴标签式地写一个方法，而是要有实际的设计、操作和适用性分析，否则提出的方法可能明显地不适合研究问题。

从理论上讲，随机抽样比非随机抽样的信度要高，因此它应该被作为优先选项。但是，在很多情况下随机抽样无法实施或者成本太高，就只好运用非随机抽样了。那么，在随机抽样和非随机抽样之间如何选择？威默等[①] 提出了 4 点建议。

第一，研究的目的。不需要推及总体，仅仅是分析变量之间关系等的研究，就可以不采用随机抽样。

第二，成本与收益。如果相对于获得信息的类型与质量而言，随机抽样的成本太高，则可以考虑非随机抽样。

第三，时间约束。多数情况下，研究的时间受到资助机构、主管人员等的约束，而随机抽样是比较耗时的，因此也可以考虑非随机抽样。

第四，容忍的误差。在探索性研究中，误差不是关注的主要因素，这时也可以考虑非随机抽样。

实际上，对上述 4 点还可以进行补充，也就是整体而言如果研究结论偏向于推及性，那么就以随机抽样为好，因为这种抽样方式能够实现推及性，尽管推及性强弱根据抽样设计不同而不同；如果研究结论重在描述个案的特征，即格尔兹所谓"地方知识"之类，那么就并不一定要采用随机抽样，非随机抽样可能效果反而更好。简化一点说，就是实证主义研究以

---

① Wimmer, Dominick.*Mass Media Research*：*An Introduction*[M]. 北京：清华大学出版社，2003：83.

随机抽样为宜，诠释主义研究则以采用非随机抽样为普遍。

在不少情形下，随机抽样与非随机抽样是结合运用的。比如《断交》一文就采用了随机抽样与便利抽样相结合的方式。该文是中美对比研究，这里仅以其在国内的抽样来说明其抽样方法。研究者在第一阶段采取了便利抽样方法，选取了全国众多大学中的中山大学，理由是：

> 选取这一学校的原因主要出于地缘性考虑，方便研究者直接到现场施测，能够及时了解受访者与访员的疑虑与误解，提供及时协助，且有效把握问卷质量与回收率。

该文第二阶段采取了随机抽样方法，具体实施如研究者所述：

> 在中山大学进行的问卷调查是以通识课为抽样单位。鉴于通识课程由所有院系的学生自由选修，因此每班通识课的学生均可能包括来自各系及各年级的学生。因此我们根据中山大学的通识课课程表，随机抽出 6 个通识课的班级。在征得授课教师同意后，由受过训练的访员在抽选的班级中进行自填式问卷调查。

无论随机抽样还是非随机抽样都有局限，因此对抽样结果的质量控制就很有必要。对于随机抽样而言，存在抽样误差与非抽样误差，前者可以通过统计模型加以计算和控制，后者可以通过科学的研究方案加以控制。对于非随机抽样而言，控制研究质量的办法随研究方法不同而各有差异。而且一般地，选择非随机抽样方法通常更需要说明原因，如上面的《断交》一文第一阶段那样。

（2）样本容量的计算

在运用随机抽样时，需要确定样本的容量。所谓样本容量，又被称为样本规模，指运用一定的抽样方法从总体中抽出的个体的数量。显然，样本容量越大越好，因为样本容量越大研究的信度越高，但是样本容量越大成本也越高；样本容量偏小也会导致信度不足的问题，因此样本容量并非一个由主观决定的事项。威默等[1]认为，样本量的大小受到 7 个方面因素的影响：

一是研究的类型。一般地，焦点小组用到 6 ～ 12 个人，但结论不能推广到总体；10 ～ 50 个容量的样本适合于对量表作测试或者作探索性的研究。

二是研究的目的。比如，研究者采用电话调查法对 18 ～ 54 岁的成年人进行访问，那么可以在 18 ～ 24、25 ～ 34、35 ～ 44、45 ～ 54 这四个年龄段的各年龄段分别抽取 100 个人；但是，如果客户要求同时了解男性和女性的不同态度，那么就需要 800 的样本容量。

三是时间和费用约束。比如，研究者觉得容量为 1000 的样本是满意的，但是资金的预算可能有所限制。假设将样本容量从 1000 减少到 400，但是抽样误差增加不多的话，那么采用容量为 400 的样本可能是明智的。

四是变量的多少。多变量的研究比单变量的研究需要更大容量的样本，因为需要对更多的回答数据进行分析。多变量研究时样本容量的参考标准：50= 太少；100= 少；200= 可以；300= 好；500= 很好；1000= 非常好。

五是抽取的样本容量比实际的容量稍大。在抽出的样本中，其中有的个体可能不符合要求，或者中途退出等，因此会出现样本损失。一般地，样本损失 10% ～ 25% 是比较正常的，因此要相应地增加抽取的样本容量。

六是同类研究的样本容量。比如，同类研究运用了 400 的样本容量，那么可以这个样本容量作为起点，实际抽取的样本容量要比 400 稍微大一点。

---

[1] Wimmer, Dominick. *Mass Media Research: An Introduction*[M]. 北京：清华大学出版社，2003：92-93.

七是考虑样本的质量。通常，样本量越大越好，但是仅仅考虑样本容量是不够的，还要考虑样本的质量。

在考虑了上述因素的前提下，样本容量就由统计模型决定。在统计学中，随机抽样样本量的计算与 3 个因素有关：置信度、误差水平、方差。

一是置信水平。它的统计学含义是指总体参数值落在样本统计值某一区间内的概率，通俗地理解就是样本均值在某个范围内能多大概率包含总体的均值。比如在 1000 个人中抽取 50 个人测量身高，在 $1.65 \sim 1.75$ m 之间的置信水平为 95%，则表示 1000 个人的平均身高有 95% 的概率落在 $1.65 \sim 1.75$ m 区间（这个区间被称为置信区间）。在统计模型中，置信水平用字母 Z 来表示。

二是误差水平。指样本统计值与被推断的总体参数之间的差异。抽样误差的大小是由总体内个体之间差异大小等因素决定的，在其他条件不变的情况下，抽样越多则误差越小，个体之间的差异越小则误差越小。在统计模型中，误差水平用字母 d 来表示。

三是标准差。表示样本间的离散水平，也就是个体之间的差异程度，显然在其他因素不变的情况下，离散程度越高需要的样本容量越大。在统计模型中，样本离散程度用字母 σ 来表示。

综上，样本容量 n 的计算公式是：

$$n = Z^2 \sigma^2 / d^2$$

这个公式中有 3 个参数，为了简化样本容量计算工作，实际上可以给出常用的参数水平。在传播研究中，置信水平一般设为 95%，标准差一般设为 0.5。这时可以得到在各个误差水平上的最小样本容量（表 12-1）。研究者可以参考这个表格快速地确定最小样本容量。当然，研究者如果需要设置其他的参数水平进行更为精确的研究等，则需要查询专门的统计工具表。

表 12-1　不同误差水平下的样本容量

误差水平	0.01	0.02	0.03	0.04	0.05	0.06	0.07	0.08	0.09	0.1
样本容量	9604	2401	1067	600	384	267	196	150	119	96

从这个表格可以看到，随着误差水平的降低样本容量迅速增加，到了 5% 以下时误差水平每降低一个百分点，样本容量几乎以翻倍的速度增加，在 2% 以下增加更加迅速。所以研究者需要确定一个合适的误差水平，否则研究成本会迅速地大幅度增加。

2. 研究数据的获取

所谓获得研究数据，指运用一定的途径或手段从研究对象中获取研究所需要的数据资料，从而为下一步的分析工作提供"原料"。获取数据的方式很多，比如问卷调查、访谈或深度访谈、观察或参与式观察、文献资料或实物等。各种数据获取方式都有规范的要求，以确保研究数据能较好地反映研究对象的情况。这方面的规范，在各种研究方法中进行了较为详细的讨论，读者可参阅研究方法部分。《断交》采用了问卷调查法获取数据：

> 本研究采用问卷调查法来探讨社会网络同质性，面子顾虑，以及隐私顾虑对中美两国大学生在社交网站上进行断交的影响。过去的调查显示，由于大学生是社交网站的最主要使用者，也是最常在社交网站上进行断交操作的用户群体，因此本研究选择以中美两国大学生为母体展开问卷调查。在两组独立调查中分别使用了两种语言（中文和英文）的标准化问卷。通过使用反向翻译法来确保问卷翻译的准确性。

3. 信度和效度检验

在实证主义方法和部分诠释主义方法中已经提到过信度与效度的概念及其检验，但彼时是就单个方法而言的，此处系统地对这两个概念进行介绍，并讨论对它们进行检验的手段。

信度与效度是社会学研究中的两个重要概念，因为它们是衡量研究方法是否"科学"的关键标准，或者说是衡量研究结论是否"可靠"的关键标准。实证研究时需要明确的信度和效度报告，即研究者要陈述控制信度和效度的过程与结果；诠释研究中不需要进行专门的信度和效度报告，事实上关于是否采用信度与效度的概念也有不同意见。这里讨论的信度和效度检验，也就只针对实证研究论文而言。不过，在不同的研究方法中，用到的信度和效度控制方式不同，详细内容仍可参见各种方法的相关内容，这里只介绍信度与效度的共同知识。

（1）信度检验

信度（reliability）是在量化研究中用来反映研究可重复性高低的概念。我们可以从两个角度来理解信度：从时间的维度，如果同样的研究者运用同样的测量方法在不同的时间进行测量所获得数据的相同程度越高，则测量的信度越高；从空间维度，如果不同的研究者运用同样的测量方法进行测量所获得数据的相同程度越高，则测量的信度越高。

信度概念通常包含 3 个维度，即稳定性、内在一致性和等价性。所谓稳定性，即前后两次测量结果的一致性程度，它用两次测量结果之间的相关系数来判断，相关系数越高则信度越高。所谓内在一致性，指量表内各个测量问题在测量结果方面的一致性程度，一致性程度越高则信度越高。常用来测量内在一致性的方法有折半法、alpha 信度系数法和平均相关系数法。所谓等价性，即运用不同的量表或由不同的测量者对同一测量对象测量结果的一致性程度，一致性程度越高则信度越高。

在研究中，信度控制一般通过统计模型来实现，即如果抽样方法合理且参数适当，则统计特征在总体中有较强的推及性，那么表明研究的信度是较高的。这时候论文中可以不对信度做专门报告，因为读者从抽样方法中可以判断出研究信度的情况。《断交》在对班级的抽样时采用了随机方式，因此可以认为其信度是符合研究要求的。

（2）效度检验

效度（validity）是研究质量控制的另一个关键工具，它指研究者所测量的数据是否可以用来研究所提出的问题。举个例子，如果研究的问题是传播内容对受众健康认知的影响，测量到的数据却是内容对健康行为的影响，那么研究的效度就不高，因为认知与行为是不同的概念。

效度同样是多维度的，包括了内容效度、标准关联效度和结构效度 3 个方面。所谓内容效度，指测量的内容与测量目标之间是否具有相关性，相关性越高则效度越高。但是，这种相关性并非基于数学模型判断，而是由研究者人工逐一对测量项进行判断。所谓标准关联效度，指所运用的测量方式的测量结果与标准测量方式测量结果之间的一致性。这种效度较少运用，因此不做讨论。所谓结构效度，指测量结果能够反映所测量概念的结构或特质的程度，程度越高则效度越高。

效度在本质上反映研究者概念操作化工作质量的优劣，因此为了提高概念操作化时变量指标的效度，指标的提出往往需要依据文献或者经过量表检验。比如在《断交》一文中，效度测量所要检验的是社会同质性、面子顾虑、隐私顾虑是否可以用来作为测量社会心理变量概念；以及在对社会同质性等进行测量时，量表中的内容是否可以用来测量这些具体的社会心理概念。在第一个层次的效度要求中，研究者主要依据文献来满足研究要求；在第二个层次的效度要求中，研究者主要通过运用严谨设计的量表来满足研究要求。

在一些经验研究中，效度检验主要是针对量表进行；在另一些经验研究中，效度检验主要是针对类目编码进行。下面分别讨论这两种效度检验。

①量表的信效度

量表在本质上属于结构型问卷的一种形式，是一种较为成熟的定量测量工具，因此运用较广泛。量表的优点在于可以较准确地测量一个较抽象或较综合性的概念，尤其在测量观念、态度或形象时比较常用。另外，量表的一个显著好处是有助于学术知识的积累，即后来的研究者可以借用之前研究中比较成熟的量表，或者对成熟量表进行一定的改造后使用。

辛格尔特里介绍了 4 种量表，包括李克特量表、语意差异量表、温度计量表和强度量表；[①] 柯惠新和王锡苓等也介绍了 4 种量表，包括李克特量

---

① 迈克尔·辛格尔特里. 大众传播研究：现代方法与应用 [M]. 北京：华夏出版社，2000：83-94.

表、舍史东量表、顾特曼量表和语意差异量表。[①] 传播研究中使用最普遍的是李克特量表，其他类型的量表很少见到，因此这里对李克特量表做详细介绍。

李克特量表由美国心理学家李克特于 1932 年在原有总加量表（summative scale）的基础上改进而成。李克特量表的优点是设计比较容易；使用范围比较广泛，因为它适用于对复杂概念或态度等的测量；调查对象也比较容易回答。不过，它也有局限，即采取加总求和的办法来量化调查对象的赞成程度，但是相同的赞成分数可能代表的赞成态度差异很大，而且它"无法分析赞成态度的结构性差异"[②]。同时，李克特量表采用的"非常同意""比较同意"等概念一定程度上比较模糊，调查对象并不很方便于进行自我判断。

研究者设计李克特量表的目的是测试自变量、因变量和中介变量等，比如《断交》中用量表来测量了 3 个自变量（即同质性、面子顾虑、隐私顾虑）和 1 个因变量（即社交媒体断交）。研究中之所以采用了李克特量表，原因主要有两个方面。一方面，该研究涉及的概念比如同质性、隐私顾虑等都很抽象和复杂，很难用一个简单的问题来测量，而是需要用一个问题体系来测量，才能确保较高的信度和效度。比如，如何判断别人与自己具有"同质性"？该文在文献梳理的基础上，提出"背景同质性"和"价值观同质性"两个更具体的概念，并设计了 7 个问题来测量：①和我的思维方式相似的人；②和我的价值观相似的人；③和我有很多共同点的人；④和我的想法及理念相似的人；⑤和我所处的社会阶层相似的人；⑥和我的背景相似的人；⑦和我的经济状况相似的人。这样，就形成了一个指标体系，可以多维度地测量出概念中的含义。

另一方面，前面说过，运用量表可以比较方便地借用或借鉴之前的研究成果，比如《断交》中对"自我表露（SD）"的测量采用 Taddicken M 对

① 柯惠新，王锡苓，等. 传播研究方法 [M]. 北京：中国传媒大学出版社，2010：33-37.
② 袁方，王汉生. 社会研究方法教程 [M]. 北京：北京大学出版社，1997：303.

德国网民研究中所设置的 General Willingness to Self-Disclosure 量表"。不过，大多数情况下，研究者会根据本研究的特点对原来的量表加以适当的改造。

李克特五级量表由一系列问题组成，每个问题都包含"非常同意""同意""不一定""不同意""非常不同意"5个回答选项，并依次被相应地记为5、4、3、2、1分。每个被调查者的总分就是他对各问题回答的总分。这就使得对概念的研究变成了量化研究。这种每个问题项下有5个回答选项的量表被称为5级量表。李克特量表也有6级和7级设计。6级李克特量表可以避免较多的调查对象选择中间答项。5级量表是最常用的量表，《断交》一文采用了4张自变量和因变量的量表，均采用了5级选项设计。

需要说明的是，用量表统计出分数后需要按照问题的数量进行平均化处理，比如如果有4张量表，其中的问题数量分别为5个、6个、7个、8个，那么每张量表的总分就需要分别除以5、6、7、8，得到每个问题的平均分值，这样不同的变量之间才有可比性。

研究者如果自己设计量表呢？可以按照下面三个步骤来实施。

第一步：广泛描述问题。针对所要测量的概念，形成大量针对该概念的不同维度的提问，甚至"可能有50～100个之多"，以尽可能广泛地覆盖对概念的提问可能。

第二步：删减同质性的问题。采用以少量调查对象测试等方式，计算提问之间的相关性。如果调查对象对某些不同问题的回答是高度相似的甚至相同的，那么它们就具有同质性，可以从量表中删除，最后仅保留少数提问。

第三步：检验效度。量表的质量如何，能否胜任概念的测量任务，需要进行效度检验，即进行统计检验。检验分为两个程序，即首先进行 KMO 检验和巴特莱特球形检验，然后才进行因子分析。其中 KMO 检验和巴特莱特检验的目的是测量量表内部各问题之间的相关性，相关性越好表明越能协同起来指向对问题的回答。用统计值来表示，一般认为当 KMO 值大于 0.6，同时巴特莱特值对应的 p 值小于 0.05 时，适合于进行因子分析。

其中因子分析的作用是判断各问题能在多大程度上测量出概念的含义，一般采用主因子分析法，即采用最大方差法进行正交旋转，提取特征值大于1的主成分，观察其累计方差贡献率，如果贡献率大于50%，则一般可视为具有较好的效度。《断交》是自己设计的量表，文中专门报告了其效度情况：

通过 KMO 和 Bartlett 球形检验以确定同质性量表是否适合做因子分析。检验结果显示，KMO 值为 0.81，Bartlett 球形检验值为1508.62，在概率水平 0.001 水平上达到显著，因此，同质性量表适合做因子分析。主成分因子分析结果显示，这七个题项呈现两个面向，共可解释 65.96% 的变异量。第一个因子可解释 36.72% 的变异量，包含前四个题项（eigenvalue=2.57；Cronbach's alpha=0.82），我们把受访者在这四个题项上的得分加总除以 4，建构"价值观同质性"指标（Mean=3.73；SD=0.69）。第二个因子可解释 29.24% 的变异量，包含后三个题项（eigenvalue=2.05；Cronbach's alpha=.076），我们把受访者在这三个题项上的得分加总除以 3，建构"背景同质性"指标 Mean=3.46；SD=0.69）。

②编码的信效度

在传播研究中，编码也是较为常见的工作，比如实证主义研究的内容分析法、诠释性研究的框架分析法等都要运用到编码技术。这里的效度检验针对的是内容分析法中的编码效果。类目编码效度其实还会影响研究信度，因此我们称这时候的检验为编码的信效度检验。

在内容分析法中的所谓编码，即对研究范围内每一个内容单元选择一个用以分类的类目概念，因此往往又被称为"类目构建"。比如，如果按照报道倾向分类，一篇歌颂性报道就赋予其"正面"报道的类目概念，一篇批评性的报道就赋予"负面"报道的类目概念。类目构建后会由两个以上人员先对少部分内容试编码，然后评价编码结果的一致性，一致性越高则信效度越高，达到一定要求才进行正式编码。这就是信度与效度检验的过程。

（二）研究资料的分析

经验研究中的实证主义研究属于量化研究的范式，因此其数据分析也是精确的量化方式。一般有两种量化分析方式，一种是对数据进行特征描述性的分析，一种是建立数学模型进行分析。前者有描述数据的平均数、标准差、变化趋势，对数据进行分类统计等；后者则往往包括变量之间的相关性分析、因果关系分析等。就学术研究而言，仅仅对数据特征进行描述往往是不够的，因为它难以挖掘出数据和现象背后的理论意义，所以大多数论文都会运用到数学模型分析，也就是变量分析。不同的研究问题可能建立不同的数学模型，但是其中变量相关性分析和因果关系分析是最普遍的。比如《断交》一文就运用了复回归模型来分析自变量与因变量之间的关系，作者陈述的数据分析模型如下：

> 为了验证本文的研究假设，我们进行了三组阶层回归分析，表Ⅰ呈现了回归分析的全部结果。在回归分析中，第一阶层输入人口变量，包括性别、年龄以及年级；第二阶层输入同质性，包括背景同质性与价值观同质性；第三阶层输入面子顾虑；最后一个阶层输入隐私顾虑。因变量为社交网站上的断交行为。

经验研究中的诠释性研究不采用精确的量化分析方式，因此不需要建立数学模型。有的诠释性研究方法有自己的资料分析流程与规范，比如扎根理论分析法等；有的则规范性较弱而阐释性色彩较强，比如民族志方法等。可以看到，就研究逻辑的连贯性而言，诠释研究不如实证研究严谨，因此如果研究者在分析阶段不注意有机地结合经验资料，就很容易出现观点与资料脱节的情形。

四、研究发现部分

论文的第四部分是研究发现，有的研究者称其为"数据分析""研究结果"等。实际上"数据分析"可能更能反映这一部分内容的特征，即它主要是对研究数据的解读和讨论，一般不进行理论方面的深度分析。理论分析主要放在文章的第五部分即"结论与讨论"部分进行。

所谓研究发现，在实证研究中可以理解为运用数学模型进行分析后的数据发现。作者在研究中提出了研究假设并构建了数学模型，而且测量了变量并将变量代入模型，因此这部分内容的主要目标就是回答获得了什么样的结果。诠释研究的研究发现部分则不是对研究假设或数学模型结果的回答，而是对经验材料的直接解读和讨论。

实证研究的研究发现部分要针对研究假设逐个回答，且在回答时不能简单地、干巴巴地报告出运算后的数学值，而是要回答出证实还是证伪研究假设背后的意义。《断交》一文在"数据分析"部分回答了研究假设二、三、五、六、七的证实与证伪情况。比如对于假设二的阐述是：

> 在控制人口变量后，价值观同质性可以显著预测用户在社交网站上的断交频率（$\beta=.10$, $p<.05$）。也就是说，倾向于在社交网站上和与自己价值观相似的人结交的用户进行断交的频率更高。因此，研究假设二获得支持。

但是，研究者在该部分没有明确回答假设一和假设四的证实或证伪情况。对于假设一，尽管在后面的"结论与建议"部分有论及，即"背景同质性也与断交频率正相关，但结果并不具有显著性，因此，本研究发现价值认同比背景同质性更能影响个体在社交媒体上断交的频率"，但是在研究发现部分没有直接回应。对于假设四，研究者在"数据分析"部分其实有所涉及：

> 回归分析的结果还显示，隐私顾虑对于断交行为频率的预测力也接近显著（$\beta=.08$, $p=.05$）。也就是说，重视隐私保护的用户会更频繁地在社交网站上与好友断交。

由于研究假设四是"隐私顾虑越强的人在社交网站上进行断交的频率越高",所以上述内容实质上回答了该假设,但是文中没有直接明确地陈述出来。这种行文方式使文章略显不足。

在实证研究中,研究发现往往是对研究假设的逐个回答与分析。实证研究在文献梳理结束时往往要提出若干研究假设,在数据分析阶段其实就是为了回答这些假设,而论文研究发现部分的职责就是报告这些研究假设的分析结果,比如某个研究假设是成立还是不成立以及原因分析等。一些论文的研究发现部分将数学模型运算后列表展示的数据再进行详细的罗列和重复陈述,这实际上并无太大必要,因为表格中的数据是一目了然的。还要注意避免仅仅就数据来说数据,而是一方面要通过数据回答假设是否成立,另一方面要透过数据回到所研究的问题或现象来解释其背后的意义。比如《断交》对于假设二的回答如果局限于报告价值同质性与"断交"之间存在相关性是不够的,它回答了对于研究的现实问题的意义,即文中所说的"价值观同质性可以显著预测用户在社交网站上的断交频率""倾向于在社交网站上和与自己价值观相似的人结交的用户进行断交的频率更高",这样就使数据回归到了研究问题的原初语境中。

五、研究结论部分

论文的第五部分是"研究结论",有的研究者称之为"结论与讨论""解释与讨论""结论""结语"等。还有一些偏于应用性的论文则增加了"对策建议"部分等,也有的论文增加了"研究不足"部分等,均可视为"研究结论"部分。

学术论文这部分内容非常重要,关系到整个论文最后的成败。学术研究是为了获得知识,但最终是否贡献了知识就体现在论文的该部分。因此,判断一项研究或一篇学术论文有没有价值或价值大小,其实就看最后的结论是什么。研究的过程不规范固然不行,但是即使过程规范却在最后没有获得有学术价值的结论,研究也是无意义的。

看起来,论文的研究发现部分与研究结论部分似乎是重复的,因为都是对经验资料的分析，其实不然。前面已经说过，研究发现是对经验资料的直接解读，仍然是偏于表象层面的，而研究结论部分则是理论性的讨论，是真正理性层面的。如果用康德的认识论来类比，那么经验资料本身相当于感性认识，研究发现相当于知性认识，研究结论部分则相当于理性认识。我们可以从更具体的 3 个方面来区分两个部分：①"研究发现"是数据陈述视角的，即对数据进行报告和解读；"研究结论"是理论阐释视角的，并不需要再重复地报告数据。②"研究发现"是微观视角的，它必须对每一个假设进行回答；"研究结论"是宏观视角的，它不去回答每一个假设如何，而是通过"回答"整个研究问题来改进理论或者实践；"研究结论"也可以是深度视角的，通过解释数据关系形成的原因来形成理论视角。③"研究发现"是陈述方式的，解决研究结果或数据"是什么"的问题；"研究结论"是解释方式的，解决研究结果或数据"为什么"的问题。

那么如何提炼理论呢？有两个思路可以参考。一个思路是深读数据，谓之"纵向思路"。在"研究发现"部分仅仅是对研究结果的陈述，但是为什么会出现那样的结果，进行深度解读往往可以获得令人惊喜的理论灵感，当然这需要理论积淀，因为与相关的理论解释和研究成果结合起来讨论最好。另一个思路是对比或联系分析数据，谓之"横向思路"。对比或联系方法是研究中常用的方法，因为在"研究发现"部分得出的结论是以各个假设为目标的，因此彼时的"知识"是碎片化的，则通过在各个假设的结论之间进行对比，往往可以得到新的理论收获。

《断交》在"结论与建议"部分则采取了"纵向思路"的办法，对数据陈述部分的结论进行深入分析，从而解释为什么会出现那样的结果，以此来实现其理论意义。正是在这个基础上，文章提出了对传播现象进行解释的理论概念，比如"从两国的综合数据来看，价值观同质性与面子顾虑都能显著预测用户在社交网站上的断交频率"等。这样，文章一方面具有了理论创新，另一方面也与前文并无重复或脱节之嫌。可看看该文在结论中对"同质性"影响的一段理论阐释：

从两国的综合数据来看，价值观同质性与面子顾虑都能显著预测用户在社交网站上的断交频率。由于很少有研究将同质性与社交媒体上的非社交性行为建立联系，本研究探索性地发现了同质性作为断交行为预测因素的价值。倾向于同质化社交网络的人，为了保持社交圈的干净与和谐，减少噪音，更有可能取关与自己观点不同，甚至两极分化的朋友。也就是说，人们倾向于与持有不同世界观或价值观的人解除朋友关系，从而避免在自己的社交圈子里看到相互冲突的观点。[1] 与此同时，背景同质性也与断交频率正相关，但结果并不具有显著性，因此，本研究发现价值认同比背景同质性更能影响个体在社交媒体上断交的频率。

少数论文在"结论与讨论"之后还有"余论"等。《断交》最后一部分则是"研究的局限性"，提出了"研究结果的推论能力""美国学生样本的代表性""数据结果的陈旧性"3个方面的不足。这样既是对该研究的客观反思，也为继续研究提供了思路。比如该文对研究结论推及能力的分析就较为准确和客观：

本研究的主要限制之一，是研究结果的推论能力。本研究以大学生为研究对象，大学生作为社交网站的最主要使用者，社交网站的使用强度与断交的频率普遍高于一般民众。因此，本研究的结果并不一定能推论至一般民众。未来的研究应把一般民众纳入考查范围，才能使研究结果更具普适性。

由于研究结论至关重要——它是整个研究的最终成果，因此，这里对其特征加以描述，意在为研究者提供对照参考。

第一，研究结论应该是对研究问题的回答，即应该与提出的问题对应。在论文中，研究结论在文章的结尾部分呈现，它应该对论文开始所提出的研究问题进行回答，使提出问题与回答问题形成一个闭环。经验研究在这方面是很明确的，研究者通常在论文前面的"引言"和"文献回顾"等部分会提出自己的研究问题，也就是提出知识疑问，甚至会提出知识假设，则在论文的后面需要对假设进行回答和分析，进而回答所提出的知识疑问。规范研究在结构上没有这个明显特征，但它也必然含有知识疑问，而且同样需要通过研究来回答该疑问。既有知识疑问，也需对其作答，这是学术研究中问题意识明确的基本要求。

第二，研究结论应该体现出知识的创新性，即应该提出新的理论观点。学术研究是对未知知识的探索，且这个"未知"一般是对整个人类而言的，更为实际的情形是针对学科研究领域。比如进行传播研究，那么没有人进行过研究的传播知识，即可认为是未知的领域。学术研究应该就这些领域提出问题并回答，才能体现出学术研究的意义。如果研究的结论是常识性的，那么它是没有意义的，因为它很可能是感性知识之类；如果结论是前人已经得出过的，那么它也是没有意义的，因为它很可能是习得性知识之类。很多论文花费了大量的精力，不可谓研究者不努力，但结论是常识性或重复性的，也就没有实现理论创新的目的。

第三，研究结论应该是研究过程的自然延伸，即应该是研究的结果而非想象的结果。研究的结论要体现出知识创新性，并非说就可以凭空想象，而是要基于整个研究过程自然地得出结论。否则，无论结论显得如何有新意，但由于缺乏研究过程的支持而实际上难以成其为知识，其"创新"也是没有意义的。相当多论文的结论部分与前面的研究问题和过程脱节，在结论分析中看不到前面研究过程的作用，完全是另起炉灶提出的若干观点。换言之，读者即使不看前面的研究过程，也可以直接提出所谓的研究结论来。一些对策性的研究同样如此，文章最后提出的对策与研究过程几乎无关，不用前面的研究同样可以提出那些人云亦云的"对策""建议"之类，实际上还是结论与研究过程脱节。严谨的经验研究的结论，应该由对经验资料分析的结果自然而然地得出；严谨的规范研究的结论，应该通过缜密的逻辑推理自然而然地得出。研究结论与过程一旦脱节，意味着整个研究的结论难以确立。

第四，研究结论应该符合知识表达的要求，即应该可以表达为一个核心句子。知识就表达形式而言体现为判断句。比如康德即认为，判断是知识的最小单元。在认识论中，概念、判断和推理是与知识生产相关联的3个重要概念。单独的概念本身不是知识，比如"太阳"这个概念并不提供知识。但是，由概念构成的判断句则形成知识，比如"太阳是圆的"是知识，它由"太阳"和"圆"两个概念构成。推理则是由已知知识推导出未知知识的过程，比如已知的知识是"所有的天鹅都是白色的""湖边有一只天鹅"，可以推理得到一个新的判断"湖边的天鹅是白色的"，它可以被视为一个新的知识。"知识是判断句"提醒我们，在论文中表达知识观点时应该使用判断句，比如结论部分需要有核心的判断句。同时，如果提出研究假设，则假设也应该是判断句。一些研究中将研究假设表达为疑问句，既是对知识概念的不理解，也是对研究假设的特征的不理解。论文最后的结论总可以归结为一个判断句，这个判断句应该被作为论述的核心，林林总总的分析和阐释均围绕该核心句子而进行，目的在于从各个维度强化该判断句所表达的观点的成立。

第五，研究结论应该是高度抽象的，即应该是对现象的提炼而非对其描述。知识或理论具有高度抽象性，唯其抽象性方可能脱离于具体事物或现象，实现理论对现象本质刻画的属性。比如对万有引力的理论描述是抽象的，对议程设置理论的理论描述也是抽象的。人们无法通过这些理论的描述文字"感觉"到什么，比如"看到"什么，而只能凭借抽象思维才能理解它们的含义。有的研究者不明白理论具有高度抽象性的特点，在所谓研究结论部分仍然在大量地叙述或描述具体现象，却往往忽略了对理论成果的提炼。在研究结论部分，即使运用少量的现象描述资料，那也是作为理论提炼的经验材料的，目的还是在于提炼出高度抽象的理论性结论；如果仍把重心放在经验描述，则不但容易与前面的内容重复，而且冲淡了该部分理论提炼的主旨，甚至在一通感性议论后即告了事而没有形成理论观点，就失去了学术研究的最终意义。

第二节　论文结构不足的常见情形

本节对论文结构方面常见的不足进行讨论，用到的案例除了前述 200 篇未采用文章外，还同样吸纳了笔者在《传播研究方法与论文写作》一书中用到的 80 篇未采用文章。此次分析出来的情况与原来大多相似，这表明结构方面的不足具有相当多的共性。本书分析与原来结论相似的，均采用原书中的观点。

本节将分析一篇完整的论文从标题开始到结论结束各部分中比较容易出现的不足。由于标题和摘要两部分在前面讨论文章结构时没有分析过，因此对它们"应当如何"与"应当避免如何"一并加以讨论；对于其他部分比如引言等，则只讨论"应当避免如何"。

一、标题

标题对于文章的重要性是不言而喻的，"好的标题半篇文"，对于学术文章也没有任何例外。它是一个最重要的窗口，第一时间将论文最重要的信息呈现给读者，很多时候会影响到读者是否愿意进一步阅读。因为标题所能提供的信息是有限的，所以拟一个简洁清晰和重点突出的标题，对于论文而言非常重要。

这里的"简洁清晰"指标题文字干净、逻辑明晰，使读者易于理解。学术文章的标题往往比较长，如果作者不注意斟酌，很容易出现冗长而佶屈聱牙的情况。这里的"重点突出"不是要像商业文章那样博眼球，而是要把文章的精华元素醒目地展示出来。在很大程度上，标题不但反映出研究者的学术水平，也能反映出作者的文字功底。

如何起一个好标题？什么样的标题才是一个好标题？需要结合论文的目的来看。论文最根本的意图是告诉读者研究了什么和结果是什么，因此这两点显然是所有标题最应当呈现出来的。拟好论文标题很重要，恰恰就是因为它具有传递这两个方面重要信息的作用。

因此，多数情况下，论文标题是问题与结论的组合，因为尽管学术研究的结论才是最重要的，也是读者最关心的，但是标题中如果不呈现出所研究的是什么问题，则别人无法判断你的研究结论是针对什么问题，也就无从判断结论的创新性。所以，较多的标题是将结论放在最显眼的位置，然后才是所研究的问题。比如《成名的想象：中国社会转型过程中新闻从业者的专业主义话语建构》，"成名的想象"是结论，被放在标题中前置位置，得到非常突出的处理；标题后半部分是所研究的问题。这是结论与问题结合的典型标题，这样的标题形式比较常见。

当然，并非论文标题中都需要同时标出研究的问题与结论，不少时候仅仅提出研究的问题也是可以的。比如陈昌凤和林嘉琳的《批判性思维与新冠疫情报道的伦理问题》（《新闻界》2020年第5期）就是以研究问题作为标题。同样地，刘涛的《从生产逻辑到生成范式：后新冠疫情时代的风险文化及其批评转向》（《新闻界》2020年第5期），一望而知也是以研究的问题作为标题。

有的文章将研究方法放在标题或者副标题中，虽然也无不可，但是如果比较起研究的问题与结论而言，前者显然次要一些。而且，如果研究问题的字数较多，则加上研究方法就会使标题显得臃肿。一般地，民族志研究者喜欢将方法呈现在标题中，这可能与早期民族志作为一种方法较为新颖有关。但是，现在民族志方法用得较多，要不要在标题中呈现值得斟酌。

还有的作者喜欢将"理论"在标题中呈现出来。如果确实有新意也未尝不可，但是比起标题的前述3个元素来，理论的重要性更弱一些。而且与方法同样，理论也会在文中进行较为详细的介绍。至于在标题中提出一些大而不当的理论，则更加应当避免，如常见的"在……视域下"，或者"基于……的视角"等等。这些"视域"或"视角"往往是过于宏大的理论，因而显得空泛，或者根本就不是理论分析视角。前者比如"传播学视角下""后真相视域下"，后者比如"人工智能视域下"等。而且，理论比研究方法的涵义更加复杂，因此最好不在标题中呈现，而是在正文中具体阐释。

由于标题往往展示所研究的问题，则标题中的不足与问题意识中提出问题的不足当然会有所交叉，因此此部分内容可与该部分内容参照阅读。标题中容易出现的不足主要有 3 类。

（一）研究问题模糊

所谓"研究问题模糊"，指标题中对所研究的问题呈现得不清晰，无法使读者知道论文具体在研究什么。这并不是说标题没有呈现研究问题，而往往是问题过于宏大或概念含混。比如有的标题是"……的科学传播"或"……的传播"等，"传播"是一个很大的概念，就一篇期刊论文而言，不可能对传播的方方面面做深入研究，因此这样的标题是不具体的、含混的，事实上并没有告诉读者将研究什么。前面说过，标题是展示研究问题和研究结论的宝贵窗口，一个新颖的问题或结论会吸引读者强烈的阅读兴趣。所以，标题一定要把研究的具体问题呈现出来，不能套一个空泛的概念，这样反而浪费了这个重要窗口的价值。

（二）概念含义费解

所谓"概念含义费解"，指标题虽然告诉了读者研究的问题甚至结论，但是过于冗长复杂，或者概念使用不准确，导致标题不好理解。令人费解的标题主要是因为其中概念不清晰、误用概念、生造概念、逻辑失当等。比如，标题中出现"融情路径""青年糊弄学""尊他意识""高热度生成路径""嗑学""强势技术理性""青年圈群""复杂主体性"这类并非学术概念或者含义不确定的提法时，就会对整个标题含义的明晰性造成较大的负面影响。研究问题的核心概念或者说标题中的重要概念一定要具有明确的含义，否则的话不但研究的问题可能无法确立，连读者对标题的理解都可能成为问题。

（三）表达含有语病

所谓"表达含有语病"，比较好理解，就是标题中有语法或逻辑问题。与相当多研究者正文中的表达不流畅或频现语病一样，标题中的这种情况也相当常见。

二、摘要

如果说标题是论文的第一个重要窗口，那么摘要就是论文的第二个重要窗口，尽管它的位置处在标题后面，但是它与标题相比能更详细地介绍文章的内容要点，因此也是非常重要的窗口。尤其在审稿人判断是否有必要进一步阅读时，摘要的影响是很大的。此外，论文如果发表，摘要对于读者的检索也相当重要，好的摘要会获得更多检索和传播机会。

摘要对于论文的意义、作用或功能，在于用简洁的语言向读者介绍文章的研究问题、研究原因、研究方法、研究结论、研究价值等。当然，不是每篇文章的摘要都要完整罗列这些因素，而是选择最有价值的部分呈现给读者，简单说就是要把论文的创新价值展示出来。一般地，作为学术论文，研究的结论才是其价值所在，而结论又是相对于研究问题而言的，所以研究的问题和结论是摘要中必备的因素。这和对标题的要求是一致的。不过，由于摘要比标题的容量大，因此研究方法、研究原因、研究价值等方面也可以呈现于其中。

论文摘要有一些基本的特点需要说明。

一是它的自明性。也就是说，摘要自身就可以反映整篇论文的研究概貌，尤其是论文的创新价值所在。因此，摘要中的关键要素要齐全，不能让读者去结合全文阅读才知道你做了什么研究、得出了什么结论。简单地说，摘要可以说是一篇完整的极简的"论文"，研究的问题、方法、目的和结论等都有。

二是它的人称。关于摘要的人称问题，向来说法不一，有人认为应该用第一人称，有人认为应该用第三人称。以前在文献学领域，为了便于检索，由专门的检索人员编写摘要，当然不能用一人称；但现在学术论文的摘要普遍由作者撰写，用第一人称也似乎有一定道理。不过，国家标准《文摘编写规则》GB 6447—1986 的要求是第三人称，因此支持第三人称的学者不少。在实际刊发中，大多期刊并未严格按照第一人称或第三人称要求摘要的表达。笔者认为，因为摘要实际上都是由作者撰写的，且为了阅读体验较好，采用第一人称可能更为恰当。

三是它的篇幅。一般认为摘要以不超过 300 字为佳，因为它毕竟属于摘要性质，如果篇幅过长就失去摘要的精炼意义了。事实上，如果研究者认真推敲文字，300 字左右是足以介绍论文的精华的，即使论文的篇幅较长。

四是它的形式。摘要一般要求：尽量以文字形式叙述，不出现图表、数学公式等；不出现注释或参考文献；不分段；不用简称与代号等。这些要求是由其简洁性和自明性决定的。比如，如果分段，则可能影响其简洁性；如果加入注释或参考文献，则其自明性就会受到影响。

摘要中容易出现的不足主要有 6 类。

（一）摘要篇幅偏长

所谓"摘要篇幅偏长"，笔者将摘要字数设定为不超过 350 字，超过这个标准即为偏长。有的摘要含 4 个自然段，超过 1000 字，显然失去摘要的精炼性了。

（二）结论没有和描述区别

所谓"结论没有和描述区别"，简单说就是摘要中没有出现"研究发现"这个转折标志，因此不便甚至无法区分研究过程描述与研究结论。比如文章的摘要开始是对研究问题和方法的描述，然后直接陈述研究结论而未用"研究发现"标识，需要通过分析才知道从何处开始是研究结论阐述。这种写法不大符合常规，增加了读者的阅读难度。

（三）应该体现知识客观性

所谓"应该体现知识客观性"，即研究结论应该是客观的而非主观的。比如有的文章在摘要中表达研究结论时用了"研究认为""笔者认为"等提法，就是一种主观表达而非客观研究的结果，一般用"研究表明"之类较好。当然这是针对经验研究而言的，在哲学思辨类论文的摘要中用"研究认为""笔者认为"倒没有什么不妥，因为它的确是一种"主观"知识。

（四）摘要中缺乏结论

所谓"摘要中缺乏结论"，指摘要中没有告诉读者研究的结论是什么。学术研究的目的在于创新性的学术结论，因此最需要告诉读者的也是结论，它是摘要中的必要元素。但是很遗憾的是，一些论文的摘要中没有这方面的内容。这些摘要往往对研究什么问题、研究的方法、研究问题的意义等做了较为详细的陈述，但就是不提出研究的结果，实在是没有把握住摘要的主要意图。

（五）摘要表达形式不当

所谓"摘要表达形式不当"，指它的内容结构或者文本形式等不符合规范。比如有的摘要基本上就是引言的第一段或其中的某一段，这种"摘要"无法展示全文的概貌；有的摘要类似于工作要求的写法，更是脱离了学术写作的特征；有的摘要里运用提问方式，甚至一连提出 5 个疑问，却并没有回答；有一篇文章将摘要分为两段，其实摘要很短小精练，没有分段的必要；还有的文章在摘要里用"【目的】""【方法】""【结论】"这样的提示性文字和符号表明研究的问题与方法等，也属于没有必要的方式。

（六）摘要中问题不清晰

有的文章摘要中没有表明研究的问题，而是先对文章所运用理论视角的意义做了解释，接着对文章的论述结构进行了说明——在摘要中说明文章的结构是没有必要的，最终既没有说明研究的结论，也没有说明研究的问题，完全失去了其作为摘要的作用。当然这样的情况是极少出现的。

三、引言

引言是论文正文的开始，前面说过它的作用是通过背景交代或者文献概述引出研究问题。引言部分不受字数约束，研究者可以根据实际需要决定。就期刊论文而言，短的引言数百字，长的引言两千字甚至更多的也有，没有一定之规。

引言部分容易出现的不足主要有 5 类。

（一）引出问题不严谨

所谓"引出问题不严谨"，指引出问题的逻辑要么不成立，要么比较牵强。引言部分主要通过介绍背景或研究状况来表明问题方向的研究价值，因此内容推进主要依靠逻辑思辨，如果逻辑不严密，随意下结论，那么问题引出的理由就可能不充分甚至不成立。现列出两种主要情况。

一是随意下结论。这是一种较常见的情况，有的文章为了表明自己的研究有价值，就在没有文献等依据的情况下模糊地提出"大多研究认为""国内理论界没有很好回答"，在某方面"研究不够"等。由于这时候还没有做系统的文献梳理，除非引用别人经过系统研究后得出结论的文献，否则是不能下这些结论的。

二是逻辑上不衔接。有的文章的描述本身有逻辑缺陷，不足以推导出研究问题的意义。比如，有文章在引言中提出通过微信群民族志研究来观察特定人群的日常生活，那么需要解释线上与线下生活的勾连是否合理等；如果没有这方面的阐述，则引出的研究问题就存在逻辑漏洞。

（二）引出问题平面化

所谓"引出问题平面化"，指虽然引出了问题，但是问题本身的质量不高，要么是随意的自设自问，要么是经验性或常识性的问题，要么是陈旧的问题等，都没有学术研究的价值。这实际上是问题意识薄弱的表现，而且往往与前面所说标题问题模糊的情况相呼应，即标题空泛和大而不当的文章，往往在引言中也提不出具体的和有学术想象空间的问题。下面列出几种情况。

一是口语式漫谈式提问。比如某文章研究新冠疫情中的危机事件的传播，以口语化的语气提出一系列问题，包括"危机信息在新媒体环境下如何传播、信息流通中有哪些风险"。再比如某文章研究"团菜群"，在引言中唯一涉及研究问题的一句话是："那么，'团菜群'是如何建立和运行的呢？"这些提问都显得很随意、很空泛，并没有提出真正具体的研究问题。

二是经验性或常识性的问题。即根本不用开展学术研究，而是根据直观就可以发现结论，或者依据常识推理就可以得出结论的问题。这些其实是"伪"学术问题。比如，某文章的引言提出是要研究国庆期间媒体报道后，是否大多数受众表现出爱国情感，这其实用不着进行学术研究，凭借日常经验就可以判断。

三是陈旧的问题。指已经有同样的研究，甚至还不少，而作者又没有提出新的问题，相当于重复别人的研究问题。当然，不是说过去的问题不能研究，关键在于结合后文看并无新的结论，反过来看问题就失去了意义。比如，相当多的文章喜欢研究西方媒体对某个事件的报道存在意识形态偏向——已经有非常多的这类研究了，如果结论还是表明"存在"这种状况，那么研究问题的意义就不大。又如，一些文章通过游戏等来研究数字劳工问题，结论是游戏者既有作为"劳工"的特征，又有娱乐享受的满足感，那就与已有的研究没有什么区别，甚至与常识没有区别。这些问题都属于没有新意的问题，表明研究者事实上缺乏问题发现能力。

（三）提出一连串疑问

所谓"提出一连串疑问"，即引言提出了过多的问题，但都是停留于表层和口语性的。比如某文章的引言提出的问题是："现在互联网络信息的可信度如何？是否如一般所认为的那样糟糕？我们要不要相信大众？"还有文章提出的问题比这更多，达到了 7 个。这些问题仅就某一个而言，就已经是宏大而模糊的，合并起来更是无法研究。并非说提出问题时不可以连续追问，但那一般是针对哲学思辨性论文而言，而且多个问题之间有密切的关联，对它们的表达也运用了严谨的学术语言。

（四）包含的内容芜杂

所谓"包含的内容芜杂"，指就常规的结构而言，引言包含了一般不在引言中呈现的内容。比如，有的文章将文献梳理放在这部分，而文献梳理通常以单列为一部分为佳；有的文章将研究假设在引言中提出来，而研究假设一般以在文献梳理之后提出为宜；有的文章在引言中介绍研究方法，而研究方法一般以在文献梳理后介绍为宜，而且通常以单独部分介绍；有的文章将预研究放在引言中介绍，而预研究以放在研究方法部分介绍为宜。一般地，论文各部分有各自的任务，互相不混淆才能使文章逻辑清晰。这些情况表明研究者对论文结构的一般性规律还掌握得不够熟练。

（五）没有引出问题

所谓"没有引出问题"，指引言失去了其根本目标，没有点出最需要的内容。这类情况表现形式较多，比如有研究青少年数字游戏沉迷的文章，在引言中描述了数字游戏的普及性就结束了；有研究虚假视频传播机制的文章，描述了一大段虚假视频的发展历史就结束了；有研究突发性公共卫生事件报道框架的文章，介绍了公共卫生事件的概念就结束了；等等。这些情况的出现，在很大程度上可能是因为作者不明白引言部分的作用而致。

四、文献梳理

前面说过，文献梳理部分有 3 大主要作用：一是回顾研究动态，发现研究空白或不足，从而提出研究问题并表明其价值；二是为概念操作化提供依据，也就是借鉴别人的研究成果将抽象的研究问题转化成具体的可操作性概念，甚至借鉴别人的操作工具比如量表等；三是提出具体的研究问题，在量化研究中则进一步体现为提出研究假设。其中，提出研究的问题是最核心的任务，这里只讨论在提出研究问题时应当避免出现的失误。

文献梳理中容易出现的不足主要有 10 类。

（一）文献针对性差

所谓"文献针对性差"，指文献与所研究问题的关联性不强，往往是与更大层面的问题关联，或者与相近的研究问题相关联，甚至是完全无关的文献。一些文章对研究问题的意义而不是问题本身的研究进展的文献进行了梳理；一些文章对有关研究问题中的概念体系进行了梳理，但是仍然缺乏针对问题本身的梳理；一些文章对问题的一个方面进行了文献梳理，但是缺乏整体的梳理（比如有文章研究人工智能对新闻生产的影响，仅仅对人工智能新闻的概念、特点、历史等方面的文献进行梳理，而缺乏对人工智能如何"影响"新闻方面文献的梳理）；还有文章在文献梳理中不是对研究动态进行梳理，而是对所采用研究方法进行文献梳理，论述运用该方法的合理性；也有文章对所运用理论的相关文献进行了梳理，包括理论的发展过程、含义、价值，但是缺乏对研究问题相关文献的梳理。这些文献梳理方式的结果，是无法让读者了解所研究问题的研究动态，更无法表明所提出问题的研究价值，因此是缺乏针对性或者针对性较弱的文献梳理，甚至谈不上是文献梳理。

（二）贴标签式文献综述

所谓"贴标签式文献综述"，即文章实际上没有提出学术问题，甚至就是实务类文体，但是在结构上安排了"文献综述"部分，这种"文献综述"当然并无实质性的意义，无非是使文章从形式上"像"论文而已。比如某文章研究所谓"综艺节目的文化表征"，然后对"综艺节目""表征"进行了"文献综述"，主要是粗疏地运用少量文献对这两个概念含义进行了解释。文中的"文化表征"仅仅是一个标签性概念，排除这个概念后该文章其实就是业务评论。实际上，对"综艺节目""表征"这类提法是没有办法进行文献综述的，因为它们仅仅是概念而非理论。可以想象，文章后面的观点也与文献梳理没有关联，"文献综述"仅仅作为一个孤立的标签而存在。

（三）提出问题无意义

所谓"提出问题无意义"，指提出的问题不太具有研究价值。能否提出有意义的问题，不但是研究者的基本功，也是非常考验研究能力的，一个好的研究问题是宝贵的研究资源。从对未采用文章的分析可以看到，研究者提出问题的能力贯穿在整个研究过程中，在标题中提出问题比较差的，往往在引言中也无法有效地引出问题，在文献梳理时也难以提出高质量的问题，文献梳理也往往粗枝大叶、不成体系。提出问题不佳大体又分三种情形：一种是论证逻辑比较牵强，比如蜻蜓点水般地罗列几条文献后，就得出之前的研究"缺乏系统性、科学性、全面性"这样含混的结论；另一种是没有任何的综合分析，罗列一大堆文献之后就生硬地"基于上述分析，提出下面的研究问题"云云，上下文其实是脱节的；再一种就是提出的问题不具有研究价值，而是重复研究或者经验性、常识性问题。不过，这方面的不足也与问题意识薄弱有密切的联系，而绝非单纯的文字表达能力欠佳。

（四）文献范围泛化

所谓"文献范围泛化"，指文献从范畴而言上溯得太远了，与所研究问题的关联性并不大。比如有文章研究公共卫生事件中的危机传播，就从"危机"这一概念的文献开始梳理；有文章研究民族主义思潮的传播，就从梁启超关于"思潮"的文献开始梳理，其实梁启超本人也并非给出了学术概念；有文章研究青少年的媒体形象，就从李普曼的拟态社会的概念开始梳理；有文章研究媒体人的社会资本，更想当然地从马克思、亚当·斯密的资本概念开始梳理——且不说政治经济学和社会学家关于资本的定义简直有着云泥之别，即使是同属一个范畴，是否要上溯那么远也可斟酌。可能研究者觉得文献上溯得越根本，越能体现出研究的水平，这其实是一种误解。必要的文献上溯是可以的，但一定要考虑相关性，相关性不强的文献不但对于理解理论发展脉络并无价值，而且会使文章切入过慢，对于突出相关性强的文献也是不利的。

（五）文献质量差

所谓"文献质量差"，指文献的学术性和权威性不足。研究者应该有文献质量的意识，严谨的研究会尽可能阅读权威的文献。一些研究者不明白文献质量的重要性，大量引用一些非学术性的文献来作为学术观点。前面说过，还有个别研究者用查询百度百科等的结果作为学术概念或者作为引用文献，这些都属于不清楚文献质量的区别和重要性。

研究者要有区别高质量文献和低质量文献的能力，要有区别学术文献和非学术文献的能力。非学术期刊上的文章并非学术文章，可以作为材料引用，但不宜作为至少不宜过多地作为学术概念或观点引用。即使一些学术期刊上的文章，也未必都是质量高的，如果研究者不善于分辨，那么很容易被不规范的"论文"误导。

（六）文献梳理缺失

所谓"文献梳理缺失"，当然是指文章中根本就没有这一部分。固然，思辨性研究可以不要专门的文献梳理部分，而是直接进行论述，但是一些非思辨性研究的论文，也缺少专门的文献梳理部分，是不符合常规的。比如有的文章在引言后，直接进入研究方法部分；有的文章在引言后，直接进入对民族志田野场所的介绍；有的文章在引言后直接提出研究问题，且提出问题时并无对研究动态的梳理等。尽管论文的写法与结构有其灵活性，但对于经验研究的逻辑而言，独立的文献梳理部分还是有必要的，它有利于系统地分析之前研究中的空缺或不足，从而为研究问题的价值提供充分的佐证。

（七）包含的内容芜杂

所谓"包含的内容芜杂"，指文献梳理部分包含了与本部分作用不相关的内容，或者将文献梳理混杂到了其他部分中去。比如有文章将文献梳理放在引言中，另有文章在文献梳理中放入研究方法，还有文章将本来应该在文献梳理后提出的研究问题放在引言中提出等。出现这方面不足的原因主要是研究者对论文的结构逻辑不大了解所致。当然，文章结构并非一定之规，但在非特殊情况下，还是以符合常规为佳。尤其是初涉学术研究者，最好将文献梳理作为一个单独的部分并且花力气去做好。

（八）文献不充分

所谓"文献不充分"，指文献量太少。其实，文献数量的多少，是不可能有绝对数的定规的，有的问题的研究文献本来就不多，那么很难量化地要求需要多少文献。问题在于一些既有研究比较充分的问题，研究者梳理出的文献也很少，连主要的文献都没有阅读到，或者所评述的文献无法形成支持研究问题成立的逻辑链条。比如有 3 篇文章在文献梳理时一个方面列出一条文献，形如举例说明而非脉络描述等，这种情况显然表明作者的文献阅读不够。那么，如何衡量文献是充分的？有三个"标准"可以参考：一是主要的文献要阅读到，二是能够形成评述的逻辑链条，三是充分表明研究问题的成立。

（九）没有提出问题

所谓"没有提出问题"，指文献梳理没有实现其根本目的。文献梳理的一个重要作用，是在引言引出问题的基础上，通过对研究动态的分析提出具体的研究问题并阐明其价值。如果这个作用没有发挥，它就在很大程度上失去了存在于论文中的意义。这些没有提出研究问题的文献梳理都做了些什么呢？有的是罗列了一堆文献，但是没有进行综合评述并与研究问题联系起来，表明研究者根本不知道文献梳理是干什么的；更有一篇文章对文献进行了述评，但就是差了"临门一脚"，即循着述评顺理成章地提出研究问题，这种功亏一篑的情况表明作者对文献梳理的作用也是不清楚的。

（十）其他

另有 3 种其他情形，一是没有以"文献梳理"等作为小标题名称，而是直接以文献梳理所围绕的问题作为名称，比如"人工智能对新闻生产的影响"，这显然也是不符合常规的；二是将小标题命为"文献梳理与研究评述"，显然其中的两个提法是一回事，因为文献梳理其实就是对之前研究的述评，因此一般称其为"文献梳理"就可以了；三是在文献梳理中将传播政治经济学称为研究方法，其实它是一种理论取向。

五、理论工具

在学术研究中，理论是一个经常被提及的概念，无论是理论性研究还是应用性研究，无论是经验研究还是规范研究，都与理论有着密切联系。在理论性研究（实践－理论模型）中，理论工具即所谓理论视角，指的是运用什么理论分析经验资料以获得理论创新。在应用性研究（理论－实践模型）中，理论工具同样指的是运用什么理论分析经验现象或事件，从而对实践提出改进意见，否则就成为纯粹经验层面的讨论了。很多文章就是因为缺乏理论视角而成为纯经验讨论性文章。

理论工具的提出既可以在引言中，也可以在文献梳理部分，而以在引言部分提出来较好，因为它是统摄全文的；如果放在文献梳理中，一方面会显得统摄全文的作用不足，另一方面会影响文献梳理部分的独立性——这两者之间的差异甚大。将理论工具介绍放在引言中，则在文献梳理时就可以结合理论对文献进行搜集和评述了。如果偏爱放在文献梳理部分，则又以放在文献梳理之前为佳，且分为"理论视角"和"文献梳理"两部分为宜。在刊登出来的文章中就有这样的处理方式。

理论工具介绍部分容易出现的不足主要有 6 类。

（一）理论工具介绍与文献综述混淆

所谓"理论工具介绍与文献综述混淆"，指把理论工具当成文献综述的对象，或者把文献综述误认为是对理论视角的介绍，导致两方面的工作均失效。文献综述的目的不是对所运用的理论工具的发展和进展进行介绍和评论，而是对研究问题的理论发展和进展进行介绍和评论。某文章讨论融合新闻传播效果的测量，其中一部分名为"理论视角与研究假设"，其"理论视角"部分并不是对理论工具的介绍，而是对所谓传播效果测量相关研究的介绍，显然发挥的是"文献综述"的作用。这就是把文献综述当成了理论工具介绍的情形。另一文章讨论新闻写作机器人所写稿件中的性别偏见，这个问题还是挺有意思的，但文章中一部分名为"相关理论与文献梳理"，其实并没有"相关理论"，而就是对新闻写作机器人研究的文献回顾，以及对新闻报道性别偏见研究的文献回顾。这也是把文献综述当成了理论工具介绍的情形。

（二）把方法当成"理论"

所谓"把方法当成'理论'"，指把一些名为"理论"实为方法的理论作为了理论工具进行介绍。某文章运用框架理论分析疫情期间国外媒体对中国防疫的报道情况，其中一部分名为"理论背景与研究设计"，"理论背景"部分介绍了框架理论的提出、发展与在媒介研究中的应用情况，"研究设计"部分介绍框架分析文本抽样、类目编制等。可见，所谓"理论背景"并非研究项目的理论视角，而仍然是对研究方法的介绍，因此文章并没有运用理论视角，所谓"理论背景与研究设计"其实改成"研究方法"更为贴切。

（三）理论适用性不强

所谓"理论适用性不强"，指理论与所研究的问题并不是很匹配，而是显得比较牵强。试举几个例子，有研究者用博弈论来分析危机传播的效果，认为政府和公众之间是围绕信息的博弈关系，这显然是滥用了经济学方面的理论；还有研究者用公共领域理论来分析网络谣言的传播，那么网络空间是不是公共领域呢？另有研究者用波特模型来分析媒体市场竞争，但是该模型是一个市场分析的简单工具，是市场营销工作中的分析框架，根本就不是学术的理论或概念，如何可以用来做学术分析的理论工具呢？还有研究者借鉴自然科学的理论，但是没有充分说明是否适合，而是将该理论削足适履地套用过来。这些情形，看起来很有"创意"，其实相当勉强，有的甚至令人啼笑皆非。它反映出研究者对于运用什么样的理论缺乏判断力，并没有考虑理论的适用范围，而是抓住一些表面上的"共同点"就异想天开地套用一气。因此，理论的选择虽然可以创新，但需要注意其适用性，否则就会出现生拉硬扯的情况。

（四）理论与研究脱节

所谓"理论与研究脱节"，指尽管提出了理论视角，但是在真正的研究过程中却把理论抛诸一旁，完全离开了理论的概念体系信马由缰地议论一通，这也是经常所说的"贴标签"式学术研究。论文既然提出了理论视角，那么就应该在该理论的框架内来研究现象或者发展理论，包括运用理论的逻辑框架和概念框架。换句话说，理论框架应该是整篇研究论文的骨架与脉络，草蛇灰线或明或暗，理论始终要"在场"。比如有一篇文章以"后真相"为理论视角来分析网络谣言传播，但是在具体的分析过程中，文章的主体部分中一部分是数据统计，另一部分尽管是分析，但看不到任何后真相理论的影子，反而是零星地运用所谓认知社会学的概念进行讨论，显然与"后真相"无关。这种"贴标签"的文章并不少。

（五）细节性错误

细节性错误主要是表述方面的不足。比如有文章提到"以某某理论为指导"，这是把工作要求与学术研究混淆了，工作领域可以有"指导"，学术领域只有研究——如果已经有"指导"了，就不需要学术研究了。

（六）将理论视为"方法"

有文章将理论放在方法介绍之下，作为其中的一个部分，可能研究者认为理论也是"方法"。从广义上讲，这种观点也有道理，理论毕竟也是分析工具，但是理论作为"方法"和通常所说研究方法中"方法"的概念有很大的不同，不能混为一谈。前者指的是系统性的知识，表现为概念体系；后者指研究中搜集资料和分析资料的程序、技术、工具等。两者在学术研究中的作用不同，完全不是一回事。

六、研究方法

研究方法是论文中非常核心的部分，因此本书在前面对其进行了详细讨论，但那主要是针对方法设计的，这里主要讨论结构方面容易出现的不足。

研究方法部分容易出现的不足主要有 4 类。

（一）无研究问题而直接提出研究方法

这种情况指文章第一部分就是研究方法设计，而没有研究问题的提出，更没有通过文献回顾表明问题的研究价值，因此所谓的方法设计完全不知道是针对什么问题。这种情况下，即使文章开头有一段引言，也不足以确立研究问题的合法性，因此研究方法仍然失去目标。某篇文章研究新冠疫情期间主流媒体对疫情的报道框架，开头用了一段引言表明主流媒体以什么框架报道疫情是"具有较高价值的研究课题"，文章第一部分即为"研究方法"也就是对框架理论分析法设计的介绍，这样处理显然没法让人清楚其研究的问题。这背后实际上还是问题意识的缺乏，而不是一种单纯的文章结构失误。

（二）描述性统计混在研究方法中

这种情况指在抽样结束后即对样本进行描述性统计，而一般来说描述性统计放在研究发现部分较为合适。比如某文章运用问卷调查法讨论新媒体使用对政治参与的影响，在研究方法部分首先介绍抽样，然后对抽样结果进行描述性统计（包括年龄、性别、学历、收入等），再对变量进行操作化定义。描述性统计具有一定的分析性，而非纯粹的方法介绍，所以一般将其放在研究发现部分，也就是在该部分首先说明样本的情况，然后进行变量模型分析。

（三）方法内部的结构逻辑不当

这类情况比较多样，指研究方法部分的内部结构尚可斟酌。比如某文章的研究方法部分又分为两个部分，第一部分介绍运用的文本分析应用软件，第二部分介绍文本抽样方法与结果，这种情况下通常是先介绍抽样，再说明用来分析文本的应用工具。某文章讨论新闻机器人报道中的性别偏见，研究方法部分也分为两部分，第一部分介绍抽样情况，第二部分介绍研究方法，其中第二部分首句即为"本研究主要采用内容分析法"，那么就出现了先有抽样后介绍方法的情形，这在逻辑上是颠倒了。另一文章与此类似，研究方法部分首先介绍抽样情况，然后介绍运用框架分析方法及其设计情况。

（四）方法介绍的顺序与运用的顺序不一致

在研究方法部分如果声明了多种方法，则在研究发现部分应该按照所声明的顺序阐释研究结果。某文章声明运用了框架理论、问卷调查法、深度访谈法，但是在研究发现部分首先阐释的是通过问卷调查法得到的结果，就出现了顺序不一致的情况。

七、研究结论

这里的研究结论，包括了大多数学术论文中的两部分，即"研究发现"（有的称为"数据分析"）和"结论与讨论"两者。之所以将这两部分合并起来分析，是因为它们都是在研究过程之后的结果，而且二者之间有着极其密切的联系，很多研究者都处理不好二者之间的关系。

研究结论是最后的成果，但大多数情况表明，它的质量其实在论文的一开始，以及在全部过程中都被决定着。一般地，提出问题质量不佳，那么文献梳理、研究方法设计往往也比较差，研究结论自然好不起来。所以，从某种意义上讲，单纯讨论研究结论好不好是没有意义的。但是，毕竟要对论文的每一个部分进行分析，而且前面已经对结论之前的文章结构单元进行了分析，因此这里权且把研究结论视为一个单独的单元，在不考虑前面各部分质量的前提下来讨论它。

研究结论部分容易出现的不足主要有 6 类。

（一）结论局限于感性

这是指结论是感性经验，而非理性知识。相当常见的情况是研究者对报道内容进行了分类，比如按照报道主题、题材、信源等分类，有的更进一步，按照所谓情感（正面、中立、负面）等进行分类，这些分类的学术意义并不大。有一篇量化研究类型的文章，通过对美国媒体的报道来研究我国的国家形象，在描述了报道数量的变化趋势后，从报道的主题和情感两个方面进行了分类；另一篇文章对新媒体上危机事件的传播进行研究，也是对报道数量、点赞数、评论数等方面进行了分类描述；还有一篇语料库研究方法文章中，对词频、共词等进行了统计描述等。这些对数量、主题、体裁、情感、词频等方面的分类或统计描述不是不可以，但它们一般仅仅是研究的第一步，因为这些结论明显是感性的，通过对内容的直接观察就可获得，不需要经过概念、逻辑、判断这些思维方式。而学术研究应该在这些结果的基础上再进一步，提炼出一定的理性知识。

（二）结论局限于常识

这是指一些文章虽然经过复杂的研究但没有获得有新意的结论，所获得的不过是常识而已。所谓"常识"，就是正常的成年人依据生活阅历就可以判断出来的知识。有一篇文章通过复杂的研究后得出结论之一是受教育水平高的人用新媒体更多，另有一篇文章经过复杂的研究得出的结论之一是社交媒体的使用是一种休息的方式，还有一篇文章的结论之一是报道中某作家的形象以小说家为主，更有一篇文章研究的结论是出租司机通过使用微信群可以交流信息、互相帮扶、交流情感等。这些结论都是非常常识性的，根本不需要通过研究来证实。这种情况表明研究者缺乏寻找研究问题的能力。

（三）属于重复研究

这是指研究的问题与结果均没有新意。试举几例，一篇文章的研究认为数字劳工受到了资本的剥削，还有一篇文章认为美国的《纽约时报》等媒体对中国新冠疫情的报道有意识形态偏见，另有一篇文章则通过对数百篇文章的分析认为所有海外媒体尤其是西方媒体对中国的危机事件报道有偏见，等等。这些结论都是老生常谈了。通常，这样的重复研究可以被描述为用一个理论来分析一下现实，或者用现实去证实了某个理论成立，至于对理论的创新或对实践的意义则全无涉及，实际上就是既没有提出新问题也没有获得新结论。

（四）研究分析内容重复

这是指"研究发现"和"结论与讨论"两部分的内容重复。一般地，学术研究的结果可分为两个部分，前一部分是对数据的解读等，常被称为"研究发现"，也有的被称为"数据解读"；后一部分常被称为"结论与讨论"。这两部分的功能是不同的，前一部分重在对研究结果的数据或材料进行直接解释，后者重在理论阐释。但是，相当多论文在这两部分没有明确的差异，在结论部分又重复地叙述一遍研究发现里面的内容。比如，一篇文章在研究发现里对内容按照不同的主题分类，又在结论里面也按照不同主题分类再叙述了一次，只不过更简略而已。又如，一篇文章在研究发现中对数字代沟的形成原因和弥补两方面进行了分析，在结论中虽然不是按照前面的结构重复，也不过是变换角度描述了一遍，实际上还是重复的。这类情况并不少见，它表明研究者没有把两部分的功能分清楚，结论应该比研究发现有更高的抽象性。一般地，研究发现可以是感性和理性混合的而以感性知识为主，结论则主要是理性知识的。

（五）研究分析前后脱节

这是指研究发现和结论与讨论之间彼此无关联，甚至这两部分与前面的经验材料都无关联。在量化研究中，比较容易出现第一种情况，即研究发现与研究结论之间的脱节，尤其是当结论属于对策分析时。在提出了对策的文章中，多数存在对策与前面内容没有联系的情况。换句话说，面对这样的文章，读者即使不看前面的研究过程，也可以提出类似的结论或对策来。出现这种情况的原因在于，作者的结论或对策性建议都不是真正从研究过程中获得的，而是脱离了研究过程凭空想象出来的。

（六）结论部分内容芜杂

这是指研究结论中内容芜杂，一些不是很适合在此部分中出现的内容也在其中。有的文章在研究结论里面重复介绍研究方法、研究目的、研究意义等，这些内容其实都应该在论文前面的相关部分介绍。有的文章在结论里面对研究假设做回答，假设其实应该在研究发现部分逐一回应。还有的文章的研究结果的小标题比较随意，比如"总结与余论""综合与总结"等，这些提法不全是学术语言，应采用较为规范的学术用语为宜。

论 文 非 主 体 部 分

第十三章

　　论文的非主体部分，包括摘要、关键词、参考文献、注释等，主要是摘要和参考文献。由于摘要在前面已经讨论过，因此本章主要讨论参考文献部分。

第一节　参考文献的著录

　　参考文献的著录，指论文写作中对所参考学术文献的标注方式。这实际上涉及两个方面的问题：如何寻找文献以及如何标注文献。

　　学术研究是一项积累性的工作，后来的研究者一般总是站在前人的肩膀上，因此对前人文献的参考和引用都是必要的和必然的。尤其是在文献梳理部分，更是大量地参考和引用既有研究成果；在论文的其他部分比如理论阐释部分也经常参考和引用既有研究文献。这时候，首要的一个问题是如何获得文献来源。

　　学术研究语境下的所谓文献，指与研究问题相关的既有研究成果，换言之就是同行之前已经进行过的研究的成果，还包括重要的数据、图表、资料等，不过以研究成果为主。研究中用作分析对象的文本等不属于参考文献的范畴，它们会在研究方法部分被说明，而不必进行文献标注。

参考文献的来源当然主要是学术期刊以及学术专著，因此无论是纸质版还是网络资源，研究者都应从这两类学术出版物中查找文献。前些年不时见到投稿中以百度百科等作为参考文献源的，这通常是不严谨的，因为该辞典是开放式的，任何人都可能去进行修改；即使百度百科引用的是经典文献，那么也应该找到文献的原始来源而不能以百度百科作为来源。相当多的文章引用非学术期刊文章作为文献来源，一般也是不严谨甚至不合格的，因为非学术期刊中的文章并没有建构出理论，而仅仅是一些感性议论的观点。很多所谓"学术期刊"刊登的是业务类文章，同样不适合作为学术论文的参考文献。通常，以这两类杂志作为文献来源的文章，自身也是感性议论式的，而并非严谨的研究论文。有经验的审稿专家从引用文献的情况可以大致判断出文章的质量。

得益于互联网的发展，在网络上搜索期刊论文或学术专著已经非常方便。中文和英文领域都有权威的学术平台，前者如中国知网等，后者如WOS 等。这些学术资源平台都汇聚了数千甚至上万家学术期刊的研究论文，并且拥有方便的检索工具，可以说是研究者必须借助的资源宝库。研究者也可以使用百度学术或谷歌学术进行全网搜索，然后进入相关的数据资源库或期刊网站等获得论文。

研究者对搜索到的文章进行分类、整理与阅读等，然后根据情况决定是否将其作为参考文献。如果作为自己研究的参考文献，则需要规范地标注出来。规范地标注文献来源情况，不但可以对论述形成强有力的支撑，而且也是学术伦理所要求的。2019 年国家新闻出版总署颁布《学术出版规范——期刊学术不端行为界定》（CY/T 174—2019），其中界定为剽窃的 7 种行为基本上都与标注不当有关。

参考文献标注格式方面，不同期刊依据了不同的标准，目前使用比较广泛的有 3 种格式，即国家标准、美国现代语言学会标准（MLA）和美国心理学会标准（APA）。传播学使用较多的是国家标准与 APA 标准，国家标准最新的版本即《文后参考文献著录规则》（GB/T 7714-2015）。这些标准均可以在网上找到资源，研究者只需要下载下来，按照其规范实施即可，因此这里不对其内容进行阐述。研究者对此项工作需重视，努力做到规范地标注，这是对论文严谨性考察的一个重要方面。通常，标注严谨的文章往往质量较高。不少文章参考文献达到数十甚至上百条，如果标注不规范则会影响审稿人与编辑部审稿，如果被采用也会大大增加编辑的工作量。

有的期刊把参考文献与注释混在一起，或者干脆把参考文献也称为"注释"，其实是值得商榷的。根据《文后参考文献著录规则》的定义，"文后参考文献是指为撰写或编辑论文和著作而引用的有关文献信息资源"，显然与论文中对相关内容进行解释说明的"注释"不同。《中国学术期刊（光盘版）检索与评价数据规范（试行）》和《中国高等学校社会科学学报编排规范（修订版）》中要求了参考文献与注释分开，是比较合理的，大多数期刊也采用了这种标注方式。有的投稿把注释与参考文献混在一起编号，就混淆了两者之间的区别。研究者应将参考文献与注释分别标注并单独编列序号，前者采用带方括号的阿拉伯数字列出序号，后者采用带圆圈的阿拉伯数字列出序号。

研究者应充分了解学术伦理的规范文件和参考文献著录规范类文件的要求，这些都是进行学术研究的基础性知识，有的甚至是前置性知识。尤其是近年来，全球学术伦理都面临着更大的挑战，中国教育部等部门一再对此发出文件进行规范，并惩罚了一批有学术不端行为的作者，包括相当多投向国外学术期刊的作者，因此研究者必须严格遵守知识产权规定以及研究伦理准则，避免给自己的学术生涯带来不可估量的负面影响。

第二节 论文的其他部分

论文的非主体部分，除参考文献外，对关键词、分类号与文献标识码也需要说明一下。

《中国高等学校社会科学学报编排规范》（修订版）中指明，关键词是反映论文主题概念的词或词组，一般每篇可选 3～8 个，应尽量从《汉语主题词表》中选用。未被词表收录的新学科、新技术中的重要术语和地区、人物、文献等名称，也可作为关键词标注。关键词应以与正文不同的字体字号编排在摘要下方。多个关键词之间用分号分隔。中英文关键词应一一对应。中文关键词前以"关键词："或"［关键词］"作为标识；英文关键词前以"Key words："作为标识。

关键词反映了论文的主题，因此能够为文献检阅提供方便，换言之准确地编制关键词有利于扩大论文被检索和被传播的机会。研究者需要查对《汉语主题词表》，把从文中提炼出来的自然语言转换成表中的规范语言，作为关键词中的叙词（正式主题词），然后补充自由词标引词即可。有时候，如果找不到表中的主题词对应，则寻找与自然语言相近的主题词作为关键词也可。

目前，期刊论文的分类号是按照《中国图书馆分类法》进行标引的，该分类法的最新版本是 1999 年的第四版。标注分类号的目的同样是便于文献检阅。涉及多个主题的论文，一篇可给出几个分类号，主分类号排在第 1 位，多个分类号之间以分号分隔。分类号排在关键词之后，其前以"中图分类号："或"［中图分类号］"作为标识。传播学的分类号为 G，即"文化、科学、教育、体育"类。

按照《中国学术期刊（光盘版）检索与评价数据规范》规定，每篇文章均应标识相应的文献标识码。文献标识码的作用是对文章按其内容进行归类，以便于文献的统计、期刊评价、确定文献的检索范围，提高检索结果的适用性等。文献标识码以"文献标识码："或"［文献标识码］"作为标识。文献标识码分为如下五类，学术期刊以 A 类为主：A——理论与应用研究学术论文；B——理论学习与社会实践总结；C——业务指导与技术管理性文章；D——动态性信息；E——文件、资料。

中英文人名对照表

德谟克利特 Democritus

韦伯　Max Weber

罗素　Bertrand Arthur William Russell

冯特 Wilhelm Wundt

克里斯琴斯 Clifford G. Christians

亚里士多德 Aristotle

柏拉图 Plato

苏格拉底 Socrates

迪尔凯姆 Émile Durkheim

培根 Francis Bacon

霍布斯 Thomas Hobbes

休谟 David Hume

洛克 John Locke

孔德 Isidore Marie Auguste François Xavier Comte

狄尔泰 Wilhelm Dilthey

辛格尔特里 Michael Singletary

安德森 Chris Anderson

施拉姆 Wilbur L. Schramm

马克思 Karl Heinrich Marx

列斐伏尔 Henri Lefebvre

麦库姆斯 Maxwell McCombs

肖 Donald Lewis Shaw

霍尔 Stuart Hall

莫利 David Morley

英费尔德 Leopold Infeld

爱因斯坦 Albert Einstein

希尔伯特 David Hilbert

波普尔 Karl Popper

牛顿 Isaac Newton

笛卡尔 René Descartes

拉扎斯菲尔德 Paul Lazarsfeld

李普曼 Walter Lippmann

罗杰斯 Everett M. Rogers

杰克逊 Donald Jackson

斯旺森 Charles Swanson

哈耶克 Friedrich August von Hayek

凯恩斯 John Maynard Keynes

伍德沃德 Bob Woodward

伯恩斯坦 Carl Bernstein

斯拉彭德尔 Slappendel

达尔格伦 Dahlgren

阿里斯塔克斯 Aristarchus

哥白尼 Mikołaj Kopernik

伽利略 Galileo Galilei

巴赫金 Bakhtin Michael

哈贝马斯 Jürgen Habermas

芬伯格 Andrew Feenberg

韩礼德 Michael Alexander Kirkwood Halliday

梵·迪克 Teun A. Van Dijk

费尔克拉夫 Norman Fairclough

甘姆森 William Gamson

恩特曼 Robert M. Entman

巴甫洛夫 Ivan Petrovich Pavlov

黑格尔 Georg Wilhelm Friedrich Hegel

维索茨基 D. K.

库恩 Thomas Sammual Kuhn

瑞泽尔 George Ritzer

辛格尔特里 Michael Singletary

穆勒 John Stuart Mill

弗雷格 Friedrich Ludwig Gottlob Frege

维特根斯坦 Ludwig Josef Johann Wittgenstein

石里克 Friedrich Albert Moritz Schlick

卡尔纳普 Paul Rudolf Carnap

波普尔 Karl Popper

亚历山大 Jeffrey C. Alexander

坦南鲍姆 P. D. Tannenbaum

培根 Francis Bacon

霍夫兰 Carl Hovland

贝雷尔森 Bernard Berelson

拉斯韦尔 Harold D. Lasswell

皮亚杰 Jean Piaget

歌德 Johann Wolfgang von Goethe

李凯尔特 Heinrich John Rickert

卡麦兹 Kathy Charmaz

格拉泽 Barney Glaser

施特劳斯 Anselm Strauss

查马兹 Kathy Charmaz

科宾 Juliet Corbin

霍尔顿 Judith Holton

克拉克 Adele Clarke

莫斯 Janice Morse

弗里克 Uwe Flick

邓恩 Dunne

科宾 Juliet M. Corbin

艾尔·巴比 Earl Babble

贝特森 Gregory·Bateson

戈夫曼 Erving Goffman

舍费尔 Bertram T. Scheufele

里斯 Stephen D. Reese

劳伦斯 Regina G. Lawrence

坦卡德 Tankard

吉特林 Todd Gitlin

马修斯 Gerard P Matthews

瑟曼特克 Semetko

沃肯伯格 Valkenburg

艾森豪威尔 Dwight David Eisenhower

泰勒 Edward Burnett Tylor

弗雷泽 James George Frazer

摩尔根 Lewis Henry Morgan

马林洛夫斯基 Bronislaw Malinowski

哈登 Alfred Haddon

费特曼 David M. Fetterman

格尔兹 Clifford Geertz

米勒 Daniel Miller

斯莱特 Slater

海因 Christine Hine

库兹奈特 Robert V. Kozinets

鲍德梅克 Hortense Powdermak

海默思 Dell Hymes

菲里普森 Gerry Philipsen

莫利 David Morley

甘斯 Herbert J. Gans

塔克曼 Gaye Tuchman

文格拉夫 Tom Wengraf

墨顿 Robert King Merton

吉登斯 Anthony Giddens

摩根 David Morgan

莫里森 David E. Morrison

博加德顿 Emory Bogardus

费斯克 John Fiske

肯德尔 Kendall

汉森 Anders Hansen

克鲁格 Richard Kreuger

利文斯通 Livingstone，S. M.

伦特 P. Lunt

兰德尔 Christopher Columbus Langdell

伯格 Arthur Asa Berger

哈里斯 Zellig Harris

沃妲克 Wodak，R.

罗兰·巴特 Roland Barthes

科瑞斯 G. Kress

范·李文 Van Leeuwen

艾伦·贝尔 Allan Bell

斯图尔特·艾伦 Stuart Allan

格雷特巴奇 David Greatbatch

贝希尔·杰马耶勒 Bechir Gemayel

泰勒斯 Thales

巴伯 Bernard Barber

波兹曼 Neil Postman

英尼斯 Harold Innis

麦克卢汉 Marshall McLuhan

梅洛维茨 Joshua Meyrowitz

莱文森 Paul Levinson

雷吉斯·德布雷 Régis Debray

霍克海默 Max Horkheimer

阿多诺 Theodor Wiesengrund Adorno

马尔库塞 Herbert Marcuse

哈贝马斯 Jürgen Habermas

卢卡奇 György Lukács

霍加特 Herbert Richard Hoggart

理查德·约翰逊 Richard Johnson

小约翰 S. W. Littlejohn

科恩 Stanley Cohen

凯瑞 James W. Carey

威廉斯 Raymond Henry Williams

凯尔纳 Kellner Douglas

斯迈兹 Dallas W·Smythe

席勒 Herbert Schiller

莫斯可 Vincent Mosco

曼泽罗尔 Vincent Manzerolle

齐美尔 Georg Simmel

莫雷诺 Jacob Moreno

弗里曼 Linton C. Freeman

怀特 Harrison C. White

格拉诺维特 Mark Granovetter

伯特 Ronald Bert

萨尔金德 Salkind，N. J

克雷格 Robert T. Craig

库恩 Thomas S. Kuhn

凯瑞 James W. Carey

朱迪思·贝尔 Judith Bell